Rocky Mountains

Eine Übersichtskarte der Rocky Mountains mit den eingezeichneten Routen finden Sie in der vorderen Umschlagklappe.

Heike Wagner und Bernd Wagner

Rocky Mountains

VISTA POINT VERLAG

Inhalt

»Rocky Mountain High«
Amerikas Wilder Westen 8

Reiseland Rocky Mountains
Die Routenplanung 16

Chronik
Daten zur Geschichte der Region 20

DIE SÜDLICHEN ROCKY MOUNTAINS

① Die »Mile High City«
Denver – Metropole der Rockies 32

② Reißende Flüsse und hohe Gipfel
Durch das Tal des Arkansas River 42

③ Von der schwarzen Schlucht zur silbernen Stadt
Vom Black Canyon of the Gunnison National
Park nach Durango 46

④ Geheimnisumwitterte Klippenwohnungen der Anasazi
Mesa Verde National Park 54

⑤ Der größte Sandkasten der USA
Durch den Südwesten Colorados 60

⑥ Goldrausch in den Bergen
Über Cripple Creek nach Colorado Springs 66

⑦ Hohe Gipfel und wilde Pferde
Rund um Colorado Springs 74

ZENTRALE ROCKY MOUNTAINS UND WILDER WESTEN

① Salt Lake City – »This Is The Place«
Mormonenhauptstadt zwischen Skibergen
und Salzwüste 80

② Zwischen Wildwasser und Pistolenduellen
Über Logan Canyon und Snake River nach
Jackson 92

Wahrzeichen des nordöstlichen Wyoming: Devils Tower ▷

3 Salbeiwiesen und Bergriesen
Grand Teton National Park 100

4 Und ewig sprühen die Geysire
Im Yellowstone National Park 108

5 Sinterterrassen, Schluchten und Schwefeldämpfe
Im Yellowstone National Park 118

6 Buffalo Bill – die große Westernlegende
Über den »Bärenzahnpass« nach Cody 126

7 Teufelsschlucht und Medizinrad
Durch die Bighorn Mountains 134

8 Vom Teufelsturm zu den schwarzen Hügeln
Vom Bozeman Trail über den Devils Tower
in die Black Hills 142

9 Bizarre Hügel im »schlechten Land«
Badlands National Park 150

10 Steinerne Präsidenten und Indianerhäuptlinge
Mount Rushmore und die Black Hills 158

11 Paradies der Bisons
Durch die südlichen Black Hills 166

12 Auf den Spuren von Trappern, Indianern und Siedlern
Über die weiten Prärien Nebraskas 170

13 Auf historischer Route
Der Oregon Trail durch den Südosten
Wyomings 176

14 Und ewig locken die Berge
Von Denver in die Universitätsstadt Boulder 182

15 Auf dem Dach der Rockies
Durch den Rocky Mountain National Park 188

16 Silberstädte, Supergipfel und Skiboom
Von der Teufelspforte zum
Unabhängigkeitspass 196

17 Mondäne Idylle in den Rockies
Sommertraum und Wintermärchen in Aspen 202

18 **Durch das Reich der Dinosaurier und wilden Schluchten**
Das Dinosaur National Monument 208

19 **Flammende Schlucht zwischen Utah und Wyoming**
Flaming Gorge National Recreation Area 216

NÖRDLICHE ROCKY MOUNTAINS

1 **Von Bären und Wölfen, Erdbeben und Geisterstädten**
Von West Yellowstone über Virginia City
nach Butte 222

2 **Kupferbarone, Rinderkönige und Goldschürfer**
Butte, Deer Lodge und Helena 230

3 **Auf den Spuren von Lewis & Clark**
Entlang dem Missouri River von Helena nach
Great Falls 236

4 **Indianer und Gletscher**
Aus den Prärien in die Rocky Mountains 244

5 **Auf der »Straße zur Sonne«**
Die Going-to-the-Sun Road im
Glacier National Park 250

6 **Von Bisons und Rauchspringern**
Vom Glacier National Park ins Bitterroot Valley . . . 258

7 **Salmon River Scenic Byway**
Auf dem »Lachsfluss« durch Idaho 264

8 **Durch die »Sägezahnberge«**
Sawtooth National Recreation Area, Ketchum
und Sun Valley 270

9 **Lavalandschaften**
Von den Craters of the Moon über Idaho Falls
nach West Yellowstone 274

Service von A bis Z 278
Sprachhilfen 289
Orts- und Sachregister 293
Namenregister 300
Bildnachweis, Impressum 304
Zeichenerklärung . . . . . hintere innere Umschlagklappe

Lichter der Großstadt: Denver, das Eingangstor zu den Rocky Mountains ▷

»Rocky Mountain High«
Amerikas Wilder Westen

Wie eine überdimensionale Felsenbarriere ragen die **Rocky Mountains** empor. Was erste Siedler im Wilden Westen noch im ausgehenden 19. Jahrhundert als schwer überwindbares Hindernis empfanden, schätzen ihre Nachfahren heute als unvergleichliches Freizeit-, Sport- und Naturparadies. Keiner hat sie so oft besungen wie John Denver, sein Song »Rocky Mountain High« steht als inoffizielle Hymne der Rockies, als Synonym für Freiheit und Abenteuer im grandiosesten Gebirgszug Nordamerikas.

Schroffe Gipfelregionen wechseln ab mit weiten, offenen Hochtälern mit Wildblumenwiesen in sommerlichem Farbenfeuerwerk und engen, dunklen Canyons, in die nur selten die Sonne trifft, mit tiefen Nadelwäldern, mit herbstlich goldgelb erglühenden Zitterpappeln und meterdicken Schneehöhen im Winter. Man kann hundert Mal dort gewesen sein, und gewinnt doch stets neue Eindrücke. Zu jeder Tages- und Jahreszeit wirken die Rocky Mountains anders, aber ihre Dimensionen sind immer überwältigend groß. Sie reichen von Kanada bis fast nach Mexiko, sind Hunderte Kilometer breit und erreichen mit ihrem höchsten Gipfel **Mount Elbert** 4 399 Meter. Ihr Hauptkamm markiert die kontinentale Wasserscheide *(Continental Divide)*, wo ostwärts alles Wasser über den Missouri/Mississippi oder den Rio Grande in den Golf von Mexiko und nach Westen über den Colorado oder den Snake/Columbia River in den Pazifik strömt.

Mit ungebändigten Flüssen wie dem Arkansas River in Colorado, Green und Yampa River an der Staatengrenze Colorado/Utah und dem Salmon River in Idaho gelten die Rockies ohne Frage als wahres Wildwasser-Eldorado. Die Flussabenteuer variieren zwischen sportlichem Nervenkitzel, bei dem bunte Schlauchboote über Stromschnellen durch tiefe Canyons flussabwärts schießen, und gemütlichen Familienfloßtouren in malerischen Tälern.

In völlig andere Dimensionen führen himmelhohe Highways mit zahlreichen Aussichtspunkten und Picknickplätzen. Insbesondere die **Trail Ridge Road** (3 713 Meter) durch den Rocky Mountain National Park oder die Straße über den Independence Pass (3 687 Meter) nach Aspen wagen sich in höchste Gipfelregionen vor. Ebenso großartig verlaufen Panoramastraßen wie der **Million Dollar Highway** durch die wilden San Juan Mountains im Südwesten Colorados, die **Going-to-the-Sun Road** in Montana, der **Salmon River Scenic Byway** in Idaho, der Highway über Wyomings **Beartooth Pass** (3 337 Meter) und … und … und … Zu den absoluten Glanzpunkten zählt sicherlich die höchste asphaltierte Bergstraße Nordamerikas, die wenige Meter unterhalb des **Mount Evans** (4 346 Meter) endet. Anfang des 19. Jahrhundert galt der Gipfel des **Pikes Peak** (4 301 Meter) als unbesteigbar. Heute wird er neben einer gut ausgebauten Schotterstraße auch noch von einer Zahnradbahn und einem Wanderweg erklommen.

In scheinbar zivilisationslosen Tallagen breiten sich riesige Ranches aus. Wo der nächste Nachbar oft kilometerweit entfernt siedelt, erfährt man als Urlauber bei Ausritten, Viehtrieb, Kälberfangen oder dem Einbrennen von Brandzeichen hautnah ein Stück Wilden Westen, und abends träumt man bei Country & Western Music und Chuckwagon Dinners von der Cowboyromantik längst vergangener Zeiten. Ganz im Sinne dieser Westerntradition haben Rodeos ein phantastisches Comeback erfahren und sind wieder zum festen Bestandteil vieler regionaler Feste geworden.

Ebenso erleben die indianischen Ureinwohner des Landes eine nicht mehr für möglich gehaltene kulturelle Renaissance. Jahrhundertelang von Weißen verdrängt und größtenteils in unwirtliche Reservationen abgeschoben, besinnen sie sich mit neuerwachtem Selbstbewusstsein auf althergebrachte Sitten. *Powwows*, indianische Festivals mit farbenfrohen Tänzen zu klassischer Trommel- und Gesangsbegleitung, wirken wie ein Zeitsprung zurück in eine unbeschwerte Vergangenheit.

Mitten im Herzen der Rocky Mountains dehnt sich **Colorado** aus. Der höchstgelegene Bundesstaat der USA weist auch die höchsten Berge der Rockies mit den besten Wander- und Skigebieten Amerikas auf. Im Winter locken traumhafte Skiabfahrten durch tiefen Pulverschnee und der Après-Ski in Orten wie **Aspen** und **Vail**. Im Sommer sind die Rockies ein Wanderparadies mit vielen schneefreien Pfaden bis auf höchste Gipfel. Oft wandert man in der heiteren Ruhe und Erhabenheit von Hochlagen mit klaren, blauen Bergseen und schroffen Gipfeln, von denen Bäche schäumend zu Tal rasen und auf deren Hängen sich Dickhornschafe, Bergziegen und andere wilde Tiere tummeln.

Aber nicht diese Naturschönheiten, sondern ein ungeheurer Gold- und Silberrausch lösten den ersten Besiedlungsboom aus. Die Hoffnung auf schnellen Reichtum lockte Zehntausende Prospektoren in die Berge – ein Boom, dem die Indianer fassungslos und auch völlig machtlos gegenüberstanden, als schließlich Edelmetalle in mehrfachem Milliardenwert aus den Bergen geschürft wurden. Dem Erschöpfen der Lagerstätten folgte der *bust*, der abrupte Sturz ins Bodenlose. Doch haben sich Minenorte wie **Central City**, **Cripple Creek**, **Georgetown** oder **Leadville** nach einem jahrhundertelangen Dornröschenschlaf in die Gegenwart hinübergerettet und profitieren vom Tourismus und dem legalisierten Glücksspiel als neuem Standbein.

Ultramodern dagegen präsentiert sich **Denver**, die zur internationalen Metropole herangewachsene Hauptstadt und das Wirtschafts- und Finanzzentrum des Staates Colorado mit einem der weltgrößten Flughäfen. Im Herzen der »Mile High City«, die genau auf einer Meile (= 1 609 Meter) Meereshöhe liegt, pulsiert die 16th Street Mall, eine Fußgängerzone mit Dutzenden von Restaurants und Kneipen, mit Geschäften und Einkaufszentren, mit exzellenten Museen und feinen Hotels in der Nachbarschaft. In der benachbarten U.S. Mint, der Bundesmünzanstalt, die tagtäglich Pennies für die Portemonnaies der Nation produziert, schlummert das Gold der Berge in Barren gepresst hinter dick verschlossenen Safetüren. Nur einen Katzensprung weiter erlaubt das goldbekuppelte State Capitol eine prächtige Aussicht über die Stadt und die im Westen steil aufragenden Berge. In einer knappen halben Stunde gelangt man von Denver nach **Boulder**, der in den Bergen gelegenen dynamischen Urlauber-, Studenten- und Sportlerstadt.

Colorados Landschaft wird geprägt von grandiosen Schluchten wie dem **Black Canyon of the Gunnison National Park** und der **Royal Gorge**, die das Land tief einschneiden, spektakulären Gebieten wie den San Juan Mountains, die man ideal vom Schlauchboot auf dem Animas River oder aus dem Zugfenster der historischen Durango & Silverton Narrow Gauge Railroad erleben kann. Prächtige Felsszenerien schmücken den Garden of the Gods in **Colorado Springs** oder das Tal der Maroon Bells bei Aspen.

Die höchsten Sanddünen der Welt ragen im **Great Sand Dunes National Park** empor und vollenden das landschaftliche Kaleidoskop Colorados. Den kulturhistorischen Höhepunkt setzen die jahrhundertealten Höhlenwohnungen der Anasazi-Indianer im **Mesa Verde National Park** im Südwesten des Staates.

Wo in **Utah** die Rocky Mountains auf die unendlichen Weiten der heißen Salzwüste treffen, ließen sich Mitte des 19. Jahrhundert die Mormonen nieder. In dieser menschenleeren Einöde schufen sie ungestört von religiösen Verfolgungen eine blühende Oase, aus der mit **Salt Lake City** die zweitwichtigste Metropole der Rocky Mountains heranwuchs.

Phänomenal dicht liegen hier klimatische Extreme beieinander. An das glitzernde Weiß der Salzkristalle schließen sich direkt östlich von Utahs Hauptstadt die Wasatch Mountains an, in denen laut Eigenwerbung der pulverweiße *greatest snow on earth*, der »beste Schnee der Welt«, fällt und in denen die Skiwettbewerbe der Olympischen Winterspiele 2002 stattfanden.

Salt Lake City ist ein idealer Ausgangspunkt für Touren durch die Berge. Einige der reizvollsten Landschaftsbilder liefert das sich bis Colorado hinein erstreckende **Dinosaur National Monument** mit seinen Dinosaurierfundstätten und den grandiosen Felslandschaften am Zusammenfluss von Green und Yampa River im **Echo Park**. Nicht minder prächtig präsentiert sich die nach Wyoming hineinreichende **Flaming Gorge**, die »flammendrote Schlucht« des aufgestauten Green River, mit ihren Aussichtspunkten und der Staumauer am Südende.

Wyoming ist immer der »Cowboystaat« geblieben, der mit seinen Ranches und Rodeos den Wilden Westen symbolisiert. Das bedeutendste Rodeo in den Rockies sind

»Rocky Mountain High«: Amerikas Wilder Westen

Wunderbare Wildnis: am Snake River im Grand Teton National Park

die Cheyenne Frontier Days. In jenen Tagen steht das Leben in Wyomings Hauptstadt Kopf. Wenn sich mutige Reiter auf bockende Bullen, Stiere und Hengste wagen und schon nach wenigen gefährlichen Sekunden wieder auf dem harten Boden der Realität landen, erlebt man den Mythos des amerikanischen Cowboys, der sich unerschüttert erhebt und den Staub vom breitkrempigen Hut und dem Hemd abschüttelt, bevor er stolz die Arena verlässt.

Keine Region der USA außerhalb Alaskas ist so dünn besiedelt wie Wyoming. Als erstes US-Territorium übertrug es in der zweiten Hälfte des 19. Jahrhundert den Frauen das Wahlrecht. Mit dieser rein praktischen Entscheidung ließ sich schlagartig die Zahl der Wahlberechtigten so weit erhöhen, dass ein eigenständiger Bundesstaat gegründet werden konnte.

Wyomings landschaftlicher Höhepunkt ist der **Yellowstone National Park** im Nordwesten. Der wohl bekannteste Nationalpark der USA brilliert mit einer phantastischen Wunderwelt voller Bisons, Geysire, brodelnder Schlammtöpfe und heißer Quellen. Als weltweit bekanntes Wahrzeichen des Parks macht der Geysir **Old Faithful** alle knapp 80 Minuten eindrucksvoll auf sich aufmerksam. Dann katapultiert der »alte Getreue« seine Heißwasserfontänen bis zu 55 Meter hoch in die Luft.

Weiter südlich beeindruckt der **Grand Teton National Park** mit mächtigen Bergen, den famosen Windungen des **Snake River** in der silbergrünen Salbeisteppe und seinen anschließenden Wildwassercanyons sowie dem quirligen Touristenstädtchen **Jackson**, das sommers wie winters die Touristen anzieht. Dagegen gehören Gebirge und Felsformationen wie die **Bighorn Mountains** und der **Devils Tower** eher zu Wyomings unbekannteren, aber nicht minder sehenswerten Zielen.

Östlich des Yellowstone National Park liegt die Westernstadt **Cody**, einst Heimat des Buffalo Bill, die seit über 50 Jahren das Cody Night Rodeo veranstaltet. Wie überall in Wyoming werden hier die Relikte des Pionierzeitalters gehegt und gepflegt. Old Trail Towns, historische Blockhäuser und Buffalo Bills einstiges Jagdhaus »Pahaska Teepee« künden von ihren früheren Bewohnern, und in **Guernsey** am Oregon Trail und Register Cliff sind die Wagenspuren und Felsinschriften der frühen Siedler bis heute erhalten.

Schneebedeckte Gipfel erheben sich über **Idaho** silbriggrünen Salbeiebenen, ungebändigte Flüsse rauschen durch tiefe Wälder, die einen Großteil des Staates bedecken. Dies ist das Land des reißenden **Middle Fork of the Salmon**, der in der weglosen, wild- und waldreichen Frank Church River of No Return Wilderness Area, die kaum eines Menschen Fuß je betreten hat, Wildwasserfahrten vom Feinsten bietet.

Die **Sawtooth Mountains** sind eine wilde, ursprüngliche Landschaft mit bewaldeten Tälern und hohen, schroffen Gipfeln, und der Salmon River Scenic Byway längs dem gleichnamigen Fluss gehört sicherlich zu den schönsten Highways in Idaho. Nur wenige Menschen leben das ganze Jahr über in dem hübschen Örtchen **Stanley**, das dafür jede Menge Anbieter von Wildwassertouren und andere Outfitters aufweist. Die Umgebung eignet sich bestens zum Wandern, Wildwasserfahren, Reiten, Angeln und Campen, wobei die Outdoor-Fans sich zumeist weit im unbesiedelten Land verteilen. Geschäftiger geht es da schon in den populären Wintersportorten **Ketchum** und **Sun Valley** zu, die sich zunehmend auch als Sommerfrischen einen Namen machen.

Als Kontrast zur Lebensfülle der Wälder in den Sawtooth Mountains wirkt das **Craters of the Moon National Monument** am Nordrand der Snake River Plain. In der bizarren, mondähnlichen Landschaft aus schwarzem Lavagestein und Lavahöhlen kann man auf eigene Faust und mit Taschenlampe ausgerüstet Erkundungen anstellen. In der äußersten Südostecke Idahos verbirgt sich mit dem hübschen **Bear Lake**, dessen südliche Hälfte in Utah liegt, ein landschaftliches Juwel, das viele Wassersportfreunde und Erholungsuchende aus dem heißen Tal des Great Salt Lake anzieht, die durch das prachtvolle Wanderparadies des **Logan Canyon** dorthin kommen.

Montana nennt sich »Big Sky«, das »Land des großen Himmels«, und darunter erstreckt sich ein ebenso weites Land. Für europäische Dimensionen sprengt es jegliche Vorstellungskraft, dass ein einzelner US-Bundesstaat größer als Deutschland ist,

»Rocky Mountain High«: Amerikas Wilder Westen

Fulminante Festivitäten: indianisches Powwow in Jackson

aber weniger Einwohner als Köln besitzt. Der Name Montana (span. »montaña« für »Berg«) steht für die wohl schönsten Hochgebirgsregionen der nördlichen Rockies, die sich abseits der Hauptrouten mit ausgedehnten Wäldern und wilden Flüssen noch so präsentieren wie vor der Besiedlung des Westens.

Durch die Berge des **Glacier National Park** verläuft die **Going-to-the-Sun Road**, eine der Top-Panoramastraßen des Landes. Um **Browning** und in der **Blackfeet Reservation** am Fuße der Rockies, die sich im nördlichen Montana steil wie nirgendwo sonst aus den Prärien erheben, kann man die Kultur der Indianer in Museen und bei Powwows kennenlernen.

Im wildreichen Glacier National Park sind Begegnungen mit Schwarz- und Grizzlybären nicht selten. Andere große Tiere, und zwar Bisons, kann man südlich des Flathead Lake beobachten. In der hügeligen **National Bison Range** leben und grasen die mächtigen Tiere in weitgehend natürlicher Umgebung wie noch in der Mitte des 19. Jahrhunderts in der gesamten Prärie.

Mit Museen, nostalgischen Läden und Fassaden im authentischen Wildwestlook geben die beiden revitalisierten Goldgräberstädtchen **Virginia City** und **Nevada City** Einblicke in ihre noch nicht allzu ferne Goldgräber-Vergangenheit, als Zehntausende von Prospektoren sich auf der Suche nach Gold durch die Erde wühlten. Auch **Helena**, die kleine, aber feine Staatshauptstadt von Montana, ist aus einem lukrativen Goldfieber entstanden. **Butte** und das benachbarte **Anaconda** offenbaren wie keine anderen Städte die Historie des Kupferbooms in Montana, denn aus alten

»**Rocky Mountain High**«: Amerikas Wilder Westen

Wie aus dem Leben gegriffen: Wandgemälde in Durango

Bergbauanlagen wurden interessante Museen und Industriedenkmäler geschaffen. An den großen Fällen des Missouri River, an denen vor fast 200 Jahren die Erforscher Lewis und Clark auf ihrer legendären dreijährigen Route zum Pazifik ihr Lager aufschlugen, liegt die Großstadt **Great Falls** mit hervorragenden Museen und schönen Flussparks.

Das weite, flache Land am Fuße der Rocky Mountains gehört zu den **Great Plains**. Die »Großen Ebenen« mitten im Herzen der USA zwischen dem Mississippi im Osten und den Bergen im Westen wurden im 18. Jahrhundert nur zaghaft von wenigen Trappern besucht und erst ab der zweiten Hälfte des 19. Jahrhunderts allmählich von Weißen besetzt. Doch lebten hier bereits die mächtigen Sioux, aber auch Cheyenne, Crow und andere Indianerstämme, die sich dem Eindringen der Fremden heftig widersetzt haben. Der Sieg der Sioux unter ihren Häuptlingen Sitting Bull und Crazy Horse am Little Bighorn River in Montana radierte 1876 zwar Colonel George Armstrong Custers komplette Einheit aus, aber ausgerechnet der größte Triumph in den Kriegen gegen die US-Armee leitete den raschen, endgültigen Niedergang der Prärieindianer ein. Die aufgeschreckten Weißen konzentrierten ihre Kräfte und rangen die Gegner innerhalb eines Jahres vollständig nieder. Seitdem teilten die meisten Indianerstämme ein trauriges Schicksal und endeten oftmals abseits ihrer angestammten Jagdgründe in kargen Reservationen.

Aus den scheinbar unendlichen Weiten der Great Plains ragen in **South Dakota** die **Black Hills** wie eine einsame Insel empor. Als größte Attraktion in den höchsten Bergen östlich der Rocky Mountains lockt **Mount Rushmore**. Die in den Granitfelsen gesprengte und gemeißelte, überdimensionale Skulptur von vier Präsidentenköpfen präsentiert sich als ein kolossales Ergebnis menschlicher Schaffenskraft und Symbol der amerikanischen Demokratie.

Mit ernsten, versteinerten Mienen blicken die Präsidenten hoch oberhalb der Besucherscharen auf den mit Fahnen geschmückten Promenadenweg und weit über das Land, dessen Geschicke sie einst prägten. Als krönendes Erlebnis am Abend verabschiedet Mount Rushmore seine Gäste mit einer patriotischen Lichtershow samt abschließender Nationalhymne.

Sehenswürdigkeiten haben die Black Hills reichlich zu bieten. Im **Custer State Park** weidet die zweitgrößte Bisonherde der USA, unterirdische Wunder beeindrucken in **Jewel Cave**, **Wind Cave** und anderen Höhlen, und spannende Westerngeschichte nebst moderner Kasinokultur locken Fans nach **Deadwood**. Mit den Erträgen des legalisierten Glücksspiels hat der einstige Goldrauschort seine über hundert Jahre alte Innenstadt erfolgreich saniert. Touristisch aufgepeppt, vermittelt das historische Schmuckstück nunmehr einen unterhaltsamen Ausflug in die Wildwestvergangenheit der Black Hills. Wesentlich weiter zurück in die Erdzeitalter führen uns die Dinosaurierfundstätten von **Hot Springs**, dem geologischen Wunderland der Black Hills, wo Knochen und Stoßzähne längst ausgestorbener Mammute dutzendfach konserviert sind.

Und um einen landschaftlichen Kontrast zu erleben, fährt man aus den grünen Black Hills nur wenige Kilometer hinaus nach Osten. Im **Badlands National Park** breiten sich einzigartig karge Trockenlandschaften und bizarr erodierte, vielfarbige Hügelketten aus, ein Flecken Erde, dem frühe Erforscher zu Recht den Namen »schlechtes Land« gaben.

Wie South Dakota liegt auch **Nebraska** im Prärieland vor den Rockies. Alle auf dem Oregon Trail westwärts ziehenden Wagentrecks folgten im 19. Jahrhundert dem Lauf des North Platte River. Als einer der großen Flüsse des Westens schwemmt er Geröll und Sedimente aus den Bergen in die Prärien und bringt somit im wahrsten Sinne des Wortes die so unterschiedlichen Regionen einander näher. Pioniere auf ihren Weg zu den Bergen hinterließen dort eine Fülle an historischen Relikten über diese Zeit der Besiedlung Amerikas. Geographische Wahrzeichen am Oregon Trail sind die markanten Felsen **Chimney Rock** und **Scotts Bluff**, die als Treffpunkte und Rastplätze dienten und heute ebenso touristische Attraktionen sind wie **Fort Robinson**, in dem Sioux-Häuptling Crazy Horse unter mysteriösen Umständen ums Leben kam.

Der vorliegende Reiseführer möchte Neugier und Interesse wecken für die vielfältigen, grandiosen Naturlandschaften mit den Bergen und Canyons, den wilden Flüssen und heißen Quellen, für die ereignisreiche Westernvergangenheit und -gegenwart und die aufstrebenden großen und kleinen Städte der Rocky Mountains, und er versucht gleichzeitig, das Reisegebiet in Tagesetappen einzuteilen, die die Ferienzeit optimal nutzen.

Trotz der Routenvorgabe bietet das Buch Abstecher und Alternativen für individuelle Variationen. Und ohnehin sollte man nicht sklavisch den Zeitvorgaben folgen, sondern zwischendurch Pausentage einlegen. Nur so lernt man geruhsam Land und Leute kennen, hat ausreichend Zeit für Wanderungen, Ausritte, Badetage und kann das Reiseland Rocky Mountains am besten genießen.

Reiseland Rocky Mountains
Die Routenplanung

Die Metropolen **Denver** und **Salt Lake City** breiten sich direkt am Fuße der Rocky Mountains aus, und ihre beiden Airports sind ideale Ausgangspunkte für Touren durch die Rockies. Autofahren ist in den USA kein Problem, die Verkehrsregeln entsprechen im Wesentlichen den unseren, und auf den ausgezeichneten Highways lassen sich auch größere Entfernungen bequem zurücklegen. In der Regel fließt der Verkehr angesichts weiter, dünnbesiedelter Regionen hervorragend. Auch die wenigen Ortsdurchfahrten mit ihren typisch amerikanisch breiten, geraden Hauptstraßen halten kaum auf. Ausnahmen bilden die Autobahnen und Ausfallstraßen mit dem Berufsverkehr von Denver.

Vorausschauende Fahrtenplanung lohnt sich, denn beispielsweise in den beliebtesten Nationalparks wie Glacier, Rocky Mountain und Yellowstone entgeht man zur Hauptsaison nur durch eine rechtzeitige An- und Abfahrt dem dichten Verkehr und den Parkplatzproblemen. Die beschriebenen Routen sind durchweg asphaltiert – ab-

Mondäne Idylle in den Rocky Mountains: Aspen

»Reiseland Rocky Mountains«: Die Routenplanung

Denver, die Metropole der Rockies, vom Mount Evans gesehen

gesehen von der Straße nach Cripple Creek, die man bequem auf einer Asphaltstraße umgehen kann.

Allein die Größe der über die fünf Bundesstaaten Colorado, Idaho, Montana, Utah und Wyoming mit Abstechern nach South Dakota und Nebraska ausgedehnten Reiseregion macht Tagesetappen von durchschnittlich 300 Kilometern notwendig, was allerdings – wie oben schon ausgeführt – bei den gut ausgebauten Highways überhaupt keine Probleme bereitet.

Die drei beschriebenen sieben-, neun- bzw. neunzehntägigen **Routen** teilen das Reiseland Rocky Mountains in sinnvolle Einheiten auf, und jede bietet ein abwechslungsreiches, aber stets tagesfüllendes Programm. Die **Zeit- und Kilometerangaben** beziehen sich auf die direkteste Fahrtstrecke mit Aufenthalt an allen Höhepunkten entlang der Route. Sie dienen als Orientierungshilfe zur optimalen Etappeneinteilung. Um den Urlaub nicht in einer anstrengenden »Kilometerfresserei« enden zu lassen, sollte man unterwegs einige **Pausentage** einlegen. Zusätzliche Aktivitäten, etwa ausgedehntere Nationalpark- oder Stadtaufenthalte, zusätzliche Wildwasserfahrten, Bootstouren, Ausritte, längere Wanderungen oder genüßliche Badepausen runden den Aufenthalt richtig ab. Abstecher, aber auch Umwege durch Baustellen, Rundfahrten durch Denver bzw. Salt Lake City oder Zufahrten zu abseitigen Hotels, Campgrounds und Geschäften verlängern erfahrungsgemäß die Fahrtroute um bis zu 20 Prozent.

Die **optimale Reisezeit** für die Rocky Mountains liegt zwischen Ende Juni und Mitte September. Bei früherer Ankunft im Juni fährt man zuerst in den Süden und an-

»Reiseland Rocky Mountains«: Die Routenplanung

schließend gen Norden, umgekehrt im September, dann geht es zunächst nordwärts zum Yellowstone. Die Ziele in den Prärien östlich der Rockies sind von Mai bis Oktober schneefrei, wenn auch einige Attraktionen außerhalb der Hochsaison stark eingeschränkte Öffnungszeiten aufweisen. Bei Aufenthalt im Yellowstone und drei weiteren Nationalparks lohnt sich bereits der Kauf eines »**National Parks Pass**«, der ab Kaufdatum für ein Jahr Eintritt zu sämtlichen 367 Parks und Monuments des US National Park Service gewährt.

Die **Infoseiten** zu den einzelnen Kapiteln übermitteln die wichtigsten Daten und Fakten von Hotels, Motels, Restaurants und Campingplätzen, Bed & Breakfasts und Gästeranches. Sie führen die Attraktionen und regionaltypischen Besonderheiten wie Wanderungen und Bootstouren, Sport- und Erholungsmöglichkeiten auf und erleichtern es, persönliche Vorlieben in den Verlauf der Reise einzuflechten. Außerdem erhält man dort nützliche Hinweise auf Abstecher, Alternativen und Zusatztage.

Routenvorschläge ohne Pausentage

13 Etappen (in der untenstehenden Karte blau eingezeichnet)
Ab/bis Denver: Zunächst die blaue Route »Südliche Rocky Mountains« und anschließend die Etappen 14–19 der roten Route »Zentrale Rocky Mountains« bis Flaming Gorge (vgl. Karte in der vorderen Umschlagklappe). Von dort erfolgt die Rückfahrt über die Autobahnen I-80 und I-25.

14 Etappen (grün eingezeichnet)
Ab/bis Salt Lake City: Zunächst die Etappen 1–5 der Route »Zentrale Rocky Mountains« zum Yellowstone National Park, anschließend die komplette grüne Route »Nördliche Rockies«. Ab Idaho Falls erfolgt die Rückfahrt über die Autobahn I-15 nach Salt Lake City.

20 Etappen (rot eingezeichnet)
Ab/bis Denver oder Salt Lake City: komplette Route »Zentrale Rockies« mit Besuchstag Denver (Route »Südliche Rockies«, Etappe 1).

24 Etappen (in der Karte S. 19 rot eingezeichnet)
Ab/bis Denver, Start genauso gut ab Salt Lake City möglich: nach Besuchstag Denver (vgl. oben) zunächst Etappen 14–19 der Route »Zentrale Rockies« nach Salt Lake City, danach

»Reiseland Rocky Mountains«: Die Routenplanung

Etappen 1–5 zum Yellowstone National Park und Rundfahrt über die Route »Nördliche Rockies«, weiter ab Yellowstone National Park auf Etappe 6 der »Zentralen Rockies«, dann in zwei im Buch nicht beschriebenen Tagen von Cody über Thermopolis – Lander – Laramie – Cheyenne quer durch Wyoming nach Denver.

26 Etappen (blau eingezeichnet)
Ab/bis Denver oder Salt Lake City: Route »Zentrale Rockies« mit »Südlichen Rockies« als Verlängerung.

29 Etappen (grün eingezeichnet)
Ab/bis Denver oder Salt Lake City: Route »Zentrale Rockies« als Basis mit Route »Nördliche Rockies« als Verlängerung und Besuchstag Denver (»Südliche Rockies«, 1. Etappe).

Angehöriger der Crow-Indianer

Chronik
Daten zur Geschichte der Region

Um 10 000 v. Chr. Sibirische Jäger und Sammler gelangen über die seinerzeit trockene Bering-Landbrücke nach Alaska. Später ziehen ihre Nachkommen auch in südlichere Gefilde Nordamerikas. In den Rocky Mountains und den kargen, ausgedehnten Prärien lebt nur eine vergleichsweise kleine, nomadische Bevölkerung, die allenfalls an den Flussläufen etwas Landwirtschaft betreibt. Ohne die erst viel später von den Europäern eingeführten Pferde müssen die Indianer alles zu Fuß oder mit kleinen Hundeschlitten transportieren.

Ab 4 000 v. Chr. Die Prärieindianer entwickeln eine ausgeklügelte Bisonjagdtechnik, bei der sie die mächtigen Tiere in Panik versetzen, über einen Steilabbruch hetzen und in die Tiefe stürzen lassen *(buffalo jump)*. Manchmal kommen dabei ganze Herden zu Tode, obwohl die Indianer nur einen Teil der erlegten Tiere verarbeiten können. Dafür schwelgen sie nach erfolgreicher Bisonjagd einige Wochen im Überfluss.

Indianische Bisonjagd auf einem Stich von 1844

Mitte des 6. Jh. Während der Periode der Korbflechter *(Basket Makers)* leben die frühen Anasazi im Mesa Verde National Park in festen Grubenbehausungen. Sie flechten Körbe zum Transport von Wasser und zur Aufbewahrung von Speisen und anderen Gegenständen, sogar zum Kochen werden bestimmte Körbe benutzt.

Um 1000 Mit Adobeziegeln errichten die Anasazi erste Pueblos. Die um einen Innenhof arrangierten mehrstöckigen Gebäudekomplexe markieren endgültig den Sprung von der Korbflechter-Periode in eine neue Kulturstufe. Mit fein dekorierter Zeremonienkeramik wird die Töpferei zur Perfektion gebracht.

13. Jh. Blütezeit der Pueblo-Kultur im Mesa Verde: Die Anasazi verlassen die Hochebenen und erbauen die noch heute erhaltenen *cliff dwellings* in den Felsenhöhlen der Canyons, die oft nur über Leitern oder in den Fels

Chronik: Daten zur Geschichte der Region

	gehauene Fuß- und Handgriffe erreichbar sind. Dort sind sie vor Wind und Wetter ebenso wie vor Feinden geschützt. Die *kivas*, die halb unterirdischen Zeremonienräume, haben sich vermutlich aus den alten Grubenbehausungen entwickelt.
Um 1300	Die Cliff Dwellings werden von den Anasazi urplötzlich verlassen. Da sich die Gebäude selbst heute noch relativ unversehrt in den Canyons bewundern lassen, entfallen Kriege als Ursache höchstwahrscheinlich. Vielleicht ist es die große Trockenheit, die von 1276 bis zum Ende des Jahrhunderts die Mesas im Würgegriff hält. Andere Beweggründe für den Fortzug könnten Platzmangel in den engen Canyons, die fortschreitende Bodenerosion oder gar religiöse Motive sein. Jedenfalls verschwinden die Anasazi spurlos, sie vermischen sich vermutlich mit den Indianern im Bereich des Rio Grande weiter südöstlich.
1492	Christoph Kolumbus landet auf den Bahamas und »entdeckt« somit Amerika, das er allerdings fälschlicherweise für Indien hält, weswegen er die Menschen dort »Indianer« nennt.
1540	Francisco Vásquez de Coronado macht sich von Mexiko aus auf die Suche nach den mythischen »Sieben Städten von Cíbola«, die voller Gold und Silber sein sollen, sich aber als eher ärmliche Höhlen- und Pueblo-Dörfer entpuppen. Seine Expedition gelangt auch in das südöstliche Colorado, wo seine Männer als erste Europäer in Kontakt mit bisonjagenden Prärieindianern kommen.
1682	Während der bedeutendsten französischen Entdeckungsfahrt auf dem Boden der heutigen USA erkundet René Robert Cavelier Sieur de LaSalle den Flusslauf des Mississippi von der Höhe der Großen Seen bis zu dessen Mündung in den Golf von Mexiko. Er nimmt das Land unter dem Namen »Louisiana« für Frankreich in Besitz.
Um 1700	Crow, Kiowa und Kiowa-Apachen siedeln sich in den Black Hills an und leben dort das nächste Jahrhundert in relativem Einvernehmen miteinander.
Um 1730	In den nördlichen Prärien gelangen die Indianer allmählich in den Besitz von Pferden, die ursprünglich aus dem spanischen Mexiko stammen.
1739	Die französischen Erforscher Pierre und Paul Mallet erblicken im Bereich des Arkansas River in Colorado als vermutlich erste Weiße die Bergriesen der zentralen Rocky Mountains.
Um 1740	Bei den nomadischen Prärieindianern sind weiträumige Völkerwanderungen durchaus keine Seltenheit. Eine der bedeutendsten ist die Westwärtsbewegung der aus Minnesota stammenden Sioux; schwächere Stämme weichen ihrem Ansturm, so ziehen die Cheyenne z.B. weiter westlich in die Black Hills.
1741–43	Als erste Europäer erreichen der französische Pelzhändler Pierre de la Vérendrye und seine Söhne Francois und Louis-Joseph von Kanada aus Montana, South Dakota und Wyoming.
1756–63	Nach der Niederlage im Siebenjährigen Krieg (French and Indian War) tritt Frankreich Louisiana ab, Spanien erhält den Teil westlich des Mississippi bis zu den Rocky Mountains.

Chronik: Daten zur Geschichte der Region

1776	Im heutigen Dinosaur National Monument entdecken die Franziskanerpater Francisco Atanasio Dominguez und Silvestre Velez de Escalante den Green River.
	An der Ostküste erklären die 13 britischen Kolonien als Vereinigte Staaten von Amerika die Unabhängigkeit von ihrem Mutterland.
Anf. des 19. Jh.	Ausgerechnet zwei europäische Importe, Pferde und Waffen, tragen zur Blütezeit der Prärieindianer bei. Durch die nun voll ausgereifte Reiterkultur in den Prärien kommt der anhaltende Niedergang der Indianer zu einem vorübergehenden Stillstand. Jetzt können sie viele Kilometer auf Pferderücken zurücklegen und mit den durch Tausch erworbenen modernen Waffen weiträumige Jagden und Kriegszüge unternehmen. Insbesondere die gefürchteten Comanchen stoppen mit ihrer perfekten Reiterkampftaktik die spanische Besiedlung in den südlichen Prärien. Zum mächtigsten Stamm der Prärien entwickeln sich allerdings die Sioux weiter nördlich. Sie kommen durch den Tausch von Bisonfellen, für die sie von den Weißen Waffen und andere Handelsgüter erhalten, zu Wohlstand und überrennen gut bewaffnet ihre indianischen Gegner.
1801	Unter Napoleons Druck wechselt Louisiana aus spanischem in französischen Besitz, aber die Franzosen können die neuerworbene Kolonie nicht unterhalten.
1803	Im Louisiana Purchase kaufen die USA das knapp zwei Millionen Quadratkilometer große französische Louisiana für 15 Millionen Dollar von Frankreich. In einer der größten friedlichen Landübergaben in der Geschichte wird das bisherige US-Territorium praktisch verdoppelt.
	Nach knapp drei Jahrzehnten andauernder Kämpfe erobern die westlichen Sioux, auch Teton- oder Lakota-Sioux genannt, die Black Hills und vertreiben die dort ansässigen Indianerstämme.
1804–06	Bisher haben praktisch nur Franzosen und Spanier zur Erkundung des Westens beigetragen. Um als Amerikaner Präsenz zu zeigen, brechen Meriwether Lewis und William Clark mit insgesamt 31 Personen zur spektakulärsten Expedition der jungen USA auf. Die Captains der US Army folgen weitgehend dem Missouri River flussaufwärts und gelangen auf der Westseite der Rocky Mountains über den Columbia River nach 18 Monaten zum Pazifik und auf ähnlicher Route zurück.
1806	Captain Zebulon Pike kartographiert den Arkansas River und entdeckt in Colorado den markanten Pikes Peak (4 301 Meter). Nirgendwo in den Rocky Mountains schiebt sich ein ähnlicher Bergriese so weit unmittelbar an den Rand der Prärie vor. Er überragt die heutige Großstadt Colorado Springs um fast 2 500 Meter.
1807	John Colter, Trapper und Teilnehmer der Lewis & Clark Expedition, erreicht als erster Weißer die Rocky Mountains in Wyoming. Er verbringt einen Winter im Yellowstone, seine Schilderungen der Geysire und heißen Quellen werden zunächst als Hirngespinste abgetan. An der Mündung des Bighorn River in den Yellowstone River entsteht die erste Pelzhandelsniederlassung in Montana.

Chronik: Daten zur Geschichte der Region

1809	Die Erkundung des amerikanischen Nordwestens erfolgt zum Teil durch kanadische Pelzhändler, die auch die erste Handelsniederlassung in Idaho errichten.
1818	Die Grenzlinie zwischen den USA und Kanada wird festgelegt: auf den 49. Breitengrad vom Lake of the Woods in der kanadischen Provinz Ontario westwärts bis zu den Rocky Mountains. Major Stephen H. Longs Expedition erforscht Colorado, nach ihm wird später der Longs Peak, der mit 4 345 Metern höchste Berg im Rocky Mountain National Park, benannt.
1824	Im entlegenen Landesinneren von Utah entdeckt der Pelzhändler James Bridger den Großen Salzsee. Noch mehr Bedeutung besitzt der von dem Scout Jedediah Smith erkundete South Pass in Wyoming, der sich als einziger Pass über die Rocky Mountains auch mit Planwagen relativ einfach bewältigen lässt.
1825	Als erste Weiße bezwingt eine Gruppe um General William H. Ashley, den Inhaber einer Pelzhandelsgesellschaft, den Green River im heutigen Dinosaur National Monument. Ihre stoßfesten Boote bestehen aus Bisonleder, das über ein Gerüst aus Weidenästen gespannt ist.
1834	Pelzhändler gründen mit Fort Laramie die erste permanente Handelsniederlassung in Wyoming, die später zum wichtigsten Etappenpunkt auf dem Oregon Trail wird.
1841	Über den Oregon Trail erreichen die 69 ersten erfolgreichen Siedler ihr Ziel im Westen. Ab Independence, Missouri, folgen ihnen in den nächsten drei Jahrzehnten rund 400 000 Menschen in Planwagentrecks über den South Pass. In Guernsey im südöstlichen Wyoming haben sich die Spuren der Ochsenkarren und Pferdekutschen in den harten Prärieboden eingekerbt und sind selbst zu Beginn des 21. Jahrhunderts noch deutlich erkennbar.

Going West: Siedlertrecks auf dem Oregon Trail durchqueren den Snake River

Chronik: Daten zur Geschichte der Region

Mit Schulbuch und Telefonleitung unter dem Arm symbolisiert diese Dame den Drang nach Westen (Lithografie von 1872)

1846 Zwischen den USA und Kanada wird die Grenzlinie auf dem 49. Breitengrad von den Rocky Mountains bis zum Pazifik weitergeführt. Die USA erhalten das Oregon Territory (u.a. das heutige Idaho), das sie bis dato gemeinsam mit Großbritannien verwaltet hatten.

1847 Mormonen unter Brigham Young ziehen auf dem Mormon Trail, der zunächst mit dem Oregon Trail gleich verläuft und jenseits des South Pass nach Salt Lake City führt, zum Großen Salzsee in Utah, wo ihr Führer mit dem Ausspruch »This is the place« den eigenständigen Kirchenstaat »Deseret« gründen möchte.

1848 Nach der vernichtenden Niederlage im Krieg gegen die USA tritt Mexiko im Frieden von Guadalupe-Hidalgo u.a. Utah und den westlichen Teil von Colorado an die USA ab.

1849 Die legendären *Forty-Niners*, die Goldsucher des kalifornischen Goldrauschs, folgen dem California Trail, der westlich des South Pass vom Oregon Trail nach Kalifornien abzweigt.

1851 Im Friedensvertrag von Fort Laramie, zu dem rund 10 000 Indianer anreisen, werden den Sioux u.a. die Black Hills als Siedlungsgebiet garantiert. Dennoch dringt die Armee immer wieder in das Indianerland ein.

Chronik: Daten zur Geschichte der Region

1858	Erste Goldfunde in Colorado; am Zusammenfluss von South Platte River und Cherry Creek entsteht eine Zelt- und Hüttensiedlung der Goldgräber, die Keimzelle von Denver.
1859	Mit den reichen Funden in der Gregory Gulch in Cripple Creek setzt der erste große Goldrausch in Colorado ein. Unter dem Slogan »Pike's Peak or Bust« stürmen in der Folgezeit 100 000 Prospektoren zum Osthang der Rocky Mountains.
Um 1860	Noch immer führen die Sioux erfolgreiche Kämpfe gegen andere Indianerstämme, sie vertreiben z.B. die Crow aus den Bighorn Mountains. Mit 25 000 Angehörigen, darunter 5 000 aktive Krieger, sind sie der stärkste Stamm in den Prärien – aber verglichen mit den fast 32 Millionen weißen US-Bewohnern und den stetig ankommenden Goldsuchern stellen sie eine verschwindende Minderheit.
1860/61	Auf ihrem Weg von St. Joseph, Missouri, nach San Francisco nutzen die Reiter des Pony Express weitgehend den Oregon Trail. In nur elf Tagen schaffen sie die knapp über 3 100 Kilometer lange Route. Die Eröffnung der ersten transkontinentalen Telegraphenlinie bereitet den Postreitern jedoch ein schnelles Ende.
1861–65	Im Sezessionskrieg zwischen Nord- und Südstaaten, auch Amerikanischer Bürgerkrieg genannt, kämpfen die sklavenhaltenden Konföderierten Staaten (Süden) gegen die Unionsstaaten (Norden). Die »Yankees« aus dem Norden stehen schließlich auf der Siegerseite.
1862	Präsident Lincoln unterzeichnet ein Anti-Bigamie-Gesetz für die Territorien des Westens, das in erster Linie auf die Abschaffung der Polygamie bei den Mormonen abzielt.
1863	Bill Fairweather, Henry Edgar und vier andere Prospektoren finden Gold am Alder Creek bei Virginia City, Montana. Der größte Goldrausch Montanas zieht 10 000 Menschen an.
1866	Am Bozeman Trail zu den Goldfeldern in Montana errichtet die US-Armee drei Forts. Der stark frequentierte Weg führt durch die Jagdgründe der Sioux-Indianer, die sich unter Häuptling Red Cloud zur erbitterten Gegenwehr organisieren und insbesondere das Fort Phil Kearny im benachbarten Wyoming belagern.
	In der Fetterman Battle bei Fort Phil Kearny werden Captain William J. Fetterman und seine 81 Mann starke Truppe in eine Falle gelockt und komplett vernichtet. Sie hatten entgegen offiziellen Anweisungen die Sioux unter Crazy Horse und Red Cloud auch außerhalb der Sichtweite des Forts mit aller Macht verfolgt.
1867	Beim *Wagon Box Fight* greifen die Sioux einen Trupp Soldaten von Fort Phil Kearny an. Zur Verteidigung lässt Captain J.N. Powell mit *wagon boxes*, Kutschaufbauten, eine Wagenburg für seine Truppe erbauen. Die indianische Taktik, den Beschuss andauernd herauszufordern und mit dem entscheidenden Angriff bis zum Erlahmen der gegnerischen Feuerkraft zu warten, schlägt in der schnellen Schussfrequenz der modernen Repetiergewehre fehl. Unter großen Verlusten ziehen sich die Sioux zurück.

Chronik: Daten zur Geschichte der Region

1868	William Frederick Cody (1846–1917) wird als Bisonjäger unter dem Beinamen »Buffalo Bill« berühmt. Täglich erlegt er bis über 100 Tiere. Der erneute Friedensvertrag von Laramie beendet die Kriegshandlungen zwischen Weißen und den mächtigen Sioux. Auf dem Papier macht die US-Armee erhebliche Zugeständnisse, sie schleift ihre Forts auf dem Bozeman Trail, den Sioux wird der Besitz der Black Hills und weiter Teile der Prärien garantiert. Tatsächlich können die Weißen aber aus strategischen Gründen gut auf den Bozeman Trail verzichten, weil mit den neu erbauten Eisenbahnen viele Ziele schneller und sicherer erreicht werden. In den weitgehend ruhigen Jahren nach dem Friedensvertrag von Laramie hält sich keine Seite strikt an die Vertragsbedingungen. Weiße dringen auf der Suche nach Gold und Siedlungsland auf Indianerterritorium vor. Demgegenüber verbringen Prärieindianer oft nur den Winter in den Reservationen. Im Sommer streifen sie weiterhin durch ihre traditionellen Jagdgründe, wo sie trotz der Friedensjahre eine dramatische Verschlechterung ihrer Lebensgrundlagen feststellen müssen. Weiße haben vor allem die Bisons gnadenlos abgeschlachtet und den Bestand vieler anderer Wildtiere auf den immer dichter besiedelten Prärien stark dezimiert.
1869	Im Mai feiert man am Promontory Summit am Great Salt Lake im Norden Utahs mit dem Einschlagen des »Golden Spike«, des letzten, goldenen Nagels, die Vollendung der transkontinentalen Union/Central Pacific Railroad. Mit der Eisenbahn verlieren der Oregon Trail sofort und die Postkutschenrouten etwas später ihre Bedeutung. Im Dezember erlangen Wyomings Frauen als erste in den USA das Wahlrecht. Das bevölkerungsarme Gebiet braucht jede Stimme, denn nur bei einer ausreichenden Anzahl an Wahlberechtigten wird ein Territorium zum eigenständigen Bundesstaat deklariert.
1870	Um Frauen nach Wyoming zu locken, garantiert Senator William H. Bright, der in South Pass City einen Saloon besitzt, ihnen auch das Recht auf politische Ämter. Esther Morris aus South Pass City, federführende Verfechterin des Frauenwahlrechts, wird schließlich erste Friedensrichterin der USA. Passend verleiht sich Wyoming den schmückenden Beinamen »Equality State«, »Staat der Gleichberechtigung«. Eine Expedition unter Henry D. Washburn erkundet das Gebiet des heutigen Yellowstone National Park. Zu ihnen zählt Nathaniel P. Langford, später auch der erste Direktor des Parks, der sich unmittelbar nach Rückkehr um den Schutz des Gebietes bemüht.
1871	Erneute Expedition in den Yellowstone unter dem Geologen Dr. Ferdinand V. Hayden. Zu den Teilnehmern gehören der Maler Thomas Moran und der Landschaftsfotograf William Henry Jackson, die mit ihren Bildern die Schönheit der Region für die Nachwelt festhalten.
1872	Der Yellowstone im Nordwesten Wyomings, der an seinen westlichen und nördlichen Rändern bis nach Montana und Idaho hineinreicht, wird der erste Nationalpark der Welt. Er besitzt rund 10 000 thermal aktive

	Stellen, davon knapp 300 Geysire, heiße Quellen, Schlammtöpfe und Fumarolen sowie einen einzigartigen Wildreichtum.
1874	Colonel George Armstrong Custer erkundet im Rahmen einer Expedition Teile der Black Hills. Goldsucher unter den Expeditionsteilnehmern stoßen im French Creek auf das begehrte Edelmetall und initiieren den *Black Hills Gold Rush*. Als in den Folgejahren Zehntausende von Prospektoren in die Black Hills strömen, wird das Indianerland entgegen vertraglicher Vereinbarungen endgültig den Weißen geöffnet, später sogar den Indianern enteignet.
1875	Leadville prosperiert zur größten Silberboomstadt Colorados, Minenbesitzer wie Horace Austin W. Tabor werden quasi über Nacht zu neuen Millionären.
1876	In der Battle of the Little Bighorn in Montana unterliegen Lieutenant Colonel George A. Custer und 286 Soldaten des 7. Kavallerieregiments den Sioux- und Northern-Cheyenne-Indianern unter Sitting Bull und Crazy Horse. Der größte Sieg der Prärieindianer ist zugleich ihr letzter. Mit brutaler Härte bügelt die US-Armee ihre Scharte aus. Sie zerstört systematisch alle Dörfer und Wintervorräte der Sioux, die sich hungernd und frierend innerhalb eines Jahres bedingungslos ergeben müssen. Sitting Bull rettet sich über die Grenze nach Kanada, kehrt aber später in die USA zurück.
1877	In Oregon fordert die US-Armee die Nez-Percé-Indianer zur Umsiedlung auf. Daraufhin fliehen rund 750 Indianer, unter ihnen 250 Krieger, vor dem Militär. Sie können sich der Umklammerung durch Gewaltmärsche entziehen und bei Kämpfen ihre Verfolger immer wieder abschütteln. Nach fast 1 800 Kilometern und vier Monaten Flucht durch Oregon, Idaho, Wyoming und Montana ergeben sie sich schließlich kurz vor der rettenden kanadischen Grenze. In der Red Cloud Indian Agency in Nebraska wird der Sioux-Häuptling Crazy Horse in einem Tumult unter nicht genau geklärten Umständen erstochen.
1881	In South Dakota wird die Wind Cave im heutigen Wind Cave National Park entdeckt. Starke Windgeschwindigkeiten von bis zu 80 Stundenkilometern am Höhleneingang geben ihr den Namen.
1882	Mit der Anaconda Mine im Großraum Butte, Montana, wird die ergiebigste Kupfermine der Welt erschlossen. Die Kupferbarone William A. Clark und Marcus Daly kämpfen um die Vormacht auf »dem reichsten Hügel der Welt«.
1883	Uraufführung von Buffalo Bills »Wild West Show« mit Hunderten von Pferden, Rindern, Bisons und genauso vielen weißen und indianischen Darstellern, darunter auch gelegentlich dem legendären Siouxhäuptling Sitting Bull. Rodeodarbietungen, Schießübungen, Trickreiten, fingierte Indianer- und Banditenüberfälle etc. glorifizieren die Figur des Cowboys und das Leben im Westen. Die Show wird zum Kassenschlager sowohl in den USA als auch später in Europa und begründet Buffalo Bills Ruf als Western-Kultfigur.

Chronik: Daten zur Geschichte der Region

1888	Entdeckung der ersten Cliff Dwellings von Mesa Verde durch die Cowboys Charles Mason und Richard Wetherill. Mit großem Interesse erfährt die staunende Weltöffentlichkeit von einer einst blühenden, längst vergessenen Indianerkultur, deren Stätten 1906 zum Nationalpark und später zum Weltkulturerbe deklariert werden.
1890	Unter den deprimierten Prärieindianern gewinnt die Geistertanzbewegung, zu deren Vertretern auch der einflussreiche Sitting Bull zählt, erheblich an Zulauf. Mit der Verhaftung des Sioux-Häuptling versucht die US-Armee die aufkeimenden Zeremonien zu beenden. Doch der Indianerpolizist Red Tomahawk erschießt Sitting Bull bei der Festnahme. Aus Furcht vor Übergriffen der Armee ziehen sich viele Sioux in das entlegene Hinterland zurück, wo 500 Soldaten unter Colonel James Forsyth das Zeltlager von Häuptling Big Foot umstellen. Nach einem Handgemenge schießt die Armee im letzten Kampf der Indianerkriege mit Maschinengewehren auf das Camp. Am Wounded Knee Creek in South Dakota sterben in einem großen Massaker 153 Sioux, davon über die Hälfte Frauen und Kinder.
1891	Eine rote Zahnradbahn verkehrt regelmäßig zwischen der Talstation in Manitou Springs, Colorado, und der Gipfelstation des Pikes Peak.
1892	Wyoming erlebt einen blutigen Übergang von der *open range* mit frei laufenden Rindern auf offenen Weiden zur abgezäunten Landwirtschaft der Kleinfarmer, die sich zum Ärger der Großrancher darüber hinaus auch noch das eine oder andere nicht markierte Rindvieh einverleiben. Bei Open Ranges kann nämlich erst mit dem Brandzeichen ein Besitzanspruch auf das Tier erhoben werden.
	Im Johnson County War greifen die Großrancher schließlich zur Selbstjustiz nach klassischer Westernmanier – angeheuerte texanische Revolvermänner ermorden einige Kleinfarmer. Bei der anschließenden Vergeltung durch den Sheriff und die Siedler des Johnson County wird nur durch den Einsatz von Bundestruppen ein Blutbad verhindert. Obwohl die texanischen Eindringlinge sogar eine »Abschussliste« mit sich führen, entgehen sie einer Verurteilung. Vermutlich haben die Viehbarone ihren gesamten politischen Einfluss vor Gericht geltend gemacht.
1893	Nach dem großen Börsencrash im Juni fallen die Preise für Silber ins Bodenlose. Die US-Regierung stellt die staatlichen Silberaufkaufgarantien ein. Im Kollaps des Silbermarktes verlieren viele Silberbarone, wie auch Horace W. Tabor, ihr gesamtes Vermögen, Städte wie Aspen, Georgetown oder Leadville sind ruiniert. Die drohende Rezession in Colorado wird durch Cripple Creek abgewandt, wo zur gleichen Zeit einer der größten Goldräusche in den USA ausbricht.
1896	Nachdem die Mormonen der Polygamie abgeschworen haben, wird Utah zum eigenständigen Bundesstaat der USA deklariert.
1897	In Cheyenne, Wyoming, beginnen die *Cheyenne Frontier Days*, deren Rodeotradition sich bis heute fortsetzt. Bekannte Rodeogrößen kämpfen bei *saddle bronc riding, steer wrestling, calf roping* etc. um beträchtliche Preisgelder.

Chronik: Daten zur Geschichte der Region

Gemalte Geschichte: als der Proviant noch mit Packtieren kam

Um 1900	Nach einer brutalen Ausrottungsjagd bleiben von rund 60 Millionen Bisons, die bei Ankunft der Weißen vier Jahrhunderte zuvor auf den Prärien grasten, nur noch rund 1 000 Tiere übrig.
1909	Auf dem Gebiet des Dinosaur National Monument in der Grenzregion Utah/Colorado stößt der Paläontologe Earl Douglass vom Carnegie Museum in Pittsburgh, Pennsylvania, auf die Schwanzknochen eines Brontosauriers. In einer der reichsten Fundstätten Nordamerikas werden in den nächsten 15 Jahren mehrere vollständig erhaltene Skelette und insgesamt 315 Tonnen Knochen von zehn Dinosauriergattungen entdeckt.
1924	Die US-Regierung deklariert die Indianer zu amerikanischen Staatsbürgern, die aber erst 24 Jahre später das Wahlrecht in allen Bundesstaaten erlangen.
1925	Erste Gouverneurin eines Bundesstaates wird Nellie Tayloe Ross aus Cheyenne, Wyoming, die das Amt ihres Mannes übernimmt.
	Am Gros Ventre River südöstlich des Grand Teton National Park staut ein riesiger Erdrutsch den Gros Ventre River zu einem See auf. Zwei Jahre hält der natürliche Staudamm aus Geröll, Schlamm und Bäumen, bevor er zerbricht und in seinen Fluten das Örtchen Kelly mit sechs Todesopfern versinkt.
1927	Aus dem Granit des Mount Rushmore, South Dakota, schlägt der Bildhauer Gutzon Borglum mit bis zu 400 Arbeitern die vier Präsidenten-

Chronik: Daten zur Geschichte der Region

Mormonenstadt Salt Lake City: Zwischen Assembly Hall (links) und Tempel liegt das Tabernakel, auf dem Denkmal steht Brigham Young

porträts von George Washington, Thomas Jefferson, Theodore Roosevelt und Abraham Lincoln. Die Arbeiten enden 14 Jahre später mit Borglums Ableben; und der ursprüngliche Plan, die Skulpturen bis zur Taille zu gestalten, wird fallen gelassen. Doch auch die fertig gestellten, vom Kinn bis zur Stirn 18 Meter hohen Gesichter haben bereits enorme Dimensionen.

1932 Eröffnung der Going-to-the-Sun Road in Montanas Glacier National Park – die 84 Kilometer lange Hochgebirgsstraße mit ihren vielen engen Kurven gilt als technische Meisterleistung.

1935 In vielen Nationalparks helfen Angehörige des unter Präsident Franklin Delano Roosevelt geschaffenen Civilian Conservation Corps (CCC) im Rahmen von Arbeitsbeschaffungsprogrammen. Sie errichten Wanderwege, Campingplätze, Straßen und andere touristische Infrastruktur. Als einer der ersten Skiorte der USA entsteht Ketchum/Sun Valley in Idaho.

1949 Unter Leitung des Bildhauers Korczak Ziolkowski und seiner Familie beginnen die Arbeiten am Crazy Horse Memorial. Die Riesenskulptur des mit ausgestrecktem Arm über eine wehende Pferdemähne gebeugten Sioux-Häuptlings Crazy Horse soll bei ihrer geplanten Fertigstellung Mitte des 21. Jahrhunderts gigantische 172 Meter hoch und 195 Meter lang sein.

Chronik: Daten zur Geschichte der Region

1950	In Aspen, Colorado, finden die ersten Alpinskiweltmeisterschaften auf amerikanischem Boden statt. Mit vier populären Skigebieten wird die Stadt zur exklusivsten Wintersportregion der Rockies.
1951	Südöstlich von Arco, Idaho, produziert der Experimental Breeder Reactor No. 1 erstmals kommerziell verwendbaren Atomstrom. Als erste Stadt der Welt erhält Arco Nuklearstrom.
1959	Ein schweres Erdbeben erschüttert die Region am Madison River in Montana nordwestlich des Yellowstone National Park. Ein mächtiger Erdrutsch verschüttet 28 Autoinsassen und staut den Fluss zum Earthquake Lake auf.
1974	Bei Ausschachtungsarbeiten in Hot Springs, South Dakota, werden in einer der weltgrößten Mammutfundstätten rund 50 Skelette freigelegt und zum Teil an Ort und Stelle ausgestellt.
1983	In einem der schwersten Erdbeben der Region entsteht südöstlich von Challis, Idaho, längs der Westseite der Lost River Range ein 34 Kilometer langer Bruchgraben.
1988	Jahrhundertbrände vernichten im Yellowstone National Park rund 36 Prozent des Waldbestandes. Sie entfachen landesweite Diskussionen um die Frage, ob Feuer in Nationalparks bekämpft oder der Natur ihr freier Lauf gelassen werden soll. Größere Tiere kommen kaum zu Schaden, und auf den verbrannten Waldflächen regt sich schon im nächsten Sommer wieder junges Pflanzenleben.
1989	Aus den Gewinnen neu eröffneter Spielkasinos wird die erfolgreiche Altstadtsanierung in Deadwood, South Dakota, finanziert. Dank eines der größten Restaurierungsprojekte in den USA entwickelt sich die Stadt zu einem hübschen Touristenörtchen. In den Folgejahren hauchen Einnahmen aus dem Glücksspiel auch frisches Leben in die einstigen Goldrauschorte Cripple Creek und Central City in Colorado.
1995	Mit dem neu eröffneten Denver International Airport besitzt die Rocky-Mountains-Metropole den zehntgrößten Flughafen der Welt.
1999	In Colorado wird die Schlucht des Black Canyon of the Gunnison zum 55. Nationalpark der USA erklärt.
2000	Die Great Sand Dunes, die höchsten Sanddünen Nordamerikas, werden in Colorado zum Nationalpark deklariert.
2002	In Salt Lake City finden die Olympischen Winterspiele statt.
2004	Mit 170 Wölfen, davon 60 Neugeborene, ist die 1995 begonnene Wiedereinführung der Wölfe im Yellowstone National Park erfolgreich verlaufen.
2006	Anfang März hat der Kinofilm »Brokeback Mountain« Premiere. Der Bestseller basiert auf dem Buch der aus Wyoming stammenden Autorin Annie Proulx und beschreibt die Liebe zweier Cowboys zueinander im Wyoming der 1960er Jahre. Ausgezeichnet wird das Werk mit drei Oscars und vier Golden Globes. Am Ende des Sommers wird die populäre Jackson Hole Aerial Tram auf dem Rendezvous Mountain nach 40 unfallfreien Jahren aus Altersgründen außer Dienst gestellt.

DIE SÜDLICHEN ROCKY MOUNTAINS

❶ Die »Mile High City«
Denver – Metropole der Rockies

1. Programm: Denver

Vormittag   Besuch des **State Capitol**, danach zum **Civic Center Park**, in dessen Umfeld auch das **Colorado History Museum**, das **Denver Art Museum** und die **U.S. Mint** liegen. Anschließend auf dem Tremont Place über die Fußgängerzone **16th Street Mall** hinweg zur 17th St. mit dem **Brown Palace Hotel**, zurück zur Mall und dort weiter bis **Tabor Center**, links abbiegen auf die **Larimer St.**, an **Writer** und **Larimer**

Denver

	Square vorbei zum **Cherry Creek**, auf dem Fußweg entlang von Cherry Creek und South Platte River zum **Downtown Aquarium**.
Abend	Dinner im Bereich **Lower Downtown (LoDo)** mit zahlreiche Kneipen und Restaurants.

Endlich – das Herz schlägt schneller – am Horizont erheben sich die oft bis in den Sommer hinein schneebedeckten Rockies, für viele Traumziel seit der frühesten Jugend. Und wie ein Pendant der zackigen Rocky-Mountains-Gipfel tauchen die weißen Dachkonstruktionen des modernen Denver International Airport auf, der 1995 aus dem Prärieboden hochgezogen wurde.

Der Landeanflug zeigt deutlich, dass Denver nicht *in*, sondern unmittelbar *vor* den Rocky Mountains liegt.

Die 555 000 Einwohner zählende Metropole erstreckt sich am äußersten westlichen Rand der baumlosen High Plains, die den mittleren Teil der USA und auch das östliche Drittel von Colorado einnehmen. Westlich der Stadt verschwinden die Großen Ebenen fast

Facettenreiche Fassaden: Alt und Neu in Denvers Stadtbild

Denver: Geschichte

ansatzlos in den bis zu 3 300 Meter hohen Foothills – und als weitere Steigerung rückt direkt hinter diesen Vorbergen der 4 346 Meter hohe Mount Evans aus der Front Range der Rocky Mountains ins Blickfeld.

Denver präsentiert mit Selbstbewusstsein und Charisma seine vielfältigen Facetten und vereint so reizvoll den Pioniergeist des Westens mit lebhaftem kosmopolitischen Flair. Aufgrund seines milden, trockenen Klimas, der nahen Berge und der vielfältigen Wirtschafts-, Freizeit- und Kulturangebote zieht es Junge und Alte, Geschäftsleute und Touristen gleichermaßen an.

Denvers Geschichte begann 1858, als am Zusammenfluss von South Platte River und Cherry Creek die erste Zelt- und Hüttensiedlung der Goldgräber entstand. Obwohl diese sich schon bald profitableren Fundorten in den Bergen zuwandten, gedieh der Ort und wurde 1861 Hauptstadt des Colorado Territory. Und weil es seinerzeit im Wilden Westen an vernünftiger Beschäftigung und Abwechslung mangelte, schossen Saloons, Bordelle und Spielhöllen wie Pilze aus dem Boden und lockten Cowboys, Banditen, Sheriffs, ja selbst brave Bürger in ihre Wände und Gemächer.

Der *frontier spirit*, der Geist des Zupackens, des Sich-selber-Helfens und Nicht-Verzagens, war in Denver von Anfang an stark ausgeprägt. Und als die Union Pacific Railroad ihre Transkontinentalstrecke in den 1860er Jah-

Sitz der Regierung von Colorado: das State Capitol in Denver

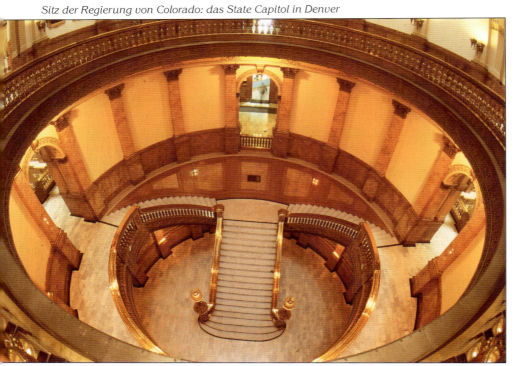

Denver: Geschichte; State Capitol, Civic Center Park

ren nicht durch Colorado, sondern über das benachbarte Wyoming nach Kalifornien führte, erbaute die Stadt als Anschluss-Stück kurzerhand ihre eigene Bahnlinie nach Cheyenne, Wyoming. Da verwundert es nicht, dass das selbstbewusste, wohlhabende Denver 1876 Hauptstadt des Bundesstaates Colorado wurde.

Silberfunde in den Bergen lösten den nächsten Boom aus, in dessen Folge ließen sich Silberbarone prunkvolle Villen auf den Capitol Hill setzen, von denen heute einige als luxuriöse Bed & Breakfasts Einblicke in die opulente Vergangenheit geben. Die Dollars der Silberbarone machten Denver mit Parks, Springbrunnen und Statuen zur elegantesten Stadt im Umkreis von tausend Kilometern. In der Achterbahnfahrt seiner Geschichte erlebte Denver mit der Silberpanik 1893 einen nie erahnten Tiefpunkt, aber Goldfunde im nahen Cripple Creek katapultierten die Ökonomie schon bald darauf wieder in neue Höhen.

Während die Minenstädte in den Bergen nach jedem wirtschaftlichen Niedergang *(bust)* im Nichts versanken, profitierte Denver von jedem einzelnen Gold- und Silberboom, denn hier liefen alle Fäden zusammen. Als Wirtschaftszentrum der Rockies entwickelte es sich zur – allerdings bemerkenswert ruhigen – Metropole. Erst der Energie- und Hightechboom in den 1980er Jahren brachte Denver rapide steigende Einwohnerzahlen, finanziellen Wohlstand und ein attraktives Gesicht, u.a. mit einer neu gestalteten Fußgängerzone und einer Skyline mit den höchsten Wolkenkratzern weit und breit.

Leider ist die Aussichtsterrasse unter der goldenen Kuppel des **State Capitol** seit 2001 geschlossen, sonst könnte man den Blick auf die Skyline im Norden und die nahen Rocky Mountains im Westen genießen und von dort oben jeden Gipfel aus der gezackten Bergkette identifizieren. An der 13. Stufe der westseitigen Außentreppe wird die exakte Meereshöhe von einer Meile (1 609 Meter) markiert.

Hinter der Westseite des State Capitol beginnt der von Hochhäusern umstandene **Civic Center Park**, in dem die Statue des **Bronco Buster** an die Rodeotradition und das **Pioneer Monument** an die Prospektoren von 1859 erinnern. Der Park im Herzen von Downtown ist häufig Schauplatz von Veranstaltungen, und das der Antike nachempfundene griechische Amphitheater dient als Kulisse für öffentliche Konzerte. Denvers multikulturelle Bevölkerung mit Lateinamerikanern, Chinesen und Amerikanern aus allen Teilen des Landes feiert hier gern ihre Feste, eines der vielfältigsten ist People's Fair im Juni.

Wir besuchen zuerst das **Colorado History Museum**, das mit einem Diorama des Stadtbilds von 1860, Fotografien und anderen Relikten aus dem 19. Jahrhundert die Zeit des Gold- und Silberbooms und die Geschichte der Cowboys, Goldsucher, Indianer und Rancher in der Rocky Mountain Front Range etc. vergegenwärtigt. An den Civic Center Park grenzt auch das architektonisch innovative, festungsähnliche Gebäude des **Denver Art Museum** mit seiner 28-seitigen Fassade aus facettierten Glasbausteinen, das 2006 aufwändig erweitert wurde. Der Schwerpunkt der 40 000 Kunstwerke zählenden Kollektionen liegt auf den anschaulich präsentierten indianischen Kunst- und Gebrauchsgegenständen.

Gleich in der Nachbarschaft befindet sich die **U.S. Mint**, die nationale Münzanstalt und Goldlagerstätte. Im Rahmen einer Führung kann man von der Gale-

Denver: U.S. Mint, 16th Street Mall, LoDo

rie herab Maschinen und Menschen zusehen, die pro Jahr zehn Milliarden Münzen herstellen. Leider gibt es hier zum Schluss keine »Kostproben«.

Beim Spaziergang beeindruckt die Weite in dieser Metropole, deren freundliches Stadtbild baumbestandene Straßen und grüne Parks prägen. Im innerstädtischen Bereich begleiten kilometerlange Rad- und Wanderwege den breiten, gemächlichen South Platte River und seinen Zufluss Cherry Creek.

Mitten ins Herz der Stadt bringt uns die **16th Street Mall**, die anderthalb Kilometer lange Fußgängerzone mit Einkaufszentren und Einzelhandelsgeschäften, feinen Restaurants, gemütlichen Kneipen und Straßencafés, wo restaurierte historische Geschäftshäuser mit der kunstvollen Kopie des Campanile aus Venedig und glänzenden Wolkenkratzern aus Glas und Stahl kontrastieren.

Von einer Bank unter den Bäumen hört und sieht man einem alten schwarzen Straßenmusikanten zu, der selbst musiziert und dazu einen Stepptanz aufs Pflaster legt. Im Anderthalb-Minuten-Takt fahren kostenlose Pendelbusse auf der gesamten Länge der Mall zwischen Broadway und Market Street und halten an jeder Querstraße. Pläne umfassen einen weiteren Ausbau der Mall bis hinter die **Union Station**, den markanten alten Bahnhof am Ende der Straße.

Aber zunächst werfen wir in der nächsten Parallelstraße rechts der Mall einen Blick in Denvers 1892 erbautes, nobles **Brown Palace Hotel**. Nostalgische Eleganz füllt die Lobby unter dem neunstöckigen Atrium mit den gusseisernen Balustraden der Hotelflure und dem Dach aus leuchtendem Buntglas. Kein preiswertes Vergnügen, aber sehr beliebt ist der Afternoon Tea in britischer Tradition. Mit bunter Neonreklame weisen kurz darauf die an der Mall gelegenen **Denver Pavilions**, ein über zwei Straßenblocks reichender moderner, dreistöckiger Entertainment-, Shopping- und Restaurantkomplex, den Weg in ihr Inneres.

Von seinen bezaubernden Kontrasten lebt das Umfeld der Mall. Viktorianische Atmosphäre verbreitet der von kleinen Läden gesäumte **Writer Square**, den wir auf den Weg zum **Larimer Square** passieren. Der Platz erstreckt sich längs der gleichnamigen Straße zwischen 14th und 15th Street, Denvers ältester Straße, mit nostalgischen Gaslaternen, romantischen Arkaden und restaurierter Architektur aus den Boomtagen. Restaurants und Geschäfte, zwei Nachtclubs und eine Mikrobrauerei laden sowohl zum Einkaufsbummel tagsüber als auch zum Streifzug in den Abendstunden ein.

Angrenzend an den Larimer Square und das derzeitige nördliche Ende der Mall beginnt das historische Viertel **LoDo** (Lower Downtown). Nahe der Union Station beherbergen heute 26 Straßenblocks mit einstigen Lagerhäusern abwechslungsreiche Geschäfte, Kunstgalerien und rund 70 Restaurants, darunter einige Brauereikneipen und Sportbars. Zur Beliebtheit des Viertels hat sicher das supermoderne **Baseballstadion Coors Field** mitten in LoDo beigetragen, das zu jedem Heimspiel der »Colorado Rockies« 50 000 Besucher anzieht.

Westlich der Stadt ragen die steilen Kurven des »Twister«, der bis dato größten, komplett aus Holz erbauten Achterbahn der Welt, aus dem Vergnügungsreich der **Six Flags Elitch Gardens** am Ostufer des South Platte River auf. Im einzigen derartig innenstadtnahen Vergnügungspark der USA gibt es eine

Denver: Downtown Aquarium, Children's Museum

Vielzahl von Fahrgeschäften, dazu einen Wasserpark mit Strand und Wildwasserfahrten, ein Riesenrad und einen Aussichtsturm, viel Live-Entertainment und ein »Kiddieland« mit Karussells und anderen Vergnügungen für die Kleinsten.

Von der gegenüberliegenden Flussseite grüßt das moderne **Downtown Aquarium.** Besucher können dort der virtuellen Reise eines Wassertropfens von den Rocky Mountains bis zum Golf von Mexiko folgen, Fische und Wassertiere in naturgetreu nachgestellten Habitaten von den Bergregionen bis zu den oft nur temporären Gewässern der Wüste beobachten und Einblicke in die tropischen Korallenriffe Indonesiens und andere aquatische Ökosysteme der Welt gewinnen. Beeindruckend ist die Demonstration einer *flash food*, einer Springflut, wie sie in den Wüsten des amerikanischen Südwestens nach Regengüssen vielfach vorkommt.

Ein Spaziergang nur wenige hundert Meter entlang dem schattigen, parkähnlichen Flussufer führt zum **Children's Museum**, das mit zahlreichen Spielmöglichkeiten, kindgerechten Computern, einem Kinderhaus samt größenangepasster Einrichtung etc. nicht nur die bis Zwölfjährigen in ihren Bann zieht. Vor den Türen des Museums können die kleinen Besucher im KidSport Center das ganze Jahr über Snowboarden, Skilaufen oder Inline-Skating lernen.

Himmelstürmende Hotelarchitektur: das Adam's Mark Hotel

Infos: Denver, Aurora

Touristeninformationen
– 918 16th St. Mall, Downtown
– Cherry Creek Shopping Center, 3000 E. First Ave.
– Denver International Airport, Jeppeson Terminal

Metro Denver Convention & Visitors Bureau Information
5155 California St., Suite 300
Denver, CO 80202
✆ (303) 892-1112 und 1-800-233-6837
Fax (303) 892-1636, www.denver.org

Adam's Mark Hotel
1550 Court Place, Denver, CO 80202
✆ (303) 893-3333 und 1-800-444-2326
Fax (303) 626-2542
www.adamsmark.com/denver
1 225-Zimmer-Hotel an der 16th Street Mall mit drei Restaurants und drei Bars. $$$–$$$$
(Die Auflösung der Dollarzeichen finden Sie im Service S. 284 bzw. auf der hinteren inneren Umschlagklappe.)

Brown Palace Hotel
321 17th St., Denver, CO 80202
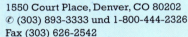
✆ (303) 297-3111 und 1-800-321-2599
Fax (303) 312-5900
www.brownpalace.com
Das noble Downtownhotel mit 241 Zimmern und prachtvoller Lobby wurde 1892 erbaut. Mit Edelrestaurant »Palace Arms«. $$$$

The Burnsley All Suite Hotel
1000 Grant St., Denver, CO 80203
✆ (303) 830-1000 und 1-800-231-3915
Fax (303) 830-7676, www.burnsley.com
Suitenhotel: jede der 80 Suiten mit Küche, separatem Wohnzimmer und Bad. Mit Restaurant. $$$–$$$$

Hotel Monaco
1717 Champa St., Denver, CO 80202
✆ (303) 296-1717 und 1-800-900-1303
Fax (303) 296-1818
www.monaco-denver.com

Neu erbautes Downtownhotel mit eleganter Atmosphäre und 189 freundlichen Zimmern. Auch Suiten. Italienisches Restaurant. $$$–$$$$

Capitol Inn Mansion Bed & Breakfast
1207 Pennsylvania St., Denver, CO 80203
✆ (303) 839-5221 und 1-800-839-9329
Fax (303) 839-9046
www.capitolhillmansion.com
Komfortable Frühstückspension mit 8 Zimmern. In romanischem Stil erbaute Villa in zentraler Lage unweit des State Capitol. $$$–$$$$

Comfort Inn – DIA
16921 E. 32nd Ave., Aurora, CO 80011
✆ (303) 367-5000 und 1-800-228-5150
Fax (303) 367-5800
www.comfortinn-dia.com
Flughafenmotel mit 95 Zimmern und Pendelbusverbindung zu den Terminals. $$$

Melbourne Hotel & Hostel
607 22nd St., Denver, CO 80205
✆ (303) 292-6386
Einfaches, sauberes und preiswertes Hotel und Gästehaus in Innenstadtlage. 10 Hotelzimmer und 20 Betten in der Jugendherberge. $

Delux RV Park
5520 N. Federal Blvd., I-70, Ausfahrt 252
Denver, CO 80221, ✆ (303) 433-0452
Innenstadtnaher Wohnmobil-Park mit 50 schattigen Plätzen mit Vollanschluss, 38 ft. maximale Länge.

Columbine Campground
County Rd. 79
✆ (303) 567-3000, www.reserveusa.com
Ruhiger, einfacher Forest Service Campground im Kiefernwald 3 km nordwestlich von Central City. $

Colorado State Capitol
Lincoln & Colfax Sts., Denver, CO 80202
✆ (303) 866-2604

❶ Infos: Denver

Wochentags 9–17, Aussichtskuppel bis 15.30 Uhr; Eintritt frei
45-min. Führungen: Juni–Aug Mo–Fr 9–15.30, Sept.–Mai 9.15–14.30 Uhr
Colorados Regierungssitz.

 Colorado History Museum
1300 Broadway, Denver, CO 80203
℃ (303) 866-3682
www.coloradohistory.org
Mo–Sa 10–17, So 12–17 Uhr; Eintritt 5 $
Geschichtsmuseum von Colorado in der Nähe des State Capitol.

 Denver Art Museum
100 W. 14th Ave. Parkway
Denver, CO 80204, ℃ (720) 865-5000
www.denverartmuseum.org
Di–Sa 10–17, Mi bis 21, So 12–17 Uhr
Eintritt 8 $
Denvers modernes Kunstmuseum mit über 40 000 Exponaten, u.a. in einer großen Indianerausstellung expandiert 2006 zur doppelten Größe. Designer der hypermodernen Addition aus Titan, Stahl und Glas ist Daniel Libeskind, der auch das World Trade Center wieder neu auferstehen lassen soll.

 Denver Museum of Nature & Science
2001 Colorado Blvd., Denver, CO 80205
 ℃ (303) 322-7009 und 1-800-925-2250
www.dmns.org, tägl. 9–17, Fr bis 21 Uhr
Eintritt Museum 10 $, IMAX 8 $, Kombiticket Museum plus IMAX oder Planetarium 15 $, mit IMAX und Planetarium 20 $
Modernes naturwissenschaftliches Museum im schönen City Park. Faszinierende, interaktive Ausstellungen zu Flora und Fauna, Dinosauriern, Indianerkulturen, Weltraumforschung, Geologie etc. Interessante Sonderausstellungen. Mit IMAX-Kino und Planetarium.

 Six Flags Elitch Gardens
2000 Elitch Circle., Denver, CO 80204
℃ (303) 595-4386
www.sixflags.com/parks/elitchgardens
Ende Mai–Anfang Sept. So–Do 10–22, Fr–Sa 10–23 Uhr; Eintritt 39 $, Kinder 23 $
Abwechslung und Spaß pur, mit Island Kingdom Water Park.

 Downtown Aquarium
700 Water St., Denver, CO 80211
 ℃ (303) 561-4450
www.downtownaquariumdenver.com
So–Do 10–22, Fr/Sa 10–23 Uhr
Eintritt Erw. 13 $, Kinder 8 $
Moderner Aquazoo.

 Children's Museum
2121 Children's Museum Dr.
 Denver, CO 80211
℃ (303) 433-7444, www.cmdenver.org
Mo–Fr 9–16, Sa/So 10–17 Uhr; Eintritt 7 $
Kindermuseum.

 U.S. Mint
320 W. Colfax Ave. & Cherokee St.
Denver, CO 80204
℃ (303) 405-4761 und 1-800-USA-MINT
www.usmint.gov
Tägl. 8–14.45 Uhr, Führungen Mo–Fr 8–15 Uhr zur vollen Stunde; Eintritt frei
Kurze Führungen durch die Münzanstalt.

 Corner Bakery
500 16th St., Denver, CO 80202
℃ (303) 572-0166
Besonders gutes Lunch- und Frühstückscafé (tägl. ab 6.30 Uhr geöffnet). Herzhaftes und Süßes in appetitlicher Auswahl. $$

 Paramount Café
511 16th St., Denver, CO 80202
Lebhaftes Restaurant mit Rock'n'Roll-Thema. Snacks, Burgers, Salate, Sandwiches und *burritos*. Gut zum Lunch. In der Fußgängerzone. $–$$

 Rock Bottom Brewery
1001 16th St.
 Denver, CO 80265
℃ (303) 534-7616
Mikrobrauerei in LoDo. Selbstgebraute Biere und dazu herzhaftes Essen. $$

39

Infos: Denver, Englewood

The Denver ChopHouse & Brewery
1735 19th St., Denver, CO 80202
✆ (303) 296-0800
Brew Pub aus den 1930er Jahren mit Bar, Big-Band-Musik, gutem Restaurant und ebensolcher Atmosphäre bei selbstgebrautem Bier. $$

El Chapultepec
1692 Market St., Denver, CO 80202
✆ (303) 295-9126
Tägl. 7–2 Uhr morgens
Populärer Jazzclub mit allabendlicher Live-Musik. Mexikanische Küche. $$–$$$

Trail Dust Steak House
7101 S. Clinton St., Englewood, CO 80112
✆ (303) 790-2420
Spezialität des Steakrestaurants südlich von Denver sind die über Holzfeuer gegrillten Steaks und Rippchen. Abends werden Westerntänze zu Country Music aufgeführt. $$

The Fort
US 285/SR 8, im Südwesten von Denver
Morrison, CO 80465
✆ (303) 697-4771, www.thefort.com
Restaurant im ungewöhnlichen Ambiente des rekonstruierten ersten Pelzhandelsforts von Colorado. Spezialitäten: Bisonsteaks und andere Bisongerichte sowie Hirsch- oder Klapperschlange, auch Rind, Lachs und Huhn etc. $$$–$$$$

Denver Pavilions
300 16th St., Denver, CO 80202
✆ (303) 260-6001
www.denverpavilions.com
Moderner Entertainment- und Einkaufskomplex in der Fußgängerzone.

The Shops at Tabor Center
16th St. Mall & St. Lawrence St.
Denver, CO 80202
✆ (303) 572-6868, www.taborcenter.com
Einkaufszentrum mit 65 Geschäften und mehreren Restaurants in der Fußgängerzone.

The Tattered Cover Bookstore
1628 16th St., Denver, CO 80202
✆ (303) 436-1070 und 1-800-833-9327
www.tatteredcover.com
Mo–Sa 10–21, So 10–18 Uhr
Das »gemütliche« Bücherhaus mit einer Riesenauswahl auf vier Etagen und einladenden Leseecken.

Cherry Creek Mall
3000 E. First Ave., Denver, CO 80206
✆ 1-800-424-6360
www.shopcherrycreek.com
Mo–Fr 10–21, Sa 10–20, So 11–18 Uhr
Elegantes Einkaufszentrum mit Kaufhäusern sowie 160 gehobenen Geschäften und Restaurants.

Cherry Creek North Shopping District
1st–3rd Ave. & University Blvd.–Steele St.
Denver, CO 80206, ✆ (303) 394-2903
www.cherrycreeknorth.com
Mo–Sa 10–21, So 12–18 Uhr
Das Einkaufsviertel neben dem Cherry Creek Shopping Center aus hübsch begrünten Straßenzügen besteht aus rund 350 modischen Geschäften, Kunstgalerien, Boutiquen, Straßencafés.

Feste in Denver:

Capitol Hill People's Fair
Civic Center Park, Denver, CO 80202
✆ (303) 830-1651, www.peoplesfair.com
Erstes Juniwochenende in Downtown
Größtes Stadtteilfest in Denver mit Konzertbühnen und knapp 600 Imbiss-, Kunstgewerbe- und Verkaufsständen.

Anfang Juli findet im Cherry Creek North Shopping District ein großes 3-tägiges **Kunstfestival** mit Ausstellungen und rund 200 Künstlern aus allen Bereichen, von der Grafik über Töpfern bis zur Schmuckproduktion statt: **Cherry Creek Arts Festival**, ✆ (303) 355-2787, www.cherryarts.org

Infos: Golden, Morrison, Central City, Mount Evans

Buffalo Bill's Grave & Museum

I-70 West, Ausfahrt 256
Lookout Mountain Rd.
Golden, CO 80401
✆ (303) 526-0747, www.buffalobill.org
Mai–Okt. tägl. 9–17, sonst Di–So 9–16 Uhr
Museum Eintritt 3 $
Grab des berühmten Scout und Showman auf dem Gipfel des Lookout Mountain; Museum mit Plakaten und anderen Relikten aus der Zeit seiner Wildwest-Show, Panorama der Great Plains mit der Skyline von Denver.

Red Rocks Park/Amphitheatre

18300 W. Alameda Pkwy. via I-70 West, Ausfahrt 259 und SR 26, 19 km westl. von Denver, Morrison, CO 80465
✆ (303) 295-4444
www.redrocksonline.com
Park tägl. 5–23 Uhr, Eintritt frei, aber nicht bei Konzerten.
Perfekte Akustik besitzt das 1938 zwischen 150 m hohen, steil aufragenden roten Felsen erbaute und 2003 aufwendig restaurierte spektakuläre Freilichttheater mit 9 000 Plätzen. Wanderwege und Visitor Center vorhanden.
  Tagsüber panoramareicher Picknickplatz, abends überaus populärer Veranstaltungsort. Von Pop- bis zu Klassikkonzerten.

Central City

Die Region um die einstige Goldgräberstadt 55 km westlich von Denver wurde im 19. Jh. als die »reichste Quadratmeile der Welt« bezeichnet. Seit der Legalisierung des »Gambling« 1991 gaukeln im Stadtkern aus denkmalgeschützten Straßenzügen Spielkasinos wieder Bilder schnellen Reichtums vor.
  Auch im neoromanischen **Teller House Hotel** (120 Eureka St.) von 1872 spiegeln viktorianisch eingerichtete Räumlichkeiten, Bar, Restaurant und Spielkasino opulente Eleganz wider, die das Hotel einst zu einem der feinsten des Westens machte. Im **Opera House** (124 Eureka St., Central City, CO 80427, www.centralcityopera.org, Tickets ✆ 1-800-851-8175) finden heute wie dereinst Opernaufführungen statt.
Anfahrt: I-70 Ausfahrt 244, oder viel schöner: von Ausfahrt 240 in Idaho Springs über die geschotterte, serpentinen- und panoramareiche Oh My God Road (nicht bei Regen oder mit größeren Wohnmobilen befahren).

Mount Evans

Geöffnet Ende Mai–Anfang Sept.
Rund 80 km westlich von Downtown Denver (via I-70 West, Ausfahrt 252, SR 103 und CR 5) führt die höchste asphaltierte Autostraße Nordamerikas (10 $ Maut, Clear Creek Ranger District, Idaho Springs, CO 80452, ✆ 303-567-3000) im Sommer schneefrei bis auf wenige Meter unterhalb des Gipfels des Mount Evans (4 346 m). Grandioses Panorama der Front Range mit Denver in der Ferne.

Seit der Goldgräberzeit: Oper in den Bergen

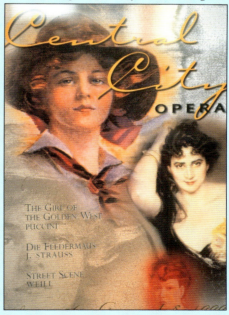

❷ Reißende Flüsse und hohe Gipfel
Durch das Tal des Arkansas River

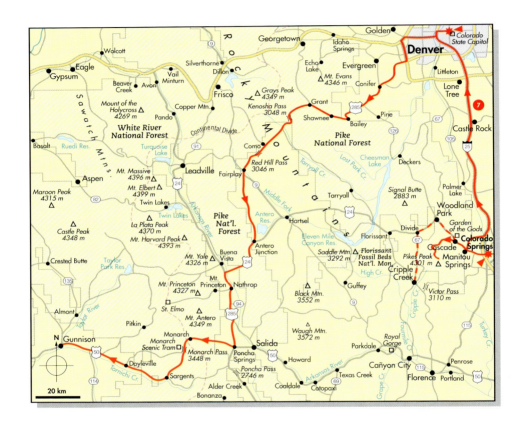

2. Route: Denver – Fairplay – Buena Vista – Gunnison (320 km/199 mi)

km/mi	Zeit	Route
0	8.00 Uhr	**Denver**, am südwestl. Ortsausgang auf der US 285 nach
132/ 82	10.00 Uhr	**Fairplay**, weiter US 285 bis Antero Junction, rechts auf US 24, links auf US 285 bis
193/120	12.30 Uhr	**Brown's Canyon**, dort Wildwassertrip. Weiter bis
222/138	16.30 Uhr	**Poncha Springs**, rechts auf US 50 bis
320/199	18.00 Uhr	**Gunnison**.

South Park, Upper Arkansas Valley

Westlich von Denver baut sich die Riesenbarriere der Rocky Mountains auf. Über den vergleichsweise niedrigen Kenosha Pass (3 048 Meter) erreichen wir die 2 330 Quadratkilometer große Region **South Park**. In dem trockenen Talbecken mit dem sonnigen Klima muss das Land künstlich bewässert werden, weil die Berge des Rocky-Mountain-Hauptkamms im Westen den Regen abfangen. Viele Ranches besitzen schöne alte Blockhäuser aus dem späten 19. Jahrhundert.

Mit bescheidenen 400 Einwohnern ist das Örtchen **Fairplay**, das 1859 als Goldrauschcamp entstand, bereits das wirtschaftliche Zentrum von South Park. Im Freilichtmuseum **South Park City** wurden 34 historische Gebäude aus dieser Zeit rekonstruiert. Beim Rundgang durch Zahnarztpraxis, Kolonialwarenladen, Brauerei, Saloon, Schule, Gerichtsgebäude und Bahnhof mit Schmalspureisenbahn fühlt man sich in die Ära zurückversetzt, als sich Hunderte von Prospektoren mit ihren Familien hier niederließen und clevere Geschäftsleute oft weit mehr als die Goldschürfer verdienten.

Colorado hat allein 54 der 78 *fourteeners* der USA, der Gipfel, die die magische 14 000-Feet-Marke (= 4 267 Meter) überschreiten, und viele davon grenzen an das weite **Upper Arkansas Valley**. Zwei Kilometer östlich von Buena Vista überblickt ein fabelhafter Aussichtspunkt die Collegiate Range. Die nach den berühmtesten US-Universitäten benannten Mount Harvard (4 393 Meter), Mount Princeton (4 327 Meter) und Mount Yale (4 326 Meter) erheben sich 1 900 Meter über dem Tal, das selbst schon über 2 400 Meter hoch in der klaren Luft der Rockies liegt. Dem Vernehmen nach sollen Studenten aus Princeton den Gipfel des Mount Yale um

KOA Buena Vista: Camping vor einer der schönsten Bergkulissen Colorados

Buena Vista, Arkansas River, Brown's Canyon, Monarch Pass, Gunnison

einige Steine »erleichtert« und auf die heutige Höhe reduziert haben. Bei den allseits bekannten Rivalitäten zwischen diesen beiden Eliteuniversitäten wird »Princeton« nunmehr sicherlich mit Genugtuung auf das ein Meter niedrigere »Yale« hinabschauen.

Mount Princeton im Wanderparadies der Rocky Mountains kann trotz seiner Höhe im Hochsommer auf schneefreiem Weg erreicht werden, und zwar südwestlich von Buena Vista ab Mount Princeton Hot Springs auf dem Hwy. 322. Die knapp fünf Kilometer lange Wanderstrecke mit weniger als 1 000 Meter Höhenunterschied folgt dem Weg zur Hortense Mine, einer längst verlassenen Goldmine, bevor sie den steilen Berghang zum Gipfel erklimmt.

Nach diesem Exkurs für Bergwanderer begeben wir uns in die Tallagen von **Buena Vista** zurück. Die etwa 2 200 Einwohner zählende Kleinstadt im Tal des Arkansas River macht ihrem spanischen Namen »Gute Sicht« angesichts des fabelhaften Bergpanoramas vor dem weiten Tal alle Ehre. In der Umgebung von Buena Vista werden Viehzucht, Landwirtschaft und Bergbau betrieben, doch liegt im Sommer das Hauptaugenmerk auf dem Tourismus. Neben exzellenten Wander- und Mountainbike-Bedingungen geht es hier vor allem um Wildwasserfahrten. Der Ort nennt sich nicht umsonst »Whitewater Capital of Colorado«, denn er ist das Zentrum des River-Rafting an einem der besten Wildwasserflüsse des Westens.

In seinem Oberlauf ab der Quelle bei Leadville (s. S. 198) bewältigt der insgesamt 2 348 Kilometer lange **Arkansas River** ein enormes Gefälle – ein Traum für Wildwasserfahrer in Schlauchbooten und Kajaks. Dem widmen sich erfahrene Outfitters, die in Buena Vista und Umgebung angesiedelt sind und Varianten wilder Schlauchboot- oder Kajaktrips bis hin zu gemütlichen Floßfahrten anbieten. Bis in den September hinein erstreckt sich die Wildwassersaison mit dem Höhepunkt der Fluten von Juni bis Anfang Juli.

Einer der populärsten Flussabschnitte ist **Brown's Canyon** südlich von Buena Vista, eine Schlucht aus rosafarbenem Granit, durch die sich der Fluss mit rasanten Stromschnellen, wuchtigen Wellen und scharfen Kurven hindurchzwängt. Die Ufervegetation zeigt sich mit verstreuten Ponderosakiefern und Wacholderbüschen schon deutlich wüstenhafter als weiter nördlich, oft beobachten Dickhornschafe aufmerksam das Treiben der durchnässten Rafter. Die Schlucht bleibt Nicht-Raftern verschlossen, lediglich der Abstecher über den Hwy. 194 ermöglicht einen Zugang zum Flussufer. Dort enden die Halbtagestouren ab Buena Vista, während die Ganztages-Rafter noch wildere Stromschnellen erleben.

In der kleinen Ortschaft **Poncha Springs** verlässt die US 50 das Tal des Arkansas River und zweigt nach Westen ab. Eine phantastische Route mit vielen Panoramablicken und Fotostopps beginnt: im Süden die wilden Bergketten der San Juans und der Sangre de Cristos, nach Norden hin die Sawatch Mountains mit ihren Viertausendern. Über den 3 448 Meter hohen **Monarch Pass** überqueren wir die kontinentale Wasserscheide zwischen Atlantik und Pazifik. Von dort fährt die Monarch Scenic Tram, eine Seilbahn, zum Aussichtspunkt auf rund 3 700 Metern hinauf. Am frühen Abend wird **Gunnison** erreicht, eine am Freizeitsport und Outdoor-Tourismus orientierte Stadt mit knapp 5 400 Einwohnern im breiten Tal des Gunnison River.

② Infos: Fairplay, Buena Vista, Gunnison

 South Park City
4th & Front Sts., Fairplay, CO 80440
✆ (719) 836-2387
www.southparkcity.org
Mitte Mai–Mitte Okt. tägl. 9–17, Ende Mai–Anfang Sept. bis 19 Uhr; Eintritt 6.50 $
Freilichtmuseum mit rekonstruierter Minenstadt des 19. Jh.

 Buena Vista Chamber of Commerce
343 US 24 S.
Buena Vista, CO 81211
✆ (719) 395-6612
www.fourteenernet.com/buenavista

Casa del Sol
333 US 24 N.
Buena Vista, CO 81211
✆ (719) 395-8810
Reizvolles mexikanisches Restaurant in historischer Goldgräberhütte. Steaks, Scampi und Margaritas. $$

 Four Corners Rafting
22565 US 285 S., Nathrop, CO 81236
✆ (719) 395-4137 und 1-800-332-7238
www.fourcornersrafting.com
Mitte Mai–Ende Aug. tägl. 7–19 Uhr
Wildwassertrips durch Brown's und Wildhorse Canyon und andere Bereiche des Arkansas River, 11 km südl. von Buena Vista. Ab 42 $.

River Runners
24070 CR 301, Fishing Bridge, 8 km südl. von Buena Vista
✆ (719) 395-2466 und 1-800-525-2081
www.riverrunnersltd.com
Einer der größten Whitewater-Rafting-Veranstalter Colorados mit vielen täglichen Abfahrten zu Halb- und Ganztagestouren. Ab 25 $.

 Monarch Scenic Tram
✆ (719) 539-4789 und 1-888-996-7669
Mitte Mai–Ende Okt. je nach Wetterlage tägl. 8–18.30 Uhr, Fahrpreis 7 $
Seilbahn zum Aussichtspunkt auf 3 700 m Höhe am Monarch Pass.

 Gunnison County Chamber
500 E. Tomichi Ave.
Gunnison, CO 81230
✆ (970) 641-1501 und 1-800-274-7580
www.gunnisoncounty.com

Water Wheel Inn
37478 US 50 W.
Gunnison, CO 81230
✆ und Fax (970) 641-1650
✆ 1-800-642-1650
Angenehmes Motel in parkähnlicher Umgebung. Einige der 52 Zimmer mit Balkon. $$–$$$

 KOA Gunnison
105 CR 50, südl. von Downtown
Gunnison, CO 81230
✆ (970) 641-1358 und 1-800-562-1248
www.koakampgrounds.com
Anfang Mai–Mitte Okt.
124 Stellplätze, 20 Vollanschlüsse. Für die Übernachtungsgäste: Fischteich, Fahrrad- und Tretbootverleih. $

 Garlic Mike's
2674 N. Hwy. 135, 5 km nördl. der Stadt
Gunnison, CO 81230
✆ (970) 641-2493
Legere, gemütliche Atmosphäre in populärem italienischen Lokal. $$–$$$

Feuchtes Vergnügen: Whitewater Rafting

3 Von der schwarzen Schlucht zur silbernen Stadt

Vom Black Canyon of the Gunnison National Park nach Durango

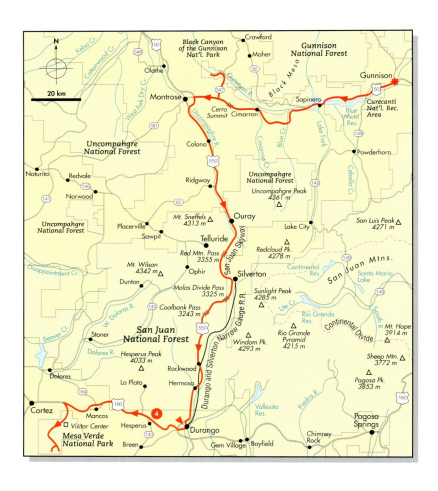

3. Route: Gunnison – Black Canyon of the Gunnison National Park – Ouray – Silverton – Durango (323 km/201 mi)

Blue Mesa Lake, Black Canyon of the Gunnison National Park

km/mi	Zeit	Route
0	8.00 Uhr	Ab **Gunnison** US 50 nach Westen, rechts ab auf den Hwy. 347 bis zum Visitor Center des
105/ 65	10.00 Uhr	**Black Canyon of the Gunnison National Park**, South Rim Rd. bis zum High Point. Zurück auf Hwy. 347 bis US 50, rechts ab bis zur östlichen Ortsumgehung von **Montrose**, dann US 550 nach Süden
208/129	14.30 Uhr	**Ouray**, weiter US 550 über Red Mountain Pass 3 355 m
245/152	15.30 Uhr	**Silverton**, weiter US 550 über Molas Divide Pass (3 325 m) nach
323/201	18.00 Uhr	**Durango**.

Westlich der Stadt Gunnison wird in der **Curecanti National Recreation Area** der Gunnison River aufgestaut – zunächst zum großen Blue Mesa Lake und direkt anschließend zu den beiden kleineren Seen Morrow Point Lake und Crystal Lake. Die US 50 schlängelt sich über 30 Kilometer am **Blue Mesa Lake** entlang, wo Windsurfer und Jetskifahrer deutlich machen, dass hier Wassersport in allen Varianten groß geschrieben wird. Boote und Angelausrüstungen kann man leihen, Camping in Wassernähe ist auch sehr populär. Deutlich ruhiger geht es am Morrow Point Lake zu; zur Anlegestelle der Morrow Point Lake Boat Tours gelangt man über den einen Kilometer langen Pine Creek Trail. Die durchaus lohnenswerten Bootstouren führen durch den beginnenden Canyon des Gunnison River.

Von der US 50 zweigt man ab in einen der schönsten und am wenigsten überlaufenen Naturparks Colorados. Beiderseits der über 800 Meter tief eingeschnittenen Schlucht des Gunnison River rahmt der **Black Canyon of the Gunnison National Park** eine phantastische Landschaft ein, die 1873 erstmals von Weißen gesichtet wurde. Das 1999 zum Nationalpark erklärte Naturschutzgebiet ist Teil eines rund 85 Kilometer langen Flusscanyons, dessen spekta-

Black Canyon of the Gunnison National Park

Black Canyon of the Gunnison, San Juan Skyway, Million Dollar Highway

kulärste 20 Kilometer im Park liegen, wo die Schlucht mehr als doppelt so hoch ist wie in der vielbesuchten Royal Gorge (vgl. S. 68). Oben reißt sie bis zu 340 Meter weit auf, während sie sich im unteren Bereich stellenweise auf schmale zwölf Meter verjüngt.

Nach so viel Vorfreude wird die 13 Kilometer lange Parkstraße am Südrand allen Lobeshymnen durchaus gerecht. Im Kilometerabstand reiht sich ein exzellenter Aussichtspunkt an den anderen, der Blick auf den Talboden und auf die gegenüberliegende Seite mit der geschotterten nördlichen Parkstraße ist einfach glanzvoll. Dabei erschließt sich auch die Namengebung, denn nach unten dringen nur wenige Stunden am Tag Sonnenstrahlen, und im Schatten wirken die ohnehin dunklen Felswände fast schwarz *(black)*.

Aus der Fülle der Kurzwanderungen ragen drei sehr schöne Wege heraus. Auf dem nur 500 Meter kurzen **Cedar Point Nature Trail** spaziert man zu zwei Aussichtspunkten, von denen die von hellerem Felsmaterial durchzogene, fast marmoriert wirkende Painted Wall, die mit fast 700 Metern die höchste durchgehende Felswand Colorados sein soll, zu sehen ist. Und vom Ende der Straße am High Point, wo der Fluss 820 Meter tiefer liegt, führt der knapp einen Kilometer lange **Warner Point Nature Trail** zu einem fabelhaften Aussichtspunkt.

Absoluter Höhepunkt ist die phantastische, etwa eineinhalb Kilometer lange **Gunnison Route** vom Visitor Center am Südrand zum 550 Meter tiefer gelegenen Canyonboden. Dabei folgt der Weg anfangs dem ebenen Oak Flat Trail; ab dem Schild »River Access« geht es dann zunächst in Serpentinen sachte abwärts, ehe die Route sich in der zweiten Hälfte durch einige sehr steile Rinnen quasi direkt in die Tiefe stürzt. Für den Abstieg benötigt man eine Stunde, für den Aufstieg eher die doppelte Zeit.

Vom Black Canyon of the Gunnison fahren wir Richtung **Montrose**. Die rund 12 500 Einwohner zählende Stadt ist wirtschaftliches Zentrum für ein weites, flaches Tal mit Ranches und Farmen. Seit etwa hundert Jahren wird das Wasser des Gunnison River über einen Kanal abgeleitet und zur künstlichen Bewässerung der Felder und Obstgärten genutzt. Die Stadt wurde in den 1880er Jahren als Versorgungszentrum der Prospektoren gegründet, die auf der Suche nach schnellem Reichtum einst dem Uncompahgre River südwärts in die silberreichen San Juan Mountains folgten. Auch wir ändern hier unseren bisherigen Westkurs und setzen uns auf die historische Fährte.

Nach einem kurzen Aufenthalt im Tal warten ab Ridgway wieder die Höhenlagen der **San Juan Mountains** auf uns. Passend heißt der Abschnitt der landschaftlich reizvollen US 550 bis Durango **San Juan Skyway**, und wahrlich erweist sich die Strecke als »Himmelsweg« durch die Berge. Als Zweitnamen trägt die US 550 bis Durango die Bezeichnung **Million Dollar Highway**. Die Frage, ob sich der Name auf die immensen Kosten für den Straßenbau, den gewaltigen Wert der Goldfunde in der Region oder das unbezahlbare Panorama bezieht, bleibt offen, sicher ist, dass der Million Dollar Highway mit mehreren hohen Pässen eine der sehenswertesten Bergstraßen der südlichen Rocky Mountains ist.

Etwas Jugendlich-Ungestümes haftet diesen rauh und schroff aufragenden Bergen an, die noch nicht von Wind und Wetter abgeschliffen wurden. In einem wunderschönen, engen Tal, umringt von markanten Gipfeln, liegt **Ouray** am Un-

Ouray, Silverton

Grandiose Gipfel: die San Juan Mountains bei Telluride

compahgre River – die »Schweiz Amerikas«, wie sich das Örtchen ein wenig übermütig nennt. Der Name (= »der Pfeil«) stammt vom Häuptling der Ute-Indianer, die sich hier noch vor den ersten Silberfunden 1875 und dem Herbeiströmen der Prospektoren in den heilkräftigen, heißen Quellen geaalt hatten.

Während nach der Silberpanik von 1893 zur Jahrhundertwende Gold der wirtschaftliche Stabilisator für die Region wurde, hat heute längst der Tourismus die Hauptrolle übernommen, obwohl die Berge immer noch beachtliche Goldmengen hergeben. Anziehend wirkt der **Ouray Hot Springs Pool** an den Quellen, in denen die Indianer einst badeten. In all ihrer faszinierenden Schönheit reizt die Gegend Outdoor-Freaks zum Wandern und lockt Mountainbiker auf die Bergpfade. *Jeeping* ist sehr populär: Zahllose alte Minenstraßen führen in die wilden Berge zu den historischen Goldgruben und dienen als Abenteuerpisten für 4-Wheel-Drive-Touren – sowohl professionell geleitete wie auch auf eigene Faust.

Direkt vom Ortsausgang geht es steil bergan, und von oben bietet sich ein grandioser Blick auf Ouray. Verschiedene Wasserfälle stürzen sich am Highway zu Tal, am eindrucksvollsten sind die tosenden **Bear Creek Falls**, die unter der Straße hindurch in einen tiefen Canyon rauschen. Anschließend geht es steil hoch zum 3355 Meter hohen **Red Mountain Pass**.

Im 2750 Meter hoch gelegenen nostalgisch-revitalisierten **Silverton** herrscht die Atmosphäre einer Minenstadt des alten Westens. Auf den kahlen Berghängen unterhalb spitzer, jäh aufragender Gipfel künden verblichene Mi-

Silverton, Durango & Silverton Narrow Gauge Railroad

Viktorianisches Bergstädtchen par excellence: Silverton

nenschäfte von den Tagen vor dem Tourismus, als seit 1871 millionenschwere Silber- und Goldfunde der Stadt zu Wohlstand verhalfen. Mit Ankunft der Denver & Rio Grande Railroad anno 1882 waren seinerzeit die Transportprobleme gelöst, und die Stadt boomte. Aus jenen Tagen stammen (heutige Besucher-) Bergwerke, das Gerichtsgebäude mit der goldenen Kuppel und das Grand Imperial Hotel, in dem die Silberbarone abzusteigen pflegten.

Oft weht ein kalter Wind durch das Örtchen, doch heute erfreut uns ein blauer Himmel, und der Sonnenschein lässt die Farben der hübsch restaurierten »falschen Fassaden« der alten Häuser wunderbar leuchten. Die Fülle der *false front buildings* (mit herausgeputzter Fassade zur Hauptstraße hin, aber zumeist simplen, schlichten Bauten dahinter) macht die Blair Street, die oft

schon als Filmkulisse für Westernfilme diente, mit ihren kleinen Cafés und Geschäften zum größten Anziehungspunkt im Ort. Mitten im Zentrum halten schmauchend die Nostalgiezüge der **Durango & Silverton Narrow Gauge Railroad**, ohne deren Touristenstrom die Stadt wohl längst in Vergessenheit geraten wäre. So aber herrscht in den Mittagsstunden stets geschäftiges Treiben in den Straßen.

Die Exkursion mit der Durango & Silverton Narrow Gauge Railroad ist die wohl schönste Eisenbahnfahrt in den USA. Der nostalgische Schmalspurdampfzug von 1882, der einst Nachschub und Erze transportierte, folgt auf 72 Kilometern weitgehend dem Verlauf des **Animas River** zwischen Silverton und Durango. Er zuckelt mal hoch am steilen Flussufer entlang, schnauft mal Seite an Seite auf gleicher Höhe mit

Durango & Silverton Narrow Gauge Railroad, Durango

dem rauschenden Fluss oder überquert ihn auf einer zerbrechlich erscheinenden Stelzenbrücke. Unterwegs legt der Zug auch einen Zwischenstopp zum Wassernachfüllen ein. Die Passagiere können aus dem Fenster die wilde Landschaft der San Juan Mountains betrachten und fühlen sich dabei in ein Abenteuer aus dem 19. Jahrhundert versetzt, wenn die schwer arbeitende Lokomotive im Anstieg mit ihren Qualmwolken den Zug einnebelt.

Auch die Weiterfahrt mit dem Auto von Silverton aus dem Tal des Animas River hinauf über den Molas Divide Pass (3 325 Meter) wartet mit phantastischen Ausblicken auf. Auf der anderen Seite geht es zurück ins Flusstal, wo man wieder auf die Durango & Silverton Narrow Gauge Railroad trifft. Zwischen Rockwood und Hermosa kreuzt die schnaubende und qualmende Eisenbahn zweimal die Straßentrasse.

Durango liegt am südlichen Ende des San Juan Skyway. Die Stadt mit dem hübschen viktorianischen Zentrum, die als Eisenbahnstadt der Denver & Rio Grande Railroad geplant war und während der Gold- und Silberbooms heranwuchs, zählt rund 14 000 Einwohner. Hier wurde das Erz aus den Minen in Schmelzwerken weiterverarbeitet.

Rancher mit großen Cowboyhüten und Farmer aus dem Umland kommen heute zum Einkaufen hierher, doch vor allem sind es die Touristen, die die Main Avenue bevölkern, um mit dem historischen Schmalspur-Dampfzug der Durango & Silverton Narrow Gauge Railroad, gemieteten Mountainbikes oder Wildwasserschlauchbooten auf dem Animas River zu fahren und die Ruinen der alten Indianerdörfer in den Canyons des Mesa Verde National Park, 58 Kilometer weiter westlich, zu besichtigen.

Eisenbahnromantik vom Feinsten: mit dem Dampfzug von Durango nach Silverton

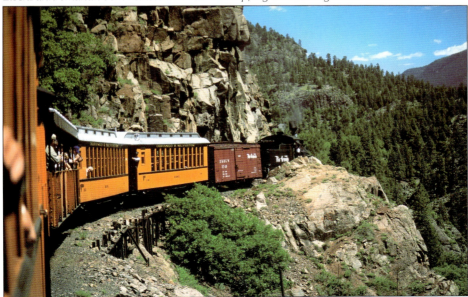

Infos: Gunnison, Ouray, Silverton, Durango

 Curecanti National Recreation Area
102 Elk Creek
Gunnison, CO 81230
 ✆ (970) 641-2337
 www.nps.gov/cure
Drei Stauseen: Wassersportmöglichkeiten auf dem Blue Mesa Lake, Bootstour auf dem Morrow Point Lake. Elk Creek Visitor Center 24 km westl. von Gunnison. Camping- und Picknickplätze.

 Morrow Point Lake Boat Tours
Ab Pine Creek Trail/US 50
 Curecanti N.R.A.
✆ (970) 641-2337
Ende Mai–Anfang Sept. tägl. außer Di 10 und 12.30 Uhr; Tour 12 $
90-minütige kommentierte Bootstouren auf dem Morrow Point Lake. Zugang zum Bootsanleger via 1-km-Wanderweg.

 Black Canyon of the Gunnison National Park
 102 Elk Creek
Gunnison, CO 81230
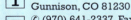 ✆ (970) 641-2337, Fax (970) 641-3127
Visitor Center, Hwy. 347
✆ (970) 249-1914
www.nps.gov/blca
Eintritt pro Auto 8 $ (7 Tage), 50 $ National Parks Pass (vgl. S. 286)
Naturpark beiderseits der spektakulären Schlucht des Gunnison River. Hauptattraktion sind die Parkstraße (Hwy. 347), Wanderwege und Aussichtspunkte am südl. Canyonrand. Visitor Center und Campingplatz.

 Ouray Hot Springs Pool and Park
1000 Main St., Ouray, CO 81427
✆ (970) 325-7073
 www.ouraycolorado.com
Anfang Juni–Anfang Sept. tägl. 10–22, sonst 12–21 Uhr; Eintritt 8 $
Swimmingpool mit 3,8 Millionen Litern heißem Quellwasser.

 Switzerland of America Tours
226 7th Ave.

 Ouray, CO 81427
✆ (970) 325-4484 und 1-800-432-5337
www.soajeep.com
Halb- oder ganztägige Jeeptouren in das Hinterland der Berge. Auch Jeepverleih. Ab 50 $.

 Silverton Area Chamber of Commerce
414 Greene St.
Silverton, CO 81433
✆ (970) 387-5654 und 1-800-752-4494
Fax (970) 387-0282
www.silvertoncolorado.com

 Grand Imperial Hotel
1219 Greene St.
Silverton, CO 81433
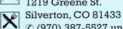 ✆ (970) 387-5527 und 1-800-341-3340
Fax (970) 387-5527
1882 erbautes, viktorianisches Grandhotel (40 Zimmer) mit Restaurant »Gold King Dining Room«. $$–$$$$

 Handlebars Food & Saloon
117 E. 13th St.
 Silverton, CO 81433
✆ (970) 387-5395
Restaurant im Westerndekor mit Live-Musik. $$

 Durango & Silverton Narrow Gauge Railroad
 497 Main Ave.
Durango, CO 81301
✆ (970) 247-2733 und 1-877-872-4607
www.durangotrain.com
Mai–Okt. 3 Abfahrten tägl.: 8.15–9.45 Uhr ab Durango, 14–15.30 Uhr ab Silverton, Reservierungen notwendig
Fahrpreis 60 $ (Hin- und Rückfahrt)
Die attraktivste Eisenbahnfahrt in den USA dauert 9 Stunden (hin und zurück), einschließlich zweistündigem Aufenthalt in Silverton.

 Durango Area Chamber Resort Association
111 S. Camino del Rio
Durango, CO 81302

③ Infos: Durango

✆ (970) 247-0312 und 1-800-525-8855
Fax (970) 385-7884
www.durango.org

 The Strater Hotel
699 Main Ave.
 Durango, CO 81301
✆ (970) 247-4431 und 1-800-247-4431
Fax (970) 259-2208
www.strater.com
Viktorianisches Hotel von 1887 in Downtown Durango, nördlich des Eisenbahndepots. 93 elegante Zimmer. Mit dem »Diamond Belle Saloon«. $$$–$$$$

 Iron Horse Inn
5800 N. Main Ave.
 Durango, CO 81301
✆ (970) 259-1010 und 1-800-748-2990
Fax (970) 385-4791
www.ironhorseinndurango.com
141 Suiten mit Kamin. Frühstück und Dinner im Restaurant. $$$

 KOA Durango North
13391 CR 250, 16 km nördl. von Durango
Durango, CO 81301
✆ (970) 247-4499 und 1-800-562-2792
Fax (970) 259-9545
www.koakampgrounds.com
Mitte April–Mitte Okt. geöffnet
Komfort-Camping mit beheiztem Swimmingpool; 150 Stellplätze, 45 *full hookups*, 65 mit Wasser und Strom.

 Mountain Bike Specialists
949 Main Ave.
Durango, CO 81301
✆ (970) 247-4066
www.mountainbikespecialists.com
Mountainbike-Verleih und Routenvorschläge, ab 22 $ halber, 30 $ ganzer Tag.

 Bar D Chuckwagon Suppers
8080 County Rd. 250
 Durango, CO 81301
✆ (970) 247-5733 und 1-888-800-5753
www.bardchuckwagon.com
Ende Mai–Anfang Sept. tägl. 19.30 Uhr

Saloon im Strater Hotel in Durango

Dinner auf dem großen »Bar D«-Ranchkomplex mit Bohnen und Bratkartoffeln, Speck und Steak, anschließend eine Bühnenshow mit Liedern und Geschichten aus dem Wilden Westen, seit 1969. Dinnershow 17 $.

 Olde Tymer's Café
1000 Main Ave.
Durango, CO 81302
✆ (970) 259-2990
Durangos beste Burger. $$

 Ore House
147 E. College Dr.
Durango, CO 81302
✆ (970) 247-5707
Etabliertes, populäres Steakrestaurant mit Westerndekor. Steaks, Tex-Mex-Spezialitäten, Salatbar. $$$

Feste in Durango:

Pro Rodeo Series
La Plata County Fairgrounds in Durango
25th St. & Main St.
✆ (602) 237–3000
www.durangoprorodeo.com
Ende Juni/Anfang Juli Di/Mi 19 Uhr
Eintritt 12 $
Abendliches Rodeo.

④ Geheimnisumwitterte Klippenwohnungen der Anasazi
Mesa Verde National Park

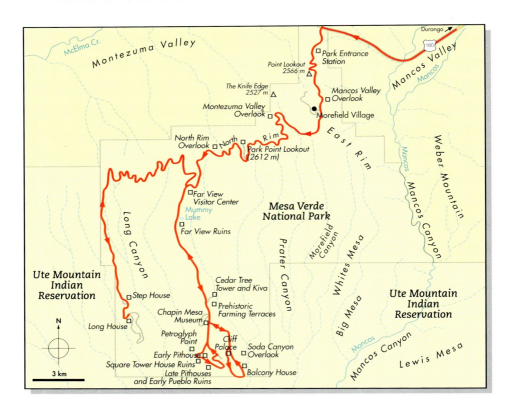

4. Route: Durango – Mesa Verde National Park (180 km/112 mi)

km/mi	Zeit	Route	
			Route bis Mesa Verde N.P. vgl. Karte S. 46.
0	8.00 Uhr	**Durango**, US 160 nach Westen, links in den **Mesa Verde National Park**, im **Far View Visitor Center** Tickets für Führungen kaufen, dann **Chapin Mesa Road** und östlichen Zweig der **Ruins Road** zum	
95/ 59	10.00 Uhr	**Cliff Palace**. Weiterfahrt zum	
97/ 60	12.00 Uhr	**Balcony House**, weiter östlichen und westlichen Zweig der Ruins Road. Zurück nach Far View, **Wetherill Mesa Road** zum	
143/ 89	16.00 Uhr	**Step House**, zurück Richtung Parkeingang zum	
180/112	18.00 Uhr	**Morefield Village**.	

Mesa Verde National Park

Extratag: Ein Spaß für die ganze Familie ist der Besuch der **Crow Canyon Archaeological Center**. Das archäologische Forschungszentrum 6 km nordwestlich von Cortez bietet ein Tagesprogramm. Im Jahre 2006: Juni–Aug. Mi und Do, Beginn 8.45 Uhr, mit Besichtigung des Forschungslabors und der Aktivitäten in den Ausgrabungsstätten, inkl. Lunch, Ende 16 Uhr (Preis Erwachsene 50 $, Kinder ab 10 J. 25 $). Reservierungen notwendig! 23390 Rd. K, Cortez, CO 81321, ℂ (970) 565-8975 und 1-800-422-8975, www.crowcanyon.org.

Mit dem **Mesa Verde National Park** erreichen wir eine der bedeutendsten archäologischen Fundstätten der USA. Zwar ist das plötzliche, geheimnisvolle Verschwinden der Anasazi (»der Alten«) Ende des 14. Jahrhunderts ein Mysterium der Geschichte, aber ihre größten und besterhaltenen *cliff dwellings* (Klippenwohnungen) haben versteckt in steilen Canyons unter weit ausladenden Felsüberhängen die Zeit beinahe unversehrt überstanden.

Vom Eingang windet sich die Parkstraße kurvenreich auf das 600 Meter höher gelegene waldige Hochplateau mit dem spanischen Namen »Mesa Verde« hinauf. Der nach Süden leicht geneigte »grüne Tisch« wirkt zunächst eher unauffällig. In den Serpentinen erhaschen wir immer wieder schöne Blicke auf das tief unten gelegene Montezuma Valley im Norden. Vom Feuerwachturm am **Park Point** (2 612 Meter) eröffnet sich ein fast unbegrenztes Panorama, das an klaren Tagen vom südwestlichen Colorado bis nach Arizona, New Mexico und Utah hineinreicht, aber keine Spuren seiner Ureinwohner zeigt.

Unser Ziel liegt am Südende des Nationalparks, wo Mesa Verde sein zweites und hochinteressantes Antlitz preisgibt. In diesem anscheinend unwirtlichen Land, das zwischen Chapin Mesa, Wetherill Mesa und zahllosen kleineren, langgestreckten Hochplateaus in schmale, tief eingeschnittene Canyons mit unzugänglichen Steilwänden ausfranst, vermutete niemand indianische Ansiedlungen. Die USA waren bereits sehr gut erforscht, als die Cowboys Charles Mason und Richard Wetherill 1888 zufällig die ersten Ruinen entdeckten. Mit großem Interesse erfuhr die staunende Weltöffentlichkeit von einer einst blühenden, längst vergessenen Indianerkultur, deren Stätten 1906 zum Mesa Verde National Park deklariert wurden.

Große Teile der Anasazi-Geschichte haben sich anhand der gut erhaltenen Cliff Dwellings und dank der pragmatischen indianischen Abfallentsorgung bestens rekonstruieren lassen. Der einfach aus den Klippenwohnungen in die Tiefe geworfene Unrat der Indianer, der sich auf dem Canyonboden angesammelt hatte, erwies sich Jahrhunderte später als exzellente archäologische Fundstätte.

Während der Korbflechter-Periode ab Mitte des 6. Jahrhundert lebten die frühen Anasazi in Mesa Verde, zunächst in Gruben-, 200 Jahre später auch in oberirdischen Holzbehausungen. Anfang des neuen Jahrtausends erfolgte dann der Sprung in eine höhere Kulturstufe. Mit Adobeziegeln entstanden erste *pueblos*, um einen Innenhof arrangierte mehrstöckige Gebäudekomplexe. Während der klassischen Periode von Mesa Verde von 1100–1300 erbauten die Anasazi die noch heute beeindruckenden Cliff Dwellings, die oft nur über Leitern oder in den Fels gehauene Fuß- und Handgriffe erreichbar waren.

Mesa Verde National Park: Chapin Mesa, Cliff Palace

Ausgerechnet zur Blütezeit der Kultur, die sich ziemlich genau auf das ausgehende 13. Jahrhundert datieren lässt, verließen sie ihre Siedlungen spurlos. Warum die Anasazi erst mit viel Mühen ausgeklügelte Klippenwohnungen erbauten und diese schon nach wenigen Jahren wieder im Stich ließen – dieses Rätsel wird wohl nie entschlüsselt werden.

Vielleicht lockte irgendwo die Aussicht auf ein besseres Leben ohne die tagtägliche Kraxelei zu den Höhlen. Wissenschaftler ziehen auch religiöse Gründe, die Auslaugung der Böden, Erosion oder die von 1276 bis zum Jahrhundertende andauernde Trockenperiode als mögliche Gründe in Erwägung. Vermutlich zogen die Anasazi als Ahnen der modernen Pueblo-Indianer nach Südosten in den Rio-Grande-Bereich.

Far View ist das touristische Zentrum des Parks mit Hotel, Restaurant, Park-Museum und Visitor Center, wo man möglichst früh Tickets für die Führungen durch Cliff Palace, Balcony House und Long House kaufen sollte. Diese drei Cliff Dwellings können nur auf rangerbegleiteten Touren besichtigt werden, und der weitere Tagesablauf wird im Wesentlichen von den festen Terminen der Führungszeiten bestimmt.

Hinter Far View gabelt sich die Straße südwestwärts zur Wetherill Mesa und südwärts zur **Chapin Mesa**, dem interessanteren der beiden großen Plateaus mit den meisten und größten Cliff Dwellings. Die **Chapin Mesa Road** durchquert weite, offene Landstriche mit Kiefern, sperrigen Yucca und duftenden Salbei- und Wacholderbüschen, bevor sie schließlich zum **Chapin Mesa Archeological Museum** gelangt. Dioramen und archäologische Exponate informieren dort über die Geologie der erodierten Canyons, über die Parkgeschichte und den neuesten Stand der Forschungen bezüglich der rund 600 Cliff Dwellings im Park.

Vom Museum führt ein kurzer Spaziergang zum sehr gut erhaltenen **Spruce Tree House** im Spruce Canyon. Hinter hohen Mauern verstecken sich über 100 Wohnräume mit Fenstern und Vorratsspeicher, zu ihren Füßen liegen acht kreisrunde Kivas, die vermutlich Zeremonienräume waren. Durch Deckenöffnungen klettern wir in eine vollkommen restaurierte Kiva hinunter, wie einst die Anasazi in die Unterwelt hinabstiegen.

Am Spruce Canyon teilt sich die Ruins Road in zwei populäre Rundfahrten, die östliche führt zum phantastischen **Cliff Palace**. Wenn man aus dem Wald herauskommt und plötzlich mitten in der nahezu senkrechten Westwand des Cliff Canyon die schutzsuchend unter eine Felsenhöhle geschmiegte komplette Adobekleinstadt aus Stein erspäht – das Wahrzeichen des Nationalparks – erscheint das Panorama schlicht und einfach überwältigend.

Während rund drei Viertel der Anasazi-Klippenwohnungen nur einen Raum bis höchstens fünf Räume aufweisen, nimmt der Cliff Palace, mit 217 Räumen und 23 Kivas die größte und besterhaltene Cliff Dwelling der USA, eine unangefochtene Ausnahmestellung ein. Die versteckte Lage bot den über 200 Einwohnern hervorragenden Schutz vor der heißen Sommersonne, den winterlichen Stürmen, vor Feinden und wilden Tieren.

Über vier Leitern und Dutzende von Stufen gelangen wir zu der kleinen Stadt hinunter. In der Phantasie entsteht ein Bild, in dem Anasazi-Männer an den Häusern werkeln, Frauen Getreide mahlen und Kinder mit den als Haustieren gehaltenen Truthähnen spielen.

Wohnen in steiler Wand: die Ruinen des Cliff Palace im Mesa Verde National Park ▷

Mesa Verde National Park: Balcony House, Wetherill Mesa

Verglichen mit dem trutzigen Cliff Palace wirkt **Balcony House** in der Ostwand des steilen Soda Canyon erst recht wie ein kleines Bollwerk. Man gelangt über eine fast zehn Meter hohe Leiter zum Balcony House und durch einen drei Meter langen Tunnel, den ursprünglichen Haupteingang des Komplexes, wieder hinaus. Der heute wie eine akrobatische Herausforderung erscheinende Zugang diente dem Schutz der Bewohner. Tatsächlich war das festungsartige Balcony House seinerzeit das uneinnehmbarste der Cliff Dwellings, und gehörte mit zwei Kivas und etwa 35 Räumen für rund 50 Anasazi zu den mittelgroßen.

Auf dem westlichen Ast der Ruins Road überschauen wir zunächst die 70 Räume zählenden **Square Tower House Ruins** im Navajo Canyon mit dem markanten viereckigen Turm. Im Gegensatz zu vielen anderen Cliff Dwellings besaß es einen von der Mesa recht bequem erreichbaren Zugang und eine eigene Quelle.

Im Verhältnis zur ausgeklügelten Bautechnik der Cliff Dwellings wirken die rekonstruierten Grubenhäuser *(pit houses)* aus dem 7. Jahrhundert, auf die wir wenig später an der Straße treffen, fast primitiv. Es sind in Erdmulden erbaute, einfache Schutzhütten aus Ästen und kleineren Baumstämmen, die mit Zweigen und Schlamm fein säuberlich abgedeckt wurden. Grubenhäuser waren sowohl in den Felshöhlungen als auch auf der Mesa errichtet worden.

Vom **Sun Point** und dem benachbarten **Sun Temple** bietet sich insbesondere beim Licht der tief stehenden Sonne am späten Nachmittag das beste Panorama des Cliff Palace. Der in der Form eines riesigen »D« gemauerte, allerdings unvollendete Sun Temple, der vielleicht als Zeremonialgebäude geplant war, ruht seit dem späten 13. Jahrhundert am Vorsprung zwischen Fewkes Canyon und Cliff Canyon, und seine mutmaßliche Funktion beschäftigt seit langer Zeit die Archäologen.

Auf der **Wetherill Mesa** ist der Besucherandrang deutlich niedriger als an der Chapin Mesa. Am Ende der 19 Kilometer langen, kurvenreichen Straße, etwa einen Kilometer vom Parkplatz entfernt, liegen die **Step House Ruins**. Diese klassischen Cliff Dwellings mit indianischen Felszeichnungen sowie Grubenhäusern aus der Zeit der Basket-Maker-Kultur im 7. Jahrhundert kann man auf eigene Faust erkunden. Ein kleines Bähnchen fährt am Canyonrand entlang und hält an verschiedenen Aussichtspunkten und an einigen Wanderwegen zu den Ruinen.

Die **Long House Ruins** sind nur auf rangergeführten Touren zu besichtigen. Ein Spaziergang von einem Kilometer bringt uns zum fotogenen Long House, der mit 150 Räumen und 21 Kivas nach Cliff Palace größten Ruinenanlage des Parks. Vor den Gebäuden befindet sich ein wohl zu zeremoniellen Zwecken oder Versammlungen genutzter, großer Platz. Von hier aus geht es allmählich wieder zurück in die Eingangsbereiche des Parks.

④ Infos: Mesa Verde National Park, Cortez

 Mesa Verde National Park
Mesa Verde N.P., CO 81330
✆ (970) 529-4465, Fax (970) 529-4637
www.nps.gov/meve
Eintritt 10 $ pro Auto (7 Tage), 50 $ National Parks Pass (vgl. S. 286)
Nationalpark mit den besterhaltenen Anasazi-Klippenwohnungen in den USA.

 Far View Visitor Center
Mesa Verde N.P., CO 81330
✆ (970) 529-5036
Mitte April–Mitte Okt. tägl. 8–17 Uhr
Morgens oder am Tag vorher als erstes die Tickets für Führungen von Balcony House, Cliff Palace und Long House besorgen (je 2.75 $).
Zur Hochsaison erhält man nicht gleichzeitig Tickets für Balcony House und Cliff Palace.

 **Far View Lodge**
Mesa Verde N.P., CO 81330
✆ (970) 564-4300 und 1-800-449-2288
Fax (970) 529-4311
www.visitmesaverde.com
Mitte April–Mitte Okt.
150 Hotelzimmer mit Balkon und weiter Aussicht. Kein Fernsehen, kein Telefon. Zur Lodge gehört das »Metate Room Restaurant«. Abendliche Multimediashow »Anasazi«. $$$

 Morefield Campground
Mesa Verde N.P., CO 81330
✆ (970) 564-4300 und 1-800-449-2288
www.visitmesaverde.com
Anfang Mai–Mitte Okt.
435 Stellplätze, nur 15 *hookups*. $

 KOA Cortez/Mesa Verde
27432 E. Hwy. 160
Cortez, CO 81321
✆ (970) 565-9301 und 1-800-562-3901
www.koa.com, April–Mitte Okt.
Erstklassiger Campingplatz mit beheiztem Swimmingpool 12 km westlich des Mesa Verde National Park. 78 Stellplätze, 28 *full hookups*. $

 Chapin Mesa
Auf dem 14 km langen östlichen Mesa im Nationalpark liegen die meisten Cliff Dwellings, z. B. Cliff Palace und Balcony House.

 Chapin Mesa Archeological Museum
Mesa Verde N.P., CO 81330
✆ (970) 529-4631
Mitte April–Mitte Okt. tägl. 8–18.30 Uhr
Museum mit historischen Dioramen und archäologischen Funden. Vom Museum führt ein kurzer Spazierweg zum Spruce Tree House (tägl. 8.30–18.30 Uhr).

 Ruins Road
Am Südende der Chapin Mesa zwei je 10 km lange Rundfahrten zu Cliff Palace (Führungen Mitte April–Mitte Nov. tägl. 9–18 Uhr) und Balcony House (Führungen Ende Mai–Ende Okt. tägl. 9–17 Uhr) bzw. Square Tower House und Sun Temple.

 Wetherill Mesa
19 km lange, kurvige Zufahrt zur westlichen Mesa; nur für Fahrzeuge bis 25 ft. Ende Mai–Anfang Sept.
Am Straßenende Long House (Führungen tägl. 10–17 Uhr) und Step House. Ein Bähnchen verkürzt die Wege zu Aussichtspunkten und Zugangswegen zu den Ruinen.

Spruce Tree House im Mesa Verde National Park

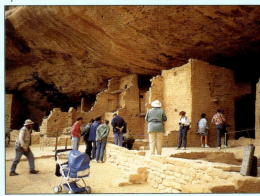

⑤ Der größte Sandkasten der USA
Durch den Südwesten Colorados

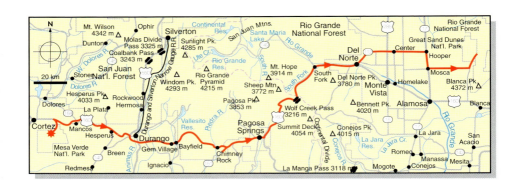

5. Route: Mesa Verde National Park – Durango – Great Sand Dunes National Park (356 km/221 mi)

km/mi	Zeit	Route
0	9.00 Uhr	Ab **Mesa Verde** rechts ab (nach Osten) auf US 160 bis
68/ 42	10.00 Uhr	**Durango**, weiter US 160, Hwy. 151 nach rechts und kurzer Abstecher zur
140/ 87	11.00 Uhr	**Chimney Rock Archaeological Area.**
171/106		**Pagosa Springs**, weiter US 160 bis
265/165	15.00 Uhr	**Del Norte**, links auf Hwy. 112, in Hooper rechts auf Hwy. 17, links auf Six Mile Rd., links abzweigen zum
356/221	16.00 Uhr	**Great Sand Dunes National Park**.

Morgens verlassen wir **Mesa Verde** und folgen der US 160, die für heute weitgehend unser Leitfaden sein wird, über **Durango** ostwärts an den welligen Südhängen der **San Juan Mountains** entlang. Etwa nach zwei Dritteln der Strecke tauchen rechter Hand zwei steil aufragende Bergspitzen auf. Sie gehören zur **Chimney Rock Archaeological Area**. Auf dem rund 16 Quadratkilometer großen Gebiet befinden sich Dutzende, teilweise restaurierte Ruinen aus dem 11. Jahrhundert, in denen einst 2 000 Anasazi-Indianer gelebt haben (vgl. auch Mesa Verde N.P. S. 54 ff.) Archäologen, die zwi-

Heiß und heilsam: die mineralhaltigen Quellen von Pagosa Springs ▷

schen den Pueblo-Häusern, Kivas und Lagerräumen ein reiches Betätigungsfeld finden, gehen aufgrund der Bau- und Nutzungsweise von religiösen Hintergründen der Siedlung aus. Besichtigungen sind nur im Rahmen von Führungen mit Rangern des National Forest Service möglich.

Schon die Ute-Indianer betrachteten die **Pagosa Springs**, die sie »heilende Wasser« nannten, als ein Geschenk des Großen Geistes. Das Wasser der Pagosa Springs, die dem Ort seinen Namen gaben und mit 67 Grand Celsius zu den heißesten Mineralquellen der Welt gehören, beheizt heute kommunale Gebäude und füllt die Swimmingpools von Spring Inn Resort und The Spa@ Pagosa Springs.

Ab Pagosa Springs wird die Strecke überaus reizvoll, allmählich steigt die Straße über 1000 Meter an. In den Höhenlagen der San Juan Mountains sind die Wälder saftig grün, das Schmelzwasser speist viele kleine und größere Seen und wilde, saubere Flüsse, die durch ursprüngliche Gebirgslandschaften fließen. Am 3216 Meter hohen **Wolf Creek Pass** überqueren wir einmal mehr die kontinentale Wasserscheide und gelangen in den **Rio Grande National Forest** und das Gebiet des jungen Rio Grande.

Die herrliche Strecke durch grüne Wälder unter hohen Gipfeln folgt dem Lauf des South Fork, eines Quellflusses des Rio Grande. Am Wege liegen zahlreiche National Forest Campgrounds, auf denen man, wie etwa am Big Meadow Lake Campground, gut picknicken kann. Ein kurzer Rundweg führt um den schön gelegenen, bergumrahmten See, an dem es auch an warmen Sommertagen immer ein wenig windig ist.

Bei **Del Norte** gelangen wir in das semiaride **San Luis Valley**, ein rund 200

Kilometer langes und 80 Kilometer breites Tal, das in Urzeiten der Boden eines Sees war. Heute wird das Tal mit dem Wasser des Rio Grande bewässert und ist eines der produktivsten Landwirtschaftsgebiete Colorados.

Del Norte ist Ausgangspunkt für Wander-, Angel-, Reit- und Jeeptouren in den umgebenden National Forest. Wuchtig hängen die Wolken des nach-

Great Sand Dunes National Park

Unweit des Wolf Creek Pass liegt die Kinderstube des Rio Grande

mittäglichen Gewitters noch dunkel über den schneebedeckten, bis zu 4 350 Meter hohen Gipfeln der **Sangre de Cristo Mountains**, zu deren Füßen riesige, goldglänzende Sandberge einen fast überirdischen Anblick bieten. Vor diesen Berghängen, am nordwestlichen Rand des großen, breiten San Luis Valley, liegt der **Great Sand Dunes National Park**. Man glaubt kaum seinen Augen zu trauen, denn wo sollen, so weit vom Ozean entfernt, die höchsten und größten Sanddünen Nordamerikas herkommen. Hier vor den Bergen fallen seit Tausenden von Jahren die aus dem San Luis Valley aufgewirbelten und in nordöstliche Richtung getriebenen Sandkörner nieder. Fotogen präsentieren sich die Kontraste der dunkel bewaldeten Berge und der hellen, kahlen

5 Great Sand Dunes National Park

Super-Sandkasten: das Great Sand Dunes National Park

Sanddünen, auf denen mit den ziehenden Wolken Licht und Schatten einander abwechseln. Und Veränderung ist einer der bedeutendsten Aspekte hier, denn der Wind arbeitet unaufhörlich an den Dünen, kreiert immer neue Kammlinien und Wellenmuster. Der mit 154 Quadratkilometern gewaltigste Sandkasten der Rockies wurde im Jahre 2000 zum Nationalpark deklariert.

Am Fuße der Sanddünen entlang zieht sich die Straße durch den äußersten Südosten des Parks. Wenige hundert Meter hinter dem Parkeingang befindet sich das **Visitor Center**, das einen kurzen Einführungsfilm und informative Ausstellungen über die phänomenalen Sande zeigt. Fast immer umschwirren Kolibris das Visitor Center.

Wir beschließen eine Wanderung auf die Dünen. Über eine Furt wird der flache **Medano Creek** überquert, der im Frühsommer Schmelzwasser führt, das eiskalt und in merklichen Schwällen heranrollt. Im Spätsommer verliert sich der Medano Creek, denn er versickert allmählich in den unendlichen Sandmassen. Am anderen Ufer beginnt bald der Aufstieg auf die große Sanddüne, ein Kilometer ist es bis ganz oben. Es gibt keinen festen Weg, aber man kann den Trittspuren der »Vorgänger« folgen. Der lose Sand vermittelt wenig Halt – zwei Schritte vor, einen zurück – der Aufstieg ist dennoch nicht frustrierend, denn das Panorama inmitten dieses gigantischen Sandkastens ist brillant, und schließlich geht der Abstieg um so leichter vonstatten. Von oben herab kommen uns Leute entgegen, die in großen Sprüngen durch den lockeren Sand hüpfen und mit den Sandmassen »abfahren«, *sandsurfing* nennt sich diese spaßige Fortbewegungsart.

5 Infos: Chimney Rock, Pagosa Springs, Mosca, Alamosa

Chimney Rock Archaeological Area
5 km südl. der US 160 via Hwy. 151
Chimney Rock, CO 81127
✆ (970) 883-5359
www.chimneyrockco.org
Visitor Center tägl. 9–16.30 Uhr, Mitte Mai–Ende Sept. tägl. 9.30, 10.30, 13 und 14 Uhr 2–2 1/2-stündige Führungen
Eintritt 8 $
Zwei markante Felsnadeln und aus dem 11. Jh. stammende Pueblo-Ruinen.

The Spring Resort
165 Hot Springs Blvd., Downtown

Pagosa Springs, CO 81147
✆ (970) 264-4168 und 1-800-225-0934

Fax (970) 264-4707
www.pagosahotsprings.com
Mitte Juni–Anfang Sept. tägl. 7–1, sonst So–Do 7–23, Fr/Sa 7–1 Uhr; Eintritt 15 $
Baden in mineralhaltigen, heißen Quellen. 15 Pools mit Temperaturen von 32–45 °C. Hotel mit 50 Zimmern. $$$–$$$$

The Spa @ Pagosa Springs
371 Hot Springs Blvd.

Pagosa Springs, CO 81147
✆ (970) 264-5910 und 1-800-832-5523

Fax (970) 264-2624
www.thespaatpagosasprings.com
Tägl. 8–22 Uhr; Eintritt 8 $
Swimmingpools von 35–40 °C. Hotel mit 21 Zimmern. $$–$$$

Branding Iron BarBQ
3961 E. US 160
Pagosa Springs, CO 81147
✆ (970) 264-4268
Einfaches Restaurant am östlichen Stadtrand, Spezialitäten hier sind Ribs. $

Great Sand Dunes National Park
11500 Hwy. 150, Mosca, CO 81146
✆ (719) 378-6399, www.nps.gov/grsa
Tägl. geöffnet
Eintritt 3 $ (7 Tage), 50 $ National Parks Pass (vgl. S. 286)
Größtes Dünengebiet in den USA am Fuße der Sangre de Cristo Range. Filme, Ausstellungen und Informationen im Visitor Center.

Best Western Alamosa Inn
2005 Main St., Alamosa, CO 81101
✆ (719) 589-2567 und 1-800-459-5123
Fax (719) 589-8998
www.bestwestern.com
Hotel am westlichen Stadtrand mit Restaurant und kleinem Hallenbad. $$

Pinyon Flats Campground
Einfacher Campground im Great Sand Dunes National Park, 88 Stellplätze. $

KOA Alamosa
6900 Juniper Lane, 6 km östl. der Stadt über US 160, Alamosa, CO 81101
✆ (719) 589-9757 und 1-800-KOA-9157
www.koa.com, ganzjährig geöffnet
Komfortabler Campground, 52 Stellplätze, 10 *full hookups*, 28 mit Wasser und Strom. $

Mrs. Rivera's Kitchen
1019 W. Sixth St., Alamosa, CO 81101
✆ (719) 589-0277
Etabliertes mexikanisches Familienrestaurant. $

Badespaß in den Pagosa Springs

❻ Goldrausch in den Bergen
Über Cripple Creek nach Colorado Springs

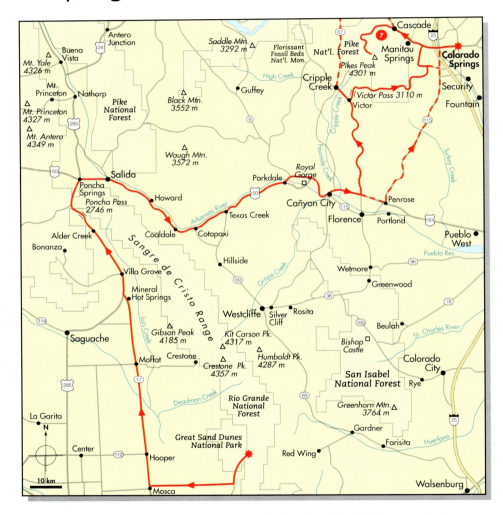

6. Route: Great Sand Dunes National Park – Royal Gorge – Cripple Creek – Colorado Springs (359 km/223 mi)

km/mi	Zeit	Route
0	8.00 Uhr	Ab **Great Sand Dunes National Park** zurück zum Hwy. 17,

Poncha Pass, Salida

		nordwärts nach Poncha Springs und von dort US 50 über Salida ostwärts zur
220/137	11.00 Uhr	**Royal Gorge**. Weiter US 50, 11 km östl. von Cañon City links auf **Phantom Canyon Road** (Hwy. 67) bis Victor, weiter bis
301/187	14.00 Uhr	**Cripple Creek**. Zurück bis Victor, **Gold Camp Road** (vgl. Karte 7. Route S. 74) und Old Stage Road nach
359/223	16.30 Uhr	**Colorado Springs**, am Straßenende rechts zum **Cheyenne Mountain Zoo**, links über Pemrose Blvd. und Mesa Rd. zur South Cheyenne Canyon Rd. und zu den **Seven Falls**. Anschließend zurück auf South Cheyenne Canyon Rd., links auf North Cheyenne Canyon Rd. und High Drive über Bear Creek Rd. Lower Gold Camp Rd. und 21st St. nach Downtown.
	19.00 Uhr	**Flying W Ranch Chuckwagon Suppers**.

> **Alternativroute:** Bei Schlechtwetter oder mit größeren Wohnmobilen sollte man statt der Phantom Canyon Road die 75 km längere, asphaltierte Route nach Colorado Springs (Highway 50/115/24/67) wählen, die genauso viel Fahrtzeit in Anspruch nimmt. Dasselbe gilt für die Gold Camp Road, die sich auf dem Rückweg über die Highways 67/24 sogar zeitsparend umgehen lässt. (In der Karte S. 66 rot gestrichelt.)

Wir verabschieden uns von den Great Sand Dunes und fahren nordwärts durch das breite San Luis Valley. Seit der 5. Route war ein erstaunlicher Landschaftswechsel zu beobachten: Während gestern noch dichte Bergwälder am Oberlauf des 3 057 Kilometer langen Rio Grande den Weg begleiteten, überwiegen heute trockene Tallagen, in denen die Bäche aus den weit entfernten Bergen stillschweigend versickern.

Über den eher unauffälligen Poncha Pass (2 746 Meter) verlassen wir das Fluss-System des Rio Grande. Ab **Salida** begleitet uns der Oberlauf des schäumenden Arkansas River ostwärts, doch ist der Fluss hier längst nicht so ungestüm wie im Brown's Canyon (vgl. S. 44) stromaufwärts oder insbesondere in der Royal Gorge stromabwärts und eignet sich deshalb hier als populäre Wildwasserstrecke für Familienausflüge.

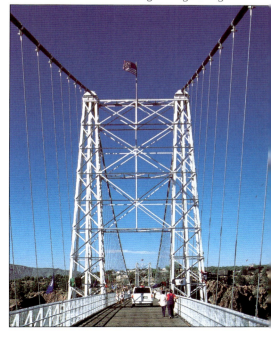

Kühne Konstruktion: die Royal Gorge Bridge

6 Cañon City, Royal Gorge, Phantom Canyon Road

Authentisches aus alten Goldgräbertagen: Cripple Creeks nostalgische Fassaden

Cañon City, eine von hohen Bergen umringte kleine Stadt, liegt am Ende der **Royal Gorge**, der »königlichen Schlucht«, und ist neben Buena Vista und Salida das wichtigste Zentrum des Whitewater Rafting am Arkansas River. Als eine der höchsten Hängebrücken der Welt überspannt abseits der US 50 die **Royal Gorge Bridge** die 321 Meter tiefe Schlucht des Arkansas River. Sie war 1929 als einspurige Mautbrücke erbaut worden und darf heute nur von Autos, aber nicht von Wohnmobilen überquert werden. Unten am schmalen Flussufer verkehrt auf der revitalisierten Strecke der Denver & Rio Grande Railroad seit wenigen Jahren wieder ein Ausflugszug. Zum Royal-Gorge-Komplex gehören noch eine Zahnradbahn an der steilen Granitwand hinab zum Grund der Schlucht und eine Seilbahn darüber.

Als wenn das noch nicht reicht, lockt direkt vor den Toren der Royal Gorge der attraktive **Buckskin Joe Park**, ein rekonstruiertes Westernstädtchen mit Revolverduellen zeitgenössisch kostümierter Cowboys, Banditen und Sheriffs und anderem Wildwest-Entertainment im Stil von anno 1850, plus Goldwaschen, Fahrten mit der Postkutsche oder dem Eisenbähnchen an den Rand der Schlucht.

Die schönste Route von der Royal Gorge nach Cripple Creek führt über die 49 Kilometer lange **Phantom Canyon Road**. Auf der ehemaligen Eisenbahntrasse der Florence & Cripple Creek Railroad geht es sachte, aber stetig hinauf durch eine langgezogene Schlucht zum 1200 Meter höher gelegenen Goldrauschörtchen **Victor** und weiter nach Cripple Creek. Allerdings ist die gut ausgebaute Schotterstraße

Cripple Creek

für größere Wohnmobile zu eng und auch bei Schlechtwetter nicht empfehlenswert.

Nur wenige Orte in Colorado blicken auf eine ähnlich wechselhafte Geschichte zurück wie das 2 900 Meter hoch in den Bergen gelegene Goldrauschstädtchen **Cripple Creek**. Den ersten Goldfunden von Bob Womack 1890 wurde noch keine große Bedeutung beigemessen. Als der Silbermarkt 1893 kollabierte und Silberboomtowns wie Aspen, Georgetown oder Leadville in den Ruin getrieben wurden und beinahe ganz Colorado in den wirtschaftlichen Abgrund stürzte, erlebte der Staat in Cripple Creek gleichzeitig seinen letzten großen Goldrausch und einen der bedeutendsten in den USA.

Buchstäblich aus dem Nichts entstand eine große Stadt in den Bergen.

Die Independence Mine machte Winfield Scott Stratton bereits 1894 zum ersten Millionär der Schürfregion um Cripple Creek, aus deren Tiefen eine der reichsten Goldausbeuten Amerikas stammen – über 22 Millionen Feinunzen im heutigen Wert von sieben Milliarden Dollar.

Cripple Creek, das auf seinem Höhepunkt 1904 rund 50 000 Einwohner zählte, wäre beinahe als winziges Örtchen im Nichts der Geschichte versunken, hätten ihm seit 1990 nicht die Legalisierung des Glücksspiels und die Einrichtung nostalgischer Kasinos in einer Art modernem Goldrausch wieder neues Leben eingehaucht. Kasinos wie »Midnight Rose«, »J. P. McGills« und »The Brass Ass« laden heute in den alten Geschäftshäusern von Cripple Creek zu Poker und Blackjack ein. Die

Schöne Schotterpiste durch die Berge: die Gold Camp Road nach Colorado Springs

Cripple Creek, Gold Camp Road, Colorado Springs

Einwohnerzahlen der Region haben sich seither wieder auf 1 100 in Cripple Creek und 400 im ruhigeren Nachbarort Victor gesteigert.

In ihrem ersten »Leben« war die **Cripple Creek & Victor Narrow Gauge Railroad** eine Bergbaueisenbahn. Heute zuckelt der Touristenzug ab dem Cripple Creek Museum im alten Bahnhof der Midland Railroad über eine Bockbrücke, vorbei an ausgedienten Goldminen und urigen Geisterstädten durch die karge Bergwelt. Ein Blick in die Umgebung offenbart das Erbe von einem Jahrhundert Bergbau, kein Stein steht mehr auf dem anderen, alles wurde auf der Suche nach dem schnellen Reichtum mehrfach durchpflügt, von Stollen und Schächten durchlöchert. Als Besucherbergwerk wurde die 1898–1961 kontinuierlich aktive Goldmine »Mollie Kathleen« hergerichtet.

Unsere weitere Fahrtroute ab Cripple Creek verläuft zunächst ein Stückchen zurück nach Victor. Ab dem kleinen Örtchen windet sich die 50 Kilometer lange, panoramareiche **Gold Camp Road** bei sachtem Gefälle 1 200 Höhenmeter nach Colorado Springs hinab. Die gut ausgebaute Schotterstraße auf dem ehemaligen Schienenbett der Colorado Springs & Cripple Creek District Railroad (Short Line) ist allerdings für größere Wohnmobile zu eng und auch bei Schlechtwetter nicht empfehlenswert. Sie endet in phantastischer Umgebung der steilen Berghänge und tiefen Schluchten am Ortseingang von **Colorado Springs**, das sich am Übergang von den Prärien in die Rocky Mountains ausbreitet.

Die rund 360 000 Einwohner zählende moderne Stadt rund 100 Kilometer südlich von Denver ist die zweitgrößte Stadt Colorados. Sie ist zugleich eine der attraktivsten, was neben ihrem jugendlichen Flair natürlich auf ihr hervorragendes sonnenreiches und trockenes Klima im Regenschatten der Rockies wie auch auf ihre spektakuläre Lage direkt am Fuße des mächtigen **Pikes Peak** (4 301 Meter) zurückzuführen ist, der weithin sichtbar die Stadt um fast 2 500 Meter überragt. Nirgendwo in den Rockies schiebt sich ein ähnlicher Bergriese so weit unmittelbar an den Rand der Prärie vor.

Als General William J. Palmer 1871 seine Denver & Rio Grande Railroad nach Westen trieb, hat er wahrscheinlich das touristische Potential erkannt. Geschäftstüchtig wie er war, gründete er im Angesicht der Berge ein detailliert geplantes Ferienziel für Reiche von der Ostküste und aus Europa. Wenige Kilometer abseits des vornehmlich von Bergarbeitern bewohnten Colorado City entstanden Villen, Parks, ein College und Bewässerungskanäle.

Diejenigen, die sich dort niederließen, scheffelten Millionen mit den Goldbergwerken in Cripple Creek, führten ansonsten ein vornehmes Leben und suchten Erholung und Linderung von allerlei Gebrechen in den Mineralquellen des zehn Kilometer westlich gelegenen Manitou Springs. Allmählich absorbierte das schnell heranwachsende Colorado Springs das kleinere Colorado City.

Am Ende der Gold Camp Road biegen wir rechts ab zum **Cheyenne Mountain Zoo**. Rund 500 Tiere leben in den Gehegen des schönen, kleinen Tierparks am Cheyenne Mountain. Ein Spaziergang dort erlaubt darüber hinaus fast unbegrenzte Blicke über die Stadt und die Prärie im Osten. Fährt man etwas weiter auf der Straße den Berg hinauf, gelangt man zum **Will Rogers Shrine of the Sun**, einem Denkmal in Form eines granitenen Turms, der dem berühmten

Colorado Springs: Seven Falls, Flying W Ranch

»Pikes Peak or Bust«: Schicksalsberg der Goldsucher

amerikanischen Humoristen Will Rogers (1879–1935) gewidmet ist. Rund 800 Meter über der Stadt bietet sich ein exzellentes Panorama.

Etwas nördlich der Gold Camp Road gelangen wir über die gewundene South Cheyenne Canyon Road zu den **Seven Falls**, einer Sequenz von sieben kleineren Wasserfällen des South Cheyenne Creek, die bis spätabends illuminiert werden. Eagle's Nest, der beste Aussichtspunkt, kann mit dem Aufzug oder zu Fuß über 185 Stufen erreicht werden, Treppen führen auch entlang den Wasserfällen nach oben.

Von den Seven Falls könnte man direkt nach Downtown Colorado Springs fahren. Viel schöner lässt sich der Tag aber mit einem halbstündigen Exkurs (Einbahnstraße) in die steilen Berghänge am westlichen Stadtrand beschließen. Die attraktive Routenführung über die North Cheyenne Canyon Road und den High Drive bergauf sowie die Bear Creek Road zurück ins Tal gehört zu den schönsten Strecken in Colorado Springs.

Zum Abendessen erwartet uns ein Chuckwagon Dinner samt Westernshow auf der **Flying W Ranch**, die am Rande des Garden of the Gods statt mit brüllenden Rindern mit einem kleinen Westernstädtchen samt Souvenirgeschäften überrascht. Pünktlich beginnt das große Picknick – bei klarem Wetter unter freiem Himmel. Alles auf die Plätze, fertig, los – tisch- und reihenweise marschieren die Gästescharen zum Essenfassen. Es gibt Steaks, gebackene Kartoffeln, Bohnen, Kaffee, eben ein zünftiges Westernessen. In dicke Jacken eingemummelt – die Höhenlage sorgt für frische Sommerabende –, amüsiert man sich anschließend bei den Cowboysongs und Geschichten der »Flying W Wranglers«.

6 Infos: Cañon City, Cripple Creek, Colorado Springs

Greater Cañon City Chamber of Commerce
403 Royal Gorge Blvd.
Cañon City, CO 81212
℅ (719) 275-2331 und 1-800-876-7922
Fax (719) 275-2332
www.canoncitychamber.com

Echo Canyon River Expeditions
45000 US 50 W.
Cañon City, CO 81212
℅ (719) 275-3154 und 1-800-595-3246
www.echocanyonrafting.com, Mitte April–Ende Sept. tägl. 8–19 Uhr; ab 41 $
Halb- und ganztägige Wildwasserfahrten in der Royal Gorge des Arkansas River.

Raft Masters
2315 E. Main St., Cañon City, CO 81212
℅ (719) 275-6645 und 1-800-568-7238
www.raftmasters.com
Mitte April–Mitte Sept. tägl. 8–18 Uhr; halbtägig 55 $, ganztägig 90 $
Halb- und ganztägige Wildwasserfahrten in der Royal Gorge des Arkansas River.

Royal Gorge Bridge and Park
13 km westl. von Cañon City via US 50, dann 1 km südwärts via Hwy. 3A
4218 Fremont County Rd. 3A
Cañon City, CO 81215
℅ (719) 275-7507 und 1-888-333-5597
www.royalgorgebridge.com
Themenpark und Brücke ganzjährig geöffnet, Mitte Juni–Mitte Aug. tägl. 10–19 Uhr, sonst kürzer; Eintritt 21 $
Hängebrücke über die 321 m tiefe Schlucht des Arkansas River. Gleich nebenan gibt es einen Vergnügungskomplex aus Seilbahn quer über die Schlucht, Zahnradbahn zum Boden der Schlucht, Wildpark und anderen Attraktionen.

Buckskin Joe Frontier Town
Hwy. 3A, 13 km westl. von Cañon City
Cañon City, CO 81215
℅ (719) 275-5149
www.buckskinjoes.com
Mitte Juni–Mitte Aug. tägl. 9–18, Mai tägl. 10–17, Sept. Do–Mo 10–17 Uhr
Eintritt 12 $, Bahn 9 $, Kombination 16 $
Westernstädtchen mit Revolverduellen, Goldwaschen und Fahrt mit der Bimmelbahn an den Rand des Canyons.

Phantom Canyon Road
Die 49 km lange, stellenweise schmale, aber gut instand gehaltene Schotterstraße (SR 67) zweigt 11 km östlich von Cañon City ab und führt nordwärts zum 1200 m höher gelegenen Victor. Als alternative Zufahrt müssen größere Wohnmobile die asphaltierten Highways 24 und 67 von Norden her nehmen.

Cripple Creek & Victor Narrow Gauge Railroad
5th St. & Carr Ave.
Cripple Creek, CO 80813
℅ (719) 689-2640
www.cripplecreekrailroad.com
Mitte Mai–Mitte Okt. tägl. ab 10 Uhr, 9 $
Alle 45 Min. dreiviertelstündige Bahnfahrten ab dem Cripple Creek Museum.

Mollie Kathleen Gold Mine
SR 67, Cripple Creek, CO 80813
℅ (719) 689-2466, www.goldminetours.com
April–Okt. tägl. 9–17 Uhr; Eintritt 15 $
Einstündige Führungen in einer alten Goldmine 300 m unter Tage oder Besuch eines Goldtagebaus.

J. P. McGills Casino
232 E. Bennett Ave.
Cripple Creek, CO 80813
℅ (719) 689-2446, Fax (719) 689-3413
www.triplecrowncasinos.com
Spielkasino, Hotelzimmer, Grillrestaurant. $$

Gold Camp Road
Raue Schotterpiste von Colorado Springs nach Victor, erreichbar von der Old Stage Road unweit des Broadmoor Hotel. Für Wohnmobile ungeeignet. In Colorado Springs über Straßenzustand und Befahrbarkeit informieren.

⑥ Infos: Colorado Springs, Manitou Springs

Colorado Springs Experience
515 S. Cascade Ave.
Colorado Springs, CO 80903
℃ (719) 635-7506 und 1-877-745-3773
www.experiencecoloradosprings.com
Ende Mai–Anfang Sept. tägl. 8.30–17 Uhr, sonst nur wochentags

The Broadmoor Resort
1 Lake Ave., Colorado Springs, CO 80906
℃ (719) 577-5775 und 1-866-837-9520
Fax (719) 577-5738, www.broadmoor.com
Luxushotel (von 1918) mit 700 Zimmern/Suiten. Antiquitäten und Kunstgegenstände prägen das Ambiente. Mit Restaurants, Bar, Tennis- und Golfplätzen. $$$$

Howard Johnson Express Inn
1231 S. Nevada Ave., I-25, Ausfahrt 140
Colorado Springs, CO 80903
℃ (719) 634-1545 und 1-800-446-4656
www.hojo.com
Preiswertes Motel mit 42 Zimmern. $$

Blue Skies Inn
402 Manitou Ave.
Manitou Springs, CO 80829
℃ (719) 685-3899 und 1-800-398-7949
www.blueskiesbb.com
Bed & Breakfast mit 12 interessant dekorierten Suiten und malerischen Gartenanlagen. $$$$

KOA Colorado Springs South
8100 Bandley Dr., 14 km südl. von Colorado Springs, I-25, Ausfahrt 132
Fountain, CO 80817
℃ (719) 382-7575 und 1-800-KOA-8609
www.coloradospringskoa.com
Großzügige, komfortable Anlage mit 237 Plätzen; 176 *full hookups*. $

Cheyenne Mountain Zoo
4250 Cheyenne Mountain Zoo Rd., I-25, Ausfahrt 138, Colorado Springs, CO 80906
℃ (719) 633-9925, www.cmzoo.org
Ende Mai–Anf. Sept. tägl. 9–18, sonst bis 17 Uhr; Eintritt 12 $
Schöner kleiner Zoo mit 500 Tieren auf den unteren Hängen des Cheyenne Mountain. Weiter oben am Berg der **Will Rogers Shrine of the Sun**, ein Denkmal für den Humoristen Will Rogers.

Seven Falls
2850 S. Cheyenne Canyon Rd., 11 km westl. von Colorado Springs
Colorado Springs, CO 80906
℃ (719) 632-0765, www.sevenfalls.com
Juni–Mitte Aug. tägl. 8.30–22.30, sonst 9–17 Uhr; Eintritt 8 $, abends 10 $
Serie von Wasserfällen im South Cheyenne Canyon. Nächtliche Illumination.

Flying W Ranch Chuckwagon Suppers & Western Stage Show
3330 Chuckwagon Rd., via 30th St.
Colorado Springs, CO 80919
℃ (719) 598-4000 und 1-800-232-3599
www.flyingw.com
Mitte Mai–Anfang Sept. Westernstadt ab 16.30, Dinner 19.15, Show 20.30 Uhr, bis Ende Sept, jeweils 18.45 und 20 Uhr
Westernstädtchen, Dinner- und Westernshow mit den »Flying W Wranglers«. Seit 1953! Nähe Garden of the Gods.

Giuseppe's Old Depot Restaurant
10 S. Sierra Madre St.
Colorado Springs, CO 80903
℃ (719) 635-3111
www.giuseppes-depot.com
Italienisches Restaurant im alten Bahnhof der Denver & Rio Grande Railroad von 1887. Pizza und Pasta, Steaks, Rippchen und Forelle. Lunch und Dinner. $–$$$

Phantom Canyon Brewing Company
2 E. Pikes Peak Ave., I-25, Ausfahrt 142 und Cascade Ave.
Colorado Springs, CO 80903
℃ (719) 635-2800
Mikrobrauerei serviert fünf verschiedene Biersorten, dazu Mahlzeiten und Snacks. $$–$$$

Weitere Infos zu Colorado Springs finden Sie bei der 7. Route S. 79.

⑦ Hohe Gipfel und wilde Pferde
Rund um Colorado Springs

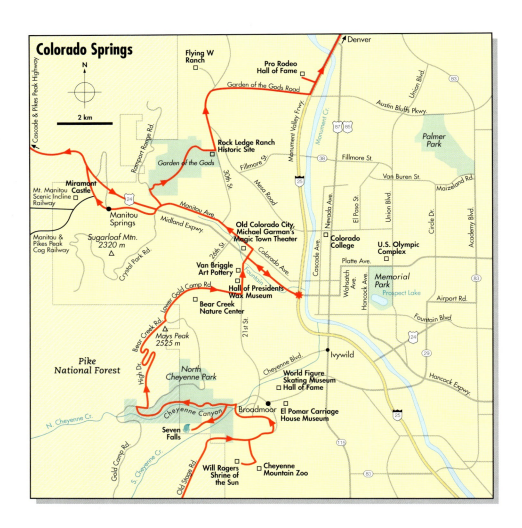

7. Route: Colorado Springs – Manitou Springs – Pikes Peak – Garden of the Gods – Denver (203 km/126 mi)

Old Colorado City, Manitou Springs

km/mi	Zeit	Route	
			Zur Anschlussroute nach Denver vgl. Karte 2. Route S. 42.
0	8.30 Uhr	**Colorado Springs**, US 24 nach Westen, parallel zur US 24 auf Manitou Ave. durch **Manitou Springs**, am westlichen Ortsausgang liegen die Talstation zur **Cog Railway** und die **Cave of the Winds**. Zurück auf US 24, in Cascade (vgl. Karte 6. Route S. 66) links auf Pikes Peak Hwy. zum	
50/ 31	11.00 Uhr	**Pikes Peak**-Gipfelhaus. Zurück auf US 24 nach Manitou Springs, nach Norden auf Gardens Drive in den	
88/ 55	13.00 Uhr	**Garden of the Gods**, links auf 30th St., rechts auf Garden of the Gods Rd. zur I-25, nächste Abfahrt (Nr. 147) zur	
101/ 63	16.00 Uhr	**Pro Rodeo Hall of Fame**. Weiter I-25 nördl. nach	
203/126	18.00 Uhr	**Denver**.	

Von Colorado Springs in Richtung Manitou Springs liegt südöstlich des Garden of the Gods **Old Colorado City**, die Keimzelle der Stadt, wo man durch die malerischen Gassen und Straßenzüge zwischen 24th und 27th Street bummeln kann. In den restaurierten Backsteingebäuden haben sich heute Westerngeschäfte, Boutiquen und hübsche Stöberläden niedergelassen.

Manitou Springs wurde durch seine neun kohlensäure- und mineralhaltigen Quellen bekannt, deren Heilkraft die Indianer schon früh erkannten und die sie

Im Ambiente des Wilden Westens: Restaurant in Manitou Springs

Manitou Springs, Cave of the Winds, Pikes Peak

nach Manitou, dem Großen Geist, benannten. Sehr bald lernten auch die Weißen die Vorzüge der Quellen kennen. Von dem englischen Arzt Dr. William Bell und General Palmer, dem Begründer von Colorado Springs, wurde Manitou Springs als Kurort für Lungenkranke nach dem Vorbild europäischer Badeorte geplant und auch teilweise realisiert. Es sollten Badehäuser, Hotels und Parks entstehen und an den Berghängen die schönsten viktorianischen Villen emporwachsen.

Wenn auch eine finanzielle Krise die hochfliegenden Pläne weitgehend zunichte machte, gedieh Manitou Springs zu einem populären Badeort mit schönen Hotels, Pavillons über den Quellen und Attraktionen wie einer Zahnradbahn auf den Pikes Peak, und es wurde von namhaften Persönlichkeiten aus Politik und Gesellschaft frequentiert. Erst als das Auto Eisenbahn und Kutsche ablöste und statt Badegästen immer mehr Touristen kamen, wandelte sich die Stadt vom Kurort zum Ferienziel in den Rockies.

Das Bild des historischen Stadtzentrums wird heute noch von den überdachten Quellen, Geschäften und Restaurants im viktorianischen Stil belebt. In den malerischen, Straßen reihen sich hübsche Häuser, kleine Hotels und Bed & Breakfasts aneinander. Manitou Springs zog und zieht auch viele Künstler an, die ihre Werke in zahlreichen Galerien und Geschäften ausstellen und verkaufen, und deren Skulpturen Straßenecken und Plätze zieren.

Am westlichen Ortsausgang befindet sich die etwas stark kommerzialisierte Tropfsteinhöhle **Cave of the Winds**, wo Führungen zu unterirdischen Kammern mit beleuchteten Stalagmiten und Stalaktiten und anderen Kalksteinformationen angeboten werden und wo an Sommerabenden die Wände des Williams Canyon den Hintergrund für eine bunte Lasershow bilden.

Weil im Sommer nachmittags häufig Gewitter niedergehen, sollte man den meist klaren, aber auch relativ kühlen Vormittag zu einem Ausflug auf den **Pikes Peak** (4 301 Meter) nutzen. Direkt in Manitou Springs beginnt ein Wanderweg über den 19 Kilometer langen, gut ausgebauten und schneefreien **Barr National Recreation Trail** am Parkplatz der Cog Railway. Und einmal im Jahr findet der Pikes Peak Marathon statt, ein Berglauf auf einen der höchsten und bekanntesten Gipfel Colorados.

Wesentlich bequemer gelangt man per Auto auf dem 30 Kilometer langen **Pikes Peak Highway** nach oben. Die höchste Gipfelstraße in den USA beginnt in Cascade, 16 Kilometer westlich von Colorado Springs und steigt knapp über 2 000 Meter an. Schnell geht es über die Baumgrenze hinaus in steinerne Höhen, in denen neben Dickhornschafen und plüschigen Murmeltieren nur noch die härtesten alpinen Pflanzen zu Hause sind. Auch die im oberen Teil geschotterte Straße ist Ort eines Rennens, und zwar des Pikes Peak International Hill Climb am Wochenende des 4. Juli, des nach dem »Indy 500« zweitältesten Autorennens der USA.

Eine der interessantesten Aufstiegsmöglichkeiten auf den Pikes Peak bietet die **Manitou & Pikes Peak Cog Railway**. Die alte, rote Zahnradbahn verkehrt seit 1891 regelmäßig im fotofreundlichen 20-Stundenkilometer-Tempo zwischen der Talstation in Manitou Springs und der Gipfelstation.

Bei so vielen Wegen in die Höhe herrscht auf dem Gipfelplateau natürlich wenig Einsamkeit, zumal dort ein **Summit House** samt Cafeteria steht, in dem es die hochgelobten »Pikes Peak

Pikes Peak, Garden of the Gods

High Altitude Donuts« gibt. Aber der Aufwand eines jeden Aufstiegs lohnt sich, denn von dem freistehenden Gipfel bietet sich wie von kaum anderswo ein exzellentes Rundumpanorama. Zu Füßen des Berges breitet sich Colorado Springs aus, das rund 100 Kilometer entfernte Denver ahnen wir im Norden, im Osten folgen unsere Blicke den schier endlosen Prärien, während weit im Westen die anderen Bergriesen der Rocky Mountains aufragen. Auf dem Gipfel des Pikes Peak wird zu jedem Jahreswechsel von Mitgliedern einer lokalen Klettergruppe ein Riesenfeuerwerk veranstaltet.

Colorado Springs wartet am Fuße des Pikes Peak mit einer weiteren Top-Attraktion auf. Wo die Prärie auf die Gipfel der Rockies trifft, breitet sich im 5,3 Quadratkilometer großen Naturpark **Garden of the Gods** wie auf dem Präsentierteller eine unvergleichliche Landschaft aus. Gespickt mit rostroten und weißen Felsen namens Kissing Camels und Sleeping Giant gesellen sich Steinmonolithen in lockeren natürlichen Arrangements malerisch zueinander.

Kreation der Götter am Fuße der Rocky Mountains

Colorado Springs: Garden of the Gods, Pro Rodeo Hall of Fame

Balanced Rock, ein tonnenschwerer Fels auf schmalem Sockel, verblüfft den Betrachter am südlichen Parkeingang. Schmale Autostraßen queren dieses schöne Gebiet, der Juniper Way Loop umzirkelt als Einbahnstraße die Hauptgruppe der Felsen.

Zu den besten Wanderungen im Park gehört der **Perkins Central Garden Trail**, ein bequemer 2,5-Kilometer-Rundweg ab dem North Main Parking Lot entlang der höchsten Felsformationen. Der knapp einen Kilometer kurze **Siamese Twins Trail** ist eine einfache Rundwanderung zu den »Siamesischen Zwillingen«, durch die man einen hübschen Blick auf den Pikes Peak erhascht.

Gleich am Osteingang des Parks befindet sich ein modernes Visitor Center samt Museum und Multimediaschau über die Entstehungsgeschichte der roten Felsen. Von der Terrasse genießen wir die fabelhafte Aussicht über den Park. Am südwestlichen Rand des Felsenparks bietet seit Ende der 1920er Jahre in einem Adobebau der Garden of the Gods Trading Post, der »größte Souvenirladen Colorados«, eine herrliche Auswahl an Westernsouvenirs, bunte Wollteppiche und Sandbilder der Navajos sowie Töpferwaren der Pueblo-Indianer und anderes indianisches Kunsthandwerk an.

Zum Tagesabschluss vermittelt die **Pro Rodeo Hall of Fame** am nördlichen Ortsausgang von Colorado Springs einen Einblick in die Geschichte des Rodeos und in den modernen Rodeosport und preist zugleich alle Cowboys und die größten Rodeoreiter aller Zeiten. Multimediaschauen und audiovisuelle Programme, Ausstellungen von Gebrauchs- und Kunstgegenständen aus der Rodeobranche vervollständigen das Bild dieser Facette des amerikanischen Westens.

Ob man Rodeo als Sport, als Geschäft oder als Lebensart betrachtet, es ist ein Teil des Westens, der sich aus der Rancharbeit des 19. Jahrhunderts zum spektakulären Zuschauersport und lukrativen Multimillionendollargeschäft entwickelt hat, bei dem Rodeoprofis an jedem Wochenende zu einem anderen Rodeo hetzen.

Jedenfalls gelangen wir an diesem Ort zu dem lang ersehnten Überblick über die verschiedenen Rodeo-Ereignisse. Klassische Rodeodisziplin ist das *bareback bronc riding* auf einem ungesattelten, wild bockenden Pferd, wobei das *saddle bronc riding* das Reiten eines mit Sattel und Steigbügeln ausgerüsteten Pferdes bezeichnet. Spektakulärste Darbietung ist das *bull riding* auf muskulösen Brahma-Texas-Bullen. Bei diesen drei Disziplinen gibt es nur Punkte, wenn der Cowboy mindestens acht Sekunden auf dem Tier reitet, sich nur mit einer Hand festhält und mit der anderen weder sich noch das Tier berührt. Je wilder die Tiere bocken, umso mehr Punkte erhält er.

Bei *calf roping* (Einfangen eines Kalbs mit gezieltem Lassowurf vom Pferd aus), *steer wrestling* (Fangen, Umwerfen und Fesseln eines Stieres), *team roping* (Einfangen eines Stieres mit dem Lasso um den Hals und das Fesseln seiner Hinterbeine durch zwei Cowboys) und *barrel racing* siegen immer die Schnellsten. Das *barrel racing*, die einzige reguläre Rodeo-Damendisziplin, ist ein flotter Ritt über einen mit drei Tonnen markierten Kleeblatt-Parcours.

Soweit der Ausflug in die Welt des Rodeos. Wir setzen uns wieder hinter das Lenkrad und kehren – die Rockies links im Blickfeld – auf der I-25 in nur knapp einer Stunde zurück nach **Denver**, dem Ausgangspunkt unserer Fahrt durch Colorado.

❼ Infos: Manitou Springs, Colorado Springs

Manitou Springs Chamber of Commerce
354 Manitou Ave.
Manitou Springs, CO 80829
✆ (719) 685-5089 und 1-800-642-2567
Fax (719) 685-0355
www.manitousprings.org

Cave of the Winds
US 24, Manitou Springs, CO 80829
✆ (719) 685-5444
www.caveofthewinds.com
Ende Mai–Anfang Sept. tägl. 9–21, sonst 10–17 Uhr, Lasershow Ende Mai–Anfang Sept. tägl. 20 Uhr; Höhlenführungen 16–20 $, Lasershow 10 $
Gehen Sie in die Unterwelt: auf der 45-minütigen *Discovery Tour* oder der 90-minütigen *Lantern Tour* im Stil der ersten Erforscher. Dazu findet allabendlich eine Lasershow statt.

Pikes Peak Highway
✆ (719) 385-7325 und 1-800-318-9505
www.pikespeakcolorado.com
Ende Mai–Anfang Sept. tägl. 7–19, Sept. bis 17 sonst bis 15 Uhr; 10 $ pro Person, max. 35 $ pro Auto
Höchste Gipfelstraße in den USA.

Manitou & Pikes Peak Cog Railway
515 Ruxton Ave.

Manitou Springs, CO 80829
✆ (719) 685-5401, www.cograilway.com
Geöffnet April–Dez., Mitte Juni–Mitte Aug. tägl. 8–17.20 Uhr 8 Fahrten, sonst weniger; 29 $
Zahnradbahn auf den Pikes Peak. Die Hin- und Rückfahrt dauert ca. 3 Std. inkl. einer halben Stunde auf dem Gipfel.

Garden of the Gods Visitor Center
1805 N. 30th St., Manitou Springs, CO 80904

✆ (719) 634-6266, www.gardenofgods.com
Ende Mai–Anfang Sept. tägl. 8–20, sonst 9–17 Uhr; Eintritt 2 $
Visitor Center mit naturwissenschaftlichem Museum, Multimediaschau und Cafeteria.

Garden of the Gods
Parkzufahrt via US 24 und 31st St. oder I-25, Ausfahrt 146 bis 30th St.
Manitou Springs, CO 80904
✆ (719) 634-6666
www.gardenofgods.com
Mai–Okt. tägl. 5–23, sonst bis 21 Uhr
Eintritt frei
Gigantische, rostrote, rund 150 m hohe Sandsteinmonumente mit dem Pikes Peak dahinter. Kurzwanderungen.

Garden of the Gods Trading Post
324 Beckers Lane
Manitou Springs, CO 80829
✆ (719) 685-9045 und 1-800-874-4515
www.co-trading-post.com
Im Sommer tägl. 8–20, sonst 9–17.30 Uhr
Einer der besten Souvenirshops Colorados mit Indianer- und Cowboykunst.

Pro Rodeo Hall of Fame
101 Pro Rodeo Dr., I-25, Ausfahrt 147
Colorado Springs, CO 80919
✆ (719) 528-4761, www.prorodeo.org/hof
Tägl. 9–17 Uhr; Eintritt 6 $
Museum des professionellen Rodeosports, mit Ruhmeshalle der besten Bronco- und Bullenreiter sowie dem Museum of the American Cowboy.

Feste in Manitou Springs:

Pikes Peak Marathon
Barr Trail
3. So im Aug., ✆ (719) 473-2625
www.pikespeakmarathon.org

Pikes Peak International Hill Climb
Ende Juni/Anfang Juli
✆ (719) 685-4400, www.ppihc.com
Autorennen auf dem 20 km langen **Race to the Clouds**.

Colorado Balloon Classic
Anfang Sept.
✆ (719) 471-4833, www.balloonclassic.com
Farben- und formenreiches Ballon-Spektakel am Pikes Peak.

79

ZENTRALE ROCKY MOUNTAINS UND WILDER WESTEN

❶ Salt Lake City – »This Is The Place«

Mormonenhauptstadt zwischen Skibergen und Salzwüste

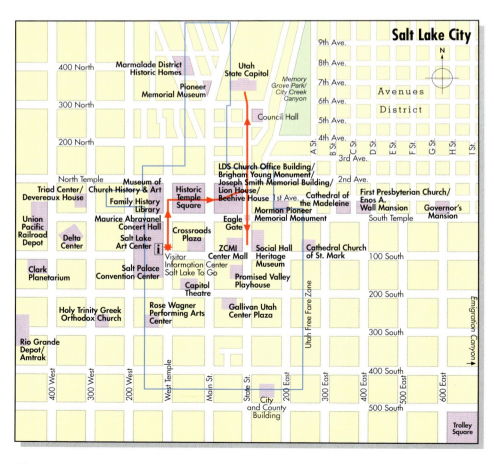

Salt Lake City – »This Is The Place«

Programm: Salt Lake City

Vormittag	Spaziergang vom **Salt Lake City Visitor Information Center** nach Norden zum **Temple Square** mit Kirche und Tabernacle. Auf der östlichen Seite des Temple Square liegen das **Brigham Young Monument** und das **LDS Church Office Building** mit Aussichtspunkt im 26. Stockwerk. Im selben Straßenblock an der Südseite befinden sich auch **Lion** und **Beehive House**.
Mittag	Lunch im Food Court des **ZCMI Shopping Center**, Haupteingang an der Main St.
Nachmittag	Die State St. in Richtung Norden zum **State Capitol**. Zurück mit den in Downtown kostenlosen Bussen. Anschließend über die 900 South St. und Sunnyside Ave. nach Osten zum **Emigration Canyon**. Über die 500 South St. gelangt man nach Downtown zum **Historic Trolley Square**.
Abend	Restaurants und Entertainment im **Historic Trolley Square**.

Salzig und sonnendurchglüht: der Große Salzsee in Utah

Salt Lake City, Great Salt Lake

»Dieses ist der Platz!« – hatte der Mormonenführer Brigham Young angesichts der hellen, offenen Weite des **Great Salt Lake** vor den Wasatch Mountains ausgerufen. Und das Helle, das Offene prägt noch heute am Anfang des dritten Jahrtausends Salt Lake Citys Antlitz, obwohl 180 000 Einwohner in den Stadtgrenzen leben und der Großraum heute mit rund eine Million, das sind rund 40 Prozent aller Einwohner Utahs, bevölkert ist. Die bemerkenswert adretten und breiten Straßen – bei deren Planung darauf geachtet wurde, dass ein Ochsenkarren oder ein Kutschgespann darauf problemlos wenden kann – sind im großzügigen Schachbrettmuster angelegt.

Unbestritten resultieren Salt Lake Citys Vorzüge aus den phantastischen geographischen Gegensätzen: Direkt vor der östlichen Haustür und nur wenige Autominuten von Downtown entfernt, bieten die wie mächtige Titanen bis zu 3 300 Meter aufragenden **Wasatch Mountains** alpine Skiparadiese von Weltrang – Alta, Brighton, Snowbird – mit phantastischem Pulverschnee von etwa Mitte November bis Mitte April, den die Einheimischen *greatest snow on earth,* »den besten Schnee der Welt«, nennen.

Und der Ruhm hat sich herumgesprochen, denn Salt Lake City war zwar Austragungsort der Olympischen Winterspiele 2002, aber seine modernen Skiorte waren schon viele Jahre zuvor für den alpinen Skiweltcup ebenso bestens gerüstet wie für die ganz normalen Brettlfans.

Der Blick in Richtung Westen assoziiert alles andere als Berge und Skilaufen, denn dort breiten sich gleißend und hitzeflirrend die große, karge Salzwüste und der immense Salzsee aus. Zu Füßen der Wasatch Mountains

beginnt rund 25 Kilometer nordwestlich der Stadt der **Große Salzsee**, dessen Maße – 5 592 Quadratkilometer, über 100 Kilometer lang, aber nur maximal acht Meter tief – ebenso beeindrucken wie seine Veränderungen: Bei Hochwasser überschwemmt er die Autobahn I-80 wie im Jahre 1983, und bei Niedrigwasser wie 1963 verwandelt er acht von zehn Inseln in merkwürdige Hügel, die sich aus dem trockenen Seeboden erheben.

Great Salt Lake, Mormonen

Salt Lake City: immens viel Platz zwischen Bergen und Salzsee

Der Great Salt Lake ist ein Relikt des um ein Vielfaches größeren, prähistorischen Lake Bonneville, der auch das heutige Stadtgebiet bedeckte. Zwischen 15 und 25 Prozent schwankt sein Salzgehalt und macht ihn damit nach dem Toten Meer zum zweitsalzigsten Gewässer der Erde, bedingt durch mineralhaltige Zuflüsse, die in den tiefgelegenen, abflusslosen See hinein- aber nicht mehr herauslaufen, und die Verdunstung, die die Salzkonzentration erhöht.

Nach diesem gedanklichen Exkurs kehren wir zurück in die Stadt. Salt Lake City, Utahs Hauptstadt, ist zugleich das geistige Zentrum der 1830 von Joseph Smith im Bundesstaat New York gegründeten Mormonenkirche, der »Church of Jesus Christ of Latter-Day Saints« (»Kirche Jesu Christi der Heiligen der Letzten Tage«). Joseph Smith verkündete, dass das von ihm verfasste »Book of Mormon« die Übersetzung eines auf Goldplatten in Altägyptisch geschriebe-

Great Salt Lake, Mormonen

nen Textes sei, den ihm der Engel Moroni gegeben habe. Es beschreibe die an biblischen Vorbildern orientierte Geschichte Amerikas und gilt neben der Bibel als Glaubensgrundlage.

Joseph Smith, der die Polygamie propagierte, musste 1839 mit seinen Anhängern vor Anfeindungen über Ohio und Missouri nach Illinois fliehen. 1844 geriet er in Schwierigkeiten mit dem Gesetz, als er mit seinem Bruder das Büro und die Presse einer rivalisierenden Mormonenzeitung zerstörte, die sich gegen Polygamie aussprach. Joseph Smith wurde zusammen mit seinem Bruder von einem Mob wütender Bürger im Gefängnis gelyncht.

Sein glückvoller Nachfolger Brigham Young führte 1846/47 eine Gruppe mormonischer Siedler in das über 2 000 Kilometer entfernte, völlig abgelegene Tal am Großen Salzsee, wo er dann am 24. Juli 1847 auch seinen berühmt gewordenen Satz »This is the place!« von den Bergen in die Wüste hinausrief. Visionen hatte er von dem Tal als »dem« Ort, wo er und seine Anhänger frei von Verfolgung ihre Religion ausüben und den eigenen Kirchenstaat Deseret gründen konnten. Sein Pech war, dass 1848 im Frieden von Guadalupe-Hidalgo das seinerzeit noch zu Mexiko gehörige Land an die USA fiel, auf deren Territorium sich ein selbständiges Deseret natürlich nicht verwirklichen ließ.

Mit einem weinenden und einem lachenden Auge integrierten sich die Mormonen notgedrungen in das US-amerikanische Gefüge. Sie mussten der Vielehe abschwören – eine Frau im Haus hatte zu genügen. Knapp 50 Jahre später, 1896, war Utah ein von Mor-

Breite Boulevards und prächtige Bauten prägen das Stadtbild von Salt Lake City

Salt Lake City: Temple Square, Tabernacle

Utahs Metropole ist das Zentrum der Mormonenkirche

monen dominierter Bundesstaat der USA. Jetzt, nach einem weiteren Jahrhundert, bekennen sich über 60 Prozent der Bevölkerung als »Latter-Day Saints«.

Mit diesen geschichtlichen Ereignissen im Hinterkopf spazieren wir vom Visitor Center am **Salt Palace Convention Center** nordwärts zum **Temple Square**, dem Mittelpunkt der Innenstadt und Herzen der Mormonenkirche. Ist es ein wenig Ehrfurcht oder die fünf Meter hohe, die Stadtgeräusche dämpfende Mauer, die den Temple Square als ungemein friedvollen Park erscheinen lässt. Freundliche, unaufdringlich-aufdringliche Führer erwarten die Besucher an den Toren, zwei gutausgestattete Visitor Centers machen mit Geschichte und Glauben der Kirche vertraut. Der sechstürmige, 64 Meter hohe **Mormon Temple**, das 1853–93 erbaute Wahrzeichen der Stadt mit der vergoldeten Statue des trompeteblasenden Engels Moroni an der Spitze, bleibt Nicht-Mormonen verschlossen.

Wir wenden uns nun dem benachbarten **Tabernacle** zu. 1867 entstand unter einer großen, freitragenden Dachkuppel die Konzerthalle für 6 500 Zuhörer – weltweit bekannt für ihre 11 623 Pfeifen zählende, hervorragende Orgel und die fabelhafte Akustik. In diesem stimulierenden Ambiente gibt der Mormon Tabernacle Choir mit 325 Stimmen Gratiskonzerte, die seit 1929 im Radio übertragen werden.

Auf der Ostseite des Platzes fällt das **Brigham Young Monument** mit der Bronzestatue des Stadtgründers auf. Einen eindrucksvollen Anblick bietet dahinter das **Joseph Smith Memorial Building**; das einstige »Hotel Utah« dient heute der Kirche als Verwaltungssitz. In unmittelbarer Nachbarschaft genie-

Salt Lake City: Hansen Planetarium, State Capitol

Vergangenheit und Gegenwart im Spiegelbild

ßen wir aus dem 26. Stock des **Church Office Building** die prächtige Aussicht auf das zu Füßen liegende Salt Lake City.

Östlich des Temple Square sehen wir **Lion** und **Beehive House**, zwei der Residenzen von Brigham Youngs vielköpfiger Familie, hatte doch der Kirchenführer gemäß der bis 1890 (dem Jahr der Abschaffung der Polygamie) geltenden Tradition mehrere Frauen und entsprechend viele Kinder.

Ein weltliches Highlight in Downtown ist das **Clark Planetarium** knapp westlich des Stadtzentrums (schräg gegenüber vom Delta Center). Dort entflieht man der Sommerhitze mit Sternentrip-Simulationen, authentischen Bildern aus dem Weltraum und hinreißenden Laser-Musikshows. Original-Mondgestein gibt es nur im Museum, jedoch nicht im ansonsten gutsortierten Museumsgeschäft.

Zum Lunch und vielleicht einem kleinen Einkaufsbummel danach suchen wir das moderne **ZCMI Shopping Center** in Downtown auf. Die gusseiserne Außenfassade und das lichtdurchflutete Atrium des ersten Kaufhauses im Westen wurden im letzten Viertel des 19. Jahrhundert errichtet, als Brigham Young in der *Zions Cooperative Mercantile Institution (ZCMI)* die Händler der Stadt organisierte. Ganz ungewohnt für die einkaufsfreudigen USA bleiben hier die Geschäfte am Sonntag geschlossen. In solchen Fällen muss man mit dem modernen **Crossroads Plaza Shopping Center** gegenüber vorlieb nehmen.

Das mit einer kupfernen Kuppel besetzte **State Capitol**, Regierungsgebäude des Staates Utah, thront, von maniküren Parkanlagen umgeben, auf einem sonnenverdörrten Hügel im Norden, der sich wie ein Keil ins Stadtbild

Salt Lake City: Emigration Canyon, Deseret Village, Historic Trolley Square

schiebt. Es wurde 1916 mit Granit aus Utah und Marmor aus Georgia erbaut und ähnelt wie so viele Regierungsgebäude dem US Capitol in der Hauptstadt Washington, D.C. Von den Südstufen des Kapitols eröffnet sich ein fabelhafter Blick über die Stadt.

Für den Nachmittag steht ein Ausflug zum **Emigration Canyon** an. Durch diese Schlucht ließen 1847 die ersten Mormonen die Berge endgültig hinter sich, und hier wies ihnen Brigham Young das gelobte Tal des Great Salt Lake als neue Heimat aus und beendete den über ein Jahr dauernden Treck nach Westen. Unübersehbar gedenkt das »This Is The Place Monument« der Erstsiedlern, und Bronzestatuen ehren bekannte Mormonen-Führer. Nebenan befindet sich das Freilichtmuseum **This Is The Place Heritage Park**, wo eine rekonstruierte, typische Gemeinde aus Wohnhäusern, Kolonialwaren-, Frisörladen etc. die Stimmung der Anfangszeit beschreibt. Zeitgenössisch gekleidete »Einwohner« aus den 40er bis 60er Jahren des 19. Jahrhunderts beleben das historische Ambiente.

Etwas südöstlich von Downtown lädt der **Historic Trolley Square** zum Bummel ein. Das 1941 geschlossene Straßenbahndepot hat sich zu einem schmucken, vielbesuchten Treff entwickelt, in den restaurierten Hallen haben sich Geschäfte, Restaurants und Kinos angesiedelt. Tagsüber ist der Historic Trolley Square ein beliebtes Ziel für die gesamte Familie, Nachtschwärmer kommen dann bis in die frühen Morgenstunden in Bars und Clubs auf ihre Kosten.

Blockhütten und Blumenwiesen: This is the Place Heritage Park

Infos: Salt Lake City, Kaysville

 Salt Lake City Visitor Information Center
90 S. West Temple
Salt Lake City, UT 84101
ⓒ (801) 521-2822 und 1-800-541-4955
Fax (801) 534-4927
www.visitsaltlake.com
Ende Mai–Anfang Sept. Mo–Fr 8–18, sonst bis 17, Sa/So 9–17 Uhr
Kostenloses Parken in der gegenüberliegenden Crossroads Plaza.

 Little America Hotel
 500 S. Main St.
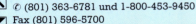 Salt Lake City, UT 84101
ⓒ (801) 363-6781 und 1-800-453-9450
Fax (801) 596-5700
www.littleamerica.com
Modernes, 17-stöckiges Hotel am Rande der Innenstadt mit 850 (!) Zimmern. Mit Cocktailbar und Restaurants. $$$$

 Hilton Salt Lake City Center
255 S. West Temple
 Salt Lake City, UT 84101
ⓒ (801) 328-2000 und 1-800-445-8667
Fax (801) 238-4888, www.hilton.com
Hotel im Herzen von Downtown, 499 Zimmer mit guter Aussicht, Restaurants und Nachtclubs. $$$

 Anton Boxrud Bed & Breakfast
57 S. 600 East
Salt Lake City, UT 84102
ⓒ (801) 363-8035 und 1-800-524-5511
Fax (801) 596-1316
www.antonboxrud.com
Frühstückspension in eleganter historischer Villa mit 7 Zimmern. $$–$$$$

 The Carlton Hotel
140 E. South Temple
Salt Lake City, UT 84111
ⓒ (801) 355-3418 und 1-800-633-3500
Fax (801) 355-3428
www.carltonhotel-slc.com
Kleines Hotel in sehr guter Downtown-Lage. $$

 City Creek Inn
230 W. North Temple
Salt Lake City, UT 84103
ⓒ (801) 533-9100 und 1-866-533-4898
Fax (801) 533-9149
www.citycreekinn.com
Kleines, heimeliges Hotel in Downtown. $$

 Cherry Hill Camping Resort
1325 S. Main St.
 Kaysville, UT 84037
ⓒ (801) 451-5379 und 1-888-446-2267
Fax (801) 451-2267
www.cherry-hill.com
Komplett ausgestatteter Camping- und Wohnmobilplatz mit angeschlossenem Wasser- und Freizeitpark.

 East Canyon State Park
Östl. von Salt Lake City, I-80, Ausfahrt 134 auf SR 65
 ⓒ (801) 829-6866
www.stateparks.utah.gov
Campingplatz am East Canyon Reservoir mit Badestrand und Bootsverleih.

 Mount Timpanogos Campground
Südl. von Salt Lake City, I-15, Ausfahrt 287 auf den kurvigen SR 92 (Alpine Scenic Loop)
ⓒ (435) 548-2554 und 1-877-444-6777
www.reserveusa.com
Ende Mai–Ende Okt., 27 Stellplätze; wunderschön gelegener Campground unterhalb des Mount Timpanogos im Uinta National Forest.

 Salt Lake Temple
50 N. West Temple
Salt Lake City, UT 84150
ⓒ (801) 240--2640
www.visittemplesquare.com
Religiöses Zentrum der Kirche Jesu Christi der Heiligen der Letzten Tage. Nicht-Mormonen haben nur Zutritt zum Außengelände, aber keinen in die – von außen allerdings fotogene – Kirche.

❶ Infos: Salt Lake City

The Tabernacle
Temple Square
Salt Lake City, UT 84150
✆ (801) 240-2534
Kostenlose Orgelkonzerte Mo–Sa 12, So 14 Uhr, Mai–Sept. auch Mo–Sa 14 Uhr Chorproben des Mormon Tabernacle Choir Do 20 Uhr (ständiger Einlass), Konzerte So 9.30 Uhr (spätester Einlass 9.15 Uhr)
Konzerthalle mit berühmter Orgel und fabelhafter Akustik.

LDS Church Office Building
50 E. North Temple
Salt Lake City, UT 84150
✆ (801) 240-2190
Mo–Fr 9–16.30, im Sommer bis 17 Uhr; Eintritt frei
Salt Lake Citys höchstes Gebäude. Verwaltungszentrum der Mormonenkirche. Zwei Aussichtsdecks im 26. Stock.

Beehive House
67 E. South Temple
Salt Lake City, UT 84111
✆ (801) 240-2671
Führungen tägl. 9–21 Uhr; Eintritt frei
Wohnhaus von Brigham Young.

Clark Planetarium
110 S. 400 West St.
Salt Lake City, UT 84101
✆ (801) 456-7827
www.clarkplanetarium.org
Tägl. ab 10.30 Uhr; Eintritt 8 $, jede IMAX-Show 5 $ zusätzlich
Planetarium mit Sternentrip-Simulationen, Sternenbeobachtungen und zahlreichen Aktivitäten, IMAX-Kino mit einer Fülle an tollen Filmen und Laser-Musikshows. Neben authentischen Bildern aus dem Universum ist auch Original-Mondgestein zu sehen.

ZCMI Center Mall
36 S. State St., Salt Lake City, UT 84111
✆ (801) 321-8745
www.thedowntownmalls.com
Mo–Fr 10–21, Sa 10–19 Uhr, So geschl.
Modernes Downtown-Einkaufszentrum mit vielen Geschäften und Boutiquen, Schnellimbissen und Restaurants. Rundum-Erneuerung 2006.

Crossroads Plaza
50 S. Main St., Salt Lake City, UT 84144
✆ (801) 531-1799
www.thedowntownmalls.com
Mo–Sa 10–21, So 12–18 Uhr
Großes, 2006 erneuertes Downtown-Einkaufszentrum mit 145 Geschäften, zwei Kaufhäusern, Restaurants und Kinos.

State Capitol
420 N. State St.
Salt Lake City, UT 84114
✆ (801) 537-9156
www.utahstatecapitol.utah.gov
2006 finden umfangreiche Restaurierungsarbeiten statt, es werden vorerst keine Besichtigungsmöglichkeiten oder Führungen angeboten.

This Is The Place Heritage Park/ Deseret Village
2601 E. Sunnyside Ave., am östlichen Stadtrand zu Beginn des Emigration Canyon

Gut behütet: zeitgenössisch gekleidete »Bewohnerinnen« des Deseret Village

❶ Infos: Salt Lake City

Salt Lake City, UT 84108
℡ (801) 582-1847
www.thisistheplace.org
Dorf Ende Mai–Anfang Sept. tägl. außer So 10–18, Mo, Fr bis 21 Uhr, Monument tagsüber immer zugänglich; Eintritt Dorf 6 $, Monument frei
Freilichtmuseum Deseret Village und Mormonendenkmal »This Is The Place Monument«.

 Historic Trolley Square
367 Trolley Sq., Salt Lake City, UT 84102
 ℡ (801) 521-9877
 Mo–Sa 10–21, So 12–17 Uhr, Bars und Restaurants sind länger geöffnet
Nostalgisch-elegante Atmosphäre eines einstigen Straßenbahndepots, umgewandelt in 80 Geschäfte, Kunstgalerien, Bars, Restaurants und Kinos.

 Samba Grill Steakhouse
The Gateway, 162 S. 400 West St.
 Salt Lake City, UT 84101
℡ (801) 456-2200, www.sambagrill.com
Brasilianisches Grillvergnügen mit über einem Dutzend Fleischgerichten und einer Cocktailbar. $$–$$$

 Rio Grande Café
270 S. Rio Grande St.
Salt Lake City, UT 84101
℡ (801) 364-3302
Mexikanisches Restaurant mit nostalgischem Neondekor im Rio-Grande-Bahnhof. Lunch und Dinner. $$

 Michelangelo Ristorante
2156 S. Highland Dr.
Salt Lake City, UT 84106
℡ (801) 466-0961
Bester Italiener der Stadt. $$

 New Yorker
60 Market St., Salt Lake City, UT 84101
℡ (801) 363-0166
www.gastronomyinc.com/ny
Amerikanische Küche, elegantes Ambiente, konstant gute Qualität. $$$

 Oyster Bar
54 W. Market St.
Salt Lake City, UT 84101
℡ (801) 531-6044
www.gastronomyinc.com/oyster
Beste Fischgerichte der Stadt, Spezialität Austern; Sunday Brunch. $$$

 La Caille
9565 Wasatch Blvd.
Sandy, UT 84092
℡ (801) 942-1751
Französische Küche in romantischen Country Estate am südöstlichen Stadtrand von Salt Lake City. Nur Dinner. $$$$

 Anmerkung zu den **Alkoholausschankbestimmungen:** In die meisten Bars, Clubs und Saloons kommt man nur mit einer wenige Dollar teuren Kurzzeitmitgliedschaft *(temporary membership)* hinein.
In Restaurants mit Alkohollizenz muss man in der Regel nach einer separaten Getränkekarte fragen.

 Port O'Call Social Club
400 S. West Temple
 Salt Lake City, UT 84101
℡ (801) 521-0589, www.portocall.com
Lebhafte Sports-Bar mit Live-Musik und Sportübertragungen auf 50 Bildschirmen. $$–$$$

 Red Rock Brewing Company
254 S. 200 West
 Salt Lake City, UT 84101
℡ (801) 521-7446
www.redrockbrewing.com
Gute Mikrobrauerei mit Restaurant. Lunch und Dinner, Sa/So Brunch. $$–$$$

 Desert Edge Brewery at the Pub
273 Trolley Sq.
 Salt Lake City, UT 84102
℡ (801) 521-8917
Stimmungsvolle Mikrobrauerei; hier gibt's Bier ohne Essenbestellung und ohne Eintrittsgebühr. $$

❶ Infos: Salt Lake City, Antelope Island, Copperton

Baci Trattoria/The Wine Bar at Baci

134 W. Pierpont Ave.
Salt Lake City, UT 84101
✆ (801) 328-1500, So geschl.
Hervorragendes italienisches Downtown-Restaurant mit Bar. $$–$$$

Fest in Salt Lake City:

Ende Juli wird in Salt Lake City bei den **Days of '47** die Ankunft der Mormonen im Tal des Großen Salzsees gefeiert, die Woche über finden Rodeoveranstaltungen, Paraden, Westerntänze, Kunstschauen, Marathon, Feuerwerk etc. statt. www.daysof47.com

Ausflüge von Salt Lake City aus:

Lagoon Amusement Park
I-15, Ausfahrt 325 (Lagoon Dr.), 25 km

nördl. von Salt Lake City
Farmington, UT 84025

✆ (801) 451-8000 und 1-800-748-5246
www.lagoonpark.com
Ende Mai–Anfang Sept. Di–Do 11–23, Fr/Sa 11–24, So/Mo 11–22.30 Uhr
Eintritt 34 $, Kinder 29 $
Der größte Vergnügungspark der Region gibt sich im Stil einer Frontier-Siedlung des 19. Jh.: mit Zug- und Planwagenfahrten, Achterbahnen, Wasserpark mit Swimmingpools und Wasserrutschen mit Wildwest-Shows.

Antelope Island State Park
I-15, Ausfahrt 335 bei Layton, dann über

SR 108 und eine Dammstraße westwärts, 45 km nordwestl. von Salt Lake City

4528 W. 1700 South
Syracuse, Utah 84075

✆ (801) 773-2941
Tägl. 7–22 Uhr; Eintritt 8 $
Camping Info: ✆ 1-800-322-3770
Naturpark auf der größten Insel im Great Salt Lake, weitläufiges Grasland mit Marschen, Sanddünen, Bisongehege mit 500 Tieren, Segelboothafen, Campingplatz, Sandstrand mit Duschen. Dank des Salzgehaltes im See treibt man beim Schwimmen immer an der Wasseroberfläche. Wanderwege führen am Seeufer entlang von der Bridger Bay zur White Rock Bay und auf den Hügel Buffalo Point, von dem man die oft atemberaubenden Sonnenuntergänge über dem Salt Lake beobachten kann.

Kennecott Utah Copper's Bingham Canyon Mine
I-15 Ausfahrt 301, dann SR 48 (Bingham Hwy.) nach Copperton, 35 km südwestl. von Salt Lake City
Magna, UT 84044
✆ (801) 252-3234, www.kennecott.com
April–Okt. tägl. 8–20 Uhr; Eintritt 4 $
Von Aussichtspunkten am Visitor Center blickt man in den terrassenförmigen Krater von 4 km Durchmesser (von Rand zu Rand) und 800 m Tiefe. Wo einst ein Berg aufragte, transportieren heute riesige, von oben wie Spielzeug wirkende Lkws und Schaufelbagger im Zeitlupentempo ihre Ladungen.

Das Visitor Center erläutert Geologie und Geschichte des 1906 in Betrieb genommenen, größten Kupfertagebaus der Welt.

Great Salt Lake Desert
Die I-80 führt rund 100 km westlich von Salt Lake City bis zur 200 km entfernten Grenze zu Nevada mitten durch die eindrucksvolle, fast vegetationslose Weite der Salzwüste. Einem Schneefeld gleich erstreckt sich scheinbar endloses Weiß, über dem die extreme Hitze flimmert.

Bester Beobachtungspunkt ist ein Rastplatz rund 25 km vor Nevada, wo man gut picknicken und nach einem Spaziergang auch das Salz von Füßen und Schuhen mit Wasser abwaschen kann. In nicht allzu weiter Ferne erstreckt sich der 16 km lange und 400 m breite **Bonneville Speedway**. Auf dem glatten Salzboden wurden zahlreiche Geschwindigkeitsweltrekorde für Autos aufgestellt.

❷ Zwischen Wildwasser und Pistolenduellen
Über Logan Canyon und Snake River nach Jackson

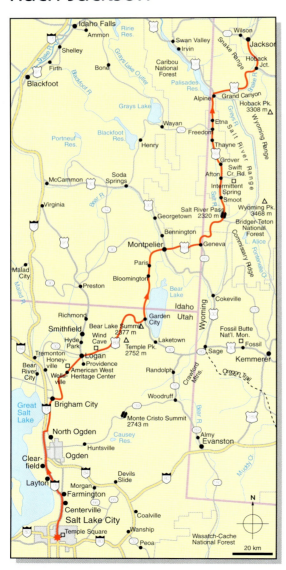

Zwischen Wildwasser und Pistolenduellen

2. Route: Salt Lake City – Logan Canyon – Bear Lake – Afton – Jackson (441 km/274 mi)

km/mi	Zeit	Route
0	8.00 Uhr	In **Salt Lake City** auf die I-15 nach Norden, an der Ausfahrt 354 rechts ab auf US 89, der die Route ab hier durchgehend folgt.
137/ 85	10.00 Uhr	**Wind Cave Trail**.
177/110	12.30 Uhr	**Bear Lake Summit** (2 377 m), über die Grenze nach Idaho, Grenze nach Wyoming und den **Salt River Pass** (2 320 m) nach
314/195	15.00 Uhr	**Afton**, Abzweigung rechts auf Swift Creek Rd., Stichstraße zur **Intermittent Spring** und zurück, rechts auf US 89, in **Alpine** Brücke über den Snake River und Weiterfahrt durch den **Grand Canyon des Snake River** bis
441/274	18.30 Uhr	**Jackson**, Revolverduell am Town Square.

Prächtiger, blumengeschmückter Bahnhof in Ogden

Logan Canyon, Bear Lake, Montpelier

Von der Mormonenmetropole Salt Lake City führt die Autobahn zügig nach Norden. Unterwegs könnte man in **Ogden**, das mit 78 000 Einwohnern bereits zu den größten Städten Utahs zählt, der fotogen mit Blumenkörben dekorierten **Union Station** eine kurze Aufwartung machen. Der historische Bahnhof dient heute als Museumskomplex.

Die US 89 strebt aus dem Tal des Großen Salzsees den Bergen zu. Die Häuser, Scheunen, Obstgärten, Wiesen und Felder der 50 Hektar großen **American West Heritage Center**, einer rekonstruierten Farm von 1917 zehn Kilometer vor **Logan**, versetzt ihre Besucher im Handumdrehen in die Erschließungsgeschichte Utahs zurück. Noch authentischer wirkt das Ganze durch Demonstrationen landwirtschaftlicher Aktivitäten wie der Schafschur und des Dreschens.

Der Höhepunkt der heutigen Route wird östlich der 43 000-Einwohner-Stadt Logan erreicht: Der **Logan Canyon Scenic Byway**, wie die US 89 hier heißt, verläuft durch den reizvollen, rund 50 Kilometer langen Logan Canyon, beiderseits umgeben von Bergen und den langgestreckten Kalksteinklippen der »China Wall«, herrlichen Wildblumenwiesen, im Herbst besonders farbenprächtigen Wäldern mit roten Ahornbäumen und bis zum Bear Lake weiten, offenen Hochflächen. In der überaus attraktiven Region könnte man auch einen Zwischenstopp zum Wandern und Campen einlegen. Viele Bewohner des heißen Salt Lake City verbringen in der frischen Bergluft die Sommerwochenenden.

Populärster Trail ist der zwei Kilometer lange Anstieg zur **Wind Cave**, einer natürlichen Höhle auf der Spitze der China Wall. Nach fünf Kilometern parallel zu einem rauschenden Bergbach und sachte ansteigend endet der **Jardine Juniper Trail** an dem mit mindestens 1 500 Jahren mutmaßlich ältesten Wacholderbaum der Welt. Von der hohen Warte eines Bergrückens überblickt der Baum-Methusalem den Logan Canyon.

Ab dem **Bear Lake Summit** geht es dann mit mindestens einem Fotostopp abwärts. Direkt hinter dem Sunrise Campground mit seinen schönen, panoramareichen Stellplätzen halten wir am Bear Lake Overlook. Unter dem strahlend blauen Sommerhimmel kommt die Farbenpracht des in intensiven Türkis- und Blautönen schimmernden Bear Lake so richtig zur Geltung. Verantwortlich dafür sind die im Wasser schwebenden winzigen Kalksteinpartikel, die das Licht absorbieren und nuancenreich reflektieren. Und die klare Luft macht uns die beachtliche Ausdehnung des über 30 Kilometer langen, bis zu 13 Kilometer breiten und maximal 63 Meter tiefen Sees erst bewusst.

Der **Bear Lake** ist im kurzen Hochsommer ein populäres Ferienziel. Wassersportzubehör kann man in dem Touristenörtchen Garden City leihen. Den schönsten, zwei Kilometer langen Sandstrand hat Rendezvous Beach im Bear Lake State Park, rund 13 Kilometer südlich von Garden City.

Die US 89 folgt dem Seeufer zielstrebig nordwärts nach **Idaho**, bevor sie dann schließlich nach **Montpelier** abschwenkt. Das 2 800 Einwohner zählende Städtchen liegt am historischen Oregon Trail, auf dem ab den 1840er Jahren Hunderttausende Siedler nach Westen zogen. Das aufregendste Ereignis der Stadtgeschichte geht auf das Jahr 1896 zurück, als Butch Cassidy, Anführer der berüchtigten »Wild Bunch«-Bande, die lokale Bank

Afton, Intermittent Spring, Snake River, Jackson

um rund 7 000 Dollar beraubte – seinerzeit ein kleines Vermögen.

Nach dem kurzen Exkurs in den äußersten Südosten Idahos erreichen wir den Cowboystaat Wyoming. Über den **Salt River Pass** geht es nach Norden in das langgestreckte Star Valley, wo Rinderherden auf schier endlosen Weiden grasen und wo sie auch den kalten, schneereichen Winter im Freien verbringen.

Bei einem kurzen Aufenthalt an einer Straßenbaustelle entwickelt sich ein Gespräch mit einem Rancher, der mit seinem Truck eine Ladung Rinder nach Jackson transportiert. Wir unterhalten uns über Cowboys, Viehzucht und die Politik hüben und drüben und dabei wird deutlich, dass die in Westernfilmen gern als Helden romantisierten Cowboys auch heute noch einen oft gering bezahlten, einsamen und harten Job ausüben und dass viele Viehzüchter schon bei Preisschwankungen auf dem Fleischmarkt oder bei verheerenden Blizzards um ihre Existenz bangen müssen.

Inmitten des Star Valley weist die Kleinstadt **Afton** außer einem Bogen aus rund 3 000 Hirschgeweihen über die Washington Street im Ortszentrum eigentlich nichts Aufregendes auf, wäre nicht in dieser entlegenen Prärie »Aviat Aircraft« angesiedelt. In den 1940er Jahren stellte die Firma Sprühflugzeuge für die Landwirtschaft her, heute produziert sie vorwiegend Maschinen des Typus »Pitts«, des weltweit von den meisten Kunstflugstaffeln genutzten Propellerflugzeugs.

Afton überrascht noch ein zweites Mal. Über die geschotterte Swift Creek Road stoßen wir in die Ausläufer der Salt River Range vor, und statt weiter Prärie breiten sich plötzlich grüne Wälder und steile Canyons aus. Über uns taucht an einem steilen, 60 Meter hohen Hang die **Intermittent Spring** (Periodic Spring) auf. Die Quelle ist wegen ihres geysirartigen Verhaltens einzigartig zu nennen. 18 Minuten lang schießen große Mengen eiskalten Wassers aus der Öffnung, und anschließend tritt eine ebenso lange Pause ein. Dieser Zyklus bleibt neun Monate im Jahr sehr konstant, nur mit dem verstärkten Zufluss nach der Schneeschmelze im Gebirge von Mitte Mai bis Mitte August schwankt er, wobei der Wasserausstoß dann nicht vollständig aussetzt.

Die schlangenförmigen Bögen des rauschenden Snake River kurz vor Jackson sind das populärste Wildwasserrevier in Wyoming. Direkt an der US 89 zwischen Sheep Gulch und dem Ausgangspunkt der Trips am West Table Creek kann man eine Pause einlegen und einen Blick auf die wendigen Schlauchboote werfen, die im Hochsommer unentwegt durch den steilen, bewaldeten **Grand Canyon des Snake River** hinabschießen. Auch auf den »Lunch Counter Rapids«, den wildesten Stromschnellen hier, die man nach einem kurzen Fußweg erreicht, sind weitere Schlauchboote auf Abenteuerkurs.

Wer rechtzeitig in **Jackson** eintrifft, kann bei den **Gunfights** an dem mit einem urigen Bogen aus Hirschgeweihen dekorierten Town Square zuschauen. In bester Wildwestmanier liefern sich Banditen täglich um 18.15 Uhr spektakuläre Schusswechsel mit den gesetzestreuen Mannen des Sheriffs. Nur am Sonntag, dem christlichen Pausentag, setzen sie aus. Aber auch ohne Pistolenduelle entzückt das Stadtzentrum um den Town Square mit hölzernen Fassaden und Bürgersteigen im Westernflair. Restaurants, Saloons, schicke Boutiquen und kleine Westerngeschäfte laden zum Bummel ein.

Jackson: Rendezvous Mountain, National Museum of Wildlife Art, National Elk Refuge

Jackson liegt am südlichen Ende des **Jackson Hole** (engl. *hole*, »Loch«, bedeutete »geschütztes Tal« in der Trappersprache), eines von den Grand Tetons, der Wind River Range und den Gros Ventre Mountains umschlossenen, 80 Kilometer langen und bis zu 20 Kilometer breiten Tals südlich des Yellowstone National Park. Das 1897 gegründete Städtchen war seinerzeit schnell zum Zentrum für die Rancher, Trapper und die ersten Urlauber in der Region geworden.

Heute ist Jackson Sommer wie Winter die bedeutendste Touristenstadt Wyomings und offeriert das beste Freizeitangebot in den nördlichen Rocky Mountains: Wandern, Reiten, Mountainbiking, Seilbahn- und Sommerbobfahrten, populäre Wildwassertouren auf den Stromschnellen des Grand Canyon of the Snake River und Floßfahrten auf den ruhigeren Fluss-Schleifen im Grand Teton National Park. Jackson gehört aber auch zu den absoluten Top-Wintersportadressen in den Rocky Mountains. Diverse Skilifte und Seilbahnen überziehen die Berghänge. Die im Sommer 2006 außer Dienst gestellte **Jackson Hole Aerial Tram** auf den 3 185 m hohen **Rendezvous Mountain** verzeichnete mit 1 262 Metern den größten Höhenunterschied aller Skigebiete Nordamerikas. Temporäre Lifte ersetzen die Tramverbindung, bis in zwei, drei Jahren die neue Seilbahn ihren Dienst aufnehmen kann. Zu jeder Jahreszeit aber bietet der Berg eine schöne Aussicht auf das Tal.

Es verwundert nicht, dass diese herrliche Umgebung die Touristen in Shopping-Laune versetzt und sie das eine oder andere Bündel Dollars in den wunderbaren Kunstgalerien und Museumsgeschäften von Jackson ausgeben. Einen der besten Museumsshops der Region hat das **National Museum of Wildlife Art**, wo Kunstreproduktionen, Literatur, T-Shirts mit Tiermotiven und andere schöne Gegenstände zum Thema verkauft werden.

Das in einen Hang gebaute, aus Naturstein gemauerte und architektonisch hervorragend an seine Umgebung angepasste Museum zeigt über 2 500 Gemälde und Skulpturen nordamerikanischer Wildtiere, u.a. von Charles M. Russell, George Catlin und Carl Rungius.

Gegenüber vom Museum am Stadtausgang erstreckt sich auf einer großen Ebene das 1912 eingerichtete **National Elk Refuge**. Seit den schweren Wintern 1909–11 suchen jährlich bis zu 10 000 Wapiti-Hirsche *(= elks)* aus einer der größten Herden Nordamerikas die winterlichen Futterplätze des Reservats auf. Im Sommer ziehen sich die Tiere allerdings weitestgehend ins Hinterland zurück.

Wapiti-Hirsch

2 Infos: Ogden, Logan, Montpelier, Afton, Jackson

Union Station
2501 Wall Ave., Ogden, UT 84401
✆ (801) 393-9886
www.theunionstation.org
Ende Mai–Anf. Sept. Mo–Sa 10–18 sonst bis 17, So 11–15 Uhr, sonst So geschl.
Eintritt 5 $
Historischer Bahnhof mit Museumskomplex.

American West Heritage Center
4025 S. Hwy. 89/91, 10 km südl. von Logan
Wellsville, UT 84339
✆ (435) 245-6050 und 1-800-225-3378
www.americanwestcenter.org
Ende Mai–Anfang Sept. Mo–Sa 10–17 Uhr; Eintritt 6 $
Demonstrationen landwirtschaftlicher Aktivitäten auf einer rekonstruierten Farm von 1917. Bei den sieben zwischen April und Dezember angesiedelten Festen, in die das **Festival of the American West** aufgeteilt wurde, spielen historisches Handwerk, Kunst und Küche, Musik und alltägliche Aktivitäten die Hauptrollen, u.a. beim »A Taste of the Past«-Food Festival Mitte Mai oder dem »Old Time Music Jubilee« einen Monat später.

Logan Ranger District Visitor Center
Wasatch-Cache National Forest, 1500 US 89, 3 km östl. der Stadt
Logan, UT 84321
✆ (435) 755-3620, www.fs.fed.us/r4/wcnf
Visitor Center für den Logan Canyon.

Wind Cave Trail
Ausgangspunkt des Rundwegs über 4 km: gegenüber vom Guinavah-Malibu Campground im Logan Canyon.

Jardine Juniper Trail
Ausgangspunkt: ab Wood Camp Hollow Campground im Logan Canyon
10-km-Rundwanderung zum ältesten Wacholderbaum der Welt.

Rendezvous Beach
Bear Lake State Park, 13 km südl. von Garden City, UT 84028
✆ (435) 946-3343
www.stateparks.utah.gov
2 km langer Badestrand am blauen Bear Lake mit Campground. An der Grenze Utah-Idaho.

Butch Cassidy's
230 N. 4th St., Montpelier, ID 83254
✆ (208) 847-3501
Frühstück, Lunch und Dinner. Steaks, Burger, Salatbar etc. $$–$$$

Aviat Aircraft
672 S. Washington St., Afton, WY 83110
✆ (307) 886-3151
www.aviataircraft.com
Eintritt frei, Führungen: Juni–Aug. tägl. 11.30 und 14.30 Uhr
Fabrikation von Propellerflugzeugen für Kunstflugstaffeln.

Intermittent Spring (Periodic Spring)
Swift Creek Rd., 8 km östl. von Afton
1 km langer Fußweg zur Kaltwasserquelle mit geysirartigem Verhalten.

Jackson Hole Chamber of Commerce
900 W. Broadway
Jackson, WY 83001
✆ (307) 733-3316, Fax (307) 733-5585
www.jacksonholechamber.com
Visitor Center, Museum und Aussichtsdeck über das National Elk Refuge.

Best Western – The Lodge at Jackson Hole
80 Scott Lane, Jackson, WY 83002
✆ (307) 739-9703 und 1-800-458-3866
Fax (307) 739-9168, www.lodgeatjh.com
Komfortables Hotel im Blockhausstil. Originell: die an Fassade und Balkons kletternden Schwarzbären – aus Holz natürlich. 154 Zimmer. Frühstücksbuffet inkl. $$$$

Cowboy Village Resort
120 S. Flat Creek Dr.
Jackson, WY 83002

Infos: Jackson

✆ (307) 733-3121 und 1-800-962-4988
www.cowboyvillage.com
Blockhütten nahe dem Skilift. Jede Hütte mit Picknicktisch und Grill. $$–$$$

 Elk Refuge Inn
1755 N. Hwy. 89, Jackson, WY 83001
✆ (307) 733-3582 und 1-800-544-3582
Fax (307) 734-1580, www.elkrefugeinn.com
Motel am Elk Refuge nördlich von Downtown. 23 Zimmer. $$$

 The Wort Hotel
50 N. Glenwood St.
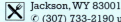 Jackson, WY 83001
 ✆ (307) 733-2190 und 1-800-322-2727
www.worthotel.com
Eines der etabliertesten Hotels, nahe dem Town Square. 60 Zimmer. Mit Restaurant und »Silver Dollar Bar«. $$$$

 Jackson South/Hoback Junction KOA
9705 S. US 89, 2 km nördl. von Hoback
 Junction
Jackson, WY 83001
✆ (307) 733-7078 und 1-800-KOA-1878
www.koa.com
Komfortabler Campground am Snake River; veranstaltet Whitewater-Rafting-Touren.

 Cabin Creek Campground/Elbow Campground
US 89, Jackson Ranger District
✆ (307) 733-4755
Ende Mai–Mitte Sept.
Einfache Campingplätze mit 10 bzw. 7 Stellplätzen im Grand Canyon des Snake River.

 Sands Wild Water River Trips
Jackson, WY 83002
✆ (307) 733-4410 und 1-800-358-8184
www.sandswhitewater.com
In der Hauptsaison stündl. 8–17 Uhr, 44 $
13 km langer und 3,5-stündiger Whitewater-Trip durch den Grand Canyon des Snake River. Alternative: 24-km-Trip inkl. Stromschnellen, 75 $, Abfahrt 7 Uhr.

 Jackson Hole Aerial Tram
Teton Village, Jackson, WY 83025
www.jacksonhole.com
Im Sommer 2006 wurde die traditionsreiche Seilbahn auf den 3 185 m hohen Rendezvous Mountains aus Altersgründen außer Dienst gestellt. Temporäre Liftverbindungen bringen bis zur Installierung der neuen Seilbahn Skiläufer und Wanderer auf den Berg.

 National Museum of Wildlife Art
2820 Rungius Rd., Jackson, WY 83001
✆ (307) 733-5771 und 1-800-313-9553
www.wildlifeart.org
Tägl. 9–17 Uhr; Eintritt 8 $
Museum mit Gemälden und Skulpturen nordamerikanischer Wildtiere.

 Bubba's Bar-B-Que Restaurant
515 W. Broadway
Jackson, WY 83001
✆ (307) 733-2288
Das Restaurant in Jackson für typische Western-Grillgerichte. $

 Snake River Brewing Company Restaurant & Brewery
265 S. Millward St.
Jackson, WY 83001
✆ (307) 739-2337
www.snakeriverbrewing.com
Brauereirestaurant mit Pizza, Brot, Sandwiches, Pasta und natürlich Bier. $–$$

 Off Broadway Grille
30 S. King St., Jackson, WY 83001
✆ (307) 733-9777
Vielseitige Speisekarte, u.a. Fisch, Pasta, Wild. $$$

 Million Dollar Cowboy Bar
25 N. Cache St., Jackson, WY 83001
✆ (307) 733-2207
Eine Institution an der Westseite des Town Square. Westernsättel als Barhocker. Das Publikum, vornehmlich Touristen, dazwischen ein paar »echte« Cowboys. Country Music und Tanz. $–$$

③ Salbeiwiesen und Bergriesen
Grand Teton National Park

3. Route: Jackson – Grand Teton National Park (156 km/97 mi)

km/mi	Zeit	Route
0	8.30 Uhr	Aus **Jackson** US 26/89/191 in den **Grand Teton National Park**, hinter dem Parkeingang an der Gros Ventre Junction rechts auf Gros Ventre River Rd., an der Ortschaft Kelly vorbei, in den Bridger Teton National Forest zur
31/19		**Gros Ventre Slide.** Zurück in den Park, rechts abbiegen, über Antelope Flats Rd. weiter bis US 26/89/191, rechts abbiegen, 13 km bis zum
61/38	10.30 Uhr	**Snake River Overlook**, dann US 26/89/191 zurück Richtung Jackson, Stopp an **Blacktail Ponds Overlook**, in Moose Junction rechts auf die Teton Park Rd. abzweigen. Rechts abbiegen zu
79/49		**Chapel of the Transfiguration** und **Menor's Ferry**. Weiter Teton Park Rd. bis
90/56	12.30 Uhr	**Jenny Lake Visitor Center**. Wanderung zu **Hidden Falls** und **Inspiration Point**. Weiter Teton Park Rd., ab North Jenny Lake Junction links auf den Jenny Lake Scenic Drive (Einbahnstraße) und zurück nach South Jenny Lake Junction, links wieder auf Teton Park Rd. nach Norden, rechts Straße auf den **Signal Mountain** und zurück Richtung Süden. In Jackson Lake Junction rechts abbiegen bis
143/89	16.30 Uhr	**Oxbow Bend Turnout:** Fotostopp. Zurück nach Jackson Lake Junction und weiter bis
156/97	17.30 Uhr	**Colter Bay Visitor Center.**

Der **Grand Teton National Park** besteht aus zwei völlig unterschiedlichen Arealen: im Osten aus dem **Jackson Hole**, dem breiten, trockenen Tal mit dem mäandernden **Snake River**, im Westen aus der aus dem flachen Tal übergangslos und steil aufragenden, schneebedeckten **Teton Range** mit dem **Grand Teton** (4 197 Meter). Dazwischen haben die Gletscher der letzten Eiszeit vor 12 000 Jahren eine Kette von acht größeren und einigen kleineren, waldumrahmten Seen hinterlassen, in denen sich wunderschön die schroff gezackten Gipfel widerspiegeln.

Die **Teton Range** ist eine der geologisch jüngsten Bergketten des Kontinents. Sie entstand vor etwa fünf bis neun Millionen Jahren, als sich durch Verwerfungen zwei Milliarden Jahre al-

Salbeiwiesen und Bergriesen: Grand Teton National Park

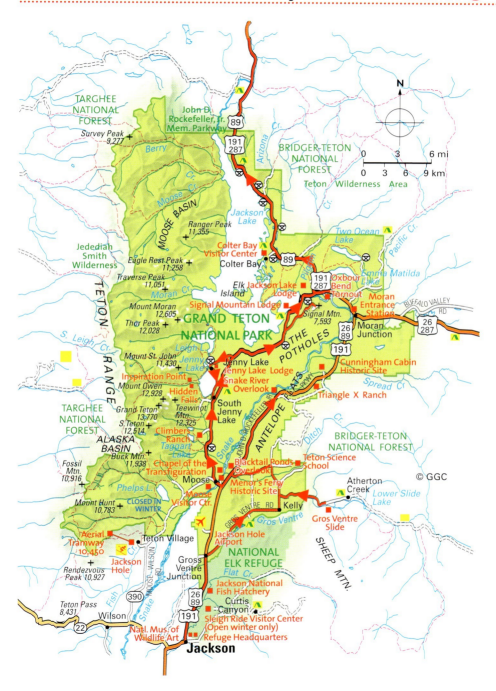

Grand Teton National Park: Geschichte

tes Gestein nach oben schob. John Colter war im Winter 1807/08 vermutlich der erste Weiße im Tal von Jackson Hole. Ihm folgten Trapper verschiedener Pelzhandelsgesellschaften auf der Jagd nach Bibern. Romantische Gedanken hegten sicherlich die französischen Pelzhändler, die den Bergspitzen ihren Namen »grandes tétons«, »große Brüste«, gaben. Als Biberhüte allmählich nicht mehr gefragt waren, erging es Jackson Hole ebenso. Erst 1872 kam der junge Geologe Ferdinand V. Hayden auf seiner Erkundung der Yellowstone-Region zu Vermessungsarbeiten in das einsame Jackson Hole. Teilnehmer seiner Expedition waren u.a. der Maler Thomas Moran und der Fotograf William Jackson, die die Naturwunder dokumentierten. Erste weiße Siedler folgten aber erst im ausgehenden 19. Jahrhundert.

Der schon 1929 gegründete **Grand Teton National Park** umfasste mit rund einem Drittel der heutigen Größe zunächst nur die Berge der Teton Range. John D. Rockefeller Jr. hatte rund 130 Quadratkilometer des am Fuße der Berge liegenden Ranchlandes gekauft und es 1949 an den Park gespendet, der im Folgejahr durch die Hinzufügung weiter Gebiete der Flussebenen und des Jackson Lake auf seine jetzige Größe von 1 255 Quadratkilometern anwuchs.

Bei der Parkvergrößerung musste man den bisherigen Nutzern Zugeständnisse machen, die für Nationalparks ansonsten unüblich sind: Einige Rancher besitzen hier lebenslange Weiderechte, daher kann man im Jackson Hole bis auf den heutigen Tag Cowboys, weidende Rinder und Pferde beobachten. Grand Teton ist der einzige Nationalpark, in dem noch – mit Genehmigung – gejagt werden darf, und auch der Flughafen Jackson Hole Airport liegt auf Nationalparkgelände. Der weithin auffälligste Eingriff in die Natur ist die künstliche Regulierung der Wassermenge des Snake River durch den Jackson Lake Dam. Bereits vor der Gründung des Nationalparks hatten 1916 Farmer aus Idaho die Erhöhung des Staudamms auf seine jetzige Höhe finanziert, wodurch der Seepegel um

Grand Teton National Park: Geschichte

zwölf Meter stieg. Und genau für diese oberen zwölf Meter des Jackson Lake besitzen sie noch heute die Rechte zur Bewässerung ihrer trockenen Felder.

Anfangs stand man im Jackson Hole, das lange zu den ärmsten Landkreisen in Wyoming zählte, dem neu geschaffenen Nationalpark kritisch gegenüber. Doch schnell stellten die Bewohner fest, dass sie eigentlich nur die kargen, landwirtschaftlich kaum nutzbaren Böden am Snake River gegen den Tourismus als neues, krisensicheres Lebenselixier eintauschten. Mussten sie früher oft mit dem letzten Spargroschen sich und ihr Vieh über den harten Winter bringen, verdienen sie heute besonders zur winterlichen Hochsaison gutes Geld.

Äsende Elche im Tierparadies Grand Teton National Park

Grand Teton National Park: Snake River Overlook

Nach diesem Blick in die Vergangenheit begeben wir uns zurück in die Gegenwart. Morgens erleuchtet das Sonnenlicht die Berge der Teton Range wunderschön, deshalb sind am Vormittag die prachtvollen Aussichtspunkte im östlichen Parkteil unser Ziel. Der erste Stopp hinter der kleinen Ortschaft **Kelly** gilt einer verwitterten Holzhütte. Die wind- und wettergegerbte Fassade wurde 1953 für den Westernklassiker »Shane« mit Alan Ladd erbaut und ist heute ein nettes Fotomotiv mit einsamen Salbeiwiesen im Vordergrund vor der grandiosen Hochgebirgskulisse des Nationalparks.

Knapp außerhalb südöstlich des Nationalparks liegt die **Gros Ventre Slide**, wo 1925 ein gewaltiger Erdrutsch den Gros Ventre River zu einem großen See aufstaute. Zwei Jahre lang blickte man gespannt auf den natürlichen Staudamm aus Geröll, Schlamm und Bäumen. Dann zerbarst er und in seinen Fluten versank das Örtchen Kelly mit sechs Todesopfern. Ein kurzer Spazierweg überquert das Erdrutschgebiet.

Wir kehren zurück auf den Highway, der die Hauptverkehrsverbindung von und nach Jackson ist, und unternehmen einen Abstecher zum **Snake River Overlook**. An diesem wohl schönsten Aussichtspunkt des Parks kommt man nicht aus dem Schwärmen heraus. Vor unseren Augen breitet sich bis zu den Bergen ein silbergrauer Salbeiteppich aus, jäh unterbrochen von dem großen, tief eingeschnittenen Bogen des mächtigen **Snake River**, auf dem immer wieder Wildwasserschlauchboote zu sehen sind. Die Ruhe der Landschaft scheint auf den Fluss überzugehen, denn hier zeigt sich der Snake River wesentlich gelassener als südlich von Jackson. Nicht Whitewater Rafting steht im Vordergrund, sondern eher gemütliches

Treibenlassen – ein Familienausflug vor fabelhafter Kulisse.

Ebenfalls von der Hauptstraße aus erreicht man den kurzen Pfad zum **Blacktail Ponds Overlook**, der – aus einem leicht anderen Blickwinkel – dieselbe eindrucksvolle Komposition aus kargen Wiesen im Vordergrund und den

Grand Teton National Park: Chapel of the Transfiguration

Rund 2000 Meter über dem Snake River: die Gipfel der Grand Tetons

mehr als 2000 Meter höheren, verschneiten Zacken der Tetons im Hintergrund bietet. Trotz der Höhe sind die Berge kaum vergletschert, und auch der Schnee schmilzt bis zum Spätsommer rapide dahin.

Die **Teton Park Road** führt westlich des Snake River zur Seenplatte am Fuß der Berge. Vorher stoppen wir an der pittoresken **Chapel of the Transfiguration**. Aus dem schlichten Inneren der einräumigen Blockhauskirche von 1925 fällt der Blick durch das Panoramafenster hinter dem Altar auf den Grand Teton. Hier beginnt auch der ein Kilometer lange Spazierweg zur **Me-**

Grand Teton National Park: Jenny Lake, Signal Mountain, Colter Bay

nor's Ferry. Die 1894 von William D. Menor eingerichtete Fährverbindung über den Snake River bot seinerzeit weit und breit die einzige Möglichkeit zur Überquerung des noch ungezähmten Flusses. Heute kann man den Nachbau der Fähre und das Wohnhaus des Gründers anschauen.

Der waldumrahmte **Jenny Lake** ist der zweitgrößte See des Parks und zugleich das populärste Ausflugsziel und bestes Wanderterrain. Ihn umgibt ein zehn Kilometer langer Rundweg. Zur Beliebtheit dieser Ecke des Parks trägt wohl auch die Fähre über den schönen,

Der malerische Jenny Lake

klaren See bei, die viele Strecken erheblich verkürzt, auch wir nutzen diese Möglichkeit. Am Westufer beginnt die Wanderung in den schönen **Cascade Canyon** am Fuße der mächtigen Berge. Minimalziele sind die **Hidden Falls**, einen knappen Kilometer vom See entfernt, 500 Meter weiter folgt der **Inspiration Point**, 120 Meter hoch über dem See mit Blick über Jackson Hole.

Bei der anschließenden Weiterfahrt führt der **Jenny Lake Scenic Drive** noch einmal direkt an das Ostufer des Sees heran – der kurze Umweg lohnt sich, denn vom **Jenny Lake Overlook** bietet sich ein Bilderbuchpanorama, das Cascade Canyon und Inspiration Point einschließt. Auf einer acht Kilometer langen Straße geht es durch den Wald hinauf zum freistehenden Aussichtsberg **Signal Mountain**. Doch auf dem Gipfel, 250 Meter oberhalb des Jackson Lake, ist die Fernsicht wegen der vielen Bäume eher eingeschränkt.

Am Ende der Teton Park Road wenden wir uns ostwärts zum **Oxbow Bend Turnout**. In den üppigen Niederungen verzweigt sich der Snake River in viele Arme und Altarme. Hier stehen nicht mehr die Berge im Vordergrund des Interesses, denn vorwiegend in den Dämmerungsstunden kann man im Feuchtgebiet Elche erspähen, die sich an den Weidendickichten gütlich tun, und auch Biber sind aktiv. Wer damit kein Glück hat, nutzt den kurzen Abstecher für einen Schnappschuss vom massiven **Mount Moran** (3842 Meter), der sich fotogen im Wasser spiegelt.

Den Abschluß des Tages bildet ein Besuch des **Colter Bay Indian Arts Museum**, das Kunst und Kultur der Prärieindianer thematisiert. Im Colter Bay Visitor Center sind u.a. Mokassins, Schmuckstücke, Felle, Kleidung und Kachinapuppen ausgestellt.

③ Infos: Grand Teton National Park

Grand Teton National Park
Moose, WY 83012
✆ (307) 739-3300, www.nps.gov/grte
Eintritt pro Auto 20 $ (7 Tage, inkl. Yellowstone), 50 $ National Parks Pass (vgl. S. 286)

Barker-Ewing River Trips
Moose, WY 83012
✆ (307) 733-3497 und 1-800-448-4202
www.barker-ewing.com
Ende Mai–Mitte Sept.; ab 45 $
4-stündige Floß- und Wildwasserfahrten auf dem Snake River.

Dornan's Chuck Wagon Restaurant
An der Moose Junction
✆ (307) 733-2415, www.dornans.com
Einfaches, preiswertes Restaurant, seit 1948. $–$$

Moose Visitor Center
19 km nördl. von Jackson
✆ (307) 739-3399
Tägl. 8–17, im Sommer bis 19 Uhr

Jenny Lake Visitor Center
Anfang Juni–Ende Sept. tägl. 8–17 Uhr

Jenny Lake Boating
✆ (307) 734-9227
www.jennylakeboating.com
Anfang Juni–Mitte Sept. tägl. 8–18, Mitte–Ende Mai und Mitte–Ende Sept. tägl. 10–16 Uhr
Fährboot zum Cascade Canyon, 5 $ (einfach), 7.50 $ (Hin- und Rückfahrt), alle 20 Min., und abends Seerundfahrt (12 $).

Hidden Falls/Inspiration Point Trail
Schönster Wanderweg im Nationalpark, ab Jenny Lake Visitor Center, 4 km bis Hidden Falls, 4 km bis Inspiration Point, bei Bootbenutzung 3 km kürzer.

Jackson Lake Lodge Corral
Reservierung vgl. Jackson Lake Lodge
Ende Mai–Mitte Okt. 90-minütige Ausritte ab Jackson Lake Lodge, 29 $.

Colter Bay Visitor Center & Colter Bay Indian Arts Museum
✆ (307) 739-3594
Tägl. 8–17, im Sommer bis 19 Uhr
Parkinfo mit Museum.

Signal Mountain Lodge
Moran, WY 83013
✆ (307) 543-2831 und 1-800-672-6012
Fax (307) 543-2569
www.signalmtnlodge.com
Zimmer und Hütten direkt am Jackson Lake. Mit Restaurant und Bar. $$–$$$$

Jackson Lake Lodge
Moran, WY 83013
✆ (307) 543-3100 und 1-800-628-9988
www.gtlc.com, Ende Mai–Anfang Okt.
348 Cottages, 37 Zimmer in der auf einer Anhöhe gelegenen Main Lodge; Panoramafenster für den Blick auf den Grand Teton. Gutes Essen bietet das Hotelrestaurant »The Mural Room« ($$–$$$); Live-Entertainment in »The Blue Heron Lounge«. $$$$

Colter Bay Log Cabins/Tent Cabins
Moran, WY 83013
Reservierung vgl. Jackson Lake Lodge
Ende Mai–Ende Sept.
Areal mit 166 Holzhütten in sehr unterschiedlicher Ausstattung, mit »Chuckwagon Steak & Pasta House«. $$–$$$

Signal Mountain Campground
✆ (307) 543-2483, Mitte Mai–Anfang Okt.
86 Stellplätze in bester Lage mit Blick auf den Jackson Lake und die Berge.

Colter Bay RV Park
Reservierung vgl. Jackson Lake Lodge
Ende Mai–Ende Sept.
Komfort-Campingplatz mit 112 Stellplätzen im Colter Bay Village.

Lizard Creek Campground
Anfang Juni–Anfang Sept.
National Forest-Campground mit 60 Stellplätzen am nördl. Parkausgang.

❹ Und ewig sprühen die Geysire
Im Yellowstone National Park

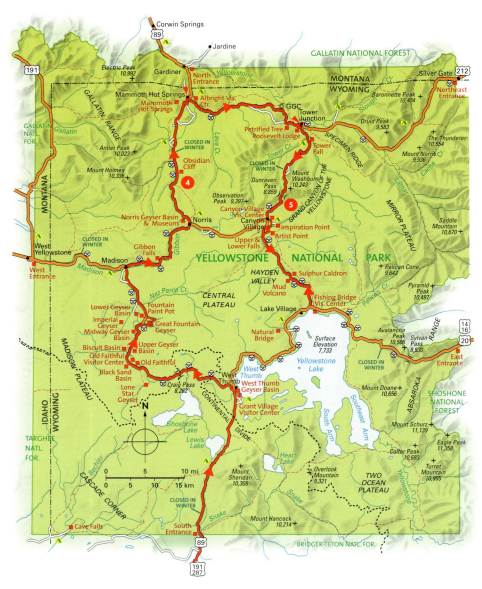

Und ewig sprühen die Geysire: Im Yellowstone National Park

4. Route: Grand Teton National Park – West Thumb Geyser Basin – Upper Geyser Basin mit Old Faithful – Norris Geyser Basin – Mammoth Hot Springs (177 km/110 mi)

km/mi	Zeit	Route
0	8.00 Uhr	Von **Colter Bay** (vgl. Karte S. 101) aus dem Grand Teton National Park über die US 89/191/287 in den **Yellowstone National Park**, an der Abzweigung Richtung Fishing Bridge rechts und sofort wieder rechts zum
64/ 40		**West Thumb Geyser Basin**. Zurück links abbiegen, sofort an der Straßengabelung rechts zum
92/ 57	10.30 Uhr	**Upper Geyser Basin, Old Faithful:** Lunchpause, Spaziergang bis **Morning Glory Pool** und zurück. Weiter Parkstraße, rechts abzweigen auf den parallel verlaufenden Firehole Lake Drive, am Straßenende auf der gegenüberliegenden Seite zum
108/ 67	15.30 Uhr	**Fountain Paint Pot**, weiter Parkstraße bis zum
143/ 89		**Norris Geyser Basin**, weiter Parkstraße bis zu den
177/110	18.30 Uhr	**Mammoth Hot Springs**.

Sprühender Geysir im Black Sand Basin

④ Yellowstone National Park: Geschichte

Yellowstone ist der älteste Nationalpark der Welt. Er besitzt rund 10 000 thermal aktive Stellen, davon knapp 300 Geysire. Nur Island, Kamtschatka und Neuseeland verfügen über ähnlich aktive Thermalbecken. Die phantastischen Naturschauspiele basieren auf einer sehr dünnen Erdkruste von stellenweise nur drei Kilometern, unter der vulkanische Aktivitäten in der stets unruhigen »Unterwelt« das Gestein erhitzen, eindringendes Regen- und Schmelzwasser erwärmen und wieder nach oben pressen.

Vielfältig präsentieren sich die thermalen Spielarten. *Geysire* wie der weltberühmte Old Faithful stoßen ihr Wasser mehr oder minder in Fontänen aus. *Heißen Quellen* fehlt die Kraft für Eruptionen, sie lassen das Wasser ruhig abfließen. Neben den Mineralien sorgen vor allem Algen für eine oft brillante Farbgebung der heißen Quellen, die von Blau in der heißen Mitte über Grün und Gelb bis zu Orange-Braun am kälteren Rande reichen. *Fumarolen* fehlt ausreichend Flüssigkeit, statt Wasser stoßen sie nur noch heißen Dampf aus, manchmal mit Schwefelschwaden als weniger wohlriechende Beigaben. Unter ähnlichem Wassermangel leiden die dumpf blubbernden *mud pots*, die »Schlammtöpfe«, aus deren dickflüssigem Matsch verschiedenfarbige, durch Säuren aufgelöste Gesteine einen *paint pot*, einen »Farbtopf«, machen.

Fast alle thermalen Erscheinungen befinden sich im zentralen Parkteil innerhalb der rund 2 300 Meter hoch gelegenen **Yellowstone Caldera**, einem weiten, von Bergketten umrahmten Hochplateau, das vor 600 000 Jahren entstand, als der Krater eines urzeitlichen Vulkans schüsselförmig einbrach.

Als vermutlich erster Weißer erreichte der Trapper John Colter im Winter 1807/08 die Geysirbecken in der Yellowstone Caldera. Nach seinen Beschreibungen von den ungeheure Kräften aus dem Erdinneren nannte man das Gebiet »Colter's Hell«, »Colters Hölle«.

1871 erforschte und vermaß Ferdinand V. Hayden auf einer groß angelegten Expedition das Gebiet des Yellowstone. Bereits im Folgejahr deklarierte der amerikanische Kongress die einmalige Naturlandschaft zum ersten Nationalpark der Welt, augenscheinlich schrieb man dem Gebiet keinen wirtschaftlichen Nutzen zu. Indianer durchstreiften die Region eher beiläufig, lediglich die nomadischen Sheepeater, ein unbedeutender Unterstamm der Shoshonen, lebten völlig abgeschieden im Yellowstone.

1988 machte Yellowstone weltweit mit den verheerendsten Waldbränden seiner Geschichte Schlagzeilen. Nach einem bislang noch nie erlebten Sommer ohne Niederschläge und mit überdurchschnittlichen Temperaturen brannten – größtenteils ausgelöst durch Blitzschläge und teilweise menschliche Fahrlässigkeit – 36 Prozent des Parks nieder. Angesichts verkohlter Wälder fürchtete die Nation um das Kronjuwel des amerikanischen Nationalparksystems. Was auf Fernsehbildern wie die dunkelste Stunde des Yellowstone aussah, war nur der dramatische Höhepunkt eines natürlichen Ökokreislaufs. Altes Holz musste weichen, damit neues wie von jeher ungestört zu einem gesunden Wald nachwachsen kann.

Yellowstone nimmt, grob gesehen, ein Quadrat von jeweils knapp 100 Kilometer Seitenlänge im Nordwesten Wyomings mit schmalen Streifen von Montana und Idaho ein. Mit seiner immensen Ausdehnung ist er eines der größten Wildnisgebiete der USA und außerhalb der **Grand Loop Road**, der

Yellowstone National Park: Yellowstone Lake, Old Faithful

229 Kilometer langen, achtförmigen Parkstraße, und ihren fünf Zufahrten samt der touristischen Infrastruktur praktisch unerschlossen.

Schier endlose Wälder bieten viel Raum für wilde Tiere, von denen die Bären wie keine andere Tierart die unzerstörte Wildnis repräsentieren. Grizzlies stromern durch abgelegene Hochlandregionen, und ihre etwas kleineren Verwandten, die Schwarzbären, lassen sich gelegentlich an den Straßenrändern blicken. Früher wurden die Bären öffentlich im Park gefüttert, kamen sogar bis ans Autofenster. Leider hat Meister Petz danach falsch kombiniert und Menschennähe stets mit Futter gleichgesetzt. Aufgrund unerfreulicher Zusammenstöße ist das Bärenfüttern längst eingestellt worden und heute strengstens untersagt, jeder einzelne Abfallkorb besitzt nunmehr einen bärensicheren Verschluss. Seitdem es nichts mehr aus Menschenhand zu ergattern gibt, haben die Bären sich wieder zurückgezogen.

Über den zehn Kilometer langen **John D. Rockefeller Jr. Memorial Parkway** gelangen wir von Süden in den Yellowstone National Park. In den südöstlichen Parkgefilden liegt der 352 Quadratkilometer große **Yellowstone Lake**, der größte Bergsee Nordamerikas. Aufgrund der Höhenlage von 2 357 Metern ist dieser See auch einer der kältesten und bleibt bis in den Juni hinein zugefroren. Manch einer, der von weit her sein Boot mitgebracht hat, staunt nicht schlecht über das Eis im Frühsommer und geht dann doch lieber mit dem Auto auf Sightseeing-Tour und angelt vom Flussufer aus. Auch ans Baden denkt wohl kaum jemand, selbst wenn Park Ranger erzählen, dass sich die Seeoberfläche irgendwann im Spätsommer auf 16 Grad erwärmen soll. Wurde die Temperatur vielleicht direkt neben einer heißen Quelle gemessen? Davon gibt es nämlich am **West Thumb Geyser Basin** mehr als genug.

Am frühen Morgen sieht es dort abenteuerlich aus, überall qualmt und dampft es aus Quellen, Löchern und Rinnsalen. Mitten durch das malerisch pastellfarbene Thermalbecken mit seinen Geysiren, klaren Heißwasserpools und den blubbernden Schlammquellen, die von unablässigen Aktivitäten unterhalb der Erdoberfläche zeugen, führt eine der schönsten Kurzwanderungen des Parks. Heißes Quellwasser sucht sich seinen Weg unter den Holzstegen hindurch zum Sees, wo es sich nach zähem Ringen mit dessen eiskaltem Wasser vermischt. Es dauert eine geraume Zeit, bis das Sonnenlicht die tanzenden Nebelschwaden durchdrungen hat.

Einige unter der Wasseroberfläche liegende Geysire kommen erst bei gesunkenem Wasserstand zum Vorschein, nur der kurios wirkende **Fishing Cone**, dessen heiße Quelle dem Seeboden entspringt, ragt, wie ein kleiner Vulkan geformt, aus dem Wasser. Jenseits des West Thumb, des »westlichen Daumens«, beginnt das Hauptareal der weiten, glitzernden Oberfläche des Yellowstone Lake.

Nach diesem morgendlichen Appetithappen begeben wir uns zum **Upper Geyser Basin** am Firehole River, das nicht nur die weltgrößte Konzentration an Geysiren, sondern mit dem **Old Faithful** auch das Wahrzeichen des Parks besitzt. Obwohl er längst nicht der größte und auch nicht der regelmäßigste Geysir im Park ist, bleibt Old Faithful dank seiner schon seit 1870 notierten Verlässlichkeit der »alte Getreue«. Seit Anbeginn der Messungen hat er nie eine der eine bis fünf Minuten dauernden Eruption ausgelassen. Durchschnittlich katapultiert er alle 76 Minuten bis zu 32 000 Liter heißes Wasser 30 bis 55 Meter hoch in die Luft. Im Einzelfall können allerdings zwischen 45 und 105 Minuten bis zur nächsten Eruption vergehen.

Bereits eine halbe Stunde vor der vorhergesagten Eruption beginnt sich eine Menschenmenge auf den wie in einem Amphitheater angeordneten Sitzreihen zu versammeln. Jedes Rumpeln im Erdinneren wird mit Wohlwollen bedacht, die allmählich aufsteigenden Dampfwolken genießen besondere Aufmerksamkeit, bevor es dann endlich losgeht mit den kraftvollen Eruptionen. Begeisterter Applaus der Menge ist der Dank an den »alten Getreuen« nach seinem Rückzug ins Erdinnere.

Rund 25 000 Besucher zählt das Upper Geyser Basin an Hochsommertagen. Wie zur Begrüßung flattern die Flaggen über den hölzernen Giebeln des nur einen Katzensprung entfernten **Old Faithful Inn**. Das 1904 aus dicken Baumstämmen erbaute Hotel zählt zu den größten Blockhäusern der Welt. Ein aus Naturstein gemauerter, riesiger Kamin ist der Mittelpunkt der 23 Meter hohen, gemütlichen Lobby. Als hervorragender Pausenplatz in der Sommersonne fungiert die angenehm warme Dachterrasse, von der man den Old Faithful beobachten kann.

Auf der Ostseite des vom heißen Geysirwasser gewärmten **Firehole River** erhebt sich der **Geyser Hill**. Jeder Geysir scheint hier sein eigenes Spielchen zu spielen. Alle sieben bis zehn Minuten illustriert **Anemone Geyser** die typischen Stadien einer Eruption: Erst füllt sich der Pool lautlos, läuft über, große Blasen blubbern hervor, plötzlich schießt das Wasser bis zu drei Meter hoch heraus, um schließlich mit einem Gurgeln wieder im Erdinneren zu verschwinden.

Bergabwärts gelangen wir zum **Grand Geyser**, dem weltgrößten Geysir mit vorhersagbaren Eruptionen. Alle sieben bis 15 Stunden erreichen seine kraftvollen, neun bis zwölf Minuten dauernden Eruptionen bis zu 60 Meter Höhe. Genauere Daten stehen auf einer Tafel am Geysir.

Eigentlich stünde die Auszeichnung für den höchsten Geysir dem **Giant Geyser** – wie der Name schon vermuten lässt – auf der gegenüberliegenden Seite des Firehole River zu. Aber er hat seit 1955 eine längere Ruhepause eingelegt. Erst allmählich besinnt sich der »schlafende« Gigant wieder seiner besseren Zeiten. So, als sei er sich nicht sicher, demonstriert er alle ein bis zwei Wochen mit Kostproben seiner bis zu 76 Meter hohen Fontänen seine potentiell enormen Kräfte.

Sein wankelmütiges Verhalten ist ein Paradebeispiel für die unentwegten Verschiebungen thermaler Aktivitäten. Seitdem der Giant Geyser sich rar gemacht hat, zieht der verspielt spritzende, benachbarte **Grotto Geysir** mehr Aufmerksamkeit auf sich. Unter der eigentümlichen Gestalt des beeindruckenden, gräulichweißen Kieselsinterkegels erahnt man die Struktur eines einstigen Baumes, der von Geyserit-Ablagerungen überdeckt wurde. Ganz in der Nähe eruptiert der **Riverside Geyser** alle sechseinhalb Stunden für etwa 20 Minuten und schickt einen großen Wasserbogen in den Fluss.

Am regenbogenfarbenen **Morning Glory Pool** erreichen wir schließlich den Endpunkt unserer Wanderung. Der wohl schönste und farbenreichste Pool im Park ist nach der prächtigen Blüte der Purpurwinde benannt. In der Mitte prangt ein wundervolles Türkisblau,

Yellowstone National Park: Upper- und Norris Geyser Basin

außen herrschen gelblich-orange und bräunliche Farbtöne vor. Leider haben Besucher mit hineingeworfenen Münzen, Steinen und Hölzern den ungehinderten Wasserfluss des Morning Glory teilweise unterbunden, wodurch die Wassertemperaturen sanken und die Farben gegenüber früheren Zeiten an Brillanz verloren.

Der zwei Kilometer lange, direkte Rückweg zum Old Faithful führt am Westufer des Firehole River zum **Castle Geyser**, dem vielleicht ältesten Geysir im Upper Geyser Basin. Der größte Kieselsinterkegel des Parks erinnert an die Spitze eines Schlossturms *(castle turret)*. Er eruptiert nur alle zehn bis zwölf Stunden, und nach einer bis zu 20-minütigen »Arbeitszeit« mit 27 Meter hohen Fontänen dampft er noch eine halbe Stunde lang unentwegt. Nebenan brodelt der fast konstant kochende, stahlblaue **Crested Pool** in seinem hübsch verkrusteten *(crested)* Rand.

Auf der Weiterfahrt treffen wir nach Black Sand Basin, Biscuit Basin und Midway Geyser Basin, drei weiteren tollen Geysirbecken, auf den **Firehole Lake Drive**. Die Einbahnstraße in Nordrichtung führt zum **Great Fountain Geyser**, dessen bis 60 Meter hohe und über eine halbe Stunde dauernden Eruptionen denen seiner Kollegen im Upper Geyser Basin nicht nachstehen. Attraktiv nebenan auch der vier Meter hohe Sinterkegel des **White Dome Geyser**, der nicht blütenweiß ist, sondern einen leichten Grauton besitzt.

Direkt gegenüber beginnt auf der anderen Straßenseite der kurze Holzplankensteg um die **Fountain Paint Pot**. Ein interessanter Gegensatz auf engstem Raum – auf dem Hügel blubbern zähflüssige Schlammquellen, und nur etwas tiefer spritzen klare Geysire, die mehr Wasserzufluss haben.

Heißestes und ältestes Geysirbecken des Parks ist das **Norris Geyser Basin**. Das dortige, anschaulich gestaltete Museum vermittelt das notwendige Rüstzeug zu Theorie und Praxis der hiesigen

Yellowstone National Park: Norris Geyser Basin

Macht seinem Namen alle Ehre: der farbenfrohe Beauty Pool

geothermalen Aktivitäten. Anschließend blicken wir vom **Porcelain Terrace Overlook** auf das von Dampfschwaden umnebelte pastellfarbene **Porcelain Basin** im Nordteil des Norris Geyser Basin, das zu den malerischsten Ecken des Parks gehört und von einem Holzsteg umrundet wird.

Zurück am Aussichtspunkt, wenden wir uns nach links in das rund dreimal

Yellowstone National Park: Back Basin, Mammoth Hot Springs

so große **Back Basin**. Weg und Steg führen hier zu den schnaubenden Geysiren und bunten Quellen des nur karg bewachsenen, allerorts dampfenden Beckens. Ein Erdbeben verursachte hier 1994 neben der Entstehung einer blubbernden Schlammquelle das Wiedererwachen des **Monarch Geyser**, der ein halbes Jahrhundert lang in einen Dornröschenschlaf versunken war. Die irregulären Eruptionen des **Steamboat Geyser**, des mit 90 Meter hohen Fontänen welthöchsten Geysirs, finden in Intervallen von mehreren Jahren statt. In den langen schöpferischen Pausen reicht es immerhin noch zu häufigen drei bis zwölf Meter hohen Eruptionen. Regelmäßig zeigt sich der benachbarte **Echinus Geyser** etwa alle 35 bis 75 Minuten mit bis zu 18 Meter hoch tanzenden Wasserfontänen.

Wir machen uns auf den Weg nach Norden zum heutigen Tagesziel, dem nur noch 34 Kilometer entfernten **Mammoth Hot Springs**. Dabei passieren wir den rechter Hand gelegenen **Obsidian Cliff**, einen Hügel aus schwarzem vulkanischem Glas, das von den Indianern zur Herstellung von Speerspitzen und Messern benutzt wurde.

Famoser Formen- und Farbenreichtum der Quellen und Geysire

❹ Infos: Yellowstone National Park

Yellowstone National Park
Yellowstone N.P., WY 82190

℃ (307) 344-7381, www.nps.gov/yell
Eintritt pro Auto 25 $ (7 Tage, inkl. Grand Teton), 50 $ National Parks Pass (vgl. S. 286)

Old Faithful Visitor Center
℃ (307) 545-2750

Tägl. Ende Mai–Anfang Sept. 8–19, Ende April–Ende Mai 9–17, Sept. 8–18 Uhr
Informationen und Hintergründe, Darstellungen und Filme zu den geothermalen Aktivitäten, »Stundenpläne der Geysire« mit Vorhersagen zu den Eruptionszeiten etc.

Upper Geyser Basin
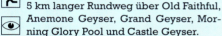
5 km langer Rundweg über Old Faithful, Anemone Geyser, Grand Geyser, Morning Glory Pool und Castle Geyser.

Norris Geyser Basin Museum
Ende Mai–Mitte Okt. tägl. 10–17 Uhr
Museum mit wissenschaftlichen Erläuterungen zum Thema Geysire.

Reservierungen für alle aufgeführten Hotels, Restaurants und einige Campingplätze unter:

℃ (307) 344-7311, Fax (307) 344-7456
www.travelyellowstone.com
Rechtzeitig, d.h. Monate im Voraus, sollte man für die Hochsaison von Ende Juni bis Ende August buchen, vor allem die Hotelzimmer. Die Zimmer sind einfach, ohne TV und Telefon und nicht gerade preiswert. Auch die Campingplätze sind besser schon früh am Tag zu belegen, bereits ab mittags sind sie oft voll.

Old Faithful Inn
Yellowstone N.P., WY 82190

Anfang Mai–Mitte Okt.
Denkmalgeschützte Lodge von 1904 am Old Faithful, mit prachtvoller Lobby. Langfristige Reservierung empfehlenswert. 325 Zimmer, die preiswerteren haben kein Bad. Im Restaurant kann man sehr gut essen (Reservierung vgl. oben; $$–$$$). $$$–$$$$

Geyser Grill
Familienrestaurant in der Old Faithful Snow Lodge im Old-Faithful-Komplex, keine Reservierung. $$

Mammoth Hot Springs Hotel & Cabins
Yellowstone N.P., WY 82190

Mitte Mai–Anfang Okt.
Traditionsreiches, attraktives Hotel aus den 1930er Jahren nahe den eindrucksvollen Sinterterrassen. 97 Hotelzimmer, 116 Hütten. Die preiswerten Zimmer haben kein Bad. $$–$$$$
Dinner im Hotelrestaurant. $$–$$$

Madison Campground
Anfang Mai–Ende Okt.
277 Stellplätze, an der Ausfahrt Richtung West Yellowstone.

Indian Creek Campground
14 km südl. von Mammoth Hot Springs
Anfang Juni–Mitte Sept.
75 Stellplätze, keine Reservierung möglich.

Mammoth Campground
Mammoth Hot Springs
Ganzjährig geöffnet
85 Stellplätze, keine Reservierungen möglich.

Weitere Infos zum Yellowstone N.P. finden Sie bei der 5. Route S. 123 f.

Schmauchender Sinterkegel

❺ Sinterterrassen, Schluchten und Schwefeldämpfe
Im Yellowstone National Park

5. Route: Mammoth Hot Springs – Tower Fall – Grand Canyon of the Yellowstone – Hayden Valley – Mud Volcano – Fishing Bridge – Tower-Roosevelt (153 km/95 mi)

km/mi	Zeit	Route	Karte vgl. 4. Route S. 108.
0	8.30 Uhr	In **Mammoth Hot Springs** Spaziergang zu den Lower Terraces, danach Parkstraße nach Osten, kurz vor **Tower-Roosevelt** Abstecher zum **Petrified Tree**, in Tower-Roosevelt rechts Richtung Canyon, Stopp am	
35/22	11.00 Uhr	**Tower Fall Trail**. Weiter auf der Parkstraße, in **Canyon Village** Lunchpause. Anschließend links auf **North Rim Drive**, Stopp am **Grandview Point**; vom **Lookout Point** auf den	
64/40	13.30 Uhr	**Red Rock Point Trail** und weiter zum	
66/41		**Brink of the Lower Falls Trail**, North Rim Drive weiter bis Parkstraße, links ab zum **South Rim Drive** über den Yellowstone River bis	
69/43	15.00 Uhr	Uncle Tom's Trail, weiter zum **Artist Point**, dort wenden. South Rim Drive zurück, links auf Parkstraße über **Hayden Valley**, Bisonbeobachtung. Weiter bis	
87/54	17.00 Uhr	**Mud Volcano Nature Trail**, weiter Parkstraße bis	
97/60		**Fishing Bridge**, wenden und Parkstraße zurückfahren bis	
153/95	18.30 Uhr	**Tower-Roosevelt**.	

Am Morgen machen wir einen Spaziergang durch das Örtchen **Mammoth Hot Springs**. Unbeeindruckt, weil touristenerprobt, begegnet uns vor dem gut erhaltenen Fort Yellowstone eine Herde äsender Wapiti-Hirsche. Von hier aus betreute die US-Armee ab 1886 den Park, kümmerte sich um die Belange der Touristen, verhinderte Wilderei. Erst 1916 wurde die Armee durch die neu gegründete Nationalparkverwaltung abgelöst.

Ein kurzer Fußweg führt zum markanten **Liberty Cap**. Der elf Meter hohe Sinterkegel einer ausgetrockneten heißen Quelle steht am Fuße der **Minerva Terrace** und markiert den Beginn einer Wanderung durch die Wunderwelt der Mammoth Hot Springs, wo über einen langen Zeitraum Kalkablagerungen des

Yellowstone National Park: Mammoth Hot Springs

Tolle thermale Terrassen: Mammoth Hot Springs im Norden des Yellowstone

heißen Quellwassers märchenhafte Travertinterrassen mit zartumkrusteten, pastell- und türkisfarbenen Teichen hinterlassen haben.

Permanent rinnt ein ruhiger, kalkhaltiger Wasserstrom über den Abhang, der sich immer andere Wege sucht, der Bäume umschließt und deren Stämme wie Mahnmale ihrer Vergänglichkeit aus den Kalksteinbecken herausschauen. Für die Farbgebung sind winzige Algen und Bakterien verantwortlich – weiß und gelb sieht es mitten im Heißwasser aus, orangefarben, braun und grün etwas entfernt von der heißen Quelle. Obwohl die thermalen Aktivitäten und der Wasserfluss insgesamt über die Jahre hinweg relativ konstant geblieben sind, ändert sich nirgendwo im Nationalpark die Landschaft schneller als an den Mammoth Hot Springs. Während **Canary Spring** in den tollsten Farben schimmert, ist die Minerva Terrace teilweise und die **Jupiter Terrace** sogar vollständig ausgetrocknet, und was im Wasser dereinst pastellfarben schimmerte, wirkt ausgetrocknet nur blassgrau und leblos.

Yellowstone National Park: Tower Roosevelt, Grand Canyon of the Yellowstone

Kurz vor **Tower-Roosevelt** führt der nächste Abstecher zum **Petrified Tree**. Der versteinerte alte Baum hatte bereits mehrere hundert Jahre auf dem Buckel, ehe er vor rund 50 Millionen Jahren, so wie er stand, von vulkanischer Asche begraben und für die Nachwelt konserviert wurde. Tower-Roosevelt ist das ruhigste der touristischen Zentren im Nationalpark. Hier findet man rustikale Blockhütten aus den 1920er Jahren und ein Restaurant, das ein ausgezeichnetes Barbecue anbietet. Geradezu typisch *western* sind Ausritte in die umgebende Wildnis und ein abendliches »Old West Cookout« am Planwagen.

Knapp vor seiner Mündung in den Yellowstone River stürzt sich der **Tower Creek** in einem 40 Meter hohen Wasserfall zwischen eigentümlich geformten, braunen Basaltsäulen in die Tiefe. Sozusagen als Einstimmung auf die später folgenden höchsten Wasserfälle im Park wandern wir den kurzen Serpentinenweg hinab zum Fuße des Tower Creek.

Südlich der **Tower Junction** beginnt der **Grand Canyon of the Yellowstone**, auf den wir aber erst im **Canyon Village** treffen. Über eine Strecke von 30 Kilometern hat der Yellowstone River eine bis zu 360 Meter tiefe Schlucht in den »gelben Stein« hineingefressen. Seine Farbe erhält das oben noch graue, leicht pink-lavendelfarben getönte Gestein, das nach unten immer gelblicher wird, von Eisenbestandteilen in unterschiedlichen Mengen. Namengeber des Flusses Yellowstone sollen aber nicht die gelben Schluchtwände, sondern die gleichfarbigen Sandbänke an seiner

Bison im Bad: beim Überqueren des Yellowstone River

Yellowstone National Park: Lower Falls, Upper Falls

Fluss mit Tiefenwirkung: der Yellowstone River im gleichnamigen Canyon

Mündung in den Missouri sein, die zuerst entdeckt wurden.

Bekanntester und spektakulärster Teil des Grand Canyon of the Yellowstone sind die beiden Wasserfälle am Ausgangspunkt der engen Schlucht. Nur ein Kilometer trennt die **Lower Falls**, die mit 94 Meter höchsten Wasserfälle des Parks, von den 33 Meter hohen **Upper Falls**. Direkt am panoramareichen **North Rim Drive**, einer Einbahnstraße entlang dem Nordrand, erreichen wir einige phantastische Aussichtspunkte. Einen malerischen Blick in die beeindruckende Schlucht sowohl flussauf- als auch flussabwärts bietet der **Grandview Point**. An einigen Stellen treten heiße Dämpfe aus den Canyonwänden aus – ein sichtbares Zeichen für die unentwegte Aktivität im Erdinneren.

Das beste Panorama über die Lower Falls hat man vom **Lookout Point** und insbesondere von dem etwas tiefer und näher am Wasserfall gelegenen **Red Rock Point**. Beide verbindet ein 300 Meter langer Wanderweg. Doppelt so lang ist der ebenfalls gut ausgebaute **Brink of the Lower Falls Trail**, der direkt zum oberen Rand der glasklaren Lower Falls führt. Die grünliche Färbung in der Mitte stammt von den Algen auf dem Felsengrund.

Am Südrand der Schlucht, den man über den **South Rim Drive** erreicht, gehen wir als erstes zum Aussichtspunkt auf die Upper Falls. Am selben Parkplatz beginnt auch der ein Kilometer lange **Uncle Tom's Trail**. 160 Meter tiefer steht man schließlich den tosenden Wassermassen der Lower Falls gegenüber – zweifellos der Höhepunkt auf der Südseite. Als letzter am South Rim Drive erlaubt der dem Grandview Point gegenüber gelegene **Artist Point** einen

Yellowstone National Park: Hayden Valley, Mud Volcano

exzellenten Ausblick in beide Canyonrichtungen.

Ein erneuter, beeindruckender Szenenwechsel folgt: Weit, flach und grün breitet sich das aus dem Bett eines eiszeitlichen Sees entstandene **Hayden Valley** aus, durch das der Yellowstone River friedvoll mäandert. Am späten Nachmittag ist das marschige Land an den Flussschlingen der beste Punkt für Tierbeobachtungen. Insbesondere Bisons lieben die saftigen Wiesen beiderseits der Straße – und die alltäglichen Verkehrsstaus künden es auch schon von weitem an: Vorsicht! Bisons überqueren die Straße!

Vor der Ankunft der Weißen streiften rund 60 Millionen dieser mächtigen Tiere über die Prärien. Um den Indianern ihre Lebensgrundlage zu nehmen, waren die Bisons dann so gnadenlos abgeschlachtet worden, dass Ende des 19. Jahrhunderts sage und schreibe nur noch rund 1 000 Tiere übrig geblieben waren. Doch die Geschichte fand eine relativ glimpfliche Wendung, denn einige verständige Rancher nahmen Bisons in ihre Obhut, wo sie sich wieder zu vermehren begannen. Heute existieren viele Bisonherden vor allem in den Naturparks des Westen. Die mit rund 3 000 Tieren größte Bisonherde der USA lebt hier im Yellowstone, wo sie grast und wandert und ihre Kälber großzieht wie noch im 19. Jahrhundert.

Anrüchige Schwefeldämpfe verkünden die Nähe des **Mud Volcano**, und eben dieser Schwefel ist auch für die gelbe Farbe verantwortlich. Durch schwefelige Säuren aufgelöste Gesteine vermischen sich mit dem Wasser zu geheimnisvoll und dumpf blubbernden, dickflüssigen *mud pots*, den »Schlammtöpfen«. Auf einem ein Kilometer langen Holzsteg durchqueren wir das thermisch aktive Areal und werfen

einen Blick auf den tosenden, siedenden Brei im Schlund des Mud Volcano, dessen Geräusche an eine Waschmaschine im Hauptwaschgang erinnern.

Bei **Fishing Bridge** fließt der Yellowstone River aus dem Yellowstone Lake heraus. Die 1937 erbaute Brücke galt jahrzehntelang als eine der populärsten

Yellowstone National Park: Fishing Bridge

Für alle Zeiten geschützt: das malerische Hayden Valley

Stellen zum Forellenangeln, auch unter Grizzlybären, was zwangsläufig zu Konflikten zwischen Mensch und Meister Petz führte. Seit 1973 ist das Angeln – für Menschen – verboten, dafür kann man nun die im Juni und Juli laichbereite Forellen flussabwärts an den Stromschnellen beobachten, insbesondere an den Le Hardy Rapids, wo sie besonders hoch springen.

Für die morgige Weiterfahrt über den Beartooth Pass kehren wir nach **Tower-Roosevelt** zurück. Wer sich für die **Alternativroute** durch das Wapiti Valley entschieden hat, für den ist Fishing Bridge das Tagesziel (vgl. S. 127).

5 Infos: Yellowstone National Park

Albright Visitor Center
Yellowstone NP, WY 82190
✆ (307) 344-2263
Informationen, Film und Ausstellungen zur Geschichte und Gründung des Yellowstone National Park in Mammoth Hot Springs.

Lower Terraces Trail
2 km langer Wanderweg um die Lower Terraces von Liberty Cap bis Canary Spring und zurück, alternativ 300 m langer ebener Weg vom Parkplatz an den Upper Terraces zur Canary Spring.

Trail Rides
Reservierungen, vgl. allgemeine Reservierungsnummer
Mitte Mai–Mitte Sept.
Ausritte ab Mammoth Hot Springs, 1 Std. 30.50, 2 Std. 50 $.

Yellowstone Raft Company
Ab Gardiner, 8 km nördl. von Mammoth Hot Springs
✆ (406) 848-7777 und 1-800-858-7781
www.yellowstoneraft.com
Tägl. 10, 14, 17.15 Uhr, in der Hochsaison auch 11 und 15 Uhr; 33 $
Dreistündiges Whitewater Rafting auf dem Yellowstone River.

Trail Rides
Reservierungen vgl. allgemeine Reservierungsnummer
Anfang Juni–Mitte Aug.
Ausritte ab Roosevelt Lodge, 1 Std. 30.50 $, 2 Std. 50 $.

Old West Dinner Cookout
Roosevelt Lodge
Reservierungen vgl. allgemeine Reservierungsnummer rechts
Anfang Juni–Ende Aug.
Essen wie im alten Westen am Planwagen: 50 $ mit Fahrt im Planwagen, 60 $ 1 Std. mit Pferd, 70 $ 2 Std. auf dem Pferd.

Tower Fall Trail
Ab Tower Fall General Store

Ein knapp 1 km langer Wanderweg führt in einigen Serpentinen zum Fuß des Tower Fall.

Canyon Visitor Center
✆ (307) 242-2550
Informationen u.a. zur Geologie des Parks.

Trail Rides
Reservierungen vgl. allgemeine Reservierungsnummer unten
Mitte Juni–Ende Aug.
Ausritte ab Canyon Village, 1 Std. 30.50 $, 2 Std. 50 $.

Mud Volcano Nature Trail
Parkstraße 16 km südl. von Canyon Village: der 1 km lange Holzplankenwanderweg führt um die dickflüssigen, heißen Mud Pots.

Fishing Bridge Visitor Center
✆ (307) 242-2450
Ende Mai–Anfang Sept. tägl. 8–19 Uhr
Parkinformation mit Ausstellungen über Vögel und Säugetiere sowie die Geologie des Parks.

Reservierungen für alle aufgeführten Hotels, Campgrounds und Ausritte unter:
✆ (307) 344-7311
Fax (307) 344-7456
www.travelyellowstone.com
TV und Telefon gibt es in keinem Zimmer. In der Hochsaison von Ende Juni bis Ende August sind viele Hotels langfristig ausgebucht und Campingplätze oft schon mittags belegt.

Roosevelt Lodge & Cabins
Anfang Juni–Anfang Sept.
62 einfache Blockhütten aus den 1920er Jahren. Die preiswerteren Zimmer haben kein Bad. Dazu gehört das »Roosevelt Lodge Restaurant«, ein Familienrestaurant mit »Old West«-Atmosphäre, Barbecue als Spezialität, keine Reservierung ($$). $$–$$$

❺ Infos: Yellowstone National Park

Rangerin am Mud Volcano

 Canyon Lodge & Cabins
Anf. Juni–Mitte Sept.
 480 Blockhäuschen und 79 Motelzimmer nahe dem Grand Canyon of the Yellowstone mit »Canyon Lodge Restaurant«, keine Reservierung ($$–$$$). $$–$$$

 Lake Yellowstone Hotel & Cabins
Mitte Mai–Anfang Okt.
 1891 erbautes, im Stil der 1920er Jahre restauriertes Hotel am Yellowstone Lake nahe der Fishing Bridge. Aufenthaltsräume mit Seeblick, luxuriöse Hotelzimmer bis rustikale Hütten. 194 Zimmer. »Lake Yellowstone Hotel Dining Room«, ✆ (307) 242-3899 ($$–$$$).
$$$–$$$$

 Lake Lodge Cabins
Mitte Juni–Ende Sept.; 186 Blockhütten am Yellowstone Lake. $$–$$$

 Bridge Bay Campground
Ende Mai–Mitte Sept.; 432 Stellplätze am Lake Yellowstone. Bridge Bay Marina mit Motor- und Ruderbootverleih.

 Tower Fall Campground
Ende Mai–Ende Sept.
32 Stellplätze, 5 km südl. von Tower-Roosevelt, keine Reservierung möglich.

 Slough Creek Campground
Ende Mai–Ende Okt.
29 Stellplätze, 16 km östl. von Tower-Roosevelt, keine Reservierung möglich.

 Canyon Campground
Mitte Juni–Ende Sept.
272 Stellplätze am Südende des Grand Canyon of the Yellowstone.

 Fishing Bridge RV Park
Ende Mai–Anf. Okt.
344 Stellplätze für Wohnmobile, einziger Platz im Nationalpark mit *full hookups*.

 Lake Lodge Cafeteria
Familienrestaurant im Grant Village, keine Reservierung. $$

Weitere Infos zum Yellowstone N.P. finden Sie bei der 4. Route S. 117.

⑥ Buffalo Bill – die große Westernlegende
Über den Bärenzahnpass nach Cody

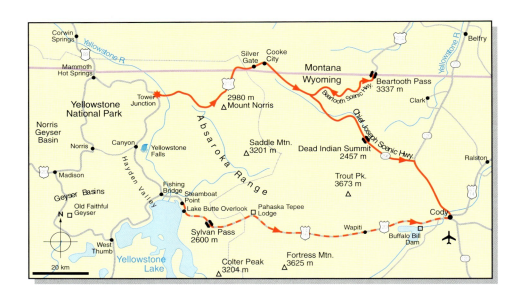

6. Route: Yellowstone National Park – Beartooth Pass – Cody (245 km/152 mi)

km/mi	Zeit	Route
0	8.00 Uhr	**Tower-Roosevelt**, US 212 (Beartooth Scenic Hwy.) Richtung Osten aus dem Yellowstone N. P. hinaus über Cooke City und Silver Gate, über den **Beartooth Pass** (3 337 m, Anfang Juni bis Mitte Oktober geöffnet) hinweg bis zur Grenze Wyoming/Montana.
117/ 73	10.30 Uhr	Von der Grenze wieder zurück nach Wyoming, Abzweigung nach links auf den Hwy. 296 (Chief Joseph Scenic Hwy.) zum
201/125	12.00 Uhr	**Dead Indian Summit** (2 457 m), weiter Hwy. 296, rechts abbiegen auf den Hwy. 120 nach
245/152	13.00 Uhr	**Cody**, Lunchpause, Spaziergang. **Buffalo Bill Dam Visitors Center**, **Buffalo Bill Historical Center**.
	20.30 Uhr	**Cody Night Rodeo**.

Silver Gate, Cooke City, Beartooth Pass

Alternative: US 14/16/20 von Fishing Bridge im Yellowstone National Park über das Wapiti Valley nach Cody (127 km /79 mi). Auf dem Weg zum östlichen Parkausgang lohnt sich zunächst ein Zwischenstopp am **Steamboat Point**. Neben der heißen Fumarole mit dem passenden Namen »Dampfer« bietet sich ein schönes Panorama über den angrenzenden Yellowstone Lake. Noch besser sind die Aussichten vom **Lake Butte Overlook** rund 200 m über dem Wasserspiegel, der sich über eine 1 km lange Seitenstraße erreichen lässt.

Über den 2 600 m hohen Sylvan Pass hinweg gelangen wir 3 km östlich des Parkausgangs zur **Pahaska Tepee Lodge**, einem Komplex aus Hotel und Restaurant, zu dem auch das 1904 von dem berühmten William F. »Buffalo Bill« Cody erbaute »Pahaska Tepee« gehört. In dem gealterten, zweistöckigen Blockhaus mit dem Bisonschädel über dem Kamin unterhielt »Pahaska« (»Langes Haar«), wie ihn die Sioux nannten, Gäste aus aller Welt.

Ab hier folgt der landschaftlich reizvolle **Buffalo Bill Cody Scenic Byway** dem jungen, ungestümen **North Fork Shoshone River**, der die Fahrt durch das **Wapiti Valley** bis nach Cody begleitet. Rote Klippen und ungewöhnliche Felsformationen säumen den Weg, oft deuten Zufahrten auf abseits gelegene Lodges, Sommerhäuser und Gästeranches wie die Crossed Sabres Ranch, auf der man mit Ausritten in die Wildnis, Lagerfeuern und Viehtrieben noch richtige Cowboyferien verbringen kann. Am Weg liegt auch eine Fülle einfacher, idyllischer Campingplätze des National Forest Service.

Heute steht eine der schönsten Gebirgsetappen der Rocky Mountains auf dem Programm. Durch das **Lamar Valley** verlassen wir den Yellowstone über die mit Abstand ruhigste Straße des Parks. Auch in der Hochsaison sind die Campingplätze hier erst relativ spät am Tag belegt. Direkt am Parkausgang treffen wir auf zwei kleine Orte aus Goldgräbertagen. **Silver Gate** und das benachbarte **Cooke City** erlebten die aufregendste Zeit ihrer Geschichte während des großen Waldbrandes 1988, als die lodernden Flammen ihre Häuser und Straßen um nur wenige Meter verschonten. Weitgehend wehr- und machtlos blickten damals die Menschen auf das Flammeninferno mit seinen ungeheuren Naturgewalten. Als verwitterte Mahnmale ragen noch heute die verbrannten, kahlen Bäume an den Berghängen empor.

Die phantastische, auch für Wohnmobile gut ausgebaute Straße zum **Beartooth Pass** (Bärenzahnpass) ist die höchste asphaltierte Straße nördlich von Colorado. Auf der nur von Anfang Juni bis Mitte Oktober für den Verkehr freigegebenen Straße kurven wir empor zu baumlosen alpinen Höhen mit herrlichen Bergseen und -wiesen und grandiosen Panoramen. Hier oben sollte man als Abstecher noch die wenigen Kilometer bis zur Grenze nach **Montana** fahren, um die Landschaft in ihrer ganzen kargen Dramatik auszukosten.

Aber auch die weitere Route in Richtung Cody ist reizvoll. Der **Chief Joseph Scenic Highway**, oder die Sunlight Basin Road, wie die Einheimischen die Strecke nennen, zweigt vom Beartooth Scenic Highway ab und folgt zunächst dem Clarks Fork River. Die Namengebung des Highway geht auf die Nez-

Dead Indian Summit, Cody

Percé-Indianer unter Häuptling Chief Joseph zurück, die durch das unwegsame Tal die verfolgende US-Armee abschütteln konnten.

Im Talausgang überquert die Straße auf der höchsten Brücke Wyomings den Sunlight Creek und steigt anschließend in Serpentinen zum **Dead Indian Summit** auf. Von dort bietet sich eine wunderbare Aussicht auf das Sunlight Basin. Auf der Ostseite des Passes verlässt man die bewaldeten Rocky Mountains, und es geht hinab in das Bighorn Basin; die Vegetation wird karger, das Klima trockener mit warmen, fast schon heißen Sommertagen.

Das 9 000 Einwohner zählende **Cody**, das »östliche Tor zum Yellowstone«, ist eine Touristenstadt mit Cowboy- und Wildnisflair, eine attraktive Kombination, die schon der Geschäftsmann Buffalo Bill in ihren Anfängen gefördert hatte. Der 1896 inmitten von Weiden entstandene Ort wurde zu Werbezwecken nach seinem Mitbegründer Colonel William »Buffalo Bill« F. Cody benannt. Der geschäftstüchtige Mr. Cody ließ u.a. Bewässerungskanäle bauen und zu Anfang des 20. Jahrhunderts die Eisenbahn hierher verlegen, auch um die anreisenden Touristen dann per Postkutsche weiter zum Yellowstone National Park zu befördern. Die Bemühungen um die Besucher zahlen sich immer noch aus, denn Cody besitzt im Gegensatz zu vielen von Absatzflauten betroffenen Bergbauorten Wyomings eine ausgezeichnete, krisensichere touristische Infrastruktur und verzeichnet nach Jackson die meisten Sommerbesucher.

Ein kurzer Stadtbummel durch Codys Innenstadt führt entlang der **Sheridan**

Wie im Wilden Westen: Stiefel werden in Cody in Handarbeit hergestellt

Cody: Sheridan Avenue, Irma Hotel, Buffalo Bill Historical Center ❻

Eines der besten Wildwestmuseen: das Buffalo Bill Center in Cody

Avenue und ihren Seitenstraßen mit vielen Geschäften und Boutiquen, Restaurants, Galerien mit Westernkunst und Souvenirläden. Verschiedene Anbieter von Floßtrips auf dem **Shoshone River**, der die Stadt auf ihrer Nordseite umfließt, sind Downtown angesiedelt. Von der Ecke 12th Avenue grüßt das **Irma Hotel**, das Buffalo Bill 1902 als touristische Wegstation zum Yellowstone erbaut und nach seiner Tochter benannt hatte und das wie eh und je Zimmer vermietet.

Vom frühen 20. Jahrhundert an verkehrte im Saloon mit der 100 000-Dollar-Bar aus Kirschbaumholz eine buntgemischte Clique aus Ranchern, Cowboys und Schafzüchtern, auch heute noch trifft man hier viele Einheimische, beispielsweise beim Frühstücksbuffet am Wochenende. Mit der kostspieligen Bar hatte sich eine sehr amüsierte Queen Victoria bei Buffalo Bill für den Spaß und die informative Unterhaltung bei seiner Wildwestshow bedankt. Auf der großen Veranda des Irma Hotel spielt die Schaustellertruppe der »Cody Gunfighters« an beinahe jedem Sommerabend Westernszenen nach.

Zu den besten Museen der Rocky Mountains zählt das **Buffalo Bill Historical Center**, ein großer Gebäudekomplex mit fünf hervorragenden Westernmuseen. An der Nordseite, am westlichen Ende der Sheridan Avenue, steht Buffalo Bills überlebensgroße Bronzestatue **The Scout**, die den extravaganten Westernhelden mit dem weißen Spitzbart als berittenen Armee-Scout in jungen Jahren und mit einem Gewehr in der hochgereckten Hand darstellt.

Wie kein anderer personifiziert William Frederick Cody (1846–1917),

6 Cody: Buffalo Bill Museum

alias »Buffalo Bill«, den Wilden Westen. Er war bereits Viehtreiber, Trapper, Goldsucher und Botenreiter, ehe er als 14-Jähriger einige Monate lang als Pony-Express-Reiter anheuerte. Ob als Scout im Sezessionskrieg zwischen Nord- und Südstaaten, Hotelbetreiber oder Landspekulant – Codys wechselhafte Berufskarriere war für den Wilden Westen jener Zeiten keine Ausnahme. Der Wendepunkt erfolgte 1867/68. Zu Ruhm und seinem jetzigen Beinamen gelangte er zunächst als Bisonjäger mit manchmal mehr als 100 erlegten Tieren pro Tag (Bisons als deutsche Übersetzung für *buffalos*), dann als erfolgreicher Haupt-Scout der Kavallerie in den Indianerkriegen.

Wenig später erschienen bereits erste Groschenhefte mit Buffalo Bill in der Titelrolle. Daneben vollzog er als Westernheld auf Schauspielbühnen oder Jagdführer für Vermögende wie den russischen Großherzog Alexander und den monegassischen Prinzen Albert, den Sprung in seine zweite Karriere. Cody wirkte als Schauspieler, der auf der Bühne sein alltägliches Leben darstellte, besonders glaubwürdig. Sein Nimbus als Westernheld erlangte unbeschreibliche Ausmaße, als er 1876 den Cheyenne-Unterhäuptling Yellow Hair im Kampf tötete.

Unsterblich wurde Buffalo Bill mit seiner bombastischen Wildwestshow mit Hunderten von Darstellern, Pferden, Rindern und Bisons, die die Figur des Cowboys und das Leben im Westen mit Indianer- und Banditenüberfällen glorifizierte und zum »Mega Event« schlechthin machte. Ab 1883 rissen die Shows in Amerika und ab 1887 auch in Europa das Publikum von den Stühlen, Prominente, Reiche und Adlige wie die britische Queen Victoria gehörten zu seinen größten Fans, Präsidenten zu seinen Gästen. Buffalo Bill zählte zu den weltweit bekanntesten Personen. Als Geschäftsmann hatte William F. Cody letzten Endes weniger Erfolg. Chancenlos gegen das neue Medium Film, rutschte seine Wildwestshow 1913 in die Pleite.

Das **Buffalo Bill Museum** verfügt über eine unvergleichliche Sammlung an persönlichen Gegenständen, Showplakaten und silberbeschlagenen Sätteln, Bühnenkleidung etc. und stellt eine Beziehung des legedären Westernhelden zur zeitgenössischen Geschichte und dem Mythos des Westens her. Originalfilme vermitteln einen Eindruck von den Shows.

Größtes der vier Museen ist das **Plains Indian Museum**. Es präsentiert Einblicke in die Verwendungsweisen und Bedeutungen von Kunsthandwerk, Kleidung, Waffen und Zeremonienge-

Indianisches Powwow in Cody

Cody: Buffalo Bill Historical Center, Cody Night Rodeo

genständen der Arapaho, Cheyenne, Crow, Shoshone, Sioux und anderer Indianerstämme vorwiegend aus den nördlichen Prärien. Zu den Höhepunkten zählen ein authentisches Sioux-Camp um 1880, phantastische indianische Tanzkostüme, eindrucksvoller Häuptlingsschmuck und eine hervorragende Mokassinsammlung.

Die **Whitney Gallery of Western Art** beherbergt umfangreiche Kunstsammlungen mit Skulpturen, Gemälden und Zeichnungen aus dem alten Westen von berühmten Künstlern wie Frederic Remington, Charles M. Russell, George Catlin, Thomas Moran und Albert Bierstadt. Als viertes Museum stellt das **Cody Firearms Museum** eine komplette Kollektion Winchester-Gewehre und andere bedeutende amerikanische Waffen vom 16. Jahrhundert bis heute aus. Es beleuchtet die Rolle der Waffen bei der Besiedlung des Westens, ein nicht uninteressanter Aspekt.

Als fünftes Museum eröffnete 2002 das **Draper Museum of Natural History** mit umfangreichen Sammlungen und interessanten interaktiven Ausstellungen zu Geologie, Flora und Fauna und der menschlichen Besiedlung des Yellowstone-Gebietes.

Der berühmteste Sohn der Stadt fungierte auch mehrfach als Namengeber: Westlich von Cody zwängt sich der Buffalo Bill Cody Scenic Byway (US 14/16/20, siehe oben) durch den engen Shoshone Canyon am 108 Meter hohen **Buffalo Bill Dam** vorbei. Der bei seiner Fertigstellung 1909 höchste Damm der Welt staut im Buffalo Bill State Park das Buffalo Bill Reservoir zu einem der besten Windsurfing-Reviere der Rockies auf. Dank konstanter Winde huschen in Neoprenanzüge gehüllte Surfer mit ihren bunten Segeln pausenlos über das kalte Wasser.

Wasser für Cody: das Buffalo Bill Reservoir

Zum Tagesausklang sollte man das im Sommer allabendlich veranstaltete **Cody Night Rodeo** auf keinen Fall verpassen. 5500 Zuschauer finden auf den Rängen Platz zu einem der beliebtesten Rodeos in Wyoming, das seit über 50 Jahren eine Institution in der Stadt ist, die sich selbst gern »Rodeo Capital of the World« nennt. Typisch amerikanisch ist die Flaggenparade mit Nationalhymne zu Beginn, anschließend üben sich harte Kerle in *bronc* und *bull riding, steer wrestling* und *calf roping* (vgl. S. 78). Klassische Damendisziplin ist das *barrel racing*, Kinder fangen Kälber und Schafe. Warme Kleidung und Decken sollte man mitnehmen, denn in dieser Höhenlage wird es auch an Sommerabenden empfindlich kühl.

Infos: Cody, Wapiti

Cody Chamber of Commerce
836 Sheridan Ave., Cody, WY 82414
℡ (307) 587-2777, Fax (307) 527-6228
www.codychamber.org

Irma Hotel & Saloon
1192 Sheridan Ave.
Cody, WY 82414
℡ (307) 587-4221 und 1-800-745-4762
Fax (307) 587-1775
www.irmahotel.com
1902 erbautes, nach Buffalo Bills Tochter Irma benanntes Hotel. 40 Zimmer, darunter 15 viktorianisch möblierte Suiten. Beliebtes Restaurant. Hotel $$$, Restaurant $$–$$$, Saloon $

Pahaska Tepee Lodge
183 Yellowstone Hwy., US 14/16/20, am Osteingang des Yellowstone National Park
℡ (307) 527-7701 und 1-800-628-7791
Fax (307) 527-4019, www.pahaska.com
50 Zimmer, Restaurant, Bar, Reitstall, mit Buffalo Bills einstiger Jagdlodge. $$–$$$

Crossed Sabres Ranch
829 North Fork Hwy., 69 km westl. von Cody an der US 14/16/20
Wapiti, WY 82450
℡ (307) 587-3750
www.crossedsabres.com
Gästeranch mit komfortablen Blockhütten und Mahlzeiten in der 1906 erbauten Lodge. Ausritte, Angeln, Wildwasserfahrten, Square Dances u.a. $$$

Days Inn
524 Yellowstone Ave., Cody, WY 82414
℡ (307) 527-6604 und 1-800-329-7466
Fax (307) 527-7341, www.daysinn.com
Gepflegtes Motel der landesweiten Kette in Downtown. Im Pueblostil des Südwestens. 52 Zimmer. $$$

Parson's Pillow B&B
1202 14th St., Cody, WY 82414
℡ (307) 587-2382 und 1-800-377-2348
www.parsonspillow.com
5 individuell eingerichtete Zimmer in einer ehemaligen Kirche von 1902 mit kleinem Turm, recht zentrale Lage. $$

Carriage House Motel
1816 8th St., Cody, WY 82414
℡ (307) 587-3818 und 1-800-531-2572
Fax (307) 587-2572
www.carriagehousevillas.com
12 preiswerte, saubere Doppelblockhäuser aus den 1920er Jahren in der Nähe des Buffalo Bill Historical Center. $$

Holiday Inn at Buffalo Bill Village
1701 Sheridan Ave., Cody, WY 82414
℡ (307) 587-5544 und 1-800-527-5544
Fax (307) 587-2795, www.blairhotels.com
Modernes Downtownhotel mit 169 Zimmern, Restaurant und Pool. $$$

KOA Cody
5561 Greybull Hwy., Cody, WY 82414
℡ (307) 587-2369 und 1-800-KOA-8507
www.koa.com
Anfang Mai–Anfang Okt.
Komfortcamping auf baumlosem Platz östlich der Stadt. 228 Stellplätze, 64 Vollanschlüsse. Gratis-Pendelbus zum Rodeo, Pancake-Frühstück. $

Ponderosa Campground
1815 8th St., Cody, WY 82414
℡ (307) 587-9203
www.codyponderosacampground.com
Anfang Mai–Mitte Okt.
165 Stellplätze auf Campground in Flussnähe, 135 Vollanschlüsse. $

Buffalo Bill Historical Center
720 Sheridan Ave., Cody, WY 82414
℡ (307) 587-4771, www.bbhc.org
Tägl. Anfang Mai–Mitte Sept. 8–20, bis Mitte Okt. 8–17 Uhr, sonst kürzer
Eintritt 15 $ für zwei Tage für alle fünf Museen
Museumszentrum mit Buffalo Bill, Cody Firearms, Draper Museum of Natural History und Plains Indian Museum und der Whitney Gallery of Western Art. Exzel-

6 Infos: Cody

lenter Museumsshop zu den Themen Buffalo Bill und Wilder Westen.

Cody Gunfighters
Cody, WY 82414

✆ (307) 587-4221, Ende Mai–Anfang Sept. Mo–Sa 18 Uhr; Eintritt frei
»Shootouts« und andere Westernszenen, auf der Veranda des Irma Hotel.

Wayne's Boot Shop
1250 Sheridan Ave., Cody, WY 82414
✆ (307) 587-5234
Große Auswahl an Cowboystiefeln, Hüten, Mokassins, Gürteln und Schnallen.

Buffalo Bill Dam Visitors Center
US 14/16/20, 11 km westl. von Cody

Cody, WY 82414
✆ (307) 527-6076, www.bbdvc.org
Anfang Juni–Anfang Sept. Mo–Fr 8–20, Sa/So 8–18, Mai und Sept. tägl. 8–18 Uhr
Eintritt frei
108 m hoher Staudamm, von der Dammkrone Sicht auf den engen Shoshone Canyon. Kleines Museum.

River Runners
1491 Sheridan Ave., Cody, WY 82414
✆ (307) 527-7238 und 1-800-535-7238
Mitte Mai–Mitte Sept.; 22–55 $
Familientaugliches Whitewater Rafting auf dem Shoshone River durch Red Rock Canyon (1 Std.) bzw. Lower Canyon mit Red Rock Canyon (2 Std.). Der Flussspegel ist Anfang Juli am höchsten.

Red Canyon River Trips
1220 Sheridan Ave.

Cody, WY 82414
✆ (307) 587-6988 und 1-800-293-0148
Anfang Mai–Mitte Sept.; 22–55 $
Wildwasserfahrten, vgl. River Runners.

Tommy Jack's Cajun Grill
1134 13th St., Cody, WY 82414

✆ (307) 587-4917, www.tommyjacks.com
Gumbo und Catfish: Südstaaten-Spezialitäten im Wilden Westen. Sonntags-brunch im New-Orleans-Stil mit Beignets. Cocktailbar. $$

La Comida
1385 Sheridan Ave., Cody, WY 82414
✆ (307) 587-9556
Populäres mexikanisches Restaurant. Im Sommer kann man auch gemütlich draußen sitzen. $$

Cassie's Supper Club & Dance Hall
214 Yellowstone Ave.

Cody, WY 82414
✆ (307) 527-5500, www.cassies.com
Seit 1922: Dinner, Drinks, Tanz und Westernmusik.

Cody Nite Rodeo
US 14/16/20, 3 km westlich der Stadt
Cody, WY 82414
✆ (307) 587-5155 und 1-800-207-0744
www.codyniterodeo.com
Juni–Aug. tägl. 20 Uhr; Eintritt 15 $
Cowboys, Bullen und Pferde in der Rodeoarena.

Feste in Cody:

Plains Indian Powwow
Buffalo Bill Historical Center
✆ (307) 578-4049, www.bbhc.org
Mitte/Ende Juni
Festival der Prärieindianerstämme, indianisches Kunsthandwerk, Sing- und Tanzwettbewerbe um Preisgelder, prächtige traditionelle Kleidung wird zur Schau getragen.

Buffalo Bill Cody Stampede
✆ (307) 587-5155 und 1-800-207-0744
www.codystampederodeo.org
Vier Tage um den Unabhängigkeitstag, den 4. Juli; Eintritt 17 $
Rodeos, jeden Morgen eine Parade auf der Sheridan Avenue, Tänze, Shows, Kirmes und Feuerwerk.

Weitere Informationen zu Cody finden Sie bei der 7. Route S. 140.

7 Teufelsschlucht und Medizinrad
Durch die Bighorn Mountains

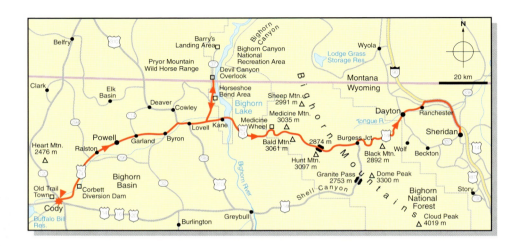

7. Route: Cody – Bighorn Canyon N.R.A. – Bighorn Mountains – Sheridan (312 km/194 mi)

km/mi	Zeit	Route
0	Morgens	Spaziergang durch die **Old Trail Town** in Cody. Abfahrt von **Cody** auf US 14A nach Osten über Powell nach Lovell zum Visitor Center der **Bighorn Canyon National Recreation Area**. Weiter US 14A, hinter Lovell links abbiegen auf Hwy. 37 in die Bighorn Canyon National Recreation Area bis zum
111/ 69	12.00 Uhr	**Devil Canyon Overlook**. Zurück auf Hwy. 37, links abbiegen zum **Horseshoe Bend** und dort Picknickpause. Wieder auf Hwy. 37, links auf US 14A, links zum
191/119	14.00 Uhr	**Medicine Wheel**. Zurück zum US 14A, in Burgess Junction Einmündung auf US 14, dieser bis I-90 hinter Dayton folgen, I-90 nach Osten bis
312/194	17.30 Uhr	**Sheridan**.
	21.00 Uhr	**Wyo Theater**.

Cody: Old Trail Town; **Bighorn Basin, Powell**

An Codys westlichem Stadtrand liegt in der Nachbarschaft der Rodeoarena das rekonstruierte Pionierstädtchen **Old Trail Town**, das in seiner authentischen Schlichtheit und mit einem Schuss Nostalgie die Atmosphäre der Wildwestära wieder aufleben lässt, u.a. mit einer Postkutschenstation, einer Blockhütte von Billy the Kid und Butch Cassidy, einem Pionierfriedhof, dem Museum of the Old West mit Gewehren, Kutschen, Farmgeräten und indianischen Gegenständen.

Östlich von Cody beginnt die unglaublich beeindruckende Weite des **Bighorn Basin**, im Hochsommer eine trockene, sonnengegerbte Landschaft, eine Westernszenerie ohne allzu viele zivilisatorische Anhaltspunkte für uns Mitteleuropäer. Erst im ausgehenden 19. Jahrhundert kamen weiße Siedler in diese einer riesigen Schüssel ähnelnde Beckenlandschaft, die etwa 110 Kilometer lang und 150 Kilometer breit und von drei Seiten von hohen Bergen und im Norden von niedrigeren Vorbergen abgeschirmt ist.

Die heutige Route führt durch das nördliche Ende des Bighorn Basin. **Powell** mit rund 5 800 Einwohnern ist eine der vielen unauffälligen *American small towns*. Man lebt zufrieden hier in der Kleinstadt, die als Versorgungszentrum für die Gemeinden in dem von langen Bewässerungskanälen durchzogenen Farmland und die Ölfelder im

Auch für »City Slickers«: Reiterferien in den Bighorn Mountains

nördlichen Wyoming dient. Nahe dem **Heart Mountain** westlich der Stadt waren während des Zweiten Weltkrieges 11 000 Japaner und japanischstämmige Amerikaner interniert, was das Lager seinerzeit zur drittgrößten Stadt Wyomings anschwellen ließ.

Das um die Jahrhundertwende gegründete **Lovell** nennt sich wegen der Rosenbüsche in seinen Gärten und Parks selbst gern »Rose City of Wyoming«. Die vielversprechende Beschreibung hilft dem touristisch unbeleckten Kleinstädtchen am Rande des kargen Bighorn Basin auch nicht weiter. Sein Reiz liegt vornehmlich in der Funktion als Ausgangsort zur attraktiven **Bighorn Canyon National Recreation Area**.

Der 114 Kilometer lange Stausee des Bighorn River reicht weit bis nach Montana hinein. Unser Abstecher von 26 Kilometern passiert zunächst die **Horseshoe Bend Area**, wo es Camping- und Picknickplätze, Badebuchten und Bootsanleger mit Bootsverleih gibt, und führt dann noch etwas weiter bis nach Montana hinein. Für Autofahrer präsentiert sich die Landschaft eher wie ein hügeliges Hochplateau ohne nennenswerte Einschnitte. Umso überraschter stehen wir am **Devil Canyon Overlook** vor dem Ausblick – gewissermaßen aus der Vogelperspektive – in die Tiefe der von der Seite hinzustoßenden »Teufelsschlucht«. Einfach grandios wirkt auch der im Sonnenlicht glänzende Stausee in der mehr als 300 Meter tief in den grauen Kalkstein eingefrästen felsigen Schlucht.

Westlich der Bighorn Canyon N.R.A. schließt sich das unwegsame Gelände der **Pryor Mountain Wild Horse Range** an, wo rund 200 Mustangs frei und wild leben, allerdings wird man sie wohl kaum zu Gesicht bekommen. Weithin sichtbar dagegen ragt das mächtige

Bollwerk der bis in den Hochsommer hinein schneebedeckten **Bighorn Mountains** fast 3 000 Meter über den Rand des Bighorn Basin empor. Das unnahbar wirkende, wolkenumrahmte Gebirge mit dem Cloud Peak (4 019 Meter) als höchstem Gipfel setzt einen vollkommenen Landschaftskontrast zum benachbarten Bighorn Basin. Hier gibt es alpine Wildblumenwiesen, mächti-

Bighorn Mountains

Unerwartete Tiefblicke gewährt der Bighorn Canyon

ge, alte Nadelwälder, weite Aussichten, idyllische National Forest Campgrounds an reißenden Wildbächen und forellenreichen Flüssen und Wanderwege durch die Bergeinsamkeit.

In dieser idyllischen Umgebung liegt die Heimat der *bighorn sheep*, der Dickhornschafe, die der Region ihren Namen gaben. Und es ist durchaus nicht ungewöhnlich, Rinder- und Schafherden grasen zu sehen, denn das weite Gebiet darf auch als Viehweide genutzt werden. Nicht immer war es in den Bighorn Mountains so friedlich. Ab Mitte des 19. Jahrhundert gab es zunächst Konflikte zwischen Indianern und Weißen, im ausgehenden 19. Jahrhundert stritten sich schließlich in zum Teil blutigen Kämpfen Großrancher mit verfeindeten Kleinfarmern.

Bighorn Mountains, Five Springs Falls, Medicine Wheel

Die von Ende Mai bis Mitte Oktober für den Verkehr freigegebene US 14A, auch **Medicine Wheel Passage** genannt, ist die kurvenreichste Route mit den längsten Steigungen durch die Bighorn Mountains. Rund 40 Kilometer östlich von Lovell gelangen wir nach einem kurzen Spaziergang zu den **Five Springs Falls**, wo ein 33 Meter hoher Wasserfall über vertikale Granitklippen stürzt. In der durch die feinen Sprühnebel beständig feuchten Umgebung gedeihen einige seltene Pflanzenarten. Zu den Fällen gelangt man vom Five Springs Falls Campground mit einem hübschen Picknickplätzchen.

Ein wenig weiter östlich liegt auf dem Bald Mountain das **Medicine Wheel**, eine etwas ungleichmäßig radförmige Anordnung von verschieden geformten, flachen, weißen Steinen. Das vermutlich Mitte des 18. Jahrhunderts erbaute und heute zuweilen wieder zeremoniell genutzte »Medizinrad« mit seinen 28 Speichen und einem Durchmesser von 24 Metern wurde erstmals 1903 fotografiert, seither ranken sich um die geheimnisumwitterte indianische Steinanlage viele Spekulationen bezüglich ihrer Bedeutung. Einige Astronomen interpretieren das Rad als zeremoniell genutztes Observatorium, in dem die Verlängerungen der Speichen den Sonnenaufgangspunkt bei der Sommer- und Wintersonnenwende sowie den Stand bestimmter Sterne markieren. Andere Theorien sprechen von einer religiösen Verwendung, dabei könnten die Speichen zur Aufstellung bei traditionellen Sonnentänzen gedient haben.

Nach diesem gedanklichen Ausflug in die Welt indianischer Mythologie holt uns die Realität kurviger Straßen bald wieder ein. Zunächst fahren wir auf dem US 14A noch kurz ein Stück bis zur Passhöhe auf 2 874 Metern hinauf, dann geht es auf dem US 14, dem **Bighorn Scenic Byway**, weiter. Serpentinenreich führt er talwärts durch den Tongue River Canyon in Richtung Dayton – zur ersten kleinen Ortschaft nach vielen Kilometern Einsamkeit und Natur. Kurz vorher kann man vom **Sand Turn** Drachenflieger starten se-

Sheridan

hen, ihre bunten Segel sind hübsche Fotomotive.

Downtown **Sheridan** besitzt noch viele original erhaltene Häuser aus dem späten 19. und frühen 20. Jahrhundert. Im 1893 erbauten, heute wieder hübsch renovierten **Historic Sheridan Inn** übernachteten einst Ernest Hemingway und Präsident Theodore Roosevelt. Zu den Hotelbesitzern gehörte auch Buffalo Bill Cody, der von der Frontveranda Schauspieler für seine Wildwestshow aussuchte. Das mit 69 Giebeln sehr markante Haus mit Restaurant und Museum eignet sich für einen Zwischenstopp in Downtown.

Eingebettet in die Einsamkeit: das Medicine Wheel

7 Infos: Cody, Lovell, Sheridan

 Peter's Cafe & Bakery
1219 Sheridan Ave., gegenüber vom Irma Hotel in Downtown
Cody, WY 82414
✆ (307) 527-5040
www.peters-cafe.com
Die Plätze auf dem Bürgersteig eignen sich bestens zum *people watching* während des Frühstücks. Frisch gebackenes Brot und Bagels. $

 Old Trail Town
US 14/16/20
 Cody, WY 82414
✆ (307) 868-2111 und 1-800-868-2111
www.museumoftheoldwest.org
Mitte Mai–Mitte Sept. tägl. 8–20 Uhr
Eintritt 3 $
Freilichtmuseum am westlichen Ortseingang mit 26 Gebäuden aus den Jahren 1879–1901, 100 Kutschen.

 Bighorn Canyon National Recreation Area Visitor Center
 20 US 14A
Lovell, WY 82431
✆ (307) 548-2251
www.nps.gov/bica
Ende Mai–Anfang Sept. tägl. 8–18 Uhr
Eintritt 5 $ pro Auto

 Medicine Wheel National Historic Landmark
Forest Development Rd. 12/US 14A
Im Sommer tägl. 8–18 Uhr
Geheimnisvoller indianischer Steinkreis östlich von Lovell. Zugang 2 km vom Parkplatz zur historischen Stätte.

 Sheridan Convention and Visitors Bureau
5th St./I-90, Ausfahrt 23
Sheridan, WY 82801
✆ (307) 673-7120 und 1-888-596-6787
www.sheridanwyoming.org

 Best Western Sheridan Center
612 N. Main St., 3 km südl. der I-90, Ausfahrt 20
Sheridan, WY 82801
✆ (307) 674-7421 und 1-877-437-4326
Fax (307) 672-3018
www.bestwestern.com
Komfortables 139-Zimmer-Hotel der nationalen Kette im Stadtzentrum. $$$

 Holiday Inn
1809 Sugarland Dr., I-90, Ausfahrt 24
 Sheridan, WY 82801
✆ (307) 672-8931 und 1-877-672-4011
Fax (307) 672-6388
www.sheridan-wyo.com
Bequemes Hotel der großen Kette mit 212 Zimmern und Restaurant. $$$

 Sheridan/Bighorn Mountains KOA
63 Decker Rd., östl. von Sheridan
Sheridan, WY 82801
✆ (307) 674-8766 und 1-800-KOA-7621
www.koa.com
Ganzjährig geöffnet
Ruhiger, komfortabler Campingplatz mit 120 Stellplätzen, abends großes Barbecue. $

 Peter D's RV Park
1105 Joe St.
Sheridan, WY 82801
✆ (307) 673-0597 und 1-888-673-0597
www.wyomingrvpark.com
Komfortabler Wohnmobilplatz mit 53 *full hookups*. $

 Sheridan Palace
138 N. Main St.
Sheridan, WY 82801
✆ (307) 672-2391
Familienrestaurant mit Westernflair in Downtown. Frühstück und Lunch, Fr/Sa Dinner. $$

 Wyoming's Rib & Chop House
856 N. Broadway
Sheridan, WY 82801
✆ (307) 673-4700
Steakrestaurant im historischen Sheridan Inn, das 1893 als Hotel erbaut worden war. $$–$$$

Infos: Sheridan, Wolf

Wyo Theater
42 N. Main St.
Sheridan, WY 82801
© (307) 672-9084
www.wyotheater.com
Aus den 1920er Jahren stammendes Theater in Downtown Sheridan. Entertainment auf Westernart: mit Lokaltheater, Konzerten und diversen Shows, die häufig das Westernerbe deutlich machen, aber auch hin reichen zu Broadwaystücken, keltischer Musik, Ballett und anderen Darbietungen.

Eaton's Ranch
Wolf, WY 82844
© (307) 655-9285 und 1-800-210-1049
www.eatonsranch.com
Gästeranch im Familienbesitz am Fuße der Bighorn Mountains, mit aktiver Landwirtschaft und Viehzucht. Cowboyfeeling pur durch freies Reiten und Ausritte in die Berge. 51 Hütten für Gäste. Angeln und Schwimmen möglich. $$$$

Fest in Sheridan:

Sheridan »Wyo« Rodeo
Fairgrounds
© (307) 672-9084
www.sheridanwyorodeo.com
5 Tage Mitte Juli; Eintritt 9–14 $
Drei Abende (ab 19 Uhr) »Rodeo Action« mit *bull riding, bronc riding, steer wrestling, calf roping, barrel racing* etc. Dazu tagsüber Beiprogramm aus Chuckwagon-Frühstück, Barbecue, Parade, Tänzen, Konzerten und indianischen Darbietungen.

Cowboybar in Sheridan

⑧ Vom Teufelsturm zu den schwarzen Hügeln
Vom Bozeman Trail über den Devils Tower in die Black Hills

8. Route: Sheridan – Buffalo – Devils Tower National Monument – Lead – Deadwood (414 km/257 mi)

km/mi	Zeit	Route
0	8.00 Uhr	In **Sheridan** I-90 East, Ausfahrt 37 rechts ab Richtung Banner, links auf US 87, an **Fetterman Battle Site** vorbei, rechts auf Hwy. 193, sofort links auf Zufahrt zum
34/ 21		**Fort Phil Kearny State Historic Site**. Rechts auf Hwy. 193, rechts auf US 87, rechts auf I-90 über Buffalo bis Ausfahrt 153, rechts auf US 14, links auf Hwy. 24, links auf Hwy. 110 zum
264/164	12.00 Uhr	**Devils Tower National Monument**. Zurück bis US 14, links nach Sundance, auf I-90 nach Osten, in South Dakota an der Ausfahrt 10 abfahren, rechts auf US 85, hinter Spearfish rechts auf US 14A, den **Spearfish Canyon National Scenic Byway**, in Cheyenne Crossing links auf US 85 nach Norden bis **Lead** zum
409/254	16.00 Uhr	**Black Hills Mining Museum**. Weiter zur **Homestake Gold Mine**, kurzer Blick vom Visitor Center auf die Mine. Weiter US 85 nach
414/257	18.00 Uhr	**Deadwood**, Spaziergang über Mount Moriah Cemetery.

Fort Phil Kearny, Buffalo: Jim Gatchell Museum ⑧

Auf der Ostseite der Bighorn Mountains treffen wir zunächst auf den historischen **Bozeman Trail**, der in etwa dem heutigen I-25/I-90-Korridor von Wyoming nach Montana folgt. Die einstige Planwagenroute zu den 1863 entdeckten Goldfeldern in Virginia City, Montana, stand nie unter einem guten Stern. Um den andauernden Indianerüberfällen zu begegnen, hatte die US-Armee 1866 **Fort Phil Kearny** und zwei weitere Forts am Trail erbaut.

Das aus groben Steinen gemauerte Schlachtdenkmal der **Fetterman Battle Site** an der US 87 nordöstlich von Story erhebt sich auf einer weiten, offenen Ebene mit dunkel bewaldeten Hügeln am Horizont. Es gedenkt der bis dato verheerendsten Niederlage für die US-Armee während der Indianerkriege. 1866 wurde Captain William Fettermans Einheit von 81 Soldaten zunächst von Sioux-Häuptling Crazy Horse aus dem sicheren Fort Phil Kearny in eine Falle gelockt und anschließend von über tausend Kriegern unter Sioux-Häuptling Red Cloud vollständig getötet. Zwei Kilometer südlich von Story hatte sich die Situation im Jahr darauf beim Wagon Box Fight völlig gekehrt. Verschanzt hinter einer Wagenburg und ausgerüstet mit neuen Repetiergewehren, brachten Soldaten von Fort Phil Kearny den Indianern eine katastrophale Niederlage bei.

An der **Fort Phil Kearny State Historic Site** informiert ein Museum über die Geschehnisse um das alte Palisadenfort, das unter konstantem Angriff der Sioux unter Häuptling Red Cloud gelegen hatte. Es wurde 1868 verlassen und von den Sioux niedergebrannt. Dennoch war der US-Truppenrückzug vom kostspielig zu bewachenden Bozeman Trail eher ein indianischer Pyrrhussieg. Die USA konzentrierten ihre Kräfte zunächst

Geier in einem Baumgerippe am Devils Tower

auf den Bau der weiter südlich verlaufenden transkontinentalen Eisenbahn Union/Central Pacific quer durch Wyoming und Utah, denn mit dieser Linie erreichte man Montana schneller als über den Bozeman Trail.

Die 3 900 Seelen zählende Ranchgemeinde **Buffalo** ist Verwaltungssitz des Johnson County. Seit hundert Jahren hat die Main Street im Stadtzentrum ihr Gesicht kaum verändert. Das dortige **Jim Gatchell Museum** stellt unzählige Westernrelikte aus und präsentiert Szenen aus der regionalen Geschichte. Mit viel Pulver und Blei demonstrierte der Johnson Country War 1892 eindrucksvoll, wie im Westen des ausgehenden 19. Jahrhunderts Rancher und Farmer das Gesetz in ihre eigene Hände nahmen. Ein Westernfilm hätte nicht phantasievoller inszeniert werden können. Großrancher, die sich zunehmend von den eingezäunten Arealen der Kleinfarmer eingeengt fühlten und die die Kleinbauern – teilweise zu Recht – des Vieh-

8. Buffalo, Devils Tower, Black Hills, Lead

diebstahls bezichtigten, engagierten eine kleine Armee von 25 texanischen Revolvermännern. Mit deren Hilfe stürmten sie die KC Ranch und erschossen zwei Kleinrancher.

Daraufhin belagerten rund 200 zu allem entschlossene Kleinfarmer die Revolvermänner auf der TA Ranch mit dynamitbeladenen Wagen. Nur dank guter Beziehungen zu hohen politischen Würdenträgern konnten die Großrancher buchstäblich in letzter Minute die US-Armee anfordern und ihre Männer vor der sicheren Vernichtung retten. Den Mördern von der KC-Ranch wurde allerdings nie der Prozess gemacht.

Ab Buffalo geht es nun endgültig ostwärts in die endlosen Prärien. Als weithin sichtbares Wahrzeichen im nordöstlichen Wyoming erwartet uns der seit 1906 unter Naturschutz gestellte **Devils Tower**. Wahrlich bietet der »Teufelsturm« einen erhabenen, ja beinahe unglaublichen Anblick. Wie ein kolossaler steinerner Baumstumpf mit riesigen durchgehenden Rillen erhebt er sich 386 Meter hoch über dem Belle Fourche River, der sich unterhalb des Berges in den Prärieboden eingefressen hat. Angesichts dieser monumentalen Exponiertheit diente der Berg gar als ein Schauplatz für den 1977 inszenierten Kinohit »Begegnungen der dritten Art«.

Die Indianer nannten ihn »Mateo Tipi«, »Bau des Bären«. Der Legende zufolge flüchteten sieben Indianermädchen vor einem Bären auf einen Baumstumpf, der plötzlich immer höher emporzuwachsen begann. Während die Tatzen des Bären tiefe Furchen hineinzogen, stiegen die sieben jungen Frauen als Sternbild des Großen Bären auf, das noch heute am Himmel zu sehen ist. Nach einer mehr wissenschaftlich begründeten These wurde der Devils Tower vor 60 Millionen Jahren aus Magma geboren, die keinen Auslass aus den Steinschichten fand, dort säulenförmig erkaltete, und die, als das Land allmählich erodierte, wieder zum Vorschein kam.

1893 wurde der 264 Meter hohe Devils Tower erstmals erfolgreich bestiegen. Fragmente der damals benutzten Leiter lassen sich noch heute in einer der Verschneidungen ausmachen. Knapp hundert Jahre später zählt man annähernd 5 000 Kletterer pro Jahr. Wir können den Berg aber auch mit beiden Füßen auf dem sicheren Erdboden bestens erleben. Der asphaltierte **Tower Trail** umrundet zwei Kilometer lang den Felsen und bietet immer wieder ideale Fotomotive der agilen Kletterer in ihren bunten Outfits. Etwa ein Kilometer hinter dem Parkeingang lohnt sich auch ein Stopp an den Aussichtspunkten vor der Präriehundkolonie. Die putzigen Nager, die trotz des Namens nicht mit Hunden verwandt sind, setzen sich oft kameraversiert, aber immer wachsam vor ihrem Bau.

Östlich des Devils Tower erheben sich allmählich die bewaldeten Berge der **Black Hills** von **South Dakota**. Nach der langen Fahrt durch karges Prärieland freuen wir uns über ein völlig anderes Szenario auf dem kurvenreichen **Spearfish Canyon National Scenic Byway** (US 14A). Besonders reizvoll wirkt die knapp 30 Kilometer lange, enge Fels- und Waldschlucht während der herbstlichen Laubfärbung.

Nächstes Ziel ist das hoch in den Bergen gelegene kleine Minenstädtchen **Lead**, wo das **Black Hills Mining Museum** diverse Bergbautechniken erläutert. Neben umfangreichen Ausstellungen bietet es Führungen durch eine rekonstruierte Mine und Goldwaschen an. Danach steht die nahegelegene **Homestake Gold Mine** auf dem Programm. Die am längsten operierende Goldmine

Black Hills, Lead: Homestake Gold Mine; **Deadwood**

Immer interessant: die Felsformationen der Black Hills

der Welt, deren immense Lagerstätten während des Black Hills Gold Rush 1876 entdeckt wurden, fördert noch heute aus Untertageminen bzw. im Obertageabbau pro Jahr weit über 200 000 Feinunzen Gold. Direkt von der Aussichtsplattform im Visitor Center überblickt man den beeindruckend tiefen Minencanyon am besten, noch näher heran geht es auf einer geführten Bustour.

Nach nur wenigen Kilometern folgt **Deadwood** im engen Tal des Deadwood Creek. Die kleine Spielerstadt in den Black Hills machte mit dem Goldrausch 1876 Karriere, wurde zu einer der turbulentesten Städte des Westens und erlebte aber mit Erschöpfung der Goldvorräte wie die meisten Boomtowns einen unaufhaltsamen Niedergang. Vielleicht wäre Deadwood im Nichts der Geschichte versunken, wenn nicht 1989 das Glücksspiel legalisiert worden wäre,

was den Weg in eine profitable Zukunft geebnet hat. Die meisten Einkünfte kommen nunmehr aus den »einarmigen Banditen«, den pausenlos arbeitenden Spielautomaten.

Doch die Stadt ist beileibe keine Touristenfalle, ganz im Gegenteil, sie lässt diese neue Goldgrube für sich arbeiten. Deadwoods Altstadt gehört zu den größten nationalen Restaurierungsprojekten, die durch Kasinoeinnahmen mitfinanziert werden, und das Ergebnis kann sich sehen lassen. Stilvoll restaurierte Wohn- und Geschäftshäuser mit nostalgisch gestylten Spielkasinos säumen die **Historic Main Street**, die man tagsüber und auch abends noch sicher entlangschlendern kann.

Berühmtester Sohn der Stadt ist der 1837 in Illinois geborene James Butler Hickock, alias »Wild Bill Hickock«, einer der bekanntesten Revolverhelden seiner Zeit. Er war einer, der nicht untätig her-

Deadwood: Historic Main Street

umsitzen konnte, er war Scout und Scharfschütze der Unionsarmee und Marshall im wilden Abilene, Kansas. 1872/73 tourte er mit Buffalo Bills Wildwestshow durch die Lande, er war passionierter, trinkfester Pokerspieler, den es zur Goldrauschzeit nach Deadwood zog. Allerdings konnte er seinen Ruhm nicht lange genießen. Als Wild Bill nur einmal gegen seine Prinzipien verstieß und beim Pokern mit dem Rücken zur Tür saß, wurde er 1876 im Saloon No. 10 Casino von Jack McCall hinterrücks erschossen. Sein damaliges Blatt aus zwei Paaren schwarzer Asse und Achten ist seither als »Deadman's Hand« bekannt.

Passend zur Wildwesttradition der Stadt haucht »Wild Bill« heute mehrmals täglich in dem 1879 abgebrannten und wieder neu aufgebauten Saloon »No. 10« sein Leben aus. Das Attentat und Jack McCalls Verurteilung kann man auch in der **Old Town Hall**, dem alten Rathaus, als ausführlicheres Westernschauspiel mitverfolgen.

Nicht minder oft fällt auch der Name »Calamity Jane« (1852–1903). Martha Jane Cannary, wie die Dame mit bürgerlichem Namen hieß, war Prostituierte und Goldsucherin und tauchte während des Goldrauschs in den Black Hills als eine der ersten Frauen in eine fast reine Männergesellschaft ein. Calamity Jane erregte die Aufmerksamkeit, weil sie sich den rüden Umgangsformen anpasste, sie schoss, trank Unmengen und wurde dabei laut und vulgär. Für Romantik sorgte ihre angebliche Liaison mit Wild Bill Hickock.

Ein kurzer Spaziergang bringt uns von der Altstadt den steilen Hügel hinauf zum **Mount Moriah Cemetery**. Auf dem Wildwestfriedhof fand neben Wild Bill Hickock auch Calamity Jane ihre letzte Ruhestätte.

Auch heute noch gehören Rodeos im Wilden Westen zu jedem Fest

8 Infos: Buffalo, Devils Tower, Lead, Deadwood

 Fort Phil Kearny State Historic Site
528 Wagon Box Rd.
Banner, WY 82832
www.philkearny.vcn.com
Tägl. Mitte Mai–Mitte Sept. 8–18, im Winter 12–16 Uhr; Eintritt 2 $
Kleines Museum an der Stelle des historischen Fort Phil Kearny.

 Jim Gatchell Memorial Museum
100 Fort St.
Buffalo, WY 82834
℅ (307) 684-9331, www.jimgatchell.com
Mitte April–Nov. Mo–Fr 9–16 Uhr
Eintritt 4 $
Westernmuseum mit Gebrauchsgütern der ersten Siedler und indianischen Relikten.

 Devils Tower National Monument
Devils Tower, WY 82714
℅ (307) 467-5283, Fax (307) 467-5350
www.nps.gov/deto
Eintritt pro Auto 10 $ (7 Tage), 50 $ National Parks Pass (vgl. S. 286)
Der 264 m hohe, freistehende Felsturm ist das Wahrzeichen des nordöstlichen Wyoming.

 Black Hills Mining Museum
 323 W. Main St.
Lead, SD 57754
℅ (605) 584-1605
www.mining-museum.blackhills.com
Mitte Mai–Aug. tägl. 9–17, sonst Mo–Fr 9–16.30 Uhr; Eintritt 5.50 $, Goldwaschen 5 $ extra
Museum zur Geschichte des Bergbaus in den Black Hills. Führungen durch eine rekonstruierte Mine.

 The Homestake Gold Mine Surface Tour & Visitor Center
 160 W. Main St.
Lead, SD 57754
℅ (605) 584-3110 und 1-888-701-0164
www.homestaketour.com
Führungen: Mai–Sept. tägl. 8.30–16.30 Uhr; 6 $

Älteste ununterbrochen aktive Goldmine der Welt.

 Deadwood Chamber of Commerce
767 Main St., Deadwood, SD 57732
℅ (605) 578-1876 und 1-800-999-1876
Fax (605) 578-2429
www.deadwood.com

 Penny Motel
818 Upper Main St.
Deadwood, SD 57732
℅/Fax (605) 578-1842, 1-877-565-8140
www.pennymotel.com
Motel nahe dem historischen Distrikt. 15 Zimmer. $$

 Historic Bullock Hotel
633 Main St.
Deadwood, SD 57732
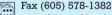 ℅ (605) 578-1745 und 1-800-336-1876
Fax (605) 578-1382
www.heartofdeadwood.com
Altehrwürdiges Downtown-Hotel mit Spielkasino, 28 hübsch dekorierte Zimmer. $$

 The Historic Franklin Hotel
700 Main St., Deadwood, SD 57732
 ℅ (605) 578-2241 und 1-800-688-1876
Fax (605) 578-3452
www.historicfranklinhotel.com
Kasinohotel der Jahrhundertwende in der Altstadt; 80 Zimmer. $$$–$$$$

 Deadwood KOA
US 14A
Deadwood, SD 57732
℅ (605) 578-3830 und 1-800-KOA-0846
www.koa.com, Mitte April–Mitte Okt.
Nächster Campingplatz an Deadwood, 73 Stellplätze, 26 Vollanschlüsse. Gratis-Pendelbus zu den Kasinos. $

 »The Trial of Jack McCall for The Murder of Wild Bill Hickock«
12 Lee St., Deadwood, SD 57732
℅ (605) 578-3583
Juni–Mitte Aug. Mo–Sa 20 Uhr; Eintritt 8 $

8 Infos: Deadwood

Schau-Fenster in der Spielerstadt Deadwood

Nach einem Shoot-Out auf der Main Street stellt das Westernschauspiel in der Old Town Hall das Attentat auf Wild Bill Hickock und die Verurteilung Jack McCalls nach.

Saloon No. 10 Casino
657 Main St., Deadwood, SD 57732
✆ (605) 578-3346 und 1-800-952-9398
www.saloon10.com; Eintritt frei

In dem kleinen Spielkasino im Wildwestdekor wurde Wild Bill Hickock erschossen. Tägl. Neuinszenierungen, gefolgt von der Gerichtsszene im Masonic Temple an der Main Street. $

Mount Moriah Cemetery
Deadwood, SD 57732
Tägl. geöffnet

Wildwestfriedhof oberhalb der Altstadt mit den Gräbern u. a. von Wild Bill Hickock und Calamity Jane.

Jakes Atop The Midnight Star
677 Main St.
Deadwood, SD 57732
(605) 578-1555 und 1-800-999-6482
www.themidnightstar.com
Spitzenrestaurant im 4. Stock des Midnight Star Casino. $$$

Silverado Casino & Grand Buffet
709 Main St., Deadwood, SD 57732
✆ (605) 578-3670 und 1-800-584-7005
www.silveradocasino.com
So–Do (16.30–21.30 Uhr) preisgünstiges großes Buffet im Spielkasino, Fr/Sa Crab Festival (16.30–22.30 Uhr). $$

⑨ Bizarre Hügel im »schlechten Land«
Badlands National Park

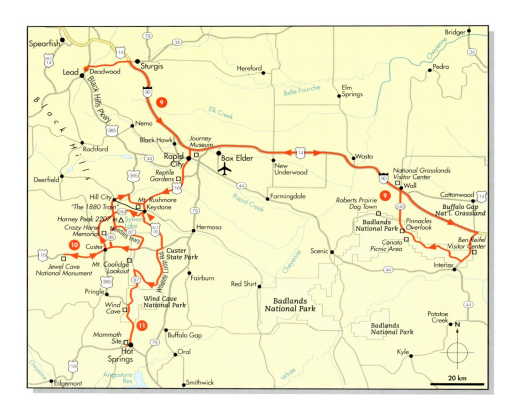

9. Route: Deadwood – Badlands National Park – Wall – Rapid City – Keystone (362 km/225 mi)

km/mi	Zeit	Route
0	8.00 Uhr	Von **Deadwood** US 14A nach Sturgis, auf die I-90 East, an der Ausfahrt 131 rechts auf Hwy. 240 in den **Badlands National Park**.

Badlands National Park

191/119	10.30 Uhr	**Door Trail**, anschließend **Window Trail** und **Cliff Shelf Nature Trail**. Weiter bis
195/121	12.00 Uhr	**Ben Reifel Visitor Center**; auf der Badlands Loop Rd. über **Fossil Exhibit Trail**, Hwy. 240 aus dem Park bis
246/153	14.00 Uhr	**Wall**, I-90 westwärts zurück nach **Rapid City** bis Ausfahrt 58, links in die Haines Ave., links zum
331/206	16.00 Uhr	**Journey Museum**. Aus der Innenstadt US 16 (Mt. Rushmore Rd.), eventuell Stopp an den **Black Hills Reptile Gardens**, weiter US 16 und US 16A nach
362/225	19.00 Uhr	**Keystone**.

Wie oft hat man sie auf der langen Autobahnfahrt unterwegs gesehen? »Wall Drug Store – 5 cent coffee«, »free ice water« nur noch 40, 30, 20, 10 Meilen … auf Hunderten von Kilometern längs der I-90 verfolgten wir die markanten Wall-Drug-Werbeplakate, und weil es sonst nicht viel Buntes zu sehen gab unterwegs, haben wir sie auch alle gelesen. So erreichen wir schließlich den **Wall Drug Store** – neugierig auf Amerikas wohl preiswertesten Becher Kaffee, das kostenlose Eiswasser und das, was dahinter stecken mag. Der Wall Drug Store entpuppt sich als kurioses, straßenblockgroßes *shopping emporium* mit einer klimatisierten Mischung aus Restaurant, Touristenattraktion, Galerien und Geschäften mit Verkaufsschlagern wie Gold aus den Black Hills, Westernkleidung, Cowboystiefel, indianischen Töpferwaren und Waren »Made in South Dakota«.

Aber wir nutzen den Morgen nicht zum Einkaufsbummel, sondern als Fototermin im **Badlands National Park**, dessen Landschaften aus Kevin Costners oscarprämiertem Filmhit »Der mit dem Wolf tanzt« vielen Cineasten bestens bekannt sind. Noch heute wird dieses Land zwischen Cheyenne und White River, das sich wie eine gezackte Insel aus den Prärien erhebt, als »schlechtes Land« bezeichnet. So wie es die französischen Pelztierjäger auf ihrem Weg zu den Bibergründen im Westen »les mauvaises terres à traverser« nannten oder die Indianer »mako sica«.

Doch wir sehen die Badlands als Wunderland aus erodierten Hügeln aus Vulkanasche und Sedimentablagerungen, mit rötlichbraunen und hellen Bändern, aus dem Gewittergüsse und kontinuierliche Winde scharfe Kanten, spitze Türmchen und Zinnen geschaffen haben, in dem enge Canyons sich urplötzlich in ausgedehnte, flache Areale mit Präriegras öffnen.

Diese kargen Grasflächen – nur im kurzen Frühjahr saftig, sonst ausgedörrt – sind Fragmente des riesigen Prärielandes, das den Großteil der westlichen Prärien bis zu den Rocky Mountains bedeckte und auf dem 60 Millionen Bisons lebten. Rund 500 dieser mächtigen Tiere – »Tatanka« in der Sprache der Lakota-Indianer – grasen im Park. Präriehunde legen ihre unterirdischen Kolonien gern auf den Weidegründen der Bisons an, weil diese das Land frei von Buschwerk halten, umgekehrt sprießen auf den Erdaushüben der Präriehundkolonien stets frische Gräser.

Den **North Unit**, den nördlichen und schönsten Teil des Nationalparks,

Badlands National Park: Ben Reifel Visitor Center

durchquert die 45 Kilometer lange Badlands Loop Road. Mondähnlich, ja außerirdisch wie keine andere Landschaft, erscheint uns das karge Hügelland – der Charakter des Badlands National Park präsentiert sich an jedem der neun verschiedenen Aussichtspunkte entlang der Route vollkommen anders. Direkt hinter dem Parkeingang bietet der **Big Badlands Overlook** ein brillantes Panorama der bunt gestreiften Hügel, lässt den Blick über die zivilisationslose Szenerie gleiten, die scheinbar unbeschadet die Jahre überdauert hat.

An Tagen wie heute, wo die Sonne vom blauen Himmel strahlt, schwelgt das ganze Land besonders am frühen Morgen oder Spätnachmittag in den schönsten Erdfarben von Weiß (Vulkanasche) über Beige und Grau (Sand und Kies) bis hin zu Rot und Orange (Eisenoxide). Bei bedecktem Himmel aber versinkt auch die Landschaft in grauem, eindringlichen Schweigen.

Aber erst auf den vier schönsten Spazierwegen erlebt man die Badlands auf intensive Weise, die Hitze, den Wind, vielleicht den Regen, das Gras, die Einsamkeit …, alles setzt sich zu einem Puzzle zusammen und hinterlässt bleibende Erinnerungen. Wie zur Einführung geleitet uns der **Door Trail** durch die »Tür« einer Felsenwand mitten hinein in die wild erodierten Badlands.

Einen ähnlichen Eindruck vermittelt nur wenige Meter weiter auch der kurze **Window Trail**, der zu einem natürlichen »Fenster« in der Felswand mit hervorragendem Blick auf die ausgewaschenen Canyons führt. Dagegen besitzt der 800 Meter lange **Cliff Shelf Nature Trail** einen völlig anderen Charakter, er durchschreitet eine kleine bewaldete Prärieoase, die erfolgreich der ausgedörrten Prärie trotzt.

Angenehme Abkühlung in der Mittagshitze bringt ein Besuch im **Ben Reifel Visitor Center**, das mit naturwissenschaftlichen Ausstellungen und audio-

Badlands National Park: Ben Reifel Visitor Center

visuellen Programmen die Geologie des Parks erläutert. Die Fossilien von Säugetieren aus dem Oligozän, die in Schaukästen auf dem kurzen **Fossil Exhibit Trail** ausgestellt sind, stammen von den ausgezeichneten Fundstellen im Park. Denn vor etwa 35 bis 23 Millionen Jahren existierte hier statt der le-

Badlands – so schön kann das »schlechte Land« sein …

Badlands National Park, Buffalo Gap National Grassland, Rapid City

benswidrigen Badlands ein subtropisches Marschland, in dem u.a. Sägezahntiger und Riesenrhinozerosse lebten.

Ein kurzer Abstecher führt zur **Conata Picnic Area**, wo man an überdachten Picknicktischen am Fuße graublauer bis beigefarbener Hügel aus Vulkanasche und Sedimentablagerungen Siesta halten. Hinter dem **Pinnacles Overlook** bietet sich noch ein acht Kilometer kurzer Abstecher zur **Roberts Prairie Dog Town** an, die putzigen Präriehunde lassen sich dort am Wegesrand bestens beobachten. Dann wird der Park verlassen, und durch die gräserne Einsamkeit des **Buffalo Gap National Grassland** geht es zurück nach Wall, die uns wie eine vom Kommerz bestimmte Oase unter der glühenden Sonne South Dakotas vorkommt. Zu Recht bezieht der Ort seinen Namen von den südlich gelegenen Badlands, die wie ein rauher Festungswall aufragen.

Die Badlands sind der östlichste Punkt der Rundfahrt, hier kehrt man den Prärien endgültig den Rücken auf dem Weg nach **Rapid City** (60 000 Einwohner), das sich an den Nordosthängen der Black Hills ausbreitet. Die zweitgrößte Stadt South Dakotas war bereits 1876, zwei Jahre nach den Goldfunden in den Black Hills, gegründet worden, der große Boom setzte 1886 mit der Ankunft der Eisenbahn ein.

Das fabelhafte **The Journey Museum** präsentiert mehrere interaktive und audiovisuelle Ausstellungen mit dem Themenschwerpunkt South Dakota. Am Beginn der Zeitreise durch zwei Milliarden Jahre steht ein viertelstündiger

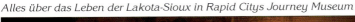
Alles über das Leben der Lakota-Sioux in Rapid Citys Journey Museum

Sixth Street Bakery in Rapid City

Einführungsfilm. Danach beleuchten zwei Museumskomplexe die Geologie South Dakotas und der Black Hills im Besonderen sowie die Archäologie mit seltenen Fossilien, Dinosaurierknochen und anderen Fundstücken.

Historische Ausstellungen beschäftigen sich mit den frühen Jägern und Sammlern, die am Ende der letzten Eiszeit in den Black Hills ihre Nahrung fanden, berichten von den Schicksalen der Goldsucher und Siedler, die das indianische Territorium in den Black Hills überrannten, ihre Claims und ihr Farmland absteckten, und rufen die Indianerkriege in Erinnerungen mit den Kämpfen am Little Bighorn River und dem Massaker von Wounded Knee. Als Schwerpunkt erläutert das Journey Museum die Kultur der Prärieindianer, insbesondere der Lakota-Sioux. Für den westlichsten Sioux-Stamm waren die heiligen Black Hills das »Zentrum des Universums«.

An der US 16 auf dem Weg in die Black Hills bietet sich ein Zwischenstopp in den **Black Hills Reptile Gardens** an, einer der ältesten Attraktionen der Stadt. Der kleine, aber unterhaltsam-informative Reptilienzoo zeigt Alligatoren, Krokodile, Schlangen, Amphibien und Insekten in Gehegen und Terrarien, Shows mit Raubvögeln, Papageien und Alligatoren etc.

Nun ist es nicht mehr weit nach **Keystone**, der kleinen Touristenstadt im Herzen der Black Hills, die mit Geschäften an malerischen Straßen, mit einer historischen Dampfeisenbahn, einer Goldmine, der Rushmore Cave und nicht zuletzt dem Mount Rushmore Einiges zu bieten hat.

9 Infos: Badlands National Park, Rapid City

Badlands National Park
25216 Ben Reifel Rd.
Interior, SD 57750
✆ (605) 433-5361, Fax (605) 433-5248
www.nps.gov/badl
Eintritt pro Auto 15 $ (7 Tage), 50 $ National Parks Pass (vgl. S. 286)
Erodierte Hügel mit rötlichbraunen und hellen Bändern bestimmen das Bild im 976 km² großen Park. Die 45 km lange Park Loop Road führt durch den attraktiven Nordteil; Aussichtspunkte, Kurzwanderungen. **Ben Reifel Visitor Center** am Cedar Pass mit Fossilien und audiovisuellen Programmen.

Door Trail
3 km nördl. des Ben Reifel Visitor Center
Wanderweg (1,2 km hin und zurück) mitten hinein in die wild erodierten Badlands durch eine »Tür« *(door)* in einer Felswand.

Window Trail
2 km nördl. des Ben Reifel Visitor Center
200 m langer Wanderweg zu einem natürlichen »Fenster« *(window)* in einer Felswand mit hervorragendem Blick auf die trockenen Canyons.

Cliff Shelf Nature Trail
1 km nördl. des Ben Reifel Visitor Center
800 m langer Rundweg durch eine bewaldete Prärieoase, umgeben von ausgedörrter Prärie.

Cedar Pass Lodge
20681 SR 240, Badlands N.P., SD 57750
✆ (605) 433-5460, Fax (605) 433-5560
www.cedarpasslodge.com
Anf. April–Mitte Okt.
Lodge am Visitors Center, Unterkünfte in individuellen Hütten. Souvenirs und Kunst im Geschäft der Oglala-Sioux. Im »Cedar Pass Lodge Restaurant« mit Badlands-Blick unbedingt die *Indian Tacos* probieren! $$

Fossil Exhibit Trail
8 km westl. des Ben Reifel Visitor Center
Auf dem 400 m langen Rundweg sind Fossilien der einst in den Badlands lebenden Tiere ausgestellt.

Wall Drug Store
510 Main St., I-90, Ausfahrt 109
Wall, SD 57790
✆ (605) 279-2175
www.walldrug.com
Tägl. 6.30–20 Uhr
Große Werbung mit 5-Cent-Kaffee; Galerien und Geschäfte in einem Einkaufszentrum im Westernstil, Western Art Gallery Restaurant mit Bisonburgers, Sandwiches. $–$$

Rapid City Area Convention & Visitors Bureau
444 Mt. Rushmore Rd.
Rapid City, SD 57709
✆ (605) 718-8484 und 1-800-487-3223
Fax (605) 348-9217
www.rapidcitycvb.com

Black Hills Visitor Information Center
1851 Discovery Circle (I-90 Ausfahrt 61)
Rapid City, SD 57701
✆ (605) 355-3600
www.blackhillsbadlands.com

The Journey Museum
222 New York St., Rapid City, SD 57701
✆ (605) 394-6923
www.journeymuseum.org
Ende Mai–Anfang Sept. tägl. 9–17, sonst Mo–Sa 10–17, So 13–17 Uhr; Eintritt 7 $
Hightechmuseum mit interaktiven und audiovisuellen Ausstellungen zu Geologie, Archäologie und zur Kultur der Lakota-Sioux und der Geschichte der Siedler. Gut sortiertes Museumsgeschäft.

Sanford's Grub & Pub
306 7th St.
Rapid City, SD 57701
✆ (605) 721-1463
Gute Atmosphäre in einem ehemaligen Güterschuppen. $$

9 Infos: Rapid City, Keystone

Prairie Edge Trading Co.
6th & Main Sts.
Rapid City, SD 57701
✆ (605) 342-3086 und 1-800-541-2388
www.prairieedge.com
Attraktive Auswahl an indianischem Kunsthandwerk in Downtown.

Black Hills Heritage Festival
Memorial Park
Rapid City, SD 57701
www.bhheritagefest.com
3 Tage Anfang Juli
Bands und Gratis-Entertainment, Kunst- und Kunsthandwerksstände, Bauernmarkt, Imbiss-Stände, Feuerwerk.

Hotel Alex Johnson
523 Sixth St.
Rapid City, SD 57701
✆ (605) 342-1210 und 1-800-888-2539
Fax (605) 342-7436
www.alexjohnson.com
Traditionshotel von 1928 mit 143 Zimmern, Restaurant und Pub. $$$

Black Hills Reptile Gardens
Mt. Rushmore Rd., 10 km südlich von Rapid City
Rapid City, SD 57709
✆ (605) 342-5873 und 1-800-335-0275
www.reptile-gardens.com
Ende Mai–Anfang Sept. tägl. 8–19 Uhr, April/Mai und Sept./Okt. tägl. 9–16 Uhr
Eintritt 12.50 $
Reptilienzoo mit Alligatoren, Krokodilen, Schlangen, Amphibien, Shows mit Raubvögeln, Papageien etc.

Bear Country U.S.A.
13820 South Hwy. 16
Rapid City, SD 57701
✆ (605) 343-2290
www.bearcountryusa.com
Mai–Nov. tägl. 9–15, im Hochsommer 8–18 Uhr; Eintritt 12 $
5 km lange Autofahrt durch Freigehege mit 100 Schwarzbären, Bisons und anderen Tieren. $

Holy Smoke Resort
24105 US 16 A, 7 km von Mount Rushmore
Keystone, SD 57751
✆ (605) 666-4616 und 1-866-530-5696
www.blackhills.com/holysmoke
Einfache, rustikale Lodge und 13 individuelle Blockhütten auf ehemaligem Minencamp. Mit Restaurant. $$–$$$

Rushmore Express
320 Old Cemetary Rd.
Keystone, SD 57751
✆ 1-800-323-6476
www.rushmoreexpress.com
Anfang April–Mitte Nov.
Modernes Motel mit 44 gut eingerichteten Zimmern, wenig abseits der Hauptstraße. $$$

Horsethief Lake Campground
Hwy. 244, 8 km östl. der Kreuzung mit US 16, im Black Hills National Forest
Keystone, SD 57751
✆ 1-877-444-6777, www.reserveusa.com
Ende Mai–Mitte Sept.
36 einfache Stellplätze an malerischem See. $

Mt. Rushmore/Hill City KOA
12620 SR 244, 8 km westl. von Mount Rushmore
Hill City, SD 57745
✆ (605) 574-2525 und 1-800-KOA-8503
www.koa.com, Anfang Mai–Anfang Okt.
Wunderbar gelegener, großzügiger Komfort-Campingplatz mit 465 Stellplätzen und 120 Vollanschlüssen. $

Powder House Lodge & Restaurant
US 16 A, 2 km nördl. von Keystone
Keystone, SD 57751
✆ (605) 666-4646 und 1-800-321-0692
www.powderhouselodge.com
Mitte Mai–Mitte Sept.
Restaurant in einem rustikalen Blockhaus. Rippchen, fangfrische Forellen und herzhaftes Bisonfleisch. Übernachtung in gemütlichen Blockhütten und Motelzimmern der Lodge. $$–$$$

⑩ Steinerne Präsidenten und Indianerhäuptlinge
Mount Rushmore und die Black Hills

10. Route: Keystone – Mount Rushmore – Crazy Horse Memorial – Hill City – Keystone (154 km/96 mi)

km/mi	Zeit	Route	Karte vgl. 9. Route S. 150.
0	8.00 Uhr	Ab **Keystone** US 16A nach Westen, rechts halten auf Hwy. 244 zum 5 km entfernten **Mount Rushmore:** Frühstück mit Mount-Rushmore-Blick. Weiter Hwy. 244, rechts auf Hwy. 87 zum	
35/22	10.30 Uhr	**Sylvan Lake**, Spaziergang um den See, Lunchpause. Weiter Hwy. 87 (Needles Hwy.), der schmalste Tunnel auf dem Needles Hwy. ist nur 2,60 m breit und 3,50 m hoch. Kleine Wohnmobile passen mit eingeklappten Außenspiegeln hindurch (größere Wagen müssen die Alternativroute über den Hwy. 89 südwärts nach Custer nehmen). Am Ende des Needles Hwy. rechts auf US 16A nach Westen, in Custer US 16 nach Westen zum	
92/57	13.30 Uhr	**Jewel Cave National Monument**. Zurück über **Custer** auf US 16 zum	
122/76	16.30 Uhr	**Crazy Horse Memorial**. Über Hill City weiter US 16, rechts auf US 16A nach	
154/96	18.00 Uhr	**Keystone**.	
	21.00 Uhr	Illumination am **Mount Rushmore**.	

Die heutige Rundfahrt führt durch das Herz der **Black Hills**, das mit dem Mount Rushmore eine der amerikanischen Top-Attraktionen besitzt. Indianer nannten das höchste Gebirge zwischen Atlantik und Rocky Mountains »paha sapa«, »schwarze Hügel«, wegen der dichten, dunklen Bestände an Ponderosakiefern.

Bereits im Friedensvertrag von Fort Laramie 1851 wurden den Sioux u.a. die Black Hills als Siedlungsgebiet garantiert. Dennoch drang die Armee dort ein, auf einer Expedition benannte sie den höchsten Berg, den Harney Peak, nach ihrem General. Ein erneuter Friedensvertrag von Laramie bestätigte 1868 die Besitzrechte der Indianer noch einmal ausdrücklich, aber Gerüchte um Goldvorkommen hielten die Weißen wie hungrige Wölfe auf der Fährte. Und tatsächlich fand Colonel George A. Custer 1874 mit seinen Soldaten der 7. Kavallerie und einigen Goldsuchern im

Black Hills: Goldfunde

Schlepptau bei der Erkundung der Black Hills Gold. Schlagartig waren die Friedensverträge keinen Pfifferling mehr wert.

Auf der Suche nach dem Edelmetall durchpflügten Zehntausende Prospektoren die Berge und keiner dachte daran, die »schwarzen Hügel« sobald wieder zu verlassen. Als die Sioux wenig später den erzwungenen Verkauf ihrer Heimat ablehnten, wurden sie kurzerhand ausgewiesen. Dermaßen provoziert, mobilisierten die Indianer zum letzten großen Kampf gegen die weißen Eindringlinge. Sie verzeichneten zunächst den größten Erfolg ihrer Geschichte am Little Bighorn River, wo sie Custers Truppen vernichtend schlugen. Im folgenden Winter mussten sie jedoch ausgehungert den traurigen Gang in die von Weißen festgelegten Reservationen antreten – die Goldfunde der

Mount Rushmore: politische Prominenz in hartem Granit

Mount Rushmore, Custer State Park: Sylvan Lake, Harney Park

Black Hills hatten bittere und blutige Folgen.

In diesem Zusammenhang klingt es wie Ironie, dass sich ausgerechnet am **Mount Rushmore** in den Black Hills wenige Kilometer westlich von Keystone eines der bedeutendsten patriotischen Monumente der USA befindet. Die monumentale Skulptur mit den vier in Granit gemeißelten Präsidentenköpfen – von links nach rechts George Washington, Thomas Jefferson, Theodore Roosevelt und Abraham Lincoln – ist zum nationalen Symbol und eine Pilgerstätte amerikanischer Touristen, die zur abendlichen Illumination ergriffen der Nationalhymne lauschen, geworden.

Das **Lincoln Borglum Museum** am Ende der **Avenue of Flags**, wo sämtliche Flaggen der US-Bundesstaaten wehen, dokumentiert die Geschichte des Mount Rushmore von der Geologie des Berges über die Pläne des Bildhauers Gutzon Borglum (1867–1941) und die Entstehungsgeschichte des Monuments. Es zeigt Fotos und Darstellungen der rund 400 Arbeiter sowie ihre Arbeitsweisen und Gerätschaften. Nur mit Dynamitsprengungen und Presslufthämmern konnte man dem eisenharten Granit beikommen, zuvor mussten in Feinarbeit kleine Löcher gebohrt und der Felsen vorsichtig abgeschlagen werden. Etwas abseits am Presidential Trail zeigt das **Sculptur's Studio**, der Arbeitsraum des Bildhauers, Modelle und weitere Werke.

Gutzon Borglum begann sein Meisterstück, das ihn mit einem Schlag weltberühmt machte, im Jahre 1927. Bei seinem Tod wurden die Arbeiten eingestellt und der ursprüngliche Plan, Skulpturen von Kopf bis Taille zu schaffen, wegen finanzieller Probleme fallen gelassen. Aber auch die Gesichtsmaße sind beeindruckend genug: über 18 Meter sind es vom Kinn bis zur Stirn, sechs Meter allein misst die Nase, fast genauso breit ist der Mund.

Das Licht am Morgen ist am besten geeignet, um die monumentalen Antlitze von mehreren Stellen aus in Augenschein zu nehmen – von der **Grand View Terrace** an der **Avenue of Flags** und auch von dem knapp einen Kilometer langen **Presidential Trail**, der an den Fuß des Berges heranführt. Allabendlich findet im 2 500 Sitze zählenden **Amphitheater** eine patriotische Show mit Film, Illumination und amerikanischer Nationalhymne statt, die man sich nicht entgehen lassen sollte.

Über die ungeheure Popularität der »Lightning Ceremony« geben allein schon die riesigen, oft vollständig belegten Parkplätze Auskunft.

An der Einmündung des Hwy. 89 in den Hwy. 87 befindet sich im äußersten Westen des **Custer State Park** der überaus malerische, felsenumrahmte **Sylvan Lake** mit Bootsverleih und Badestrand. Der ein Kilometer lange **Sylvan Lake Shore Trail**, der rund um den See und an riesigen Granitfelsen vorbeiführt, ist einer der schönsten Spazierwege im Park. Aber auch den Gipfelstürmern bietet der See ein ideales Terrain, hier beginnt mit der prachtvollen Route auf den **Harney Peak** (2 207 Meter) der populärste Wanderweg in den Black Hills. Nach nur fünf Kilometern steht man auf dem höchsten Berg östlich der Rocky Mountains und genießt von dem alten, längst außer Dienst gestellten Feuerwachtturm eine grandiose Aussicht über all die tiefer liegenden Berge.

Auf einen Glanzpunkt folgt im Custer State Park gleich der nächste. Mit seinen Haarnadelkurven und engen Tunnels (wegen der Größenbegrenzung siehe Routenbeschreibung) ist der

Ungewöhnliche Felsformationen in den Black Hills: die Needles ▷

Needles Highway, Jewel Cave, Crazy Horse Memorial

Needles Highway (SR 87) die wohl schönste Panoramastrecke der Black Hills. Durch tiefe Kiefernwälder führt sie vorbei an den Needles, den markanten Granitzacken, die dem Highway seinen Namen gaben. Unterwegs legen die meisten Besucher einen Zwischenstopp am **Needles Eye** ein. Dank einer schmalen Felsenöffnung kann man durch die 15 Meter lange, aber nur knapp über einen Meter breite Granitnadel hindurchschauen. Großartig wirken auch die unter Sportkletterern beliebten **Cathedral Spires** – wie Kirchturmspitzen ragen die bizarren Felstürme empor.

Ein lohnenswerter Abstecher endet am **Black Hills Playhouse** an der Straße Nr. 753 zwischen Needles Highway und Iron Mountain Road. Das kleine Theater führt seit über 50 Jahren populäre Theaterstücke, Musicals, Komödien und Dramen auf.

Von der quirligen Kleinstadt Custer im touristischen Herzen der südlichen Black Hills fahren wir zum **Jewel Cave National Monument**. Die schönste Höhle in den Black Hills präsentiert bei kühlen neun Grad eine unterirdische Wunderwelt von Kalzitkristallen, Stalaktiten, Stalagmiten unter anderen Gesteinsformationen. Einen kleinen Eindruck von der drittlängsten erforschten Höhle der Welt bekommt man auf asphaltiertem und beleuchtetem Weg bei der **Scenic Tour**. Die **Historic Candlelight Tour** dagegen, bei der die Teilnehmer nostalgische Lampen erhalten, führt vom historischen Eingang auf nicht asphaltierten und unbeleuchteten Pfaden in die Höhle. Vor interaktiven Computern, Videos und einer zwei mal sechs Meter großen Karte des Höhlensystems kann man sich im Visitor Center die im Sommer oft längere Wartezeit vertreiben.

Nach dem Weg in die Unterwelt geht es zurück zum **Crazy Horse Memorial**. 1939 wollte der Sioux-Häuptling Henry Standing Bear den Weißen vermitteln, dass es unter den »roten Männern« ebenfalls allseits verehrte Helden gab. Er beauftragte den Bildhauer Korczak Ziolkowski (1908–82) mit der Erschaffung einer Riesenskulptur als indianisches Gegenstück zum Mount Rushmore.

Und so präsentiert sich heute ein stolzer, mit ausgestrecktem Arm über eine wehende Pferdemähne gebeugter, entschlossen wirkender Crazy Horse. Der resolute Sioux-Häuptling war an den beiden bedeutendsten indianischen Siegen gegen die US-Armee maßgeblich beteiligt: an der Fetterman Battle 1866 (vgl. S. 143) und 1876 an der Schlacht am Little Bighorn River gegen Colonel George A. Custer.

Derzeit kann man aus weiter Ferne die Bohrungen und gelegentliche Sprengungen beobachten. Korczaks Witwe und seine Kinder führen das 1949 begonnene Jahrhundertprojekt sozusagen als Familienerbe weiter fort. 1998 wurde das steinerne Antlitz des legendären Indianerhäuptlings vollendet. Innerhalb der nächsten 50 Jahre soll die gigantische Skulptur Ausmaße von 172 Meter Höhe und 195 Meter Länge annehmen. Bei Einhaltung dieser Pläne wird sie zehn mal höher als Mount Rushmore und höher als die Pyramiden von Gizeh sein.

Mit Ausblick auf diese kolossalen Dimensionen wundern sich viele Zeitgenossen über Sinn und Zweck der jahrhundertelangen Großsprengungen. Ob das indianische Selbstwertgefühl wirklich steigt, wenn der in Stein gehauene Crazy Horse die amerikanischen Präsidenten in Mount Rushmore um ein Vielfaches übertrifft?

Crazy Horse Memorial, Hill City

Kosmetische Korrekturen: Feinarbeiten am Crazy Horse Memorial nach dem Einsatz von Dynamit und Presslufthämmern

Zu Füßen des Crazy Horse befinden sich das **Memorial Indian Museum of North America** und das **Native American Educational and Cultural Center** mit umfangreichen Kollektionen indianischer Kunstgegenstände sowie einheimischen Kunsthandwerkern, die ihre Projekte demonstrieren. Maßstabgetreue Modelle und audiovisuelle Programme informieren im Studio des Bildhauers und im Visitor Center über Geschichte und den derzeitigen Fortgang der Sprengungen. Zum Abschluss geht es zurück nach Keystone mit einem kurzen Umweg über **Hill City**. In dem zur Goldrauschzeit gegründeten Touristenstädtchen lohnt sich ein kurzer Bummel über die Historic Main Street, die einige interessante Geschäfte und Kunstgalerien aufweist.

⑩ Infos: Keystone, Custer

Weitere Informationen zu Keystone finden Sie bei der 9. Route S. 157.

Mount Rushmore National Memorial
13000 SR 244
Keystone, SD 57751
✆ (605) 574-2523, Fax (605) 574-2307
www.nps.gov/moru
Eintritt frei
Berühmte Granitskulptur mit vier Präsidentenköpfen. Visitor Center, Lincoln Borglum Museum, Bildhauerstudio, allabendliche Illumination (Mitte Mai–Ende Aug. tägl. 21, Sept.–Mitte Okt. 20 Uhr).

Dining Room
Mount Rushmore National Memorial, SD 57751
✆ (605) 574-2515 und 1-800-827-9323
Frühstück, Lunch oder Dinner mit exzellentem Blick auf die steinernen Präsidentenköpfe. $$

Sylvan Lake Lodge
SR 87/89
Custer State Park, SD 57730
✆ (605) 574-2561 und 1-800-658-3530
www.custerresorts.com
Hotel mit Blick auf den malerischen Sylvan Lake und Harney Peak, Bootsverleih. Durchgehend geöffneter »Lakota Dining Room«, Bison- und Rindersteaks, Fisch. $$–$$$

Sylvan Lake Campground
✆ 1-800-710-CAMP, www.campsd.com
39 Stellplätze in der Nähe des Sylvan Lake im Custer State Park.

Sylvan Lake – Harney Trail
5 km langer Wanderweg auf den Gipfel des Harney Peak, des höchsten Berges östlich der Rocky Mountains. Nur 350 m Höhenunterschied.

Needles Highway
Granitzacken *(needles)* und tiefe Wälder, Haarnadelkurven und enge Tunnel kennzeichnen die schönste Panoramastrecke der Black Hills (23 km). Die Tunnelmaße sind maximal 2,60 m Breite und 3,50 m Höhe.

Blackhills Playhouse
Hwy. 753
Custer State Park, SD 57730
✆ (605) 255-4141 und 1-888-636-0626
www.blackhillsplayhouse.com
Mitte Juni–Aug. Di–Sa 20, Sa/So 14 Uhr
Tickets 16–23 $
Seit über 60 Jahren werden in diesem Theater im Custer State Park Theaterstücke, Musicals, Komödien und Dramen aufgeführt.

Custer State Park
296 km² großer Naturpark in den Black Hills mit drei schönen Panoramastraßen: Needles Highway, Iron Mountain Road und Wildlife Loop Drive.

Peter Norbeck Visitor Center/ Custer State Park
13329 US 16 A, Custer, SD 57730
✆ (605) 255-4464, Fax (605) 255-4460
Camping-Reservierungen ✆ 1-800-710-2267
Hotel-Reservierungen ✆ 1-800-658-3530
www.custerstatepark.info
Eintritt 5 $ pro Person oder 12 $ pro Auto

Legion Lake Resort
13389 US 16 A
Custer State Park, SD 57730
✆ (605) 255-4521 und 1-800-658-3530
www.custerresorts.com
1913 erbautes Hotel mit Restaurant, Boots- und Fahrradverleih. $$

Jewel Cave National Monument
Custer, SD 57730
✆ (605) 673-2288, Fax (605) 673-3294
www.nps.gov/jeca
Reservierung: ✆ 1-800-967-2283 und unter http://reservations.nps.gov
Scenic Tour ganzjährig, Lantern Tour Juni–Mitte Aug., beide Höhlentouren je 1 1/2 Std., 8 $; Spelunking Tour 3–4 Std., 27 $

 **Infos:** Crazy Horse, Custer

Crazy Horse Memorial
US 16/385, 7 km nördl. von Custer
Crazy Horse, SD 57730
✆ (605) 673-4681, www.crazyhorse.org
Tägl. im Sommer 7–21, sonst 8–16.30 Uhr
Eintritt 10 $ pro Person oder 24 $ pro Auto
Mit den geplanten Maßen von 172 m Höhe und 195 m Breite die größte im Bau befindliche Steinskulptur der Welt. Indian Museum of North America. Allabendlich Multimedia-Lasershows (Ende Mai–Mitte Okt.).

Feste in Custer:

Crazy Horse Volksmarch
Erstes Juniwochenende
✆ (605) 673-4681
Die größte Volkswanderung der USA mit über 15 000 Teilnehmern, 10-km-Wanderung (hin und zurück) hinauf zum Gesicht des Häuptlings – die einzige Möglichkeit, nahe an die Skulptur heranzukommen.

Custer State Park Buffalo Roundup
✆ 1-800-992-9818
3 Tage Anfang Oktober
Zusammentreiben der Bisons, die mit Brandzeichen versehen, geimpft und zum Verkauf aussortiert werden, umfangreiches Beiprogramm mit Kunstfestival, Pancake-Frünstück, Chili-Kochwettbewerben etc.

Bisonkuh mit Kälbern im Custer State Park

⑪ Paradies der Bisons
Durch die südlichen Black Hills

11. Route: Keystone – Wind Cave National Park – Hot Springs (101 km/63 mi)

km/mi	Zeit	Route	Karte vgl. 9. Route S. 150.
	9.00 Uhr	Eisenbahnfahrt mit der **Black Hills Central Railroad** nach Hill City und zurück.	
0	11.00 Uhr	Ab **Keystone** westl. auf US 16A (Iron Mountain Rd.), links abbiegen auf die	
32/20	12.00 Uhr	**Wildlife Loop Road**, rechts abbiegen auf den Hwy. 87, links abbiegen auf US 385 in den	
84/52	14.00 Uhr	**Wind Cave National Park:** Natural Entrance Tour. Weiter US 385, am Ortsausgang von **Hot Springs** rechts ab auf US 18 Truck Bypass zur	
101/63	17.00 Uhr	**Mammoth Site**. Abends **Evans Plunge** an der US 385 am Nordende von Hot Springs.	

Von **Keystone** zuckelt die **Black Hills Central Railroad** mehrmals täglich in das nur wenige Kilometer entfernte **Hill City**, wo wir bereits gestern gestoppt haben. Der Bilderbuch-Dampfzug mit einer gewaltigen Baldwin-Lokomotive aus den 1880er Jahren schnauft durch den Wald und passiert ächzend und qualmend einstige Drehorte der beliebten Fernsehserie »Rauchende Colts«.

Das kleine Touristenstädtchen Keystone wird südwärts auf der im ersten Abschnitt besonders attraktiven **Iron Mountain Road** verlassen. Rückblicke durch die Tunnel rahmen wunderschön den Mount Rushmore ein – also den Fotostopp am Tunnelausgang einplanen. Reizvoll sind auch die Aussicht vom Norbeck Memorial Lookout und die Straßenführung an den Pigtail Bridges, den wie »Schweineschwänzchen« geringelten Brückenkonstruktionen.

Dort, wo die Iron Mountain Road in die Nordostecke des Custer State Park eintaucht, begegnet man häufig den be-

Shopping in Hill City ...

Custer State Park, Wind Cave National Park

Beeindruckendes Bisonrefugium: Wind Cave National Park

kannten *burros* der Black Hills. Die wild lebenden Esel stammen von den freigelassenen Arbeitstieren der Prospektoren im späten 19. Jahrhundert ab. Sie betteln gern um Möhren, Äpfel oder Brot und sind die einzigen Tiere im Park, die gefüttert werden dürfen.

Die 29 Kilometer lange **Wildlife Loop Road** führt durch vorwiegend offenes, hügeliges Prärieland im südlichen Teil des **Custer State Park**. Die Chancen, Bisons zu sehen, die hier die größte Attraktion sind, stehen besonders in den Morgen- oder Abendstunden ausgezeichnet. Im Park grast die mit 1 400 bis 1 500 Tieren zweitgrößte Bisonherde der USA. Die dunklen, zottigen Tiere bieten vor dem hellen Blond der Prärie einen eindrucksvollen Anblick, so als wäre seit dem 19. Jahrhundert, als Millionen von ihnen das Land bevölkerten, keine Zeit vergangen. Wie überall im Westen feiern die Bisons ein kräftiges Comeback, hier im Park scheint es Ihnen besonders gut zu gehen, was diesem wiederum zugute kommt, wenn Anfang Oktober beim Custer State Park Buffalo Roundup die Bisons zusammengetrieben werden, um die überzähligen Tiere auszusondern und zu verkaufen – eine Einnahmequelle, aus der sich der Park zu 20 Prozent finanziert.

Direkt an den Custer State Park grenzt der 112 Quadratkilometer große **Wind Cave National Park**, wo ebenso offenes, wildreiches Prärieland mit kiefernbewachsenen Hügeln dazwischen und Flusstäler vorherrschen. Immer wieder sieht man Gruppen von Bisons herüberlugen, gelegentlich spazieren die

Wind Cave National Park, Hot Springs: Mammoth Site, Evans Plunge

mächtigen Tiere auch schon mal über die Straße und sorgen für einen Verkehrsstau – eine gute Gelegenheit, sie zu beobachten.

Der Wind Cave National Park besitzt mit rund 130 Kilometer erforschten Gängen eines der größten Höhlensysteme der USA. Die Höhle erhielt ihren Namen 1881 von den Brüdern Jesse und Tom Bingham, die sie wegen der aus ihrem Eingang strömenden starken Winde entdeckten. Sie ahnten nicht, was Wissenschaftler später in akribisch genauen Messungen festhielten, nämlich, dass Winde von bis zu 80 Stundenkilometer Geschwindigkeit die schwankenden Luftdruckverhältnisse zwischen dem konstant zwölf Grad kalten Inneren und der Außenluft ausgleichen und daher für die kräftige Brise am Höhleneingang sorgen.

Dort beginnt die Natural Entrance Tour, die 75 Minuten unter die Erde führt, wo man uraltes Felsgestein mit Tausenden von kleinen Nischen und kleinsten Ecken sieht, jedoch kaum spektakuläre Formationen, keine Stalagmiten und Stalaktiten, wie in anderen Höhlen. Der Ranger lenkt die Aufmerksamkeit auf die ungewöhnlichen Formationen der *boxworks*, eines ausgeprägten, wabenähnlichen Netzes feiner Kalzitablagerungen an den Wänden und Decken, für die die Wind Cave berühmt ist. Eine Besucherin bemerkt treffend, dass man sie im heutigen Computerzeitalter vielleicht eher *websites* nennen würde.

Auf speziellen Führungen wie der zweistündigen Candlelight Tour erlebt man die Höhle stilecht – so wie die Forscher in alten Tagen – im Laternenlicht. Die oft längeren Wartezeiten vor den Höhlenführungen in der Hochsaison vertreibt man sich am besten bei den Ausstellungen im Visitor Center.

Hot Springs, ein nostalgischer, relativ ruhiger Ort in den südlichen Black Hills, der zur Jahrhundertwende als Badeort bekannt war, erstreckt sich ein Stück entlang der US 385. Seine größte Attraktion ist die **Mammoth Site**, eine der weltgrößten Mammutfundstätten. An dieser Stelle lag zur Eiszeit eine quellengespeiste Bodensenke, aus der vermutlich aufgrund der glitschigen, steilen Ufer Mammuts und andere Tiere nicht mehr herausklettern konnten und darin umkamen.

Ihre hervorragend konservierten Knochen erzählen heute ein Stück Urgeschichte. Frei gebaggert wurde die Stelle 1974 bei Ausschachtungsarbeiten für ein Neubauviertel. Seitdem ist die Originalausgrabungsstätte mit bisher über 50 freigelegten Mammutskeletten zwar überdacht und mit einem Museum samt Museumsgeschäft versehen worden, aber an der Basis ist sie unverändert geblieben und die einzige in Nordamerika, wo man Mammutknochen direkt an der Fundstelle sehen kann.

Noch immer wird hier gearbeitet; im Juli kann man Archäologen bei ihrer geduldigen, akribischen Tätigkeit beobachten. Tafeln erläutern Funde und ihre Zusammenhänge, ein rekonstruiertes Mammut vermittelt einen vollständigen Eindruck dieser ausgestorbenen Elefanten-Verwandten mit den mächtigen, gebogenen Stoßzähnen.

Am Nordrand von Hot Springs befindet sich **Evans Plunge**, das weltgrößte von heißen Quellen gespeiste Hallenbad mit einem riesigen Becken, Wasserrutschen, großen Schwimmreifen und einer Sauna. Pro Minute strömen fast 19 000 Liter mineralienreiches Wasser, dessen heilende Kräfte schon die Sioux und die Cheyenne geschätzt hatten, in den Pool.

Infos: Hill City, Hot Springs

The Black Hills Central Railroad – The 1880 Train

Hill City, SD 57745
✆ (605) 574-2222
www.1880train.com
Ab Keystone Anfang Mai–Anfang Okt., Hochsaison tägl. 8.30, 11, 14.30 und 17 Uhr; Fahrpreis 19 $
Zweistündige Fahrt (hin und zurück) nach Hill City mit einer Dampfeisenbahn.

Wind Cave National Park
US 385
Hot Springs, SD 57747
✆ (605) 745-4600, Fax (605) 745-4207
www.nps.gov/wica
Anfang Juni–Mitte Aug. 8.40–18 Uhr, tägl. 27 Höhlenführungen, sonst weniger
Garden of Eden Tour: 1 Std., mit Aufzug, 7 $
Natural Entrance Tour: 75 Min., Zugang durch den natürlichen Höhleneingang, 9 $
Fairgrounds Tour: 1 1/2 Std., 9 $
Candlelight Tour: 2 Std., durch den nicht beleuchteten Höhlenteil, 9 $
Wind Cave Tour: 4 Std., 23 $
Reservierungen nur für Wind Cave und Candlelight Tour unter o.g. Telefonnummer

Elk Mountain Campground
US 385
Wind Cave National Park, SD 57747
✆ (605) 745-4600
75 einfache Stellplätze auf großzügigem, schönen Nationalpark-Campingplatz. $

Hot Springs Chamber of Commerce
630 N. River St., Hot Springs, SD 57747
✆ (605) 745-4140 und 1-800-325-6991
Fax (605) 745-5849
www.hotsprings-sd.com

Hot Springs Super 8 Motel
800 Mammoth St.

Hot Springs, SD 57747
✆ (605) 745-3888 und 1-800-800-8000
Fax (605) 745-3385
www.super8.com
Hotel mit 48 Zimmern an der Mammoth Site. Mit »Cascade Restaurant«. $$–$$$

Rodeway Inn at Battle Mountain
402 Battle Mountain Ave.
Hot Springs, SD 57747
✆ (605) 745-3182, Fax (605) 745-3730
www.innatbattlemountain.com
Modernes Motel mit 28 Zimmern. In Downtown-Nähe. $$

Hot Springs KOA
SR 79, Hot Springs, SD 57747
✆ (605) 745-6449 und 1-800-KOA-0803
www.koa.com, Mitte April–Mitte Okt.
Angenehmer, schattiger und ruhiger Campingplatz östlich der Stadt. Pancake-Frühstück. $

Mammoth Site
1800 US 18 Bypass

Hot Springs, SD 57747
✆ (605) 745-6017

www.mammothsite.com
Mitte Mai–Mitte Aug. tägl. 8–20 Uhr, sonst kürzer; Eintritt 7 $
Eine der weltgrößten Mammutfundstätten. Führungen durch Museum und Ausgrabungsstätte mit etwa 26 000 Jahre alten Mammutknochen.

Evans Plunge
45 N. River St.
Hot Springs, SD 57747
✆ (605) 745-5165, www.evansplunge.com
Mitte Juni–Mitte Aug. Mo–Fr 5.30–22, Sa/So 8–22, sonst bis 21, im Winter bis 20 Uhr; Eintritt 9 $

Elk Horn Cafe
310 S. Chicago St.
Hot Springs, SD 57747
✆ (605) 745-6556
Preiswertes Familienrestaurant mit Steaks, Rippchen und Fisch. $–$$

⑫ Auf den Spuren von Trappern, Indianern und Siedlern
Über die weiten Prärien Nebraskas

12. Route: Hot Springs – Chadron – Crawford – Scotts Bluff National Monument – Torrington (407 km/253 mi)

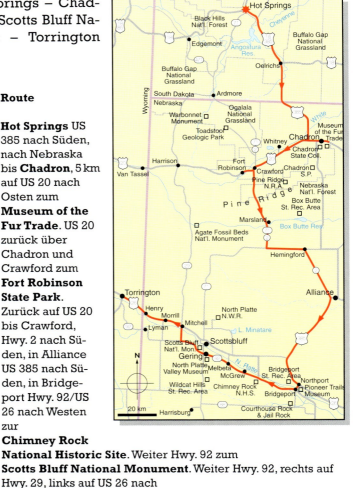

km/mi	Zeit	Route
0	8.00 Uhr	**Hot Springs** US 385 nach Süden, nach Nebraska bis **Chadron**, 5 km auf US 20 nach Osten zum
90/ 56	9.00 Uhr	**Museum of the Fur Trade**. US 20 zurück über Chadron und Crawford zum
137/ 85	11.00 Uhr	**Fort Robinson State Park**. Zurück auf US 20 bis Crawford, Hwy. 2 nach Süden, in Alliance US 385 nach Süden, in Bridgeport Hwy. 92/US 26 nach Westen zur
314/195	14.30 Uhr	**Chimney Rock National Historic Site**. Weiter Hwy. 92 zum
354/220	15.30 Uhr	**Scotts Bluff National Monument**. Weiter Hwy. 92, rechts auf Hwy. 29, links auf US 26 nach
407/253	18.00 Uhr	**Torrington**.

Country Roads: unterwegs bei Chadron, Nebraska ▷

Chadron, Crawford: Fort Robinson State Park

Weite Prärieregionen begleiten die Route durch das westliche Nebraska bis hinein ins südöstliche Wyoming nach Torrington. Zunächst werden mit Hot Springs die südlichen Ausläufer der Black Hills und wenig später auch South Dakota verlassen. 5 600 Seelen leben in Nebraskas Kleinstadt **Chadron** und einige Unentwegte weit verstreut im Umland auf kleinen Farmen und weitläufigen Viehranches. In dieser Umgebung überrascht ausgerechnet ein Pelzhandelsmuseum, aber die Erkundung des Westens, so auch dieser Region, erfolgte vielfach durch Trapper und Pelzhändler. Und so residiert östlich der Stadt das **Museum of the Fur Trade** in einer rekonstruierten Handelsniederlassung der American Fur Company von 1837.

Das Pelzhandelsimperium gehörte John Jacob Astor, dem seinerzeit reichsten Amerikaner. In übersichtlichen Schaukästen hängt eine Fülle an Waffen, Pelzen, Decken, Tomahawks und anderen Waren der Bisonjäger, Trapper und verschiedenen Indianerstämme aus dem 16. bis 19. Jahrhundert. Ausführlich und verständlich wird die Verarbeitung der Pelze zu Kleidung, Haushalts- und sonstigen Gebrauchsgütern erläutert.

Neben einem rekonstruierten Grassodenhaus, das sich architektonisch und auch farblich blendend in die von hellem Trockengras geprägte, wellige Umgebung einfügt, werden im Garten alte indianische Getreide- und Gemüsesorten angebaut.

Westlich von Chadron verrät die 1 100 Einwohner zählende, ruhige Kleinstadt **Crawford** nicht unbedingt auf den ersten Blick etwas über die turbulenten 1870er Jahre und das gespannte Verhältnis zwischen Soldaten und Indianern. 1873 hatten sich hier die Sioux unter Häuptling Red Cloud auf der Red Cloud Indian Agency niedergelassen. Sie hatten den Kampf gegen die Weißen aufgegeben, wurden sesshaft und lebten weitgehend von den an sie verteilten Lebensmittelrationen. Nur im Sommer ritten sie, solange es noch ausreichend Bisons gab, in ihre traditionellen Jagdgründe.

Nach erfolgreichen Feldzügen der US-Armee mussten die letzten bislang noch kriegerischen Sioux im Mai 1877 endgültig ihre Waffen strecken. Rund 900 Indianer unter Häuptling Crazy Horse, darunter 200 Krieger, gaben 2 000 Pferde und sämtliche Waffen ab. Allerdings war der unzufriedene Crazy Horse auf der Red Cloud Indian Agency ein dauernder Unruheherd. Im September 1877 wurde er bei seiner Verhaftung unter nicht genau geklärten Umständen erstochen.

Im **Fort Robinson State Park** existieren einige instand gesetzte Originalgebäude aus den Anfangstagen des Forts, das 1874 auf der Red Cloud Indian Agency errichtet wurde, darunter die Offiziersquartiere, die Soldatenbaracken, die Schmiede und Ställe. Das Gebäude der ehemaligen Fortverwaltung dient heute als Museum zur Geschichte des Forts. Höhepunkt der naturkundlichen Ausstellungen im Trailside Museum ist ein Mammutskelett. Daneben überzeugt der Fort Robinson State Park durch ein breites Freizeitangebot mit Schwimmbad, Radverleih, Reitstall, Jeeptouren, Kutsch- und Heuwagenfahrten u.v.a.

Ein möglicher Abstecher endet nach 28 Kilometern via SR 2 und der geschotterten Toadstool Road nordwestlich von Crawford im **Toadstool Geologic Park**. Aus der schier grenzenlosen Prärie des Oglala National Grassland erheben sich weithin sichtbar unge-

Chimney Rock

Trapperfestival im Fort Robinson State Park in Crawford

wöhnlich erodierte Felsformationen, einige darunter erinnern gar an Riesenpilze.

Szenenwechsel an den North Platte River: Schon aus großer Entfernung lässt sich der **Chimney Rock** am Horizont ausmachen. Als wohl markantestes Wahrzeichen am **Oregon Trail** diente die isoliert stehende, schornsteinähnliche Felssäule unzähligen westwärtsziehenden Siedlern als Wegweiser. Auch wenn die Erosion unaufhörlich an dem weichen Gestein nagt, ragt Chimney Rock noch immer beeindruckende 150 Meter über dem North Platte River empor. Ein kleines Museum am Hwy. 92 gibt geschichtliche Hinweise auf den Oregon Trail.

Scotts Bluff National Monument, Torrington

Alter Planwagen im Scotts Bluff National Monument

Wie Chimney Rock dienten am Südufer des North Platte River auch die bis zu 250 Meter hohen Klippen des **Scotts Bluff** als Wegweiser auf dem Oregon Trail. Als erste Weiße entdeckten 1812 Trapper der American Fur Company den markanten Höhenzug aus unterschiedlichen Sedimentschichten. Er wurde 1828 nach dem hier ums Leben gekommenen Trapper Hiram Scott (*bluff* = Klippe) benannt. Wie treffend die indianische Namengebung »Me-a-pa-te«, »der Hügel, den man nur schwer umgehen kann«, war, merkten die Siedler auf dem Oregon Trail. Sie mussten die große Felsbarriere über den Mitchell Pass zwischen Scotts Bluff und South Bluff überwinden. Noch heute erkennt man die Spuren, die Tausende Planwagen und Ochsenkarren in das weiche Gestein getrieben haben.

Das zwölf Quadratkilometer große **Scotts Bluff National Monument** liegt acht Kilometer südwestlich der gleichnamigen, knapp 15 000 Einwohner zählenden Stadt. Am Parkeingang informieren Visitor Center und Museum über die Geschichte des Oregon Trail, per Computerspiel kann man die entbehrungsreiche Route gen Westen mit all ihren Risiken nachvollziehen.

Direkt am Visitor Center beginnt auch der prachtvolle, zwei Kilometer lange **Saddle Rock Trail**. Der schönste Wanderweg weit und breit führt zunächst sachte aufwärts, dann durch einen Tunnel zur anderen Bergseite und mit phantastischen Ausblicken über das North Platte Valley hinauf zum Felsengipfel, den man auch über eine gleichlange Fahrstraße erreichen kann. Beim Spaziergang über das Gipfelplateau schweift der Blick in alle Richtungen, auch auf den unterhalb gelegenen Mitchell Pass.

Wie seinerzeit die Pioniere folgt unsere Route dem North Platte River westwärts, doch anders als der Oregon Trail verläuft die US 26 entlang dem nördlichen Flussufer. In dem von künstlicher Bewässerung und Landwirtschaft geprägten, trockenheißen Flusstal liegt das Etappenziel, die *small town* **Torrington** mit 5 800 Einwohnern. Einige der Pioniere blieben zwischen 1880 und 1930, um dem Prärieboden dieses südöstlichen Teils von Wyoming eine Existenz abzutrotzen. Und von diesen Pionieren erzählt das kleine **Homesteaders Museum**.

12 Infos: Chadron, Crawford, Bayard, Gering, Torrington

Museum of the Fur Trade
US 20, 5 km östl. von Chadron
Chadron, NE 69337
✆ (308) 432-3843, www.furtrade.org
Ende Mai–Ende Sept. tägl. 8–17 Uhr
Eintritt 5 $
Museum zur Geschichte des amerikanischen Pelzhandels.

Helen's Pancake & Steakhouse
950 W. Hwy. 20, Chadron, NE 69337
✆ (308) 432-9958
Durchgehend geöffnetes Familienrestaurant, klassisch amerikanische Küche. $$

Fort Robinson State Park
US 20, 6 km westl. von Crawford
Crawford, NE 69339
✆ (308) 665-2900

Fort Robinson Museum und Trailside Museum of Natural History Ende Mai–Anfang Sept. tägl. 9–17 Uhr
Eintritt je 2 $, Park 3 $
Knapp 90 km² großer Naturpark um ein 1874 erbautes, gut instand gesetztes Fort mit Lodge (Hotelzimmer) in den Mannschaftunterkünften, Ferienwohnungen in den Offiziersquartieren, Restaurant, Campingplatz, Theatervorführungen im **Post Playhouse** (6 x wöchentl. 20 Uhr).

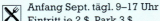
Chimney Rock National Historic Site
Chimney Rock Rd., 2 km südl. des Hwy. 92
Bayard, NE 69334
✆ (308) 586-2581, www.nps.gov/chro
Eintritt 3 $ pro Person, 50 $ National Parks Pass (vgl. S. 286)
Markante Felsnadel am historischen Oregon Trail. Kleines Museum (tägl. 9–17 Uhr).

Scotts Bluff National Monument
190276 Hwy. 92
Gering, NE 69341
✆ (308) 436-4340, www.nps.gov/scbl
Park tägl. von Sonnenauf- bis -untergang; Eintritt pro Auto 5 $ (7 Tage), 50 $ National Parks Pass (vgl. S. 286)
Park mit 250 m hohem Sandsteinfelsen oberhalb des North Platte River, Straße 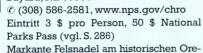 und Wanderweg zum Gipfel, **Oregon Trail Museum** im Visitor Center (Ende Mai–Anfang Sept. tägl. 8–19, sonst bis 17 Uhr), Campingplatz.

Kings Inn
1555 Main St., Torrington, WY 82240

✆ (307) 532-4011 und 1-888-532-4011
Fax (307) 532-7202

Preisgünstiges Hotel in (52 Zimmer) Downtown, mit kleinem Hallenbad und Whirlpool. $$

Goshen County Fairgrounds Campground
US 26/85 W, Torrington, WY 82240
✆ (307) 532-2525
Einfacher Platz. $

Homesteaders Museum
495 Main St., Torrington, WY 82240
✆ (307) 532-5612
Juni–Aug. Mo–Mi 9.30–16, Do/Fr 9.30–19, Sa 12–18, So 12–16 Uhr; Eintritt frei
Museum im alten Union Pacific Depot mit Ausstellungen über die ersten Siedler.

Cabbage Patch Cuisine
US 26, Torrington, WY 82240
✆ (307) 534-2203
Frisch- und selbstgemacht: Sandwiches, Salate. Mo–Sa, Lunch und Dinner. $–$$

Nebraska heißt seine Gäste willkommen

🔴 Auf historischer Route
Der Oregon Trail durch den Südosten Wyomings

13. Route: Torrington – Fort Laramie – Guernsey – Cheyenne – Denver (380 km/236 mi)

km/mi	Zeit	Route
0	8.00 Uhr	**Torrington**, US 26 nach Westen bis zum Ort Fort Laramie, Hwy. 160 nach Süden zur
23/ 14		**Fort Laramie National Historic Site**. Zurück zum Ort, US 26 weiter nach Westen, in **Guernsey** südlich auf S. Wyoming Ave. zur
51/ 32	10.30 Uhr	**Oregon Trail Ruts State Historic Site** und **Register Cliff State Historic Site**. Zurück nach Guernsey, US 26 nach Westen bis zur I-25, diese nach Süden bis Ausfahrt 12, weiter nach
212/132	13.00 Uhr	**Cheyenne**, dort auf US 85 nach Süden, rechts in Kennedy Ave., links in Carey Ave. zum **Cheyenne Frontier Days Old West Museum**. Weiter nach Downtown, am **Wyoming State Capitol** vorbei, links in 21st St. zum **Historic Governor's Mansion**, rechts in House Ave., am Lincolnway nach links zum Holliday Park, zurück Lincolnway an der **Union Station** (nächste Parallelstraße) vorbei zur I-25 nach
380/236	18.00 Uhr	**Denver**.

Oregon Trail

Rast auf dem großen Planwagentreck nach Westen

Das Jahr 1841 markierte den entscheidenden Einschnitt bei der Erschließung des Westens: Erstmals wagten sich Siedler in einem Planwagentreck quer durch den Kontinent bis fast zur Pazifikküste. Ihnen folgten in den nächsten Jahrzehnten rund 400 000 Menschen, allein 52 000 im Jahre 1852. Diese Art sich fortzubewegen, die im Zeitalter des schnellen Reisens kaum noch vorstellbar ist, lebt weiter in Westernfilmen, die die Impressionen endloser, staubaufwirbelnder Karawanen aus ächzenden Ochsenkarren, begleitet von buntgemischten Herden aus Rindern, Pferden und Schafen, in die Wohnzimmer bringen.

Ab Independence (bei Kansas City am Missouri River) folgten fast alle Trecks einer Art natürlichen »Autobahn« mit wenigen Hindernissen entlang von North Platte und Sweetwater River bis zum knapp 1 500 Kilometer entfernten, sanft ansteigenden South Pass über die Rocky Mountains. Erst dahinter gabelten sich die Wege allmählich. Der 3 100 Kilometer lange **Oregon Trail** strebte nach Oregon; ab 1847 zogen Mormonen auf dem Mormon Trail nach Salt Lake City, viele Siedler und 1849 die legendären *Forty-Niners*, die Goldsucher im kalifornischen Goldrausch, folgten dem California Trail. Die Pony-Express-Reiter wählten während ihrer kurzen Karriere 1860/61, bis die erste transkontinentale Telegraphenleitung ihre Aufgabe übernahm, die Route nach San Francisco.

In diesem Zusammenhang müssen wir noch die Vorstellung häufiger Schie-

Fort Laramie, Oregon Trail Ruts, Register Cliff

ßereien im Wilden Westen über Bord werfen. Da die Indianer Angriffe auf größere Trecks mit nächtlich zusammengestellten Wagenburgen generell vermieden, galt der Oregon Trail diesbezüglich als relativ sichere Route. Nach historischen Quellen fielen mehr Siedler versehentlich gelösten Schüssen als Indianerüberfällen zum Opfer.

1869 ersetzte mit der Vollendung der transkontinentalen Eisenbahn Union/Central Pacific eine vergleichsweise kurze, achttägige und komfortable Dampfrossfahrt den vier bis sechs Monate langen entbehrungsreichen Siedlertreck, und die Blütezeit des Oregon Trail war schlagartig beendet.

Auch wir folgen von Torrington entlang dem North Platte River dem Verlauf des Oregon Trail nach Fort Laramie. Fünf Kilometer südwestlich der Stadt liegt am Zusammenfluss von Laramie und North Platte River die **Fort Laramie National Historic Site**. Fort William, das 1834–49 als Pelzhandelszentrum der Rocky Mountain Fur Company fungierte, war nach dem Ankauf durch die US-Regierung zum wichtigsten Militärfort im Westen und zugleich zum bedeutendsten Zwischenstopp der Siedler auf dem Oregon Trail geworden.

Ältestes noch erhaltenes Gebäude ist das Quartier des Fortkommandanten, das 1849 erbaute »Old Bedlam« mit seiner markanten doppelstöckigen Veranda. Die restaurierten Gebäude, das Visitor Center und die zeitgenössisch gekleideten »Fortbewohner« in Zivil und Uniform erzählen die bewegte Geschichte des Forts bis 1890, als es mit dem Versiegen der großen Westwärtsbewegungen verlassen wurde.

Im Verhältnis zwischen Indianern und Weißen spielte Fort Laramie immer eine zentrale Rolle. Zum ersten großen Friedenspalaver von Fort Laramie erschienen 1851 rund 10 000 Indianer. Angelockt von einem Berg an Geschenken und der Aussicht einer Art jährlicher Mautzahlungen für die Durchgangsrechte, gaben sie das Versprechen ab, die Siedlertrecks der Weißen nicht zu attackieren.

Lange hielt der gegenseitige Friede nicht, drei Jahre später eröffnete Leutnant John L. Grattan nahe Fort Laramie das Feuer auf ein Sioux-Dorf, woraufhin sein 30 Mann starkes Kommando von den Indianern niedergemacht wurde. Keine Frage, dass daraufhin wiederum Vergeltungsaktionen der US-Armee folgten. Ein erneuter Friedensvertrag von Laramie 1868, der den Sioux u.a. als Reservationsgebiet den gesamten Westen South Dakotas zusprach, war sechs Jahre später mit dem Goldrausch in den Black Hills nicht einmal mehr das Papier wert, auf dem er stand.

Einen wahrhaftigen Eindruck von den Spuren, die die Siedlertrecks in der Geschichte der USA hinterlassen haben, erhalten wir einen Kilometer südlich von **Guernsey** an der **Oregon Trail Ruts State Historic Site**. Hier, wo der Oregon Trail mehrere hundert Meter leichter Steigung bewältigen musste, haben sich aufgrund der Anstrengung – wie nirgendwo sonst auf dem Oregon Trail – die Räder der schwerbeladenen Ochsenkarren und Pferdekutschen bis zu 1,80 Meter tief in den weichen Sandsteinboden eingefressen. Die noch gut sichtbaren Spuren von Guernsey sind das besterhaltene Beweisstück des Oregon Trail.

Knapp drei Kilometer weiter folgt der **Register Cliff**, der zur Zeit der großen Wagentrecks eine Tagesreise – heute gerade einmal ein Katzensprung von 18 Kilometern – von Fort Laramie entfernt lag. Wie in einem überdimensionalen Hotelregister trugen sich die vorbeizie-

Cheyenne: Cheyenne Frontier Days

Für ewig eingefressen: Spuren der Planwagen auf dem Oregon Trail

henden Siedler mit scharfen Gegenständen in den weichen Sandsteinfelsen ein. Noch heute bedecken Hunderte von Namen und Daten, Herkunfts- und Bestimmungsorten als Riesengraffiti die unteren Bereiche des 45 Meter hohen Felsens.

In Guernsey wird der North Platte River verlassen und gleichzeitig die Aufmerksamkeit von den antiquierten Ochsenkarren auf die modernen Eisenbahnen gelenkt. Ab 1867 verband die Union Pacific Railroad **Cheyenne** als erste Stadt in Wyoming mit dem Osten der USA. Viehzucht und -transporte wurden zum wichtigsten Wirtschaftsfaktor. Ein turbulentes Wildweststädtchen entwickelte sich, das mit zig Saloons, Saufgelagen und Schießereien seinem Ruf als »Hell on Wheels«, als »Hölle auf Rädern«, gerecht wurde. Doch als es sich ausgetobt und sein Wildwestgehabe in den Griff gekriegt hatte, wurde Cheyenne 1890 als rapide anwachsender Verkehrsknotenpunkt zur Hauptstadt Wyomings ernannt.

Ganz im Zeichen ihrer Wildwesttradition, steht die heute ansonsten eher ruhige Stadt bei den **Cheyenne Frontier Days** völlig auf dem Kopf. Seit 1897 kämpfen alljährlich zehn Julitage lang bekannte Rodeogrößen um die beträchtlichen Preisgelder dieses Rodeos, das zu den renommiertesten der USA gehört. *Saddle bronc riding, steer wrestling* und *calf roping* (vgl. S. 78), Wildpferderennen und weitere Rodeoveranstaltungen samt einem umfangreichen Beiprogramm aus Musikdarbietungen, Paraden und Pancake-Frühstücken ziehen ein großes Publikum an. An vielen Verkaufsständen kann man sich dann mit Cowboykleidung und Indianerschmuck eindecken.

13 Cheyenne: State Capitol, Transportation Museum

Parade bei den Cheyenne Frontier Days

Diesem großen Rodeo ist das **Frontier Days Old West Museum** gewidmet, einer der Glanzpunkte von Cheyenne. Hier kann man auch einmal auf einem echten Rodeosattel sitzen, die Videoclips der aufregendsten Rodeoszenen anschauen oder Interessantes zum Thema lesen. Das Museum besitzt neben seinen vorzüglichen interaktiven Ausstellungen zur Rodeo- und Pioniergeschichte auch eine phantastische Kollektion an Kutschen, klassischer Westernkunst und indianischer Kleidung.

Zum Schluss werfen wir noch einen kurzen Blick ins Zentrum der mit über 54 000 Einwohnern größten Stadt Wyomings. Mit einer weithin sichtbaren goldenen Kuppel überragt das im neoromanischen Stil gehaltene **State Capitol** die Skyline. Den 1888 aus Sandstein erbauten, staatlichen Regierungssitz schmücken korinthische Säulen im zentralen Gebäudeteil. Bis 1976 lebten die Regierungschefs ganz in der Nähe im **Historic Governor's Mansion**, das heute eine Museum beherbergt. Die bekannteste Bewohnerin war Nellie Tayloe Ross, die 1925 als erste Frau in den USA zum Gouverneur gewählt wurde.

Im südlichen Teil von Downtown erinnert das restaurierte **Union Pacific Railroad Depot** mit dem markanten Uhrturm an die Blütezeit der Eisenbahnen. Seit 2004 beherbergt der innen wie außen beeindruckende Bahnhof das attraktive **Cheyenne Depot Museum**. Etwas weiter östlich im Holliday Park steht mit der 1956 pensionierten »**Big Boy**« eine der weltgrößten Dampflokomotiven. Die Union Pacific stellte sie nach nur 15 Dienstjahren außer Betrieb – und beendete damit die glorreiche Ära der Dampflokomotiven.

Auf der Interstate 25 geht es dann nach zwei Tagen Prärie südwärts nach Colorado – mit dem Blick auf die Rocky Mountain Front Range im Westen und **Denver** als Ziel.

⑬ Infos: Fort Laramie, Guernsey, Cheyenne

 Fort Laramie National Historic Site
965 Gray Rocks Rd.
Fort Laramie, WY 82212
℘ (307) 837-2221, Fax (307) 837-2120
www.nps.gov/fola
Park tägl. 8 Uhr bis Sonnenuntergang, Visitor Center Anfang Juni–Anfang Sept. tägl. 8–19, sonst bis 16.30 Uhr; Eintritt pro Auto 3 $ (7 Tage), 50 $ National Parks Pass (vgl. S. 286)
Altes Militärfort am Oregon Trail.

 Oregon Trail Ruts State Historic Site
S. Wyoming Ave., 1 km südl. Guernsey
Guernsey, WY 82214, ℘ (307) 864-2176
Tief eingegrabene Karrenspuren des Oregon Trail. Eintritt frei

Register Cliff State Historic Site
S. Wyoming Ave., 5 km südl. von Guernsey
Guernsey, WY 82214
℘ (307) 864-2176, Eintritt frei
Sandsteinfelsen mit Pioniergraffiti auf dem Oregon Trail.

Cheyenne Area Convention and Visitors Bureau
One Depot Sq., 121 W. 15th St.
Cheyenne, WY 82001
℘ (307) 778-3133, 1-800-426-5009
Fax (307) 778-3190, www.cheyenne.org

 Estevan's Cafe
1820 Ridge Rd., Cheyenne, WY 82001
℘ (307) 632-6828
Bestes mexikanisches Restaurant weit und breit. Lunch und Dinner. $$

 Poor Richard's Restaurant
2233 E. Lincolnway, Cheyenne, WY 82001
℘ (307) 635-5114
Gute Prime Ribs und Fischgerichte. Lunch und Dinner. $$

 Senator's Steak House
51 I-25 Service Rd. E., Ausfahrt 2
Cheyenne, WY 82007
℘ (307) 634-4171, www.terrybisonranch.com
Populäres Steakhaus auf der Terry Bison Ranch südlich von Cheyenne. Gerichte mit Bison- und Rindfleisch. $$–$$$

 Cheyenne Frontier Days Old West Museum
4610 N. Carey Ave., am Frontier Park
Cheyenne, WY 82001, ℘ (307) 778-7290
www.oldwestmuseum.org
Mo–Fr 9–17, Sa–So 10–17 Uhr; Eintritt 5 $
Rodeomuseum mit phantastischer Kutschenkollektion und klassischer Westernkunst. Im Mittelpunkt: Interaktive Ausstellungen zum Cheyenne Frontier Rodeo und zur Besiedlungsgeschichte.

 Wyoming State Capitol
2302 Central Ave., Cheyenne, WY 82001
℘ (307) 777-7220
Mo–Fr 8–17 Uhr, auch Führungen
Eintritt frei

 Historic Governor's Mansion
300 E. 21st St., Cheyenne, WY 82001
℘ (307) 777-7878
Di–Sa 9–17 Uhr; Eintritt frei
Bis 1976 Wohnsitz der Regierungschefs von Wyoming.

 Cheyenne Depot Museum
One Depot Sq., 121 W. 15th St.
Cheyenne, WY 82001
℘ (307) 632-3905
www.cheyennedepotmuseum.org
Mo–Fr 9–17, Sa 10–17, So 12–17 Uhr
Das neue Museum im prächtigen alten Bahnhof informiert u.a. über die Geschichte der Eisenbahn, mit städtischem Visitor Center.

 Cheyenne Frontier Days
℘ (307) 778-7200 und 1-800-227-6336
www.cfdrodeo.com
10 Tage Ende Juli
Eines der weltgrößten Rodeos, mit Parade und Rahmenprogramm. Rechtzeitig Hotelzimmer reservieren.

Informationen zu Denver finden Sie S. 38 ff.

⑭ Und ewig locken die Berge
Von Denver in die Universitätsstadt Boulder

14. Route: Denver – Boulder – Estes Park (174 km/108 mi)

km/mi	Zeit	Route
0	9.00 Uhr	Abfahrt aus **Denver** auf der I-25 Richtung Norden,
11/ 7		Ausfahrt 217 auf US 36, die Autobahn wird zur Stadtstraße in
47/ 29		**Boulder**, dort links auf Baseline Rd. abzweigen, die zur Flagstaff Rd. wird, hinauf zum Aussichtspunkt auf dem **Flagstaff Mountain** und wieder zurück zur Baseline Rd., Abzweig rechts in Bluebell Rd. zum
53/ 33	10.00 Uhr	**Chautauqua Park:** Spaziergang und Lunch. Zurück und rechts auf Baseline Rd., rechts auf Broadway, wird zum Foothills Hwy. (SR 93), rechts auf Eldorado Springs Dr. (CR 170) in den
66/ 41	13.00 Uhr	**Eldorado Canyon**. Zurück nach
79/ 49	14.30 Uhr	Downtown **Boulder**, Broadway kreuzt die Pearl Street Mall. Aus Boulder dem Canyon Blvd. (Hwy. 119), einer Parallelstraße der Pearl St., nach Westen folgen, in **Nederland** rechts nach Norden abbiegen auf den Hwy. 72, bei **Raymond** auf den einmündenden Hwy. 7, weiter nach Norden bis
174/108	18.00 Uhr	**Estes Park**.

Boulder: University of Colorado, Flagstaff Mountain

Bergstadt Boulder, beliebtes Urlaubs- und Ausflugsziel

Boulder ist »hip«, so sagt man hier, und wie keine andere bietet die 95 000 Einwohner zählende Universitätsstadt, die 1859 mit den ersten Goldfunden gegründet wurde, eine attraktive Kombination aus relativ trockenem Klima und großartiger Umgebung direkt am Fuß der Front Range – kurzum ein begehrtes Urlaubsziel der Jungen, Erfolgreichen, Abenteuer- und Abwechslungsuchenden.

Mit der **University of Colorado**, an der heute rund 32 000 Studenten eingeschrieben sind, lockte man »saubere« Industrien her. Besonders Hightechbetriebe mit zukunftsorientierten Forschungs- und Entwicklungsprojekten siedelten sich an. Doch nicht nur Wissen ist gefragt, ein Hauch von »Öko«, Naturverbundenheit und Sportlichkeit haftet Boulder schon seit Jahrzehnten an. Die auf rund 1 600 Metern gelegene Stadt ist dank ihrer Höhenluft und ihres abwechslungsreichen Terrains ein gesuchter Trainingsort für Hobbysportler und Oympiaathleten. Nirgendwo in Colorado gibt es so viele Lauf-, Rad- und Klettersportveranstaltungen wie hier, bewegen sich mehr Bewohner per Fahrrad durch die Stadt. Das fußgänger- und fahrradfreundliche Boulder samt seiner Umgebung kann man auf Wegen in allen Schwierigkeitsgraden bestens mit dem Mountainbike erkunden.

Für einen ersten Überblick geht's auf der kurvenreichen **Flagstaff Road** auf den **Flagstaff Mountain** 500 Meter oberhalb von Boulder, wo sich ein phantastisches Panorama der Stadt und der endlos ausgedehnten Prärien eröffnet. Im »Flagstaff House« auf dem Gipfel kann man die exzellente Aussicht mit einem ebensolchen Dinner verbinden. Auf der Rückfahrt ins Tal folgt am Fuß der

Boulder: Flatirons, Eldorado Canyon State Park

Baseline Road gleich der nächste Stopp bei den weithin sichtbaren, markanten, rötlichgrauen Sandsteinfelsen der **Flatirons** am Osthang des 2 482 Meter hohen Green Mountain. Die Felsen ähneln aufgestellten Bügeleisen *(flatirons)* und sind ein Tummelplatz für Kletterer. Bei schönem Wetter ist das ausgedehnte Wanderwegenetz vom **Chautauqua Park Historic District** zu den Flatirons das populärste hiesige Ausflugsziel. Zur Lunchpause bietet sich die gemütliche Veranda der romantischen, 1898 erbauten Chautauqua Dining Hall an.

Anschließend empfiehlt sich noch ein kurzer Abstecher Richtung Süden, wobei man auf dem Weg die Abzweigung zum **National Center for Atmospheric Research** passiert. Das Klima- und Wetterforschungszentrum, dessen Ausstellungen sich mit den Themen Klima- und Wetterphänomene, globale Erwärmung etc. beschäftigen, wurde vom Stararchitekten I. M. Pei entworfen und liegt im Grünen unweit der Flatirons.

Im **Eldorado Canyon State Park** im nächsten Tal befindet sich eines der Top-Klettergebiete der USA, aber auch auf zahlreichen Wanderwegen lässt sich die Region bestens erkunden. Der nur ein Kilometer kurze Spaziergang auf dem Fowler Trail wird mit exzellenten Blicken auf die Kletterfelsen und die drahtigen, bunt gekleideten Felsakrobaten auf der gegenüberliegenden Talseite belohnt. Am Visitor Center am Ende der Parkstraße beginnt der etwa fünfeinhalb Kilometer lange, landschaftlich reizvolle Eldorado Canyon Trail.

Nun ist es an der Zeit, der **Pearl Street Mall**, der baum- und brunnenbestandenen Fußgängerzone zwischen 9th und 15th Street und ihren Schmuck- und Souvenirgeschäften, den Kunstga-

Winterliche Idylle bei Boulder

Boulder Canyon, Estes Park

Stilvolle Herberge: das Stanley Hotel in Estes Park

lerien und Boutiquen Aufmerksamkeit zu schenken. Von Menschentrauben umlagert, zeigen Straßenmusikanten, Zauberkünstler und Kartenleser ihre Kunststücke – von einem der Straßencafés oder Restaurants kann man ihnen und den Passanten zuschauen.

Schließlich heißt es Abschied nehmen vom freundlichen Boulder. Anstelle des direkten Weges über den US 36 folgen wir einer nur 34 Kilometer längeren Variante durch den **Boulder Canyon** bis zum kleinen Örtchen **Nederland**, dann weiter auf dem »**Peak to Peak**« **Scenic Byway** nach Norden immer parallel zu den Bergen. Die attraktive »Gipfel zu Gipfel«-Straße macht ihrem Namen alle Ehre – kilometerlang sticht der höchste Berg der Region, der **Longs Peak** (4 345 Meter), als fotogener Wegweiser ins Auge. Schließlich wird **Estes Park** in einem von Bergen umrahmten, weiten Tal auf rund 2 300 Meter Höhe erreicht.

Joel Estes und sein Sohn siedelten 1859 als erste Weiße in dieser Region, die einst zu den Jagdgründen der Ute- und Arapahoe-Indianer zählte und heute als Touristenziel von ihrer hervorragenden Lage profitiert. Da es innerhalb des Nationalparks keine Hotelzimmer gibt, ist Estes Park das ideale Anlaufziel vor den Toren des Parks und bietet neben Hotels und Motels von Ausritten, Wildwasserschlauchbootfahrten, Mountainbike-Touren bis zum Ausflug per Seilbahn alles, was das Urlauberherz begehrt.

Am Ankunftsabend im »Tor zum Rocky Mountain National Park«, wie sich der Ort nennt, bleibt keine Zeit mehr für größere Unternehmungen, aber sicher für einen Bummel über die betriebsame Hauptgeschäftsstraße Elkhorn Avenue, die neben attraktiven Geschäften und hübschen kleinen Plazas auch ein paar nette Restaurants zu bieten hat, wo man den Tag ausklingen lassen kann.

Infos: Boulder, Eldorado Springs, Estes Park

 Boulder Convention & Visitors Bureau
2440 Pearl St.
Boulder, CO 80302
✆ (303) 442-2911 und 1-800-444-0447
Fax (303) 938-2098
www.bouldercoloradousa.com

 Chautauqua Dining Hall
900 Baseline Rd.
Boulder, CO 80302
✆ (303) 440-3776
www.chautauquadininghall.com
Frühstück, Lunch, Dinner und Sunday Brunch Buffet in einem 1898 erbauten Restaurant mit gemütlicher Veranda (Di–So). $$–$$$$

 National Center for Atmospheric Research
1850 Table Mesa Dr., südwestl. von Boulder
Boulder, CO 80305
✆ (303) 497-1174, www.eo.ucar.edu
Mo–Fr 8–17, Sa–So 9–16 Uhr
Eintritt frei
Forschungszentrum mit Ausstellungen zu Klima, Wetter, globaler Erwärmung usw.

 Eldorado Canyon State Park
Eldorado Springs, CO 80025
✆ (303) 494-3943, www.parks.state.co.us
Tägl. von Sonnenauf- bis -untergang; Eintritt 6 $

 Himalayas Restaurant
2010 14th St.
Boulder, CO 80302
✆ (303) 442-3230
Gerichte aus Nepal, Tibet und anderen Regionen des Himalaya. $$–$$$

 The Flagstaff House Restaurant
1138 Flagstaff Rd.
Boulder, CO 80302
✆ (303) 442-4640
www.flagstaffhouse.com
Exzellentes Restaurant mit attraktiver Zufahrt und tollem Panorama über Boulder. $$$–$$$$

 Walnut Brewery
 1123 Walnut St., Boulder, CO 80302
✆ (303) 447-1345
www.walnutbrewery.com
Trendige, sehr populäre Brauereikneipe mit acht hausgebrauten Biersorten, hier wird auch mit Bier gekocht. $$

 Cutting Edge Sports
2626 Baseline Rd. & Broadway
Boulder, CO 80305
✆ (303) 413-0228
www.cescolorado.com
Fahrradverleih.

Feste in Boulder:

 Colorado Shakespeare Festival
✆ (303) 492-0554
www.coloradoshakes.org
Ende Juni–Mitte Aug.
Renommierte Shakespeare-Aufführungen im Mary Rippon Outdoor Theatre oder dem University Theatre auf dem Universitätscampus.

 Colorado Music Festival
Im Chautauqua Park an der Baseline Rd.
✆ (303) 449-1397
www.coloradomusicfest.org
Ende Juni–Anfang Aug.
Festival klassischer Musik mit Musikern und Orchestern aus aller Welt. Boulders kultureller Glanzpunkt.

 Estes Park Convention & Visitors Bureau
500 Big Thompson Ave.
Estes Park, CO 80517
✆ (970) 577-9900 und 1-800-443-7837
www.estesparkcvb.com

 Holiday Inn Rocky Mountain Park
101 S. St. Vrain Ave.
Estes Park, CO 80517

🔴 Infos: Estes Park

 ✆ (970) 586-2332 und 1-800-465-4329
Fax (970) 586-2038
www.holiday-inn.com
150-Zimmer-Hotel mit Restaurant.
$$$

 The Stanley Hotel
333 Wonderview Ave.
Estes Park, CO 80517
✆ (970) 586-3371 und 1-800-976-1377
Fax (970) 586-4964
www.stanleyhotel.com
Einstiges Grandhotel aus den Anfängen des 20. Jh.; 138 Zimmer. Auf einer Anhöhe im Norden der Stadt mit prächtigem Bergblick. Mitinvestor des Hotels war der Erfinder F.O. Stanley. $$$

 Estes Park KOA
2051 Big Thompson Rd.
Estes Park, CO 80517
✆ (970) 586-2888 und 1-800-KOA-1887
www.koa.com, Ende April–Mitte Okt.
Zentral gelegener, guter Campground direkt vor den Toren des Rocky Mountain N.P., schöne Bergkulisse.

 Moraine Park Campground
Bear Lake Rd., 2 km westl. von Estes Park
Rocky Mountain N.P., CO 80517
✆ 1-800-365-2267, Reservierung: http://reservations.nps.gov
Schön gelegener Campingplatz mit 247 einfachen Stellplätzen.

 **Glacier Basin Campground**
Bear Lake Rd., 8 km südwestl. von Estes Park
Rocky Mountain N.P., CO 80517
✆ 1-800-365-2267, Reservierung: http://reservations.nps.gov
Schöner Campingplatz mit 150 einfachen Stellplätzen.

 Aspenglen Campground
US 34, 8 km westl. von Estes Park
Rocky Mountain N.P., CO 80517
Campingplatz mit 54 Stellplätzen.

 Twin Owls Steakhouse im Black Canyon Inn
 800 MacGregor Ave.
Estes Park, CO 80517
✆ (970) 586-9344 (Restaurant)
✆ (970) 586-8113 und 1-800-897-3730 (Hotel), www.twinowls.net
www.blackcanyoninn.com
Rustikal-elegantes Restaurant in einem Blockhaus von 1929, mit handbehauenen Stämmen und einem aus Stein gemauerten Kamin; Fisch und Muscheln, Wild, Pizza und Nudelgerichte. Lunch und Dinner. Mo/Di geschl. $$$

 Grumpy Gringo
1560 Big Thompson Ave.
Estes Park, CO 80517
✆ (970) 586-7705
www.grumpygringo.com
Mexikanisches Restaurant. Auf der Speisekarte: Salate, *burritos, tamales, fajitas* und andere Spezialitäten von *south of the border*. Gute Margaritas. Lunch und Dinner. $$

Pearl Street: Kunst auf der Bank

🟠 Auf dem Dach der Rockies
Durch den Rocky Mountain National Park

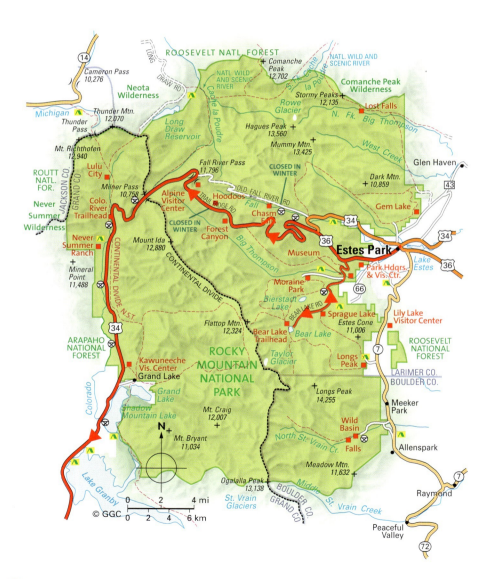

Auf dem Dach der Rockies

15. Route: Estes Park – Rocky Mountain N.P. – Georgetown (214 km/133 mi)

km/mi	Zeit	Route	Routenfortsetzung außerhalb des N.P. vgl. Karte S. 196.
0	8.30 Uhr	**Estes Park** auf US 36 nach Westen in den Rocky-Mountain-Nationalpark, Abzweigung nach links auf Bear Lake Rd., Wanderung um **Sprague Lake**. Weiter auf Bear Lake Rd. bis	
23/ 14	10.00 Uhr	**Bear Lake**, Wanderung um den See. Zurück zur US 36, links **Trail Ridge Rd.**, unterwegs Wanderung zum Forest Canyon Overlook und Tundra Trail.	
76/ 47	14.00 Uhr	**Alpine Visitor Center**, Trail Ridge Rd. weiter nach Westen, im Tal kurze Wanderung zu Colorado River und Never Summer Ranch.	
109/ 68	16.30 Uhr	Parkausgang in **Grand Lake**, weiter US 34 nach Westen bis **Granby**, links abbiegen auf US 40, über den **Berthoud Pass** (3 449 m) hinweg, rechts auf die I-40, im Westen liegt an der nächsten Ausfahrt	
214/133	18.30 Uhr	**Georgetown**.	

Malerische Berglandschaften im Rocky Mountain National Park

Rocky Mountain National Park: Trail Ridge Road

Westlich von Estes Park schützt der **Rocky Mountain National Park** fast 1 100 Quadratkilometer pure Bergwildnis. Die Osthänge sind rauh, steil, zerklüftet und steigen aus gletschergeschliffenen Canyons zu schroffen Gipfeln empor; unter den zahlreichen 4 000ern ist der Longs Peak (4 345 Meter) der höchste. Im Westen zeigen sich die Berge sanfter abfallend und weniger spektakulär mit malerischen Wald- und Wiesenlandschaften, in denen auch der Colorado River entspringt.

Quer durch den Park verbindet die 77 Kilometer lange **Trail Ridge Road** den Osteingang (2 380 Meter) bei Estes Park mit Grand Lake (2 550 Meter) im Westen. Die bis auf über 3 713 Meter ansteigende, höchstgelegene asphaltierte Pass-Straße der USA überschreitet dabei die kontinentale Wasserscheide zwischen Pazifik und Atlantik. Abseits der wenigen Straßen im Park erschließen über 570 Kilometer markierte Wanderwege das praktisch gletscherfreie Hochgebirge. Ab Mitte Juli sind sogar die meisten Gipfelrouten schneefrei, wie auch der 13 Kilometer lange Weg auf den Longs Peak.

Die Höhenlagen der Rocky Mountains wurden kaum besiedelt, nur einige Weiße ließen sich im mineralienreichen Westteil des heutigen Parks nieder. Pläne des jagdfreudigen, englischen Lord of Dunraven, das Paradies in ein Jagdrevier umzuwandeln, scheiterten zum Glück, und der Naturschützer Enos Mills setzte sich für die Erhaltung der Natur ein. Seine Bemühungen waren von Erfolg gekrönt: 1915 wurde das Gebiet als Nationalpark unter Schutz gestellt.

Genug des Zahlenwerks und der Historie – noch ist der Himmel wolkenlos blau, doch für später werden, wie so oft an Sommernachmittagen, kurze Gewitter vorhergesagt – ein Argument, sich in den Rockies stets früh auf den Weg zu machen. Ein weiterer, ganz profaner Grund ist das knappe Parkplatzangebot an schönen Sommertagen, insbesondere auf der Bear Lake Road.

Rocky Mountain National Park: Bear Lake Road 15

Anglerglück am Fall River

Am Morgen wirkt Estes Park noch ein wenig verschlafen. Zunächst fahren wir auf der 16 Kilometer langen **Bear Lake Road**, einer schmalen, kurvenreichen Straße, vorbei an wunderschönen Seen zum Wanderparadies um den Bear Lake. Auf den taufrischen Wiesen des Moraine Park grasen einige stattliche Wapiti-Hirsche – eine schöne Einstimmung auf diesen Tag. Das **Moraine Park**

Rocky Mountain National Park: Bear Lake und Trail Ridge Road

Museum am Anfang der Straße informiert über die Ökologie des Parks, über die natürlichen Kräfte wie Wind und Wetter, Eis und Schnee, die diese Landschaften von jeher modellieren.

Zunächst lockt der ebene, nur ein Kilometer lange Uferweg rund um den reizvollen **Sprague Lake** mit dem viel fotografierten Panorama der spiegelnden Berge – wie dem unten erwähnten Flattop Mountain – im Hintergrund. Größter Anziehungspunkt am Ende der Bear Lake Road ist der auf 2 888 Meter Höhe gelegene idyllische, kleine **Bear Lake**, ein besonders schöner, gletschergeschaffener See, den ein Pfad von einem Kilometer Länge umrundet. Kleine Bäche plätschern in den See, Gipfel spiegeln sich in seiner glitzernden Wasserfläche.

Vom Bear Lake aus stößt eine Fülle an Wanderwegen in die Bergwälder der Umgebung vor, ein kurzer Aufstieg bringt uns nach einem knappen Kilometer an das Ufer des **Nymph Lake** oder relativ eben nach zwei Kilometern zum malerischen **Bierstadt Lake**. Höhepunkt im wahrsten Sinne des Wortes ist der sieben Kilometer lange **Flattop Mountain Trail**. Der gut ausgebaute Wanderweg endet auf dem flachen Grat des 3 756 Meter hohen Berges.

Danach geht es über die **Trail Ridge Road** (US 34), eine straßenbautechnische Meisterleistung aus dem Beginn der 1930er Jahre, steilauf in hochalpine Gefilde. Unterwegs laden Aussichtspunkte mit uneingeschränktem Blick auf die grandiose Gipfelwelt der Rocky Mountains zum Verweilen ein. In der Regel ist die Pass-Straße zwischen Anfang Juni und Mitte Oktober geöffnet und schneefrei; an den Rändern türmen sich allerdings bis in den Sommer hinein noch hohe Schneewände auf. An der Trail Ridge Road beeindrucken rasche Vegetationswechsel: Aus den Tälern mit den samtigen Nadelwäldern und grünen Wiesen, den tiefen, weglosen Canyons mit den frühjahrstollen Wildbächen gelangen wir zunächst in langen Schleifen bergauf in die Zone karger Krummholzwälder mit windgestutzten, subalpinen Krüppelkiefern. Ganz oben in hochalpinen Regionen bietet sich am **Forest Canyon Overlook** (3 536 Meter) ein phantastischer kurzer Spaziergang mit Blick auf den Canyon an.

Ebenso führt wenig weiter vom Aussichtspunkt am **Rock Cut** ein kurzer Spazierweg in die hochalpinen Tundrawiesen, eine karge, kalte, windzerzauste Welt, in der die winzigen Blütenpflanzen im allzu kurzen Sommer ein rührendes Farbenfeuerwerk entfachen, oft ummalt vom puren Weiß des Neuschnees. Den höhenungewohnten Touristen aus dem Flachland wird hier oben schon mal die Luft knapp, und die ultravioletten Strahlen verbrennen unbemerkt die unbedeckten Hautflächen.

Über den meistbegangenen Wanderweg hier oben erreicht man die **Hoodoos**, eine Gruppe pilzförmig erodierter Gesteinstürmchen inmitten des hochalpinen Blumenteppichs. Wenige Kilometer westlich berührt die Trail Ridge Road ihren mit 3 713 Metern höchsten Punkt.

Am **Alpine Visitor Center** legen wir einen verspäteten Lunchstopp ein, informieren uns über die Ökologie der Tundrawiesen und verfolgen bei dem weiten Blick aus dem Panoramafenster den Flug eines Adlers. Am Visitor Center mündet die **Old Fall River Road**, die originale Pass-Straße durch den Nationalpark, in die Trail Ridge Road. Die geschotterte, 19 Kilometer lange Einbahnstraße biegt in Horseshoe Park von der US 34 ab und verläuft durch das Endovalley, wo sich in den 1980er Jahren

Rocky Mountain National Park: Trail Ridge Road

der aus dem Dammbruch des Lawn Lake resultierende **Alluvial Fan**, ein großer Schwemmfächer aus Geröll, Holz und Gestein, ablagerte. Das sedimentbeladene Wasser aus dem Stausee hatte seinerzeit auch die heute hübsch restaurierte Innenstadt von Estes Park verwüstet.

Kurvenreich steigt die Old Fall River Road bergauf durch einen engen, zuweilen steilen Canyon – noch »machbar« mit Wohnmobilen bis 25 ft. –, vorbei an Wasserfällen, alten Gletschermoränen und mit phantastischen Ausblicken. In Kombination mit der Trail Ridge Road ermöglicht sie eine ideale Rundtour von und nach Estes Park.

Wir jedoch folgen der Trail Ridge Road weiter nach Westen über den 3 279 Meter hohen, aber eher unspektakulären **Milner Pass** mit der kontinentalen Wasserscheide. In Serpentinen führt die Straße auf wenigen Kilometern in das **Kawuneeche Valley** hinunter. In diesen

Marschige Mäander: Quellgebiet des mächtigen Colorado River

Rocky Mountain National Park: Colorado River; **Grand Lake, Georgetown**

marschigen, saftig-grünen Wiesen am Fuße dunkler Bergwälder liegt das Quellgebiet des **Colorado River**. Der mächtigste Strom des Westens, der mit ungebändigter Kraft den tiefen Grand Canyon ausgewaschen hat, fließt hier klar und friedlich mäandernd und ist so flach, dass man hindurchwaten kann. Den kurzen Spaziergang durch die Wiesen zum Fluss sollte man sich nicht entgehen lassen.

Im Kawuneeche Valley wurde einst nach Gold, Silber und anderen Edelmetallen gesucht, nur wenige ließen sich dort auf Dauer nieder. Ein schöner Picknickplatz findet sich am Weganfang zur **Never Summer Ranch**. Trotz des wenig einladenden Namens lohnt sich der ein Kilometer lange Weg zur historischen Ranch, die im frühen 20. Jahrhundert Siedlern zum Broterwerb und Gästen als Sommerfrische diente.

Kurz hinter dem Visitor Center verlassen wir den Park und fahren vorbei an der Ortschaft **Grand Lake** an dem von dunklen Bergwäldern umrahmten See gleichen Namens, der ein geschäftiges Wassersportrevier und Angelparadies mit Lachsen und Forellen ist. Reines, klares Bergwasser aus dem Grand Lake wird durch lange Pipelines 26 Kilometer quer durch die Rockies zu dem im Regenschatten östlich des Rocky-Mountain-Hauptkamms gelegenen Estes Park transportiert.

Schon nach wenigen Kilometern außerhalb des Nationalparks ist es mit der natürlichen Herrlichkeit des Colorado River vorbei. Der gezähmte Fluss wird zum Shadow Mountain Lake und Lake Granby aufgestaut, beliebten Wassersportrevieren mit Bootshäfen und touristischer Infrastruktur. Wie überall wird dem Fluss das kostbare Nass zur Trinkwasserversorgung und zur Bewässerung für die Landwirtschaft entzogen.

Parallel zum Colorado River geht es ein kurzes Stückchen flussabwärts. Eine weitere Hochgebirgsetappe steht auf dem Plan, und schon bald windet sich die US 40 aus den Niederungen zu einem nächsten Routenhöhepunkt hinauf. Am 3 449 Meter hohen **Berthoud Pass** wird in dunkler, mit Schneeflecken besetzter Felsumgebung erneut die Continental Divide überschritten, wo das Wasser dann wieder gen Mississippi fließt.

Georgetown, das heutige Ziel im schmalen Clear Creek Canyon, führt seine Ursprünge auf ein Goldgräbercamp aus den 1860er Jahren zurück. Mit dem Silberboom im folgenden Jahrzehnt wuchs es auf 5 000 Einwohner an und erlebte als Zentrum einer weiten Bergbauregion einen kurzen Boom. Später dann zogen die Minenarbeiter in das aufblühende Leadville weiter.

Nach jahrzehntelangem Dornröschenschlaf hat das pittoreske 1100-Einwohner-Städtchen den Zeitsprung in das dritte Jahrtausend gut überstanden. Mit rund 200 Häusern aus dem späten 19. Jahrhundert erlebt man den Ort als eine Art »lebendiges Museumsstädtchen« mit Geschäften und Restaurants, und noch immer künden feine Villen von der damaligen Prosperität.

Das enge Tal steht als **Georgetown – Silver Plume National Historic Landmark District** komplett unter Denkmalschutz. Der ganze Charme der viktorianischen Ära offenbart sich bei einem Spaziergang über die Sixth Street im Herzen der Altstadt mit hübsch restaurierten Fassaden. In einem authentischen Kolonialwarenladen kann man herumstöbern und auch Lebensmittel kaufen. Das 1875 eröffnete Hotel de Paris, das seinerzeit eine der feinsten Adressen weit und breit war, dient heute als Museum.

15 Infos: Rocky Mountain N.P., Georgetown

Rocky Mountain National Park
1000 Hwy. 36, Estes Park, CO 80517
✆ (970) 586-1206, Campground Reservierungen ✆ 1-800-365-2267
www.nps.gov/romo
Eintritt pro Person 10 $, pro Auto 20 $ (7 Tage), 50 $ National Parks Pass (vgl. S. 286) Nationalpark mit hochalpiner Panoramastraße durch die Front Range der Rocky Mountains.

Moraine Park Museum
Bear Lake Rd., 1 km südl. der Beaver Meadows Entrance Station
✆ (970) 586-1206
Im Sommer tägl. 9–17 Uhr
Parkinfo mit Museum zur Ökologie der Rocky Mountains.

Hi Country Stables
Moraine Park, Rocky Mountain N.P.
✆ (970) 586-2327; Glacier Park, Rocky Mountain N.P., ✆ (970) 586-3244
Mitte Mai–Mitte Sept. Ausritte innerhalb des Nationalparks, 2–8 Std., 40–90 $.

Shuttle Bus
Mitte Juni–Anfang Sept. tägl. 8.30–18 Uhr
Kostenloser Pendelbus auf der Bear Lake Rd. von Glacier Basin bis Bear Lake.

Toll Memorial Trail
Ausgangspunkt: Trail Ridge Rd., 10 km östl. des Alpine Visitor Center
Prachtvoller 1 km langer Wanderweg in hochalpinen Höhen.

Alpine Visitor Center
Trail Ridge Rd. am Fall River Pass
Im Sommer tägl. 9–16.30 Uhr
Parkinfo auf 3 653 m Höhe mit Cafeteria (✆ 970-586-3097).

Georgetown Visitor Center
613 Sixth St.
Georgetown, CO 80444
✆ (303) 569-2555 und 1-800-472-8430
Fax (303) 569-2705
www.georgetowncolorado.com

Georgetown Mountain Inn
1100 Rose St., Georgetown, CO 80444
✆ (303) 569-3201 und 1-800-884-3201
Fax (303) 569-3407
www.georgetownmountaininn.com
Preiswertes Motel mit 33 Zimmern und Swimmingpool, im historischen Herzen Georgetowns. $$

Georgetown Super 8 Motel
1600 Argentine St.
Georgetown, CO 80444
✆ und Fax (303) 569-3211
✆ 1-800-800-8000, www.super8.com
Preiswertes Motel der landesweiten Kette. $$

Hotel de Paris
Sixth & Griffith Sts.
Georgetown, CO 80444
✆ (303) 569-2311
www.hoteldeparismuseum.org
Ende Mai–Anfang Sept. tägl. 10–16.30 Uhr, sonst nur Sa/So; Eintritt 5 $
Hotel aus der Silberboomzeit, heute ein Museum.

The Red Ram
606 6th St., Georgetown, CO 80444
✆ (303) 569-2300
Steaks, Burgers und anderes Gegrilltes nach Westernart. $$

Herbstliche Farbenpracht der Rockies

🔴16 Silberstädte, Supergipfel und Skiboom
Von der Teufelspforte zum Unabhängigkeitspass

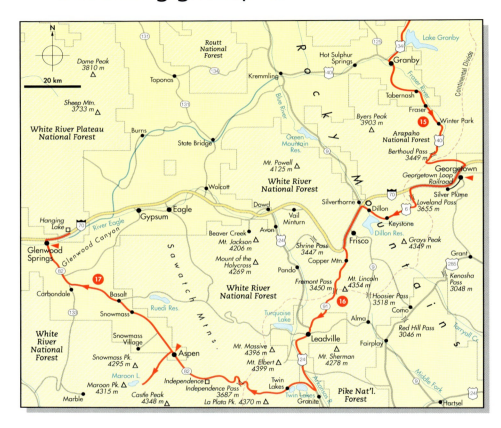

16. Route: Georgetown – Leadville – Independence Pass – Aspen (203 km/126 mi)

km/mi	Zeit	Route
0	8.30 Uhr	**Georgetown**, auf I-70 nach Westen, Ausfahrt 226 nach
3/ 2	9.20 Uhr	**Silver Plume**, Fahrt mit der **Georgetown Loop Railroad**.
	10.30 Uhr	I-70 Richtung Westen bis Ausfahrt 216, links auf Hwy. 6 über den

Georgetown Loop Railroad, Loveland Pass, Copper Mountain

		Loveland Pass (3 655 m), bei Dillon zurück auf die I-70, an der Ausfahrt 195 nach Süden auf Hwy. 91 an Copper Mountain vorbei, über den **Fremont Pass** (3 450 m) nach
108/ 67	12.30 Uhr	**Leadville:** Lunch, Rundgang mit Museumsbesuch. Auf US 24 East Richtung Buena Vista, Abzweigung nach Westen auf Hwy. 82, über **Independence Pass** (3 687 m) nach
203/126	18.00 Uhr	**Aspen**.

Größte Attraktion in **Georgetown** ist eine Fahrt mit der nostalgischen **Loop Railroad** ins benachbarte **Silver Plume**. Wir nehmen die erste Tour am Morgen, die in Silver Plume beginnt und auch dort wieder endet. Ursprünglich war auf dieser Strecke eine (allerdings nie verwirklichte) Schmalspureisenbahn der Central Colorado Railroad von Denver zur boomenden Silberstadt Leadville geplant. Doch schon der sechsprozentige Höhenanstieg durch den engen Clear Creek Canyon zum drei Kilometer entfernten Silver Plume bereitete den Konstrukteuren ernste Schwierigkeiten. Mit einer sechs Kilometer langen Serie von langgezogenen Schleifen wurde die Steigung halbiert. Direkt bei Georgetown kreuzt sich die Trasse in einer Spirale *(loop)*. Beeindruckend ist der Blick vom **Devil's Gate Viaduct**, einer 100 Meter langen, vielfotografierten Bockbrücke, hinab zu den 27 Meter tiefer verlaufenden Gleisen am Bachufer.

Auf dem vier Kilometer langen Notch Trail kann man Silver Plume auch zu Fuß erreichen und dort neben dem Bahnhof die **Lebanon Mine**, eine alte Silbermine, besichtigen. Auch im Sommer muss man eine Jacke mitnehmen, denn im Berginneren herrschen ganzjährig Temperaturen von nur sieben Grad Celsius.

Weiter geht es von Georgetown über drei der höchsten Bergpässe Colorados mitten in das unvergletscherte Herz der Rocky Mountains hinein. Problemlos erreichen wir dabei mit dem Auto fast 3 700 Meter Höhe. Hunderte von im Hochsommer völlig schneefreien Bergen überschreiten die 4 000-Meter-Grenze.

Wer diesen Teil der Rockies hautnah erleben und nicht wie auf der I-70 bei einer langen Fahrt durch den Eisenhower-Tunnel viel verpassen möchte, nimmt die US 6 mit ihrer brillanten Routenführung über den **Loveland Pass**, den ersten Höhepunkt des Tages. Auf der kurvenreichen, nur 14 Kilometer längeren Route denkt man zurück an die Zeit vor Eröffnung des Eisenhower-Tunnels in den 1970er Jahren, als der gesamte Durchgangsverkehr diesen Weg nehmen musste. Bei Silverthorne geht es dann wieder auf die I-70.

Auf dem Weg werden einige der Top-Skigebiete Colorados passiert wie Arapahoe Basin, Keystone, Breckenridge und schließlich **Copper Mountain**, wo man praktisch von der Autobahn direkt in den Skilift steigt. Vielleicht trifft man ja noch auf die letzten unentwegten Skifahrer, die ihr Sportgerät schultern, den Grat hochsteigen und per Schussfahrt zur Straße zurückkehren.

Nördlich von Copper Mountain wird die I-70 endgültig verlassen und die Route folgt der SR 91 wieder hinauf in die Berge. Wie der Name schon vermuten lässt, deuten die angegriffenen Hän-

Arkansas River, Leadville: National Mining Hall of Fame and Museum

ge ringsherum auf Kupferbergbau. Wo sich auf der Höhe des Fremont Pass (3 450 Meter) die Hochgebirgsszenerie in aufgerissene und wegen ihres Mineralienreichtums bunt terrassierte Landschaften verwandelt hat, liegt eine der größten Molybdänförderstätten der Welt. Hinter der Passhöhe, auf der anderen Seite der kontinentalen Wasserscheide zwischen Atlantik und Pazifik, entspringt der 2 348 Kilometer lange **Arkansas River**, dem die Straße in die einstige Silberboomtown Leadville folgt.

1860 verzeichnete das seinerzeit »Oro City«, »Goldstadt«, genannte **Leadville** Goldfunde in der California Gulch, doch seine Boomzeit begann erst 1875 mit der Entdeckung von silberhaltigen Bleivorkommen. Bereits drei Jahre später erlebte man eine wilde, unorganisierte, geldgierige Stadt, in der Minen wie die »Matchless Mine« von Horace Austin W. Tabor ihre Besitzer praktisch über Nacht zu Millionären machten. Minenarbeiter, Silberbarone, Cowboys, Damen aus dem Rotlichtmilieu, Spieler und zwielichtige Gestalten zog es in die nunmehr 30 000 Einwohner zählende Stadt. Reihen von Saloons und Spielhallen, Bretterbuden, Blockhütten und Bürgerhäusern wuchsen in Windeseile an den schlammigen Straßen heran.

Im Vergleich zu den Boomzeiten ist die Einwohnerzahl auf ein Zehntel gesunken, dennoch hat sich Leadville beiderseits der Hauptstraße **Harrison Avenue** ein sympathisches Kleinstadtcouleur erhalten. Über der Innenstadt ragt der Turm der 1879 erbauten Annunciation Catholic Church empor (East 7th St.), die Kirche wurde mit den ersten Ziegelsteinen erbaut, die die Stadt kaufen konnte.

Mit der Broschüre »Leadville Walking Tour« die die Geschichte der einzelnen, ansehnlich restaurierten Gebäude im historischen Stadtzentrum vermittelt, begibt man sich vom Visitor Center zum attraktiven **National Mining Hall of Fame and Museum** an der 9th Street in einem ehemaligen viktorianischen Schulgebäude aus der Jahrhundertwende. Es thematisiert mit vorzüglichen Ausstellungen die Geschichte des amerikanischen Bergbaus.

Anschließend führt die Harrison Street südwärts zum **Tabor Opera House**, auf dessen roten Plüschsitzen sich die Bergleute vom rauhen Arbeitsalltag ablenken ließen. Das von Horace Tabor 1879 erbaute Opernhaus war seinerzeit das größte im Westen zwischen St. Louis und San Francisco.

Und hier kommt die tragisch-romantische Geschichte des Minenkönigs Tabor und seiner Frau ins Spiel. Er kaufte preiswert erste Schürfrechte, verdiente ein Vermögern durch Minenan- und -verkäufe, wurde Bürgermeister von Leadville, stellvertretender Gouverneur von Colorado und U.S. Senator. Als Endvierziger lief ihm die junge Kellnerin Elizabeth McCourt Doe über den Weg. Er verliebte sich, ließ sich von seiner Frau Augusta scheiden und heiratete 1883 »Baby Doe«. Auf der Gästeliste der Hochzeitsfeier stand u.a. sogar der Name des US-Präsidenten Chester A. Arthur.

Als mit der Silberpanik 1893 die Preise für das Edelmetall ins Bodenlose fielen und die US-Regierung auch noch die staatlichen Silberaufkaufgarantien aufhob, verlor Tabor praktisch über Nacht sein gesamtes Vermögen. An seinem Sterbebett 1899 versprach Baby Doe ihrem Mann, die »Matchless Mine« als letzte ihrer Minen zu halten. Sie lebte 36 Jahre lang völlig verarmt in der **Matchless Mine Cabin**, einer Blockhütte südlich der Mine, wo sie 1935 erfroren und verhungert aufgefunden wurde. Ihre Le-

Mount Elbert, Twin Lakes, Independence, Aspen

bensgeschichte wurde in der Oper »The Ballad of Baby Doe« stark romantisiert; die Hütte ist heute ein Museum mit ihren persönlichen Gegenständen und anderen Relikten aus dem frühen 20. Jahrhundert.

Auf weitem, 3 100 Meter hohen Talgrund angesiedelt, ist Leadville die höchstgelegene Stadt der USA. Beim Blick zum Horizont erspähen wir noch weitere Superlative, nämlich mit **Mount Elbert** (4 399 Meter) und **Mount Massive** (4 396 Meter) die höchsten Berge Colorados und der Rocky Mountains – und ihre meist bis in den Hochsommer hinein schneebedeckten Gipfel lassen erahnen, dass bitterkalte Winter und kurze Sommer hier die Regel sind. Die beiden eher unscheinbaren Gipfel der Sawatch Mountains, einer Kette der Rockies, liegen nur 1 300 Meter über dem Talgrund nebeneinander.

Mount Elbert kann man ab dem Elbert Creek Campground über einen acht Kilometer langen, ab dem Hochsommer sogar schneefreien Wanderweg ersteigen.

Der **Top of the Rockies Scenic Byway**, die US 24, führt von Leadville im Tal des Arkansas River flussabwärts. Nach dem Abzweig auf den Hwy. 82 Richtung Aspen liegen an der Südflanke des Mount Elbert die **Twin Lakes**, zwei als Wassersportreviere genutzte Stauseen, und ein Visitor Center zum Thema Hydroenergie. Von dort geht es dann wieder steil nach oben auf den landschaftlichen Höhepunkt dieser Etappe, den **Independence Pass**, rund 30 Kilometer vor Aspen.

Konditionsstarke Radfahrer aus Aspen nutzen die Nähe des 3 687 Meter hohen Gebirgspasses gern zu einem Tagesausflug. Auf der Passhöhe treffen sich alle, die Sportler und die Autotouristen, die in Shorts und T-Shirt auf die bis in den Frühsommer verbleibenden Schneefelder springen und das Hochgebirgspanorama genießen. Im Juli, wenn der Schnee weg ist, kann man einem Fußpfad ein Stück in die Tundra hinaus folgen.

Über die Continental Divide hinweg geht es vom »Unabhängigkeitspass« in einem langgestreckten Bogen durch grandiose Hochgebirgsszenerie allmählich talwärts. Auf dem Weg nach Aspen bietet sich ein Stopp im Geisterstädtchen **Independence** an. Einige noch relativ gut erhaltene Blockhütten künden vom Lockruf – diesmal kein Silber – des Goldes, dem 1882 rund 1 000 Menschen folgten. Danach geht es zurück in die Gegenwart und nach **Aspen**, in eine der attraktivsten Städte der Rocky Mountains.

Aspen: das St. Moritz der Rocky Mountains

16 Infos: Georgetown, Leadville, Aspen

Georgetown Loop Railroad
1106 Rose St.
Georgetown, CO 80444
✆ (303) 569-2403 und 1-888-456-6777
www.georgetownlooprr.com
Ende Mai–Anfang Okt.
Ab Silver Plume (I-70, Ausfahrt 226) tägl. 10–16 Uhr bis zu 5 Abfahrten, ab Devil's Gate (I-70, Ausfahrt 228) jeweils 40 Min. später; Fahrpreis 16.50 $.
Die restaurierte Schmalspurdampflokomotive mit hölzernen Sitzbänken in nostalgischen Wagen benötigt 70 Min. für 14 km Hin- und Rückweg. In Silver Plume kann man eine 80-minütige Bergwerksbesichtigung der **Lebanon Silver Mine** (6 $ extra) einschieben.

Leadville Visitors Center
809 Harrison Ave.
Leadville, CO 80461
✆ (719) 486-3900 und 1-800-933-3901
Fax (719) 486-8478
www.leadvilleusa.com

Columbine Café
612 Harrison Ave.
Leadville, CO 80461
✆ (719) 486-3599
Ham- und Cheeseburger, kreolische und vegetarische Gerichte. $$

Silver Dollar Saloon
315 Harrison Ave.
Leadville, CO 80461
✆ (719) 486-9914
Seit 1935 hat dieser Saloon nichts an Popularität verloren. Ornamentale Bar, Bier, Drinks und Snacks und authentisches Westernflair. $$

National Mining Hall of Fame and Museum
120 W 9th St.
Leadville, CO 80461
✆ (719) 486-1229
www.mininghalloffame.org
Ende Mai–Ende Okt. tägl. 9–17, sonst Mo–Sa 10–16 Uhr; Eintritt 6 $
Bergbaumuseum, Mineralien- und Goldausstellung, Museumsbergwerke. Hervorragendes Museumsgeschäft.

Tabor Opera House
308 Harrison Ave.
Leadville, CO 80461
✆ (719) 486-8409
www.taboroperahouse.net
Ende Mai–Ende Sept. Mo–Sa 10–17 Uhr, sonst kürzer; Eintritt 5 $
Frisch restauriertes Opernhaus, 1879 von Horace A. W. Tabor erbaut. Besichtigungen, Konzerte und Aufführungen.

Matchless Mine & Cabin
E. 7th St.
Leadville, CO 80461
✆ (719) 486-4918
www.matchlessmine.com
Ende Mai–Anfang Sept. tägl. 9–16.30 Uhr
Historische Mine mit Blockhütte der »Baby Doe« Tabor.

Mount Elbert
Zufahrt 6 km südl. von Leadville nach Westen auf Hwy. 300 Richtung Malta, dann links Richtung Halfmoon Campground
8 km langer Wanderweg ab dem Elbert Creek Campground auf den höchsten Gipfel der Rocky Mountains.

Hotel Aspen
110 W. Main St.
Aspen, CO 81611
✆ (970) 925-3441 und 1-800-527-7369
Fax (970) 920-1379, www.hotelaspen.com
Gepflegtes Hotel mit 45 Zimmern und Suiten in Zentrumsnähe. Zimmer mit Mikrowelle, teils auch mit Whirlpool. Mit Swimmingpool und Frühstücksbuffet. $$$–$$$$

Hotel Jerome
330 E. Main St.
Aspen, CO 81611
✆ (970) 920-1000 und 1-800-331-7213
Fax (970) 925-2784

🔴 16 Infos: Aspen

www.hoteljerome.com
Aspens exklusives Nobelhotel von 1889. Mit Restaurants und elegantem Ballsaal. 93 luxuriöse Zimmer und Suiten. $$$$

 Difficult Campground
8 km südöstl. von Aspen, Zufahrt via SR 82
Aspen, CO 81611
☏ 1-877-444-6777
www.reserveusa.com
Mitte Juni–Ende Sept. geöffnet
47 einfache Stellplätze ohne Versorgungsanschlüsse. Am Roaring Fork River.

 Silver Queen/Silver Bell
Maroon Creek Valley, 10 km südwestl. von Aspen
Aspen, CO 81611
☏ 1-877-444-6777
www.reserveusa.com
Ende Mai–Ende Sept. geöffnet

Kleine Campgrounds mit einfachen Stellplätzen am Maroon Creek.

 The Hickory House
730 W. Main St.
 Aspen, CO 81611
☏ (970) 925-2313
Rustikales Restaurant. Auf der Speisekarte: *Chicken Fried Chicken*, Burger, Omelettes, Ribs etc. Auch Frühstück. $$

 Mezzaluna
624 E. Cooper St.
Aspen, CO 81611
☏ (970) 925-5882
Italienisches Restaurant am Aspen Square. Legere Atmosphäre. Lunch und Dinner. $$$

Weitere Informationen zu Aspen finden Sie bei 17. Route S. 206 f.

Freiheit der Berge: Independence Pass

17 Mondäne Idylle in den Rockies
Sommertraum und Wintermärchen in Aspen

17. Route: Aspen – Maroon Bells – Glenwood Springs (93 km/58 mi)

km/mi	Zeit	Route	
			Karte vgl. 16. Route S. 196.
	9.00 Uhr	Busfahrt von **Aspen** zu den **Maroon Bells**, Wanderung zum Fuß der Berge.	
	12.00 Uhr	Rückkehr nach **Aspen**, Lunchpause, Spaziergang durch den Ort.	
0 64/40	15.00 Uhr	Abfahrt **Aspen** über Hwy. 82 nach Westen bis Auffahrt auf I-70 nach Osten, Ausschilderung zur Ausfahrt 125 zum	
79/49	16.00 Uhr	**Hanging Lake** folgen (Zufahrt zur Hanging Lake Rest Area nur auf der I-70 in Westrichtung möglich). Wanderung um den See auf dem **Hanging Lake Trail**. Weiterfahrt auf I-70 nach Westen, Ausfahrt 116 nach	
93/58	18.00 Uhr	**Glenwood Springs**, in Downtown von der Hauptstraße (Grand Ave.) nach Osten auf 13th St. E. abzweigen, kurzer Spaziergang zum **Linwood Cemetery**, abends Baden in den **Hot Springs**.	

Das 2 400 Meter hoch gelegene **Aspen** beeindruckt durch seine lockere, natürliche Eleganz, gepaart mit großer Naturschönheit und Sommer wie Winter einem schier endlosen Angebot an Freizeitaktivitäten. Dank strenger Bauvorschriften ist die 6 000-Einwohner-Stadt keines der üblichen, alpin-bayerisch angehauchten amerikanischen Retortenskidörfer mit Bettenburgen geworden, sondern ein mondäner Skiort, der eine gut betuchte Klientel anlockt.

Jetsetter und Trendsetter, Stars aus Film und Fernsehen, Designer und Schriftsteller, Ölbarone und Millionäre aus den gesamten USA ließen sich hier nieder. Für viele gehört das Sehen und Gesehenwerden in den Restaurants und Diskotheken zum Alltag. Aber wohl genauso viele leben sehr diskret abseits des Trubels. Aspens Prominentenvorort Starwood war Heimat des legendären Sängers John Denver, der mit dem Welthit »Rocky Mountain High« die inoffizielle Hymne der Rocky Mountains schrieb. Doch nicht nur Country Music und Folk sind hier zu Hause – Aspens kulturelle Vielfalt bietet klassische Musik ebenso wie Ballett, Theater, Filmfestivals oder Rockkonzerte.

Erst spät in der zweiten Hälfte des 19. Jahrhundert ließen sich weiße Siedler in dem an drei Seiten von hohen Bergen umgebenen, isolierten Talschluss von Aspen nieder, denn bis dahin gab

Aspen, Maroon Bells

es nur den schwierigen Zugang ab Glenwood Springs über 100 Kilometer entlang dem wilden Roaring Fork River. Der Silberrausch brachte wie vielerorts in Colorado die Wende. 1879 kämpften sich Prospektoren aus dem florierenden Leadville über den Independence Pass nach Aspen vor. Aber die Isolation des kleinen Ortes machte Silbertransporte vor der Ankunft der Eisenbahn zunächst sehr teuer und ließ die Entwicklung nur langsam voranschreiten.

Aspen erlebte seine Blütezeit um 1890, als annähernd 12 000 Menschen hier lebten und die Stadt zum wichtigsten Silberproduzenten der USA machten. Sogar zwei Eisenbahnlinien und ein florierendes kleines Rotlichtviertel gab es damals, bis zum Silberpreisverfall 1893, mit dem in allen anderen Silberboomtowns eine rapide wirtschaftliche Talfahrt einsetzte.

Um 1930 war Aspen nur eine kleine Rancher- und Farmergemeinde mit 700 Einwohnern, aber schon sechs Jahre später begann mit der ersten Abfahrt vom Aspen Mountain der stürmische Aufstieg als Wintersportort. 1941 wurden die US-Alpinmeisterschaften und 1950 die ersten Alpinskiweltmeisterschaften auf amerikanischem Boden ausgetragen. Die vier populären Skigebiete **Aspen Highlands**, **Aspen Mountain**, **Buttermilk Mountain** und **Snowmass** begründen heute Aspens Renommee als exklusivste Wintersportregion der Rockies.

Zu den schönsten Zielen gehören die wohlgeformten **Maroon Bells**, 16 Kilometer westlich der Stadt, die man mit den öffentlichen Bussen der RFTA über die Maroon Creek Road erreicht. Routiniert erzählt der Busfahrer von der Entstehungsgeschichte des Tals, als hier vor 300 Millionen Jahren über flachem, rotbraunen Schlamm die Wellen ei-

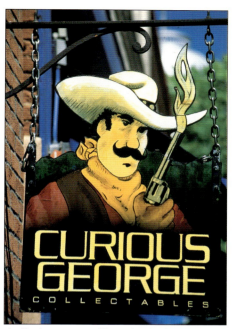

Aufforderung zum Shopping in Aspen

nes Ozeans schwappten, als vor über 75 Millionen Jahren der verhärtete Schlamm als Berge angehoben wurde und dann über Jahrmillionen hinweg vulkanische Aktivitäten, Eis und Wasser das Tal des Maroon Creek zu einem der schönsten in den Rockies formten.

Während der Fahrt genießen wir die abwechslungsreiche Landschaft aus Wiesen, den im Herbst golden gefärbten Espenhainen und dunklen Nadelwäldern, den Lawinenhängen, gletschergeschliffenen Felspartien und schroffen Gipfeln.

Die ersten Menschen in diesem Naturparadies waren vor etwa 1 300 Jahren die Ute-Indianer, und erst vor etwa 130 Jahren vermaßen und benannten Weiße die Berge aufgrund ihrer Form und Farbe »Maroon Bells«, »kastanienbraune Glocken«.

17 Maroon Lake, Aspen, Glenwood Springs

Majestätische Maroon Bells bei Aspen

Am wunderschönen **Maroon Lake** inmitten einer gelbblühenden Wiesenlandschaft verbringen wir den ganzen Vormittag mit Wandern, Fotografieren und Picknicken. Und die unvergleichlichen Maroon Bells bilden die Kulisse. Von links nach rechts sind das der Pyramid Peak, South Maroon Peak und North Maroon Peak, alle über 4 200 Meter hoch. Immer die Berge vor Augen, spaziert man zwei Kilometer am See entlang zu den **Beaver Ponds** am Fuße der Maroon Bells – die beste Wandermöglichkeit weit und breit.

Zurück in Aspen, kann man durch das überschaubare, nette Zentrum mit Berg- und Skisportartikelgeschäften, Nobelboutiquen und Kunstgalerien bummeln. Abwechslungsreich, belebt und doch beschaulich geben sich die baumbestandenen Fußgängerzonen **Cooper Avenue Mall** und **Hyman Avenue Mall**. An den Wasserfontänen gegenüber dem Wheeler Opera House jagen fast immer viele Kinder den emporhüpfenden Wassersäulen nach. Das **Wheeler Opera House** am östlichen Ende der Hyman Avenue Mall wie auch das Nobelhotel Jerome zwei Querstraßen weiter wurden 1889 von Jerome B. Wheeler erbaut. Der Geschäftsmann Wheeler prägte während Aspens Silberboomzeit das kulturelle und wirtschaftliche Leben der Stadt wesentlich mit und verlor, wie viele andere, 1893 sein Vermögen.

Am Nachmittag steht die Fahrt nach **Glenwood Springs** auf dem Programm. 7 700 Einwohner hat die Stadt, die verglichen mit Aspen auf »nur noch« 1755

Glenwood Springs: Hanging Lake, Hot Springs Pool

Meter Meereshöhe liegt. Direkt östlich der Stadt beginnt der 29 Kilometer lange **Glenwood Canyon**. Durch die von 600 Meter hohen Wänden begrenzte, enge Schlucht schlängeln sich der Colorado River und in vielen Kurven die Interstate 70 mit dem zum Radweg ausgebauten Glenwood Canyon Recreation Trail parallel dazu. Eine eigene Autobahnabfahrt führt direkt zum populärsten Wanderweg im Canyon. Nach einem zwei Kilometer langen, panoramareichen Anstieg durch den Deadhorse Canyon erreichen wir den 300 Meter über dem Tal gelegenen **Hanging Lake**, den wir auf einem kurzen Holzplankenweg umrunden.

Der wohl berühmt-berüchtigtste Einwohner von Glenwood Springs liegt auf dem **Linwood Cemetery** begraben. Doc John Henry Holliday (1852–87), eigentlich Zahnarzt, war weit besser bekannt als trinkfester Revolverheld, und er war 1881 zusammen mit den Brüdern Morgan, Virgil und Wyatt Earp an der legendären Schießerei im »OK Corral« in Tombstone, Arizona, beteiligt, bei der drei Cowboys getötet wurden. Doc Holliday lebte trotz verschiedener Anfeindungen unbehelligt weiter. Sein Grabstein besagt, dass er wie jeder »anständige« Bürger der Stadt im Bett verstarb – und zwar an Tuberkulose.

Den **Glenwood Hot Springs Pool**, die Top-Attraktion, haben wir uns für den Abend vorbehalten. Das von natürlichen, heißen Quellen gespeiste Schwimmbad gehört zu den größten in den USA, es liegt im Stadtzentrum neben der Interstate 70. Das große, 35 Grad warme Becken und das kleinere mit 40 Grad locken Badegäste an – im heißen Sommer genauso wie im schneereichen Winter, wenn dicke Dampfwolken über den Becken liegen. Beim Schwimmen mit Sicht auf die Berge entspannt nichts mehr als das warme Wasser und der wohlige Gedanke an einen erholsamen Tagesausklang – auch so kann Urlaub in den Rockies sein.

In den Glenwood Springs badeten schon die Ute-Indianer, die das mineralienreiche Wasser »Yampah« nannten, was soviel wie »große Medizin« bedeutet. Natürlich sprachen sich die vermeintlich heilenden Kräfte der heißen Quellen schnell herum. In den bald populären Pools trafen sich während der Gold- und Silberbooms die Industriellen mit ihren Familien zum Baden. Das Schwimmbad in dieser Form existiert seit mehr als einem Jahrhundert, an Wohltaten des modernen Lebens sind Restaurant und Geschäft mit Badezubehör, Gymnastikraum, Jacuzzi, Dampfraum und zahlreiche Fitnessangebote hinzugekommen. ❖

Elks Building in Aspen

⑰ Infos: Aspen

Weitere Informationen zu Aspen finden Sie bei der 16. Route S. 200 f.

Aspen Chamber Resort Association
425 Rio Grande Place
Aspen, CO 81611
✆ (970) 925-1940 und 1-800-670-0792
Fax (970) 920-1173
www.aspenchamber.org

Entspannung auf Aspens Fußgängerzonen

Maroon Bells Bus Tour
Roaring Fork Transit Authority (RFTA)
Aspen, CO 81611
✆ (970) 925-8484, www.rfta.com
Pendelbusse auf der Maroon Creek Rd., die von 8.30–17 Uhr ab der T-Lazy 7 Ranch nur für registrierte Camper freigegeben ist.
Tägl. Mitte Juni–Anfang Sept., Sept. nur Sa/So, alle 20 Min.
Ab Aspen Highlands Ski Area in Downtown 9–16.30 Uhr
Ab Maroon Bells 9.30–17 Uhr
Fahrpreis 6 $

Maroon Bells Lodge & Outfitters
3125 Maroon Creek Rd.
Aspen, CO 81611
✆ (970) 920-4679 (Lodge), (970) 920-4677 (Stall)
www.maroonbellsaspen.com
Cowboyträume werden wahr: Halbtagesritt von der T-Lazy 7 Ranch ins herrliche Maroon Creek Valley, 135 $.

Wheeler Opera House
320 E. Hyman Ave.
Aspen, CO 81611
✆ (970) 920-5770
www.wheeleroperahouse.com
Restauriertes Opernhaus von 1889. Theaterstücke, Konzerte, Lesungen und andere Veranstaltungen finden in dem restaurierten Opernhaus von 1889 statt. Mit Aspen Visitor Center, ✆ (970) 262-7736.

Feste in Aspen:

Aspen Music Festival
Musikzelt im Westen der Stadt, Wheeler Opera House und Harris Concert Hall
✆ (970) 925-9042
www.aspenmusicfestival.com
Ende Juni–Ende Aug. tägl.
Das neunwöchige Festival mit Chor- und Orchesterauftritten sowie Kammerkonzerten gehört zu den kulturellen Höhepunkten der Rockies. Unter den Fitti-

Infos: Aspen, Glenwood Springs

chen des Chicagoer Industriellen Walter Paepcke fand es erstmals 1949 statt. Zu den Freiluftkonzerten bringen die Zuhörer Decken und Picknickkörbe mit.

Snowmass Village Rodeo
Snowmass Rodeo Grounds, Brush Creek Rd., Aspen, CO 81611
℅ 1-888-649-5982
www.snowmassrodeo.org
Ende Juni–Ende Aug. Mi 19 Uhr
Eintritt 16 $, Barbecue 18 $
Bareback bronc riding, bull und *barrel racing* und weitere Rodeoaktionen, die von einem bunten Beiprogramm aus Western Barbecue, Saloon, Parade und Country Music begleitet werden.

Glenwood Springs Chamber Resort Association
1102 Grand Ave.
Glenwood Springs, CO 81601
℅ (970) 945-6589 und 1-888-445-3696
Fax (970) 945-1531
www.glenscape.com

Hot Springs Lodge
415 E. 6th St., I-70, Ausfahrt 116

Glenwood Springs, CO 81601
℅ (970) 945-6571 und 1-800-537-7946

Fax (970) 947-2950
www.hotspringspool.com
Modernes Hotel mit 107 großzügigen Zimmern direkt am Schwimmbad. Mit Restaurant. $$$

Hostelling International Glenwood Springs
1021 Grand Ave.
Glenwood Springs, CO 81601
℅ (970) 945-8545 und 1-800-946-7835
www.hostelcolorado.com
Jugendherberge in der Nachbarschaft der Hot Springs. $

Hotel Colorado
526 Pine St.

Glenwood Springs, CO 81601
℅ (970) 945-6511 und 1-800-544-3998

Fax (970) 945-7841
www.hotelcolorado.com
Prächtiges, nostalgisches Grandhotel. Mit seinen zwei beflaggten Türmen ist es ein Wahrzeichen der Stadt. 128 Zimmer, mit Restaurant. $$$–$$$$

Elk Creek Campground
0581 County Rd. 241, 15 km westl. von Glenwood Springs, New Castle, CO 81647
℅ (970) 984-2240 und 1-866-489-3240
www.koa.com, Ende Mai–Anfang Sept.
Komfortabler Campground unter großen Bäumen, 89 Stellplätze. Angeln im Fluss möglich.

Doc Holliday's Grave
Linwood Cemetery
Glenwood Springs, CO 81601
Friedhof mit der Grabstätte des Westernhelden auf einer Anhöhe östlich der Stadt.

Bayou Cajun Restaurant and Bar
52103 Hwys. 6 & 24
Glenwood Springs, CO 81601
℅ (970) 945-1047, tägl. Dinner
Shrimps Ettoufée, Shrimps Creole, Gumbo und andere typische Gerichte aus dem Süden Louisianas. $$

Buffalo Valley
3637 SR 82

Glenwood Springs, CO 81601
℅ (970) 945-5297

Echt Western: Bisonburger und -steaks, Prime Ribs und andere Grillgerichte im Buffalo Valley Inn. Und nach dem Essen: Square Dance auf dem großen Tanzboden, Sa/So mit lokaler Countryband. $$

Glenwood Hot Springs Pool
Siehe Hot Springs Lodge

Ende Mai–Anfang Sept. tägl. 7.30–22, sonst ab 9 Uhr; Eintritt 12 $
Durch natürliche, heiße Quellen gespeistes, großes Schwimmbad mit 35 °C, kleineres Becken mit 40 °C. Fitnessclub, Cafeteria.

🔴18 Durch das Reich der Dinosaurier und wilden Schluchten
Das Dinosaur National Monument

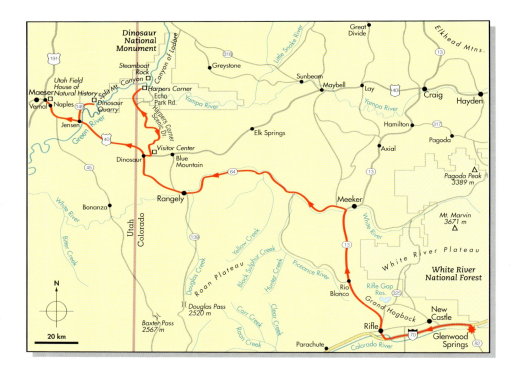

18. Route: Glenwood Springs – Dinosaur National Monument – Vernal (423 km/263 mi)

km/mi	Zeit	Route
0	8.30 Uhr	In **Glenwood Springs** auf die I-70 West bis Ausfahrt 90, in Rifle rechts auf SR 13, vor Meeker links ab auf SR 64 bis **Dinosaur**, rechts auf US 40 bis zum
225/140	11.00 Uhr	**Visitor Center** des **Dinosaur National Monument**. Harpers Corner Scenic Drive bis zum
274/170	12.00 Uhr	Picknickplatz **Echo Park Overlook** und Pause. Weiterfahrt zu **Harpers Corner**, Spaziergang auf dem Harpers Corner Trail.

Durch das Reich der Dinosaurier und wilden Schluchten

234	15.30 Uhr	Zurück zum Visitor Center, rechts auf US 40 nach Jensen, rechts auf SR 149 zum **Dinosaur Quarry**, Rückfahrt auf SR 149 nach Jensen, rechts ab auf US 40 nach
423/263	18.00 Uhr	**Vernal**.

> **Ausflug:** Die attraktivste Straße im Dinosaur National Monument ist die unbefestigte, 21 km lange **Echo Park Road ins Tal des Green River**. Pro Wegstrecke sollte man mindestens eine Dreiviertelstunde Fahrtzeit einkalkulieren. Die bei Trockenheit für Pkws passabel befahrbare Route verwandelt sich bei Regengüssen zu einer stellenweise schlecht passierbaren Schlammpiste.

Aus der Vogelperspektive: der Green River im Dinosaur National Monument

Dinosaur National Monument: Echo Park Overlook

Auf dem Weg vom äußersten Nordwesten Colorados nach Utah erlebt man mit dem Staats- auch einen gravierenden Landschaftswechsel. Im Rücken liegen die hohen, schroffen Gipfel der Rocky Mountains und in Fahrtrichtung eröffnet sich ein Bild trockener, stellenweise von tiefen Canyons zerschnittener, wilder Hochplateaus. Zunächst führt die Interstate 70 ein Stückchen den Colorado River flussabwärts, dann geht es hinauf in die Einsamkeit der Plateaus, weiter im Tal des White River und schließlich nach **Dinosaur**. Diese unscheinbare Ansiedlung wäre keiner Erwähnung wert, läge sie nicht am Eingang zum phantastischen **Dinosaur National Monument** an der Grenze zwischen Colorado und Utah.

Im Visitor Center wird das nötige Hintergrundwissen vermittelt zu diesem Naturpark mit den zwei völlig unterschiedlichen Gesichtern: dem **Dinosaur Quarry** mit einer ungeheuren Fülle an Dinosaurierfossilien und dem **Echo Park** mit seinen wahrlich atemberaubenden Canyonlandschaften um den Zusammenfluss von Green und Yampa River.

Zum **Echo Park Overlook**, dem schönsten Aussichtspunkt im Park, führt uns der **Harpers Corner Scenic Drive**. Landkartengleich breitet sich dort zu unseren Füßen eine schier unglaubliche Szenerie gewaltiger Verwerfungen, bizarrer Faltungen und mächtiger Canyons aus. Hier stellt sich zur Freude der Geologen das Erdinnere besonders prägnant zur Schau.

Und es geht noch ein Stückchen weiter – ein wahrlich überragendes Panorama bietet der etwa ein Kilometer lange

Wie der Bug eines Dampfschiffs: der Steamboat Rock im Echo Park ▷

Dinosaur National Monument 18

Dinosaur National Monument: Echo Park, Green und Yampa River

Harpers Corner Trail, der immer auf dem Höhenrücken entlangführt, bis er an einem Felsvorsprung atemberaubende 700 Meter über dem **Echo Park** endet. Im Nachmittagssonnenlicht werden Steamboat Rock und die anderen Felsen wunderschön beleuchtet. Wie silbrig glänzende Adern schlängeln sich Yampa und Green River durch die tiefen Schluchten.

Wer den Abstecher auf der **Echo Park Road**, einer recht buckeligen, roten Sandpiste, unternimmt, taucht ein in dieses imposante Szenarium aus rostrotem und blassgelbem Fels und Staub, das dennoch im Wesentlichen von der Kraft des Wassers, besonders von den rauschenden Gewittergüssen, geschaffen wurde. Unterwegs trifft man auf die sonnenverblichenen Blockhütten und Scheunen der vom Anfang des 20. Jahrhunderts stammenden Pool Creek Ranch von Mary und Jack Chew, zwei der wenigen Siedler, die jemals versucht haben, in dieser Einsamkeit Fuß zu fassen. Zu Beginn des dritten Jahrhunderts vergisst man allzu leicht das Mühlsal früherer Bewohner, wenn man bequem per Pkw oder Wohnmobil den kleinen Campground in atemberaubender Lage im Flusstal erreicht.

Dort am Ende der Echo Park Road ragt im Echo Park nahe dem Zusammenfluss von Green und Yampa River der mächtige **Steamboat Rock**, der »Dampfschiff-Fels«, empor. Steil und langgestreckt, schiebt er sich wie der Bug eines Dampfers in die engen Fluss-Schlingen des Green River – der im Übrigen eines der besten Reviere zum Whitewater Rafting in den westlichen Rocky Mountains ist.

Green und **Yampa River** – unterschiedlicher könnten zwei Flüsse gar nicht sein. Der Yampa River strömt durch Canyons aus steilen, teilweise überhängenden, hellen Sandsteinklippen. Keine Staumauern halten seine tosenden Frühjahrshochwasser ab, er ist der einzig bedeutende Arm im Colorado-Stromsystem, der relativ ungestört fließen kann. Der Green River zwängt sich durch in gewaltigen Terrassen abgestufte, dunkle Canyons wie den Canyon of Lodore im Norden des Dinosaur National Monument. Durch den 72 Kilometer stromaufwärts gelegenen Flaming Gorge Dam, das Ziel des 18. Tages, hat er das gesamte Jahr über einen relativ gleichmäßigen Wasserzufluss. Vor dem Dammbau schoss beim Frühjahrshochwasser im Juni gleich zehnmal so viel Wasser hinunter wie im Spätsommer.

Erster »Whitewater Rafter« auf dem Green River war 1825 die Gruppe um General William H. Ashley, den Inhaber einer Pelzhandelsgesellschaft. Wacker kämpften sich die wildwasserunerfahrenen Männer mit relativ stoßfesten Booten aus Bisonleder, das über ein Gerüst aus Weidenästen gespannt war, – wie sie auch die Prärieindianer traditionell benutzten – über die Fluten des ungezähmten Stroms.

Indianer berichteten Ashley, dass der Fluss weiter westlich – jenseits der Grenzen des heutigen Dinosaur National Monument – nur durch trockene Canyons führen würde, und so kehrte General William H. Ashley ohne den geringsten Hinweis auf reiche Pelzgründe enttäuscht über Land zurück.

Major John Wesley Powell dagegen – ein berühmter Name unter den Flusserforschern des Westens – trieb der unbeugsame Drang eines leidenschaftlichen Forschers und Geologen vorwärts. Mit eisernem Willen und Mut bezwang der einarmige Veteran des Sezessionskrieges 1869 den Green River mit stabilen Booten aus hartem Eichenholz.

Dinosaur National Monument: Dinosaur Quarry; **Vernal**

Von den haarsträubenden Gefahren und Beinahekatastrophen einer solchen Unternehmung berichten die von ihm benannten Stromschnellen, wie Hells Half Mile, die »höllische halbe Meile«, oder die Disaster Falls, die »Katastrophenfälle«, an denen eines seiner Boote vollständig zerschmetterte. Aber Übung machte den Meister, und die vorsichtiger gewordene Crew trug schließlich über weite Portagen die für Wildwasser wenig tauglichen Boote um die Hindernisse herum. Im selben Jahr konnten sie auch den Erfolg verzeichnen, als erste Menschen den Grand Canyon durchfahren zu haben.

In den von Wildwasserexperten gelenkten modernen Mehrkammerschlauchbooten aus stoßfestem Gummi ist das Whitewater Rafting heute zwar überaus spannend, aber nicht mehr gefährlich. Man braucht nur ein wenig Zeit, denn Wildwassertouren dieser Art dauern im Allgemeinen auch heute noch mehrere Tage. Allein der Yampa River innerhalb des Dinosaur National Monument misst bis zur Mündung in den Green River 74 Stromkilometer, und man schafft vielleicht 15 bis 20 Kilometer am Tag.

Eine schöne Eintagestour gibt es auf dem Green River, sie führt über 14 Kilometer vom Rainbow Park durch den wildromantischen Split Mountain Canyon bis zum Split Mountain im Südwesten des Parks – dort, wo sich auch der Dinosaur Quarry befindet.

Das ist das Stichwort für einen Blick zurück in das Erdzeitalter der Dinosaurier im frühen Jura. Fiktionen wie Steven Spielbergs Filmklassiker »Jurassic Park« lösten Anfang der 1990er Jahre einen weltweiten Dino-Boom aus. In der realen Welt der Paläontologen ruhen die meisten Dinosaurierfossilien seit rund 145 Millionen Jahren unberührt in den graugrünen Sandsteinschichten der Morrison Formation.

In das Licht der Weltöffentlichkeit hob sie erstmals der Paläontologe Earl Douglass vom Carnegie Museum in Pittsburgh, Pennsylvania, als er 1909 im Gebiet des heutigen Dinosaur Quarry an den Schwanzknochen eines Brontosauriers zupfte. Seine Entdeckung setzte ein Lawine in Gang, dank seiner wissenschaftlichen Neugier entwickelte sich in den nächsten 15 Jahren mit mehreren vollständig erhaltenen Skeletten und insgesamt 315 Tonnen Knochen von zehn Dinosauriergattungen eine der reichsten Fundstätten Nordamerikas.

Heute kann man im **Dinosaur Quarry** Dinosaurierfossilien in Originalumgebung anschauen. Denn hier wurde der Sandstein der Ausgrabungsstätte mit seinen rund 2 000 in akribischer archäologischer Arbeit freigelegten, konservierten Fossilien, die schon Millionen Jahre an ihren ursprünglichen Plätzen verharren, mit einem markanten Glasgebäude geschützt. Im Museum beeindrucken mehrere, aus echten und rekonstruierten Knochenteilen erstellte Dinosaurierskelette, und im Laboratorium kann man die Paläontologen bei ihrer Arbeit beobachten.

Vernal heißt unser Etappenziel; die einzige größere Stadt im Nordosten Utahs (7 700 Einwohner) steht ganz im Zeichen der Dinosaurier. Sehenswert ist der **Utah Field House of Natural History State Park** (mit städtischem Info-Center), der Ausstellungen zu Geologie und Paläontologie zeigt. Genug der Theorie, wir machen einen Spaziergang zu den 15 lebensgroßen und fast lebensecht wirkenden Dinosauriermodellen, die in den natürlich gestalteten Außenanlagen des **Dinosaur Garden** »hausen«.

18 Infos: Dinosaur, Jensen, Vernal

Dinosaur National Monument
4545 E. Hwy. 40 (an der Einmündung des Harpers Corner Scenic Drive)
Dinosaur, CO 81610
✆ (970) 374-3000
www.nps.gov/dino
Parkinfo mit Ausstellungen tägl. 8–16.30, sonst Mo–Sa 8–16.30 Uhr; Eintritt frei

Harpers Corner Scenic Drive
Dinosaur National Monument
50 km lange Stichstraße in das Herz des Naturparks. 10 km vor Harpers Corner zweigt die unbefestigte Echo Park Road ab.

Harpers Corner Trail
Endpunkt des Harpers Corner Scenic Drive
1.5 km langer Wanderweg zum besten Aussichtspunkt über Green und Yampa River.

Adrift Adventures
Jensen, UT 84035
✆ (435) 789-3600 und 1-800-824-0150
www.adrift.com
Z. B. eintägige Whitewater-Rafting-Trips auf dem Green River, 69 $.

Hatch River Expeditions
Vernal, UT 84078
✆ (435) 789-4316 und 1-800-342-8243
www.hatchriver.com
Ein- bis fünftägige Whitewater-Rafting-Trips auf Green und Yampa River, ab 69 $.

Dinosaur Quarry
Dinosaur National Monument
Jensen, UT 84035
10 km nördl. von Jensen über SR 149, im Sommer Pendelbusverbindung zwischen Museum und Parkplatz
✆ (435) 789-2115
Ende Mai–Anfang Sept. tägl. 8–19, sonst 8–16.30 Uhr; Eintritt pro Auto 10 $ (7 Tage), 50 $ National Parks Pass (vgl. S. 286)
Das glasüberdachte Museum ist die einzige Stelle im Park mit Dinosaurierfossilien in einer originalen Sandsteinschicht, zudem sind Dinosaurierskelette ausgestellt.

Green River Campground
Dinosaur National Monument, 8 km östl. des Dinosaur Quarry
Jensen, UT 84035
Mitte April–Anfang Okt.
Großzügiger Campingplatz, 88 Stellplätze. $

Echo Park Campground
Am Ende der Echo Park Rd.
Dinosaur, CO 81610
Dinosaur National Monument
Einfacher Campingplatz in exzellenter Lage, 17 Stellplätze. $

Dinosaurland Travel Board
55 E. Main St.
Vernal, UT 84078
✆ (435) 789-6932 und 1-800-477-5558
Fax (435) 789-7465
www.dinoland.com

Outlaw Trail Campground & RV Park
9650 E. 6000 S.
Jensen, UT 84035
✆ (435) 790-4977, April–Okt.
Campingplatz auch für Wohnmobile mit 100 Stellplätzen. Am Hwy. 40 und dem Abzweig zum Dinosaur Quarry.

Split Mountain Motel
1015 E. US 40, Vernal, UT 84078
✆ (435) 789-9020
Preiswertes Motel östlich der Stadt (40 Zimmer). $$

Weston Plaza Hotel
1684 W. US 40, südl. von Vernal
Vernal, UT 84078
✆ (435) 789-9550, Fax (435) 789-4874
Komfortables Hotel mit 102 Zimmern, Swimmingpool und Jacuzzi. $$$

KOA Vernal
1800 W. Sheraton Ave., 4 km westl. von

🔴18 Infos: Vernal

Eingangspforte zur Welt der Dinosaurier: Dinosaur Quarry

Vernal, Vernal, UT 84078
✆ (435) 789-2148 und 1-800-KOA-7574
www.koa.com, April–Okt.
Komfortcamping, schattige Wiesenstellplätze, *full hookups*. $

 Utah Field House of Natural History State Park
 496 E. Main St.
Vernal, UT 84078
✆ (435) 789-3799
Tägl. Juni–Aug. 8–19, sonst 9–17 Uhr
Eintritt 5 $
15 lebensgroße Dinosauriermodelle im Dinosaur Garden, Museum zur Geologie und Paläontologie.

 Golden Corral Steakhouse
1046 W. US 40
Vernal, UT 84078
 ✆ (435) 789-7268
Familienrestaurant mit etwas Westernatmospäre. Besonders gute Steaks und Salatbar. $$

 Cracked Pot Restaurant
1089 E. US 40
Vernal, UT 84078
✆ (435) 781-0122
Gutes Restaurant, serviert Steaks und andere amerikanische Gerichte. $$$

 Casa Rios
2015 W. Hwy. 40
Vernal, UT 84078
✆ (435) 789-0103
Pikante mexikanische Küche. $

⑲ Flammende Schlucht zwischen Utah und Wyoming
Flaming Gorge National Recreation Area

19. Route: Vernal – Flaming Gorge National Recreation Area – Fort Bridger – Salt Lake City (422 km/262 mi)

km/mi	Zeit	Route
0	8.00 Uhr	**Vernal**, nördl. auf der US 191 zum
69/43	9.30 Uhr	**Flaming Gorge Dam**, US 191 zurück nach Süden, rechts abbiegen auf SR 44, rechts auf FR 095 zum
90/56	10.30 Uhr	**Red Canyon Visitor Center**, zurück zur SR 44, dort rechts abbiegen zum
122/76	12.00 Uhr	Picknickplatz auf dem **Dowd Mountain**; zurück zur SR 44, rechts abbiegen bis **Manila**, links abbiegen auf SR 43, die in Wyoming zur SR 414 wird, nördlich von Mountain View links abbiegen auf US 30 nach
249/155	15.00 Uhr	**Fort Bridger**. Weiterfahrt auf US 30 bis zur Autobahn I-80, über die Grenze nach Utah hinweg bis zur Ausfahrt 120, rechts ab auf I-84 nach Westen bis zur Ausfahrt 115, links auf Hwy. 65 (Pioneer Memorial Scenic Backway), rechts auf Emigration Canyon Rd. nach
422/262	18.30 Uhr	**Salt Lake City**.

Uinta Mountains, Flaming Gorge

> **Alternative:** Ab der Ausfahrt 5 in Evanston von der I-80 links Richtung Süden auf den Hwy. 150 (Mirror Lake Scenic Byway), weiter über Hwy. 248, Hwy. 40 und I-80, Ausfahrt 134 rechts auf Hwy. 65. Die sehr schöne Strecke über den **Mirror Lake Summit** (3109 Meter) durch die westlichen Ausläufer der Uinta Mountains dauert rund eine Fahrtstunde länger als die Hauptroute.

Der »Flaming Gorge – Uintas Scenic Byway«, wie die attraktive US 191 genannt wird, steigt von Vernal schnell hinauf in die östlichen Ausläufer der **Uinta Mountains**. Fast 1000 Höhenmeter arbeiten wir uns aus dem Tal bis zum Pass (2569 Meter) empor. Doch im Vergleich zum Kings Peak (4123 Meter), dem höchstem Gipfel der Uinta Mountains und zugleich Utahs, bewegen wir uns immer noch im »Mittelfeld« des Gebirges.

Aber nicht nur die sehenswerte, panoramareiche Trassenführung vom grünen Tal zu den eher kargen Höhen mit den weiten, duftenden Salbeibüschen macht den Reiz der Strecke aus. Hier erhält man auch eine Nachhilfestunde in Sachen Geologie, denn die längs der Straße aus dem Erdinneren auftauchenden Gesteinsschichten präsentieren eine Milliarde Jahre Erdgeschichte wie aus dem Lehrbuch. 20 anschauliche Informationstafeln erläutern jeweils geologische Zusammenhänge und Abläufe, beschäftigen sich mit Fossilienfunden sowie der prähistorischen und gegenwärtigen Tierwelt. Und so erreichen wir erst nach vielen Stopps unser nächstes Ziel: die Flaming Gorge.

In der **Flaming Gorge National Recreation Area** an der Grenze zwischen Utah und Wyoming wird der Green River, mit respektablen 1175 Kilometern längster Nebenfluss des Colorado River, aufgestaut. Als der tatendurstige Major John Wesley Powell, von dessen wagemutigem Forscherdrang wir bereits im Dinosaur National Monument hörten, 1869 die noch ursprüngliche Flaming Gorge sah, begeisterte ihn die im Sonnenuntergang brillant rot angestrahlte Schlucht. Wenig ist heute Major Powells Beschreibung hinzuzufügen, es sieht noch immer genauso phantastisch aus. Wenn auch die Schlucht durch den Stausee etwas an Tiefe verloren hat, bringt die spiegelnde Seefläche eine weitere ästhetische Komponente in das Landschaftsbild. See und Steilufer sind durch breite Bänder aus gesprenkeltem Braun oder Grau getrennt.

Zwei unterschiedliche Gesichter prägen den 146 Kilometer langen, verwinkelten Stausee. Die Südseite in Utah mit dem von John Wesley Powell beschriebenen **Red Canyon** ist eine in die Nordostflanke der Uinta Mountains eingeschnittene, gewundene Schlucht. In Richtung Nordende des Sees in Wyoming gehen die Berge in ein hügeliges Hochplateau ohne nennenswerte Canyons über.

Einziger Ort am Flaming Gorge Reservoir ist das nur 100 dauerhafte Einwohner zählende **Dutch John** direkt unterhalb der 1964 eingeweihten Staumauer. Nach einem kurzen Blick auf den 139 Meter hohen und 392 Meter langen Betondamm (man kann auch die Kraftwerksanlagen besichtigen), sollte man den Spuren von Major John Powell folgen und die Möglichkeit, in die tiefen Schluchten zu schauen, an den wenigen Stichstraßen ab dem Hwy. 44 nutzen.

Erster Anlaufpunkt ist das **Red Canyon Visitor Center**; direkt vom Gebäude

Zivilisationslose Weiten: Traumlandschaft in der Flaming Gorge National Recreation Area ▷

Flaming Gorge, Fort Bridger, Salt Lake City

fällt der Blick steil hinab in das Herz des Roten Canyon – der lange, schmale See in der farbigen Schlucht mit dem weißen Rand oberhalb des Seespiegels liefert ein beeindruckendes Panorama. Wenige Kilometer weiter zweigt vom Hwy. 44 die Straße zum **Dowd Mountain Overlook** ab. Von dem exzellenten Aussichtspunkt auf Red und Hideout Canyon und rund um den Picknickplatz schweift der Blick in alle Richtungen.

Direkt am Hwy. 44 erreichen wir unseren nächsten *vista point*. Die Umgebung der malerischen **Sheep Creek Bay** mit der gut frequentierten Bootsanlegestelle präsentiert ein attraktives, aber deutlich niedrigeres Felsenarrangement. Wer noch ein wenig Zeit erübrigen kann, folgt landeinwärts dem 16 Kilometer langen **Sheep Creek Loop Scenic Backway**, der parallel zum Hwy. 44 wieder zurück zur Hauptstraße führt. In einem erodierten Canyon sind Gesteinsschichten aus verschiedenen Erdzeitaltern und auf den Felsen gelegentlich Dickhornschafe zu sehen.

Nach Verlassen der Flaming Gorge wird die Landschaft zur welligen Hochebene. Mit dem knapp 300 Einwohner zählenden **Manila** passiert man heute erst die zweite und zugleich letzte Ortschaft in Utah, aber Wyoming zeigt sich bis kurz vor der **Fort Bridger State Historic Site** genauso menschenleer.

Am Black's Fork des Green River erbaute der Pelzhändler Jim Bridger, der als ortskundiger Führer viele Regionen des Westens erkundet hatte, mit seinem Partner Louis Vasquez 1842 das **Fort Bridger**. Zu seiner Blütezeit war es nach Fort Laramie der zweitwichtigste Versorgungsstopp für Siedler auf dem monatelangen Weg vom Missouri River nach Oregon oder Kalifornien. Später wurde es durch eine Abkürzung umgangen. Mitte der 1850er Jahre kauften geschäftstüchtige Mormonen die für sie noch immer bedeutende Handelsniederlassung kurz vor der Hauptstadt Salt Lake City, brannten sie allerdings nach einem Streit mit der US-Regierung nieder. 1858 baute die Armee Fort Bridger erneut als Stützpunkt auf, u.a. für die flinken Reiter des Pony Express und die schnellen Postkutschen der Overland Stage Route.

Als 1869 die Dampfzüge der Union Pacific Railroad, der ersten transkontinentalen Eisenbahnlinie, in der Nähe vorbeischmauchten, hatte das Fort als Verkehrsknotenpunkt ausgedient. Schauen wir uns ein wenig um in den restaurierten Gebäuden und den historischen Ausstellungen im Museum, die ihren Besuchern den Zeitgeschmack aus der Mitte des 19. Jahrhundert vermitteln. Am ersten Septemberwochenende findet hier das **Mountain Man Rendezvous** mit zeitgenössisch gekleideten Trappern und Händlern statt.

Im Gegensatz zu den frühen Pionieren genießt man heute den Komfort bester Straßen; statt mindestens einer entbehrungsreichen Woche bringt uns die Autobahn in weniger als zwei Stunden nach **Salt Lake City**. Um einen weiteren Schuss Historie in die Route einfließen zu lassen, folgen wir aber auf dem **Pioneer Memorial Scenic Backway** durch den **Emigration Canyon** den Spuren von Brigham Young, der mit den ersten mormonischen Siedlern am 24. Juli 1847 durch dieses Tal zum Großen Salzsee hinabblickte und seinen enthusiastischen Stoßseufzer: »This is the place!« hervorstieß. Heute genießen wir das Panorama der Stadt mit der tief stehenden Sonne über dem Großen Salzsee im Hintergrund. Für Brigham Young war dies ein erlösender Schritt in eine neue Zukunft, für uns vielleicht die letzte Etappe einer langen Reise.

19 Infos: Manila, Dutch John, Fort Bridger

Flaming Gorge National Recreation Area/Ashley National Forest
25 W. Hwy., Manila, UT 84046
✆ (435) 784-3445; Eintritt 5 $ (für 16 Tage)
Infos auch bei Dinosaurland Travel Board, vgl. S. 214.

Flaming Gorge Dam
Dutch John, UT 84023
Tägl. 9–16 Uhr; Eintritt frei
139 m hoher und 392 m langer Betondamm, Besichtigung der Kraftwerksanlagen möglich.

Flaming Gorge Lodge
155 Greendale US 191
Dutch John, UT 84023
✆ (435) 889-3773, www.fglodge.com
Hotelzimmer, Ferienwohnungen, Restaurant, Angel- und Wassersport knapp südlich des Staudamms. $$

Red Canyon Lodge
790 Red Canyon Rd.
Dutch John, UT 84023
✆ (435) 889-3759, Fax (435) 889-5106
www.redcanyonlodge.com
Lodge mit Blockhütten und Restaurant in der Nähe des Red Rock Visitor Center, Fahrrad- und Bootsverleih, Reitstall. $$$–$$$$

Red Canyon Visitor Center
Dutch John, UT 84023
✆ (435) 889-3713
Mitte Mai–Anfang Sept. tägl. 10–17 Uhr
Aussichtspunkt mit Parkinformation, 400 m steil oberhalb des Red Canyon.

Dowd Mountain Overlook
Flaming Gorge National Recreation Area
Picknickplatz mit hervorragender Aussicht über Red Canyon und Hideout Canyon.

Sheep Creek Loop Scenic Backway
Flaming Gorge National Recreation Area
16 km lange Seitenstraße parallel zum Hwy. 44.

Fort Bridger State Historic Site
Fort Bridger, WY 82933
✆ (307) 782-3842
http://wyparks.state.wy.us/FBslide.htm
April–Okt. tägl. 9–16.30, Juni–Aug. bis 17.30 Uhr; Eintritt 2 $
1842 von Jim Bridger erbaute Handelsniederlassung mit restaurierten Gebäuden und Museumsausstellungen.

Mountain Man Rendezvous
Fort Bridger, WY 82933, ✆ (307) 787-6738
Am ersten Wochenende im Sept., Fr–Mo
Ein im historischen Stil und mit Teilnehmern in zeitgenössischer Kleidung abgehaltenes Treffen zwischen Indianern und Händlern.
200 Tipis sind aufgebaut, mit Ständen voller selbstgefertigter Reproduktionen typischer Produkte aus der Mitte des 19. Jh.

Informationen zu Salt Lake City finden Sie bei der 1. Route S. 88 ff.

Im Emigration Canyon nahe Salt Lake City

NÖRDLICHE ROCKY MOUNTAINS

❶ Von Bären und Wölfen, Erdbeben und Geisterstädten
Von West Yellowstone über Virginia City nach Butte

1. Route: West Yellowstone – Virginia City – Nevada City – Butte (254 km/158 mi)

Anschluß an die 4. bzw. 5. Route durch die »Zentralen Rocky Mountains« vgl. S. 108–125.

km/mi	Zeit	Route
0	9.00 Uhr	**Yellowstone Historic Center.** Am Ortsausgang von **West Yellowstone** US 287/191 nach Norden, an der Straßengabelung der US 287 nach links folgen zur
37/ 23	10.30 Uhr	**Madison River Canyon Earthquake Area.** Weiter US 287, in Ennis (nicht auf US 287 bleiben!) links auf den SR 287 abbiegen nach
135/ 84	12.30 Uhr	**Virginia City.** Weiter SR 287 nach
138/ 86	15.30 Uhr	**Nevada City.** Weiter SR 287, in Twin Bridges rechts auf Hwy. 41 (die Hauptstraße Hwy. 55 führt zur Autobahn), Abzweigung nach links auf Hwy. 2, weiter bis
254/158	18.00 Uhr	**Butte**, geradeaus auf Harrison Ave., rechts auf Cobban St., links auf Texas St., links auf Continental Dr. bis **Berkeley Pit**, weiter auf die Park St. und rechts auf Park oder Excelsior St. hinauf durch die Altstadt.

West Yellowstone: Yellowstone Historic Center

Virginia City: pittoreskes Goldrauschstädtchen des 19. Jahrhunderts

Keine 1 200 Einwohner, aber Tausende Urlauber halten sich allsommerlich in dem kleinen, 2 000 Meter hoch gelegenen Touristenstädtchen **West Yellowstone** am westlichen Eingang des Yellowstone National Park auf. Passend gibt es hier alles, was das Touristenherz begehrt: eine Fülle an Unterkünften, Campingplätzen, Restaurants und Geschäften sowie viele Outfitter, die Angel-, Wander- und Reittouren ausrüsten oder begleiten.

Detailliert beleuchtet das im altehrwürdigen Bahnhof angesiedelte **Yellowstone Historic Center** die naturgeschichtlichen Aspekte des ältesten Nationalparks der USA, zeigt ausgestopfte Tiere, porträtiert das Leben der *mountain men*, die in den Bergen lebten und jagten, der US-Kavalleristen, der Cowboys und Indianer. Ausführlich werden die großen Yellowstone-Feuersbrünste vom Sommer 1988 dokumentiert, außerdem stellt das Museum Westernkünstler wie den berühmten Charles M. Russell vor.

Schräg gegenüber in den beiden Freigehegen des kleinen Wildparks **Grizzly Discovery Center** hat man die Gelegenheit, neben Grizzly- und Schwarzbären ein Rudel Wölfe zu beobachten, und im dazugehörenden Museum erfährt man auch gleich naturwissenschaftliche Informationen zu beiden Tiergruppen. In

Madison River Canyon Earthquake Area, Virginia und Nevada City

freier Wildbahn erspäht man vielleicht den einen oder anderen Schwarzbären, mit viel Glück sogar einen Grizzly, aber einen Wolf zu Gesicht zu bekommen ist so gut wie aussichtslos.

Von West Yellowstone begleitet uns der im Yellowstone National Park entspringende Madison River, ein Quellfluss des mächtigen Missouri River, ein Stück des Weges. Die Region um Hebgen Lake und Earthquake Lake, die er wenig später durchfließt, hat als **Madison River Canyon Earthquake Area** Eingang in die regionale Geschichte gefunden. Drastisch dokumentiert ein großes Geröllfeld die Spuren des Erdbebens von 1959, das einen mächtigen Erdrutsch verursachte, der 28 Autoinsassen verschüttete und den Fluss zum Earthquake Lake aufstaute. Glücklicherweise hielt der Staudamm des Hebgen Lake den Erschütterungen stand. Das hiesige Visitor Center stellt Fotografien anderer schwerer Erdbeben in Nordamerika aus, Panoramafenster erlauben einen Überblick über das Schadensausmaß im Gelände.

Nur noch rund 100 Einwohner leben in dem als Touristenörtchen wiederbelebten **Virginia City** und seiner kleineren Schwester **Nevada City**, zwei pittoresken Goldrauschstädtchen aus dem späten 19. Jahrhundert, die nach den Goldfunden von Bill Fairweather, Henry Edgar und sechs anderer Prospektoren vom Mai 1863 am Alder Creek entstanden waren. In Windeseile hatten sich seinerzeit zu den vier ursprünglichen Goldsuchern weitere 10 000 Menschen zum wohl größten Goldrausch in Montanas Geschichte versammelt.

Nach zwei Jahren wurde das weit von jeglicher Zivilisation entfernte Virginia City mit seinen schnell erbauten Holzhütten und den im Winter schlammigen und im Sommer staubigen Straßen zur Hauptstadt des weiten Montana Territory deklariert. Doch schon 1876 fand die Herrlichkeit ein jähes Ende, das Goldrauschstädtchen lag verlassen da, die Hauptstadtwürde hatte sich Helena einverleibt.

Nach langem Dornröschenschlaf war den Geisterstädten allerdings eine neue Zukunft beschieden. Knapp anderthalb Jahrhunderte nach seiner Blütezeit zeigt sich Virginia City als reizvolles »lebendes« Museum. Hinter den verwitterten authentischen Holz- oder Backsteinfassaden längs der Hauptstraße, einige davon noch aus den 60er und 70er Jahren des 19. Jahrhundert, sind Souvenirgeschäfte, Restaurants und kleine Hotels eingezogen. Wie in der Gründerzeit kann man sich heute in so genannten *tourist claims* im Goldwaschen versuchen.

Kaum zu glauben, dass dieses brave Städtchen, auf dessen hölzernen Bürgersteigen heute Familien und Paare in Urlaubsstimmung flanieren, einst nicht nur Goldsucher anzog, sondern auch eine Bande, auf deren Konto Dutzende von Morden und Raubüberfällen gingen, und deren Anführer ausgerechnet der ortseigene Sheriff war. Aufgedeckt wurde das falsche Spiel von den »Vigilantes«, wie sich die zu Selbstschutz greifenden Goldsucher nannten.

Wer erst am späten Abend nach Butte zurückfährt oder hier übernachtet, kann sich ein zweites Mal in das 19. Jahrhundert zurückversetzen lassen. In der Old Gilbert Brewery, der ältesten Brauerei Montanas, treten die »Brewery Follies« in einer fröhlich-bunten Varietéshow auf.

Statt mit dem Auto kann man die zwei Kilometer bis Nevada City auch mit dem kleinen Touristenbähnchen überbrücken. Die langsam vorüberziehende Landschaft hat sich wahrschein-

Nevada City, Butte

lich seit dem 19. Jahrhundert ebenso wenig verändert wie Nevada City, wo es, abgesehen von den Touristen, höchstens ruhiger geworden ist. Noch immer empfängt das rustikale, authentisch restaurierte Nevada City Hotel Gäste, aber gleichzeitig ist es auch Teil eines kleinen Museumsdorfes. Mit restaurierten Holzgebäuden, Blockhütten, historischen Gerätschaften und Farmmaschinen, die aus dem Montana Territory zusammengetragen und nach einem Foto der Hauptstraße von 1865 zusammengestellt worden sind, erzählt das Nevada City Museum auf seine bescheidene Weise von der Zeit des Goldrausches. Faszinierend für die Menschen des CD-Zeitalters sind die in der Music Hall ausgestellten historischen Klaviere und andere »Musikmaschinen«.

Von Virginia City fahren wir zügig gen Norden und treffen unterwegs auf den längsten Quellfluss des Missouri River, der als Red Rock River entspringt und über die Flüsse Beaverhead, Jefferson, Missouri und Mississippi nach 5 969 Kilometern südlich von New Orleans in den Golf von Mexiko mündet.

Wenige Kilometer vor Butte überqueren wir mit dem 1967 Meter hohen **Pipestone Pass** die kontinentale Wasserscheide nach Westen, und schon bald funkeln uns die Lichter der großen Kupferstadt entgegen. Das weitflächig ausgebreitete **Butte**, der am Autobahnkreuz I-15 und I-90 gelegene wichtigste Verkehrsknotenpunkt Montanas, eignet sich besonders gut für einen Stopp auf der Reise zwischen Yellowstone und Glacier National Park.

Zeigt Relikte aus besseren Tagen: das Nevada City Museum

1 Butte: Berkely Pit Mine

Von hoher Warte ragt im Osten weithin sichtbar eines der Wahrzeichen von Butte auf: Strahlend weiß und 27 Meter hoch reckt sich die 1985 nach sechsjähriger Bauzeit vollendete Statue der »Our Lady of the Rockies« empor, die allen Müttern und Frauen gewidmet ist.

In der in den 1880er Jahren als »der reichste Hügel der Welt« bekannten 34 000-Einwohner-Stadt in den Bergen des südwestlichen Montana, lebten in der Blütezeit des Bergbaus doppelt so viele Menschen. Eine dominierende Rolle spielte Kupfer, für dessen Gewinnung fast fünf Millionen Tonnen Erze aus Buttes Boden gebaggert wurden. Die Fördertürme, die die Männer, Mulis und Gerätschaften nach unten in die Stollen und Kupfererze nach oben transportierten, zieren als fotogene historische Wahrzeichen die Skyline der Altstadt. Butte wird von den Einheimischen wegen der Höhenlage und der tiefen Stollen als »one mile high and one mile deep« beschrieben.

Zeichen des Wohlstandes der Kupferkönige ist das 1888 nach vierjähriger Bauzeit fertig gestellte **Copper King Mansion**, eine elegante viktorianische Villa mit Buntglasfenstern, Parkettböden und feinen Gipsarbeiten an den Decken und Wänden, die heute saisonal als Museum und ganzjährig als Bed & Breakfast fungiert. Dieses prächtige Haus gehörte dem Kupferkönig und Senator William A. Clark, einem der *big bosses*, die sich um das Zepter von Macht und Reichtum in Butte stritten.

Bei der Hausbesichtigung erfahren wir, dass auch dieser Wohlstand bald ein Ende hatte. Clarks ärgster Konkurrent, Marcus Daly, der die Anaconda Company besaß, errichtete im benachbarten Anaconda die weltgrößte Kupferhütte. Sie schlang mit der Zeit sämtliche Bergwerke von Butte in sich hinein und dominierte Montanas Bergbauindustrie über Jahre hinaus.

Als 1955 die hochgradigen Kupfererze zur Neige gingen, stoppte der kostspielige Untertageabbau und man begann praktisch mitten in der Stadt in der **Berkely Pit Mine**, einem der größten mit Lkws betriebenen Tagebaue der Welt, auch minderwertigere Erze abzubauen. Hunderte von Hütten, Häusern,

Berkely Pit Mine: die ehemalige Erzgrube von Butte macht Karriere als Touristenattraktion

Bars und Geschäften auf Buttes Ostseite – wahre Schmelztiegel der Völker, da viele Einwanderer zu den Jobs in den Bergwerken geströmt waren – mussten dem Tagebau seinerzeit weichen.

Heute ist das 2 100 Meter lange, 1 700 Meter breite und 550 Meter tiefe, grund- und abwassergefüllte Loch eine – im wahrsten Sinne des Wortes – »große« Attraktion der Stadt. Den beeindruckenden Tiefblick von der Aussichtsterrasse sollte man sich auf keinen Fall entgehen lassen. Nur ein kurzes Stückchen weiter, auf den Hügeln in der Altstadt erleben wir Butte aus anderer Sichtweise. Als schweigende Reminiszenz an die Blütezeit der Stadt zu Anfang des 20. Jahrhundert recken sich stillgelegte Fördertürme arbeitslos, aber fotogen, in die Höhe.

❶ Infos: West Yellowstone, Virginia City, Nevada City

West Yellowstone Visitor Information Center
30 Yellowstone Ave.
West Yellowstone, MT 59758
✆ (406) 646-7701, Fax (406) 646-9691
www.westyellowstonechamber.com

Yellowstone Historic Center
124 Yellowstone Ave.
West Yellowstone, MT 59758
✆ (406) 646-1100
www.yellowstonehistoriccenter.org
Mitte Mai–Mitte Okt. tägl. 8–22 Uhr
Eintritt 7 $
Naturgeschichtliches Museum des Yellowstone NP im historischen Union Pacific Railroad Depot. Im Fokus: die Grizzlybären und die Waldbrände von 1988. Weiterhin gehören denkmalgeschützte Gebäude zum Museumskomplex.

Grizzly & Wolf Discovery Center
201 S. Canyon St.
West Yellowstone, MT 59758
✆ (406) 646-7001 und 1-800-257-2570
www.grizzlydiscoveryctr.com
Tägl. ab 8.30 Uhr bis zur Dämmerung
Eintritt 9.75 $
Freigehege mit Bären und Wölfen, Museum und Souvenirgeschäft.

Madison River Canyon Earthquake Area
Hebgen Lake Ranger District, US 287
West Yellowstone, MT 59758
✆ (406) 823-6961
Ende Mai–Ende Sept. tägl. 8.30–18 Uhr
Eintritt 3 $ pro Auto
Fotodokumentationen zum Madison River Canyon Earthquake und anderen Erdbeben Nordamerikas.

Virginia City Chamber of Commerce
Virginia City, MT 59755
✆ und Fax (406) 843-5555
✆ 1-800-829-2969
www.virginiacitychamber.com
Touristeninformation, Zentralreservierung für die beiden wiederbelebten, freundlichen Goldgräberstädte Virginia City und Nevada City.

Star Bakery Restaurant
1585 Hwy. 287, Virginia City, MT 59755
✆ (406) 843-5525
Typisch amerikanische Hausmannskost in gemütlichem, kleinen Lokal. $–$$

Brewery Follies
200 E. Cover St.
Virginia City, MT 59755
✆ (406) 843-5218 und 1-800-829-2969
www.breweryfollies.com
Ende Mai–Anfang Sept. Mi–So 20, Sa/So auch 16 Uhr; Eintritt 15 $
Flotte Varietéshow.

Fairweather Inn
304 W. Wallace St.
Virginia City, MT 59755
✆ und Fax (406) 843-5377
✆ 1-800-829-2969
www.virginiacitymt.com
Attraktives Hotel aus dem 19. Jh. $$

Nevada City Museum
US 287, Nevada City, MT 59755
✆ (406) 843-5247
Mitte Mai–Ende Okt. tägl. 10–19 Uhr
Eintritt 8 $
Gut in Schuss: Gebäude und Gegenstände aus der Goldrausch-Ära.

Alder Gulch Short Line Railroad
US 287
Nevada City, MT 59755
✆ (406) 843-5247
Ende Mai–Anfang Sept. tägl. 11–18 Uhr, Sa/So mit Dampflok; Fahrpreis 8–12 $
Einstündige Fahrt mit der Schmalspureisenbahn zwischen Nevada City und Virginia City.

Nevada City Hotel & Cabins
1587 US 287, Nevada City, MT 59755
✆ und Fax (406) 843-5377
✆ 1-800-829-2969
www.virginiacitymt.com

❶ Infos: Butte

Allein der rustikale Saloon des gemütlichen, kleinen Westernhotels (12 Zimmer, 17 Blockhütten) ist einen Besuch wert. $$–$$$

Butte Chamber of Commerce and Visitor Center
1000 George St.
Butte, MT 59701
✆ (406) 723-3177 und 1-800-735-6814
Fax (406) 723-1215
www.butteinfo.org

Best Western Butte Plaza Inn
2900 Harrison Ave., Butte, MT 59701
✆ (406) 494-3500 und 1-800-543-4541
Fax (406) 494-7611
www.bestwestern.com/butteplazainn
Hotel mit 134 Zimmern, auch Suiten. Mit Restaurant (24 Std. geöffnet). Übernachtung inkl. Frühstücksbuffet. $$$

Fairmont Hot Springs Resort
1500 Fairmont Rd., 25 km westl. von Butte, I-90, Ausfahrt 211
Fairmont, MT 59711
✆ (406) 797-3241 und 1-800-332-3272
Fax (406) 797-3337
www.fairmontmontana.com
Attraktives Resorthotel mit zwei großen Swimmingpools, zwei heißen Mineralbecken, großer Wasserrutsche, Restaurant, Golfplatz, Reitstall, Zutritt auch für Nichthotelgäste. 152 Zimmer. $$$

Finlen Hotel
100 E. Broadway, Butte, MT 59701
✆ und Fax (406) 723-5461
✆ 1-800-729-5461, www.finlen.com
1923 erbautes einstiges Grandhotel in Uptown mit verblasstem Charme. $$

Red Lion Hotel
2100 Cornell Ave., Butte, MT 59701
✆ (406) 494-7800 und 1-800-443-1806
Fax (406) 494-2875
www.redlionbutte.com
Modernes Hotel mit 131 Zimmern, Restaurant und Fitnesscenter. $$–$$$

Butte KOA
1601 Kaw Ave., am Kreuz I-15/ I-90
Butte, MT 59701
✆ (406) 782-8080 und 1-800-KOA-8089
www.koa.com, Mitte April–Ende Okt.
Verkehrsgünstig gelegener Komfortcampingplatz. 110 Stellplätze. $

Berkeley Pit
Continental Dr.
Butte, MT 59701
✆ (406) 723-3177, tägl. geöffnet
Aussichtsterrasse auf den 1982 stillgelegten Kupfertagebau mit Visitor Center.

Copper King Mansion
219 Granite St., Butte, MT 59701
✆ (406) 782-7580
www.thecopperkingmansion.com
Mai–Sept. Führungen tägl. 9–16 Uhr
Eintritt 7 $ als Nicht-Übernachtungsgast
Dreistöckige viktorianische 34-Zimmer-Villa des Kupferkönigs und Politikers William A. Clark, im Stil von 1880 restauriert. Fünf schöne Zimmer. $$$

Uptown Cafe
47 E. Broadway, Butte, MT 59701
✆ (406) 723-4735, www.uptowncafe.com
Im Trend: Restaurant mit modernem, künstlerischen Ambiente im alten Stadtzentrum. Fisch, Steak, Geflügel und Nudelgerichte. Lunch Mo–Fr, Dinner tägl. $$–$$$$

Lydia's Supper Club
4915 Harrison Ave., Butte, MT 59701
✆ (406) 494-2000
Beliebtes Steakhaus in Downtown. Nur Dinner. $$$

Gold Rush Casino
22 W. Galena St., Butte, MT 59701
✆ (406) 723-3211
Reichhaltige Speisekarte im ersten Spielkasino von Butte. $$

Weitere Informationen zu Butte finden Sie bei der 2. Route S. 234.

② Kupferbarone, Rinderkönige und Goldschürfer
Butte, Deer Lodge und Helena

2. Route: Butte – Deer Lodge – Helena (174 km/108 mi)

km/mi	Zeit	Route
0	9.00 Uhr	In **Butte** bis zum Ende der West Park St. zum **World Museum of Mining**. Zurück West Park rechts in die Excelsior St., rechts auf den Autobahnzubringer, I-90 nach Westen folgen bis Ausfahrt 211, links abzweigen zu den
29/18	10.30 Uhr	**Fairmont Hot Springs**. Weiter Hwy. 441, links auf Hwy. 1 nach **Anaconda**, zurück Hwy. 1, links auf Hwy. 48, in Warm Springs Auffahrt auf I-90 nach Westen, Ausfahrt 187 nach
79/49	12.30 Uhr	**Deer Lodge**, an der Main St. liegen das **Montana Auto Museum** und die **Grant-Kohrs Ranch National Historic Site**. Am Ortsausgang von Deer Lodge wieder auf die I-90 bis zur Ausfahrt 174; Abzweigung auf US 12, nach Osten bis
174/108	17.00 Uhr	**Helena**, in der Stadt rechts abbiegen auf Last Chance Gulch, die direkt in die Fußgängerzone einmündet.

Morgens bleiben wir zunächst noch in der Altstadt von Butte, auf dem Programm steht das **World Museum of Mining & 1899 Mining Camp**. Das Industrie-Freilichtmuseum an der Stelle der ursprünglichen Orphan Girl Mine, die Silber und Zink produziert hat, demonstriert Arbeitsprozesse, Mensch und Maschinerie im damaligen Umfeld, präsentiert Minengerätschaften und historische Fotografien, zeitgenössische Zahnarztbestecke und Kleidung sowie die Nachbildung eines Minenstollens. Genau »wie früher« erscheint die kleine Siedlung Hell Roarin' Gulch mit ihren authentischen Holzfassaden und der staubigen Straße, die einen Eindruck des Freizeit- und Alltagslebens der Mi-

Butte, Anaconda, Deer Lodge

nenarbeiter vermittelt, die hier u.a. einen Saloon, eine Drogerie und einen Kolonialwarenladen, eine Schule und eine Sauerkrautfabrik betrieben.

Um den historischen Museumsstaub abzuspülen, kann man westlich von Butte einen Zwischenstopp im **Fairmont Hot Springs Resort** einlegen. Von den beiden großen Swimmingpools und den beiden heißen Mineralbecken ist jeweils eines überdacht und das andere im Freien. Nach der Erholung im erfrischenden oder wärmenden Nass geht es kurz weiter nach **Anaconda**, einer gepflegten Kleinstadt mit rund 9 400 Einwohnern, die 1883 von Marcus Daly um die seinerzeit weltgrößte Kupferhütte gegründet wurde.

Seine Industrieanlagen würde der Kupfermagnat, bei seinem Ableben 1900 einer der reichsten Männer der Welt, längst nicht mehr wiederfinden, erinnert in Anaconda doch nur noch der 178 Meter hohe Schornstein an die Blütezeit der Kupferproduktion in Montana. Und selbst das Außengelände der alten Kupferhütte hat eine grundlegende Umwandlung in einen Golfplatz erfahren. Nach einem letzten Blick auf dieses weithin sichtbare »Wahrzeichen« vergangener Tage geht es zurück auf die Autobahn nach Deer Lodge.

Die 1862 im Zuge von Goldfunden gegründete Kleinstadt **Deer Lodge**, die in einem weiten Tal mit viel Weideland liegt, ist die zweitälteste Stadt Monta-

Einst eine der größten Ranches der Rockies: die Grant-Kohrs Ranch in Deer Lodge

Deer Lodge: Grant-Kohrs Ranch; **Helena**

nas. Am nördlichen Stadtrand beginnen die Ländereien der **Grant-Kohrs Ranch National Historic Site**, einer Ranch, die im ausgehenden 19. Jahrhundert mit 11 000 Hektar der Mittelpunkt eines immensen Viehzuchtkönigreiches war und deren Vieh auf den Weiden von vier US-Bundesstaaten und Kanada graste. Ihre Ursprünge führt die Grant-Kohrs Ranch auf 1862 und Johnny Grant, einen kanadischen Cowboy, zurück, der bereits 1866 die Ranch weiter an den deutschen Einwanderer Conrad Kohrs verkaufte.

Unter Kohrs' Hand begann die Blütezeit der Ranch. In jenen Tagen brachte man jährlich zwischen 8 000 und 10 000 Stück Vieh auf den Markt. Geradezu still mutet es jetzt an, aber alles ist so realitätsgetreu hergerichtet, dass man meint, jeden Augenblick könnte ein Trupp Cowboys um die Ecke kommen. Heute sind auf der noch 600 Hektar großen Ranch Weiden mit Vieh, das Ranchhaus, die Cowboyunterkünfte, eine Kutschenkollektion, eine Schmiede etc. zu besichtigen.

Nach der Weite der Ranch mögen wir uns nur kurz in die engen Mauern des **Old Montana Prison** begeben, einer aus Sandstein erbauten Trutzburg romanischen Stils. In dem als Museumskomplex hergerichteten alten »Knast«, der bis 1979 in staatlichen Diensten stand, kann man den Zellentrakt, den Hochsicherheitsbereich und den umfriedeten Innenhof erkunden. Anschließend erfreut ein Rundgang durch das erstklassige **Montana Auto Museum**, das ebenfalls Teil des Gefängnis-Museums-Komplexes ist. Die Kollektion blank gewienerter Karossen gehört zum Besten, was Oldtimer-Fans in den Rocky Mountains finden können.

Die Fahrt parallel zum Hauptkamm der Rocky Mountains führt uns erneut über die kontinentale Wasserscheide, diesmal nach Osten über den 1 928 Meter hohen MacDonald Pass nach **Helena**, der 26 000 Einwohner zählenden Staatshauptstadt Montanas, die sich bis auf den heutigen Tag einen liebenswerten Kleinstadtcharme bewahrt hat.

Unternehmungslustige könnten noch 30 Kilometer nordwestlich von Helena das »lebendige« Geisterstädtchen **Marysville** besuchen. Seite an Seite mit regulär bewohnten Häusern erinnern Ruinen und Relikte an die »besseren Tage« im 19. Jahrhundert, als dieses Nest ein boomender Goldrauschort mit 2 000 Einwohnern und der reichsten Goldmine Montanas war, die Gold im Werte von rund 50 Millionen Dollar gefördert haben soll. Im einstigen Bahnhof des Ortes serviert das nostalgische Marysville House Restaurant herzhafte Westerndinner.

Helena erblickte das Licht der Welt kurz nachdem 1864 an der Stelle, wo einst ein Bach floss und sich heute die Fußgängerzone **Last Chance Gulch** befindet, Gold gefunden wurde – von vier müden und unlustigen Prospektoren, die es »noch ein letztes Mal« versuchen wollten. 20 Jahre währte der von ihnen initiierte Goldrausch. Die Stadt profitierte auch aus dem Niedergang anderer Goldrauschorte und übernahm 1875 die territoriale Hauptstadtwürde von Virginia City, avancierte 1889 gar zur Hauptstadt des neu gegründeten Staates Montana. Mit dem Abebben des Goldrausches in der Stadt selber blieb Helena immer noch ein Handels- und Verwaltungszentrum für einen weiten Umkreis mit Goldfeldern.

Schlank und rank ragen die symmetrischen Zwillingstürme der neogotischen **Cathedral of St. Helena** in Montanas weiten Himmel. Zum Bau des

Helena: Last Chance Gulch

1913 fertig gestellten Gotteshauses wurden italienischer Carrara-Marmor und Buntglasfenster aus München verwendet. Wir gönnen uns einen Moment der Ruhe und wenden uns dann irdischeren Genüssen zu.

Zwischen 6th und Wong Street erstreckt sich Helenas hübsche Fußgängerzone **Last Chance Gulch** (Main St.), an der sich Restaurants und Saloons, Wohnhäuser und Geschäfte aufreihen. Im südlichen Bereich plätschert zum Gedenken an das einstige goldhaltige Flüsschen ein winziger Bach, in dem an diesem Sommerabend ein paar Kinder mit ihren Eltern waten. Immer wieder geben Statuen, Plaketten und Schilder Hinweise auf die lokale Geschichte: An der Ecke Last Chance Gulch und Broadway zum Beispiel erinnert die »Women's Wall« an die Pionierfrauen in Montana.

Am Ende der Fußgängerzone über die Main Street hinweg schließt sich **Reeder's Alley** an. Aus den 70er Jahren des 19. Jahrhunderts stammt die kurze Häuserzeile mit den aus einheimischem Stein und Backstein erbauten, hübsch restaurierten Gebäuden. Sie waren aufgeteilt in winzige Zimmer, die damals an Minenarbeiter vermietet wurden. Heute beherbergt die mit nostalgischen Laternen bestückte Gasse Geschäfte und Restaurants.

In der Last Chance Gulch begann die Erfolgsstory von Helena

② Infos: Butte, Deer Lodge, Helena

 World Museum of Mining & 1899 Mining Camp
155 Museum Way, Butte, MT 59701
✆ (406) 723-7211
www.miningmuseum.org
Anfang April–Ende Okt. tägl. 9–17.30 Uhr; Eintritt 7 $
Bergbaucamp von 1899, über 30 historische Minengebäude plus der Förderturm einer Mine.

 Deer Lodge/Powell County Chamber of Commerce
1171 Main St.
Deer Lodge, MT 59722
✆ und Fax (406) 846-2094
www.powellcountymontana.com
Informationsbüro für das Deer Lodge Valley.

  Old Montana Prison
1106 Main St.
Deer Lodge, MT 59722
✆ (406) 846-3111
www.pcmaf.org
Tägl. Ende Mai–Anfang Sept. 8–20, sonst 10–16 Uhr; Eintritt 9 $
Altes Staatsgefängnis von Montana (1871–1979). Mit Montana Auto Museum.

 Grant-Kohrs Ranch National Historic Site
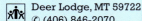 Deer Lodge, MT 59722
✆ (406) 846-2070
www.nps.gov/grko
Anfang Mai–Mitte Sept. tägl. 8–17.30, sonst 9–16.30 Uhr; Eintritt frei
Historische Ranch, heute Freilichtmuseum.

 4 B's Restaurant
130 Sam Beck Rd.
✆ (406) 846-2620
Deer Lodge, MT 59722
Informelles Familienrestaurant. Burgers, Sandwiches und andere Gerichte aus der amerikanischen Küche. Gegenüber dem Old Montana Prison. $

 Marysville House Restaurant
30 km nordwestl. von Helena, via I-15 Ausfahrt 200, Abzweig nach links (Westen) auf SR 279, links ab auf Schotterstraße bis
153 Main St.
Marysville, MT 59640
✆ (406) 443-6677
Restaurant im einstigen Bahnhof des ehemaligen Goldrauschortes. Mi–So Dinner. Große Portionen, u.a. T-Bone-Steaks und Hummer. $$

 Helena Convention and Visitors Bureau
Downtown Visitor Center
225 Cruse Ave., Suite A
Helena, MT 59601
✆ (406) 447-1530 und 1-800-743-5362
Fax (406) 447-1532
www.helenacvb.visitmt.com
Informationsbüro von Helena. Kartenmaterial ist erhältlich.

 Travel Montana
301 South Park, Helena, MT 59601
✆ (406) 841-2870 und 1-800-847-4868
Fax (406) 841-2871, www.visitmt.com
Informationsbüro des Staates Montana.

 Jorgenson's Inn & Suites
1714 11th Ave.
 Helena, MT 59601
✆ (406) 442-1770 und 1-800-272-1770
Fax (406) 449-0155
www.jorgensonsinn.com
Motel mit 115 Zimmern und Restaurant. Neben dem Einkaufszentrum unweit des Kapitols. $$–$$$

 Super 8 Motel
2200 11th Ave.
Helena, MT 59601
✆ und Fax (406) 443-2450
✆ 1-800-800-8000
www.super8.com
Verkehrsgünstig nahe der Autobahn und dem Flughafen gelegenes Motel mit 102 Zimmern. $$

② Infos: Helena

Black Sandy State Park
Helena, MT 59601
✆ (406) 495-3270
11 km nördl. von Helena, I-15, Ausfahrt 200, rechts auf Hwy. 453, nach 9 km links Der Missouri wird von drei Staudämmen aufgestaut, am mittleren Stausee, dem Hauser Lake, liegt der kleine Campground mit Badestrand. Nach Fortgang der Tagesgäste ein sehr romantischer Platz. $

Cathedral of St. Helena
Lawrence & Warren Sts.
Helena, MT 59601
✆ (406) 442-5825
Römisch-katholische Kathedrale mit Zwillingstürmen.

Stonehouse Restaurant
120 Reeder's Alley
Helena, MT 59601
✆ (406) 449-2552
Steaks und Fischgerichte in historischem Ambiente. Interessant dekoriertes Lokal mit alten Minengerätschaften. $$$

Windbag Saloon & Eatery
19 S. Last Chance Gulch
Helena, MT 59601
✆ (406) 443-9669
Seit 20 Jahren etablierter Saloon in Helenas Fußgängerzone. Steaks, Fisch und Geflügel gehören zu den Spezialitäten. Lunch und Dinner. $$$

Bert & Ernie's
361 N. Last Chance Gulch
Helena, MT 59601
✆ (406) 443-5680
Legeres Lunch- und Dinnerrestaurant. Abwechslungsreiche Speisekarte, u.a. mit Hamburgern Cajun-Style, prima Pizza und krossem Tacosalat, dazu ein Bier aus Montana. $$

Weitere Informationen zu Helena finden Sie bei der 3. Route S. 242.

Warten auf Post: kurioser Briefkasten auf weiter Flur

❸ Auf den Spuren von Lewis & Clark
Entlang dem Missouri River von Helena nach Great Falls

3. Route: Helena – Gates of the Mountains – Great Falls (182 km/113 mi)

km/mi	Zeit	Route
0		In Helena Besuch des **State Capitol** und des **Montana Historical Society Museum,** die nebeneinander liegen. Von dort auf Roberts St. und rechts auf 11th Ave. zur I-15 nach Norden, an der Ausfahrt 209
27/ 17		von der Autobahn I-15 abfahren.
31/ 19	11.00 Uhr	Bootsfahrt durch die **Gates of the Mountains Recreation Area**.
	13.00 Uhr	Zurück zur I-15, Weiterfahrt nach Norden bis zur Ausfahrt 278, über den Missouri hinweg nach
150/ 93	14.30 Uhr	**Great Falls**, Straße wird zur 10th Ave. S., links in 15th St., links in 4th Ave. N.. Besuch des **C.M. Russell Museum**, weiter 15th St. (= US 87) nach Norden, Abzweigung nach rechts Ryan/Morony Dam Rd., rechts zum
164/102	16.00 Uhr	**Ryan Dam**. Zurück zum Hwy. 87 South, über den Missouri River hinweg nach Great Falls, direkt hinter dem Fluss links abbiegen auf River Dr., links auf Giant Springs Rd. zum
182/113	17.30 Uhr	**Lewis and Clark National Historic Trail Interpretive Center** und dem benachbarten **Giant Springs Heritage State Park** am östlichen Stadtrand.

Helena, Gates of the Mountains, Great Falls

Am Vormittag bietet sich zunächst ein Blick ins **State Capitol** von Helena an. Der dem Washingtoner Vorbild nachempfundene Regierungssitz von Montana ist aus Sandstein und Granit erbaut und mit einer Kuppel aus einheimischem Kupfer besetzt. Grundsteinlegung des im Jahre 2000 gründlich renovierten stattlichen Gebäudes war 1899. Prächtig ist sein Inneres, ausgestattet mit historischen Statuen und Gemälden, das bekannteste darunter ist auch Charles Russells größtes, das 3,66 x 7,62 Meter große Bild »Lewis and Clark Meeting the Indians at Ross' Hole«. Meriwether Lewis und William Clark, Captains der US-Armee, erkundeten auf der spektakulärsten Expedition der US-Geschichte von 1804 bis 1806 den Nordwesten der USA und folgten dabei durch Montana als erste weitgehend dem Lauf des Missouri River.

Ein Besuch des benachbarten **Montana Historical Society Museum** gibt einen Einblick in Vergangenheit und Gegenwart des Wilden Westens. Das Museum zur Geschichte Montanas und des Nordwestens der USA zeigt eine große Gemälde- und Skulpturenkollektion von Charles M. Russell und zeichnet in der Montana Homeland Collection mit über 2 000 Fotografien, Dokumenten und Gegenständen die Geschichte Montanas von der letzten Eiszeit bis heute nach.

Wer sich statt Museumsluft lieber auf einer kommentierten Stadtrundfahrt den Wind um die Nase wehen lassen möchte, kann mit dem vor dem Historical Society Museum startenden »Last Chancer« fahren. Der offene, kleine Zug passiert den historischen Villenbezirk, Last Chance Gulch und Reeder's Alley, und unterwegs wird Interessantes zur Stadtgeschichte erzählt.

Die erste Bootstour des Tages beginnt 30 Kilometer nördlich von Helena am Ufer des Missouri River, dort warten große, offene Flussboote zur Fahrt durch die **Gates of the Mountains Recreation Area**. Wo der Missouri die Berge der Big Belt Range durchstößt, hat er eine 360 Meter tiefe, wildromantische Schlucht in den Kalkstein gefräst. Aufmerksame Beobachter finden an den Felsen indianische Felszeichnungen, agile Bergziegen und geruhsame Dickhornschafe.

Ein Stopp wird an der Meriwether Picnic Area eingelegt, einer der wenigen Stellen im Canyon, wo man überhaupt anlanden kann und wo vielleicht auch vor fast 200 Jahren Meriwether Lewis und William Clark campten. Von dort kann man zur waldigen Mann Gulch wandern, die traurigen Ruhm erlangte, als 1949 in rasenden Waldbränden 13 Brandbekämpfer der *Smokejumpers* (vgl. 6. Route, Missoula, S. 260) ums Leben kamen.

Nach Great Falls nimmt man entweder die Autobahn oder die in weiten Bereichen ab der Ausfahrt 219 parallel verlaufende Missouri Great River Road, die mehr oder weniger direkt dem Flusslauf folgt. Um noch genügend Zeit für den weiteren Tagesablauf zu haben, sollte man sich für die schnellere Route auf der Autobahn entscheiden.

Great Falls ist mit 57 000 Einwohnern Montanas zweitgrößte Stadt und wirtschaftliches Herz der Region. Sie liegt in einem breiten Tal des Missouri River, der einen beträchtlichen Canyon in die hügeligen Prärien hineingefressen hat. Neben der schon klassischen Topattraktion C.M. Russell Museum hat die Stadt in den zurückliegenden Jahren mit neuen Parks, Museen, Rad- und Wanderwegen entlang dem Missouri River deutlich an touristischem Reiz gewonnen.

Das **C.M. Russell Museum** beheimatet eine der umfassendsten Kollektionen

Great Falls: C.M. Russell Museum

des berühmtesten Sohnes der Stadt. Charles M. Russells Skulpturen, Aquarelle und Ölgemälde von Indianern, Cowboys und bockenden Pferden sind nicht nur begehrte Kunstobjekte, sondern gleichsam Dokumentationen einer ereignisreichen Epoche amerikanischer Geschichte.

»Charlie«, wie der geniale Westernkünstler (1864–1926) von seinen Freunden genannt wurde, erschuf an diesem Ort den größten Teil seiner annähernd 4 000 Werke. Sein Blockhausstudio aus dem Jahr 1903, samt Pinseln, Leinwänden, diversen Materialien und indianischen Gegenständen, die ihm als Vorlagen dienten, und sein Haus sind zu besichtigen. Zum Museum gehört ein ausgezeichnetes Museumsgeschäft mit Büchern, Kunstgegenständen und historischen Vorbildern nachempfundenen Spielsachen.

Great Falls markierte eine bedeutende Station der Lewis & Clark Expedition, hier verließen die Männer die Prärien und kämpften sich den Missouri flussaufwärts durch die Berge. An dieser Stelle des Landes wird auch die Bedeutung des Namens »Montana« (span. *montaña* für »Berg«) klar. Auch wenn unsere Fahrtroute nur den Westen berührt und wir – bis auf die Etappe Great Falls – Browning eigentlich nichts anderes als Berge in Montana erleben – besteht der überwiegende (östliche) Teil des Bundesstaates aus Prärie.

Geographisches Wahrzeichen der Stadt sind die fünf über eine Distanz von 15 Kilometern verteilten Wasserfälle des Missouri River. Heute fließen nur noch die kleinen Crooked Falls ungehindert, ansonsten regulieren seit Anfang des 20. Jahrhunderts Staudämme den Flusslauf. Zu Zeiten von Lewis und Clark zwangen die ungezähmter Wasserfälle die Expeditionsteilnehmer im Juni 1805

zu einer vierwöchigen Portage, bei der alle Boote und Ladungen mühsam über Land geschleppt werden mussten. Lewis nannte die Großen Fälle des Missouri nichtsdestotrotz »the grandest sight I ever beheld«, »die großartigste Ansicht, die ich jemals hatte«.

Great Falls: Ryan Dam 3

Panorama vom Picknickplatz im Fluss: die Ryan Falls des Missouri River

Heute faszinieren an der Stelle der ursprünglichen Great Falls die untersten (östlichsten) und größten der fünf Wasserfälle, die 46 Meter hohen Fälle am **Ryan Dam** mit ihren Dimensionen und dem ungeheuren Volumen. Ein fabelhafter Picknickplatz auf einer grünen Wiese und ein Aussichtspunkt befinden sich auf einer per Hängebrücke zugänglichen Insel unterhalb der tosenden Wassermassen.

Der **River's Edge Trail**, ein über die Jahre kontinuierlich ausgebauter Uferparkweg für Fußgänger, Radfahrer und

Great Falls: Lewis and Clark Interpretive Center

Inline-Skaters auf der Südseite des Flusses soll irgendwann einmal alle Staudämme miteinander verbinden. Bis dato ist der Weg bis zum Rainbow Dam bereits zwölf Kilometer lang. Lewis und Clark hätten einen solchen Uferweg mit Sicherheit zu schätzen gewusst.

Wieder zurück in Great Falls, befindet sich an der Giant Springs Road das **Lewis and Clark National Historic Trail Interpretive Center**, ein modernes Museum zur Geschichte der Erforschung des Westens durch die Expedition von 1804 bis 1806. Im Fokus stehen die Erkundung Montanas und die Portage um die Great Falls sowie die Indianerstämme der Prärien und des Nordwestens.

Ein letztes Schmankerl wartet neben dem Museum direkt am Ufer des Missouri River. Wir durchqueren einen malerisch unter hohen, alten Bäumen ausgebreiteten Picknickplatz und begegnen Kanadagänsen, die dort ihre Jungen spazierenführen. Im bewaldeten **Giant Springs Heritage State Park** sprudeln täglich eineinhalb Milliarden Liter Wasser aus einer mit wunderschönen Unterwasserpflanzen bewachsenen, glasklaren Quelle, die – wie der Name schon zu Recht vermuten lässt – zu den größten in den USA zählt.

Einen weiteren Höchstwert verzeichnet laut Guinnessbuch der Rekorde der Roe River. Mit nur 60 Metern von seiner Quelle bis in den Missouri River soll er der »kürzeste Fluss der Welt« sein. Ebenfalls zum Park gehört eine **Fish Hatchery**, in der man in Becken die Aufzucht von Jungfischen während der ersten Monate ab der Eierbefruchtung beobachten kann. Begleitende Ausstellungen erläutern u.a. den Lebenszyklus von Lachsen und Forellen.

Einfach gigantisch: die Giant Springs am Ufer des Missouri River ▷

Great Falls: Giant Springs

③ Infos: Helena, Great Falls

Montana State Capitol
1301 E. 6th Ave., Helena, MT 59620
✆ (406) 444-4789
www.montanacapitol.com
Mo–Sa 8–17 Uhr; Eintritt frei

Montana's Museum, Library and Archives
225 N. Roberts St. (gegenüber dem State Capitol)
Helena, MT 59620
✆ (406) 444-2694
www.montanahistoricalsociety.org
Mai–Sept. Mo–Sa 9–17, Do bis 20, sonst Di–Sa 9–17, Do bis 20 Uhr; Eintritt 5 $
Museum, Bibliothek und Archive zur Geschichte Montanas und des Nordwestens der USA. Exzellentes Museumsgeschäft.

Last Chance Gulch Tour
Helena, MT 59601
✆ (406) 442-1023 und 1-888-423-1023
www.lctours.com
Juni–Mitte Sept.; Fahrpreis 7 $
Mehrmals täglich starten zur vollen Stunde einstündige Stadtrundfahrten mit einem kleinen, offenen Zug, ab Montana Historical Society Museum. Seit über 50 Jahren.

Helena Jazz Jubilee
Helena, MT 59601
(406) 495-1205
www.helenajazzjubilee.com
Helenas Jazzfestival findet Mitte Juni statt.

Gates of the Mountains Boat Tours
Gates of the Mountain Landing, 30 km nördl. von Helena, via I-15, Ausfahrt 209
✆ (406) 458-5241
www.gatesofthemountains.com
Ende Mai–Mitte Sept. geöffnet; Juli/Aug. Mo–Fr 11–15 Uhr alle zwei Stunden, Sa/So 10–16 Uhr, jeweils zur vollen Stunde, sonst kürzer; Fahrpreis 10 $
Knapp zweistündige Bootstour durch die eindrucksvolle Schlucht des Missouri River.

Great Falls Chamber of Commerce
100 First Ave. N.
Great Falls, MT 59401
✆ (406) 761-4434, Fax (406) 761-6129
www.greatfallschamber.org

Great Falls Visitor Information Center
15 Overlook Dr.
Great Falls, MT 59405
✆ (406) 771-0885
Vom Broadwater Overlook hat man einen guten Überblick über den Missouri River und seinen Zufluss Sun River.

Ponderosa Inn of Great Falls
220 Central Ave.
Great Falls, MT 59401
✆ (406) 761-3410 und 1-800-266-3410
Fax (406) 761-3411, www.hojo.com
Ein komfortables 105-Zimmer-Hotel im Stadtzentrum. Mit Restaurant, Lounge und Spielkasino. $$

The Great Falls Inn
1400 28th St. S., Great Falls, MT 59405
✆ (406) 453-6000 und 1-800-454-6010
Fax (406) 453-6078
www.greatfallsinn.com
Angenehmes Motel mit 45 Zimmern am südlichen Stadtrand. Kontinentales Frühstück in der Lobby. Abends kann man am prasselnden Kaminfeuer Zeitung lesen. $$

O'Haire Motor Inn
7th St. & 1st Ave. S.
Great Falls, MT 59403
✆ (406) 454-2141 und 1-800-332-9819
Fax (406) 454-0211
www.ohairemotorinn.com
Hotel im Stadtzentrum mit 72 Zimmern und Restaurant. »Sip-N-Dip«-Lounge mit Unterwasserfenstern in den Swimmingpool. $$

Great Falls KOA
1500 51st St. S.
Great Falls, MT 59405

③ Infos: Great Falls, Black Eagle

✆ (406) 727-3191 und 1-800-KOA-6584
www.koa.com
Großer Campground südlich des Missouri River im Südwesten der Stadt. Fabelhafter Wasserspielplatz. $

C.M. Russell Museum

400 13th St. N.
Great Falls, MT 59401
✆ (406) 727-8787, www.cmrussell.org
Mai–Sept. Mo–So 9–18, sonst Di–Sa 10–17 Uhr; Eintritt 8 $
Bedeutendste Kollektion des großen Westernkünstlers. Aquarelle, Ölgemälde, Skulpturen. Auch Russels Studio und sein Haus sind zu besichtigen. Exzellentes Museumsgeschäft.

Ryan Dam
Anfahrt 5 km über US 87 North, dann 8 km Ryan Dam Rd.
Staudamm im Missouri River. Wunderbarer Picknickpark auf der Insel im Strom in unmittelbarer Nähe zum Kessel der 46 m hohen Fälle.

Lewis and Clark National Historic Trail Interpretive Center

4201 Giant Springs Rd.
Great Falls, MT 59403
✆ (406) 727-8733
Ende Mai–Anf. Sept. tägl. 9–18, sonst Di–Sa 9–17, So 12–17 Uhr; Eintritt 5 $
Museum mit Ausstellungen und Film zur Geschichte der Expedition von Meriwether Lewis und William Clarks in den Jahren 1804–06, im Mittelpunkt steht die Portage um die Great Falls. Am Südufer des Missouri River.

Am letzten Juniwochenende findet das **Lewis & Clark Festival** statt, ein Zeltlager mit Männern und Frauen in Trapper- und Indianerkleidung, Grillfest mit Bisonburgern und -steaks, dazu ein buntes Arrangement von Vorführungen, Kunstverkäufen, Floßtrips etc.

Giant Springs State Park

4600 Giant Springs Rd., 8 km östl. des Stadtzentrums
Great Falls, MT 59405
✆ (406) 454-5840
Park von Sonnenauf- bis -untergang geöffnet; Eintritt 5 $ pro Auto, Fish Hatchery Visitor Center tägl. 8–16.30 Uhr
Riesige Frischwasserquelle, Fischzuchtbecken und Visitor Center.

Jakers Steak Ribs & Fish House
1500 10th Ave. S.
Great Falls, MT 59405
✆ (406) 727-1033, www.jakers.com
Große Steaks, knusprige Rippchen und frischer Fisch. Lunch und Dinner. $$

3-D International Restaurant and Lounge

1825 Smelter Ave.
Black Eagle, MT 59414
✆ (406) 453-6561
Die Speisekarte verzeichnet Pizza und Pasta, Fisch und Steaks, asiatische Gerichte und spezielle Kindermenüs. In dem kleinen Ort Black Eagle nördlich von Great Falls. Im Familienbesitz seit 1946. $$

Club Cigar Saloon & Eatery
208 Central Ave., Great Falls, MT 59401
✆ (406) 727-8011
Saloon im alten Stil mit spiegelbestückter Mahagonibar. Leichte Lunches. So geschl. $$

Fest in Great Falls:

Montana State Fair
400 3rd St. N.W., Great Falls, MT 59404
✆ (406) 727-8900
Tickets unter ✆ 1-877-727-1481
Letzte Juni-/erste Augustwoche
Landwirtschaftsschau im Montana Expo-Park (www.montanastatefair.com) mit Entertainment, Kirmes, Shows, Kunst- und Kunsthandwerksausstellungen, Pferderennen, Konzerte, Rodeo, Spezialitäten aus Montana etc.

④ Indianer und Gletscher
Aus den Prärien in die Rocky Mountains

4. Route: Great Falls – Browning – Many Glacier (291 km/ 181 mi)

km/mi	Zeit	Route
		Zum Glacier N.P. vgl. Karte 5. Route S. 250.
0/0	8.00 Uhr	**Great Falls**, von der Stadt auf die I-15 Richtung Norden,
21/ 13		von der Ausfahrt 290 der I-15 Abzweigung auf US 89 nach Norden.
154/ 96	10.00 Uhr	Grenze zur **Blackfeet Indian Reservation**,
196/122	10.30 Uhr	**Browning**, Einmündung der US 89 auf US 2, ein kurzes Stück laufen US 2/89 zusammen, dort liegt das **Museum of the Plains Indian**. Nach dem Besuch weiter US 89 folgen,
272/169	12.30 Uhr	in **Babb** Abzweigung nach Westen nach
291/181		**Many Glacier** (vgl. Karte S. 250), Lunchpause im **Many Glacier Hotel**.
	14.00 Uhr	Bootstour über **Swiftcurrent Lake** und **Lake Josephine**, Wanderung zum **Grinnell Lake**.
	18.00 Uhr	**Evening Spot Check** am Parkplatz vor dem **Swiftcurrent Motor Inn**.

Nur ganz allmählich kommen wir ab **Great Falls** den Bergen näher. Zunächst wird noch die 6 000 Quadratkilometer große **Blackfeet Indian Reservation** passiert, die unmittelbar an den Glacier National Park grenzt. Sie bietet rund der Hälfte aller 15 000 als Blackfeet registrierten Indianer eine Heimat. Der Name »Schwarzfuß« stammt vermutlich von den schwarzen Mokassins, die sie einst trugen.

Die Blackfeet waren von den Großen Seen westwärts bis zu den Rocky Mountains eingewandert und hatten sich als beherrschender Stamm in den nördlichen Prärien in Montana und der an-

Blackfeet Indian Reservation, Browning

grenzenden kanadischen Provinz Alberta durchgesetzt. Bereits 1855 wurden Grenzen eines Blackfeet-Territoriums in einem Friedensvertrag mit den Weißen definiert, der – wie so oft in der US-Geschichte – schon nach einem Jahrzehnt nichts mehr wert war. Die Indianer setzten sich gegen Eindringlinge zur Wehr und töteten im Herbst 1869 einen der bekanntesten weißen Siedler, Malcolm Clarke aus Helena.

Die zwangsläufige Reaktion hatte verheerende Folgen – in einer Strafaktion massakrierte die US-Kavallerie im Januar 1870 unter dem Kommando von Eugene M. Baker 173 Blackfeet, vorwiegend Frauen und Kinder. Von da an verzichteten die Indianer auf weitere Kämpfe. Als die fast ausgerotteten Bisons aus den Prärien verschwunden waren, gerieten die Blackfeet im Hungerwinter 1883/84 endgültig in die Abhängigkeit von weißen Lebensmittellieferungen.

Es mag am Glacier National Park liegen, der die Besucher magisch in seinen Bann zieht und aus den Prärien fortlockt, aber die Hauptstadt **Browning**

Indianischer Tänzer beim Powwow in Browning

Browning, Glacier National Park

der Blackfeet Indian Reservation profitiert kaum von ihrer Nähe zum Nationalpark. Touristisches Interesse in dem Ort weckt das **Museum of the Plains Indian** an der US 2/89. Kunstausstellungen, Wandgemälde, Multimediapräsentationen, Holzskulpturen, Dioramen sowie Tipis auf dem Außengelände vermitteln einen Eindruck von Kunst, Handwerk, Geschichte und anderen Aspekten der Kultur der nördlichen Prärieindianer.

Weiter geht es von Browning nach Westen, ab Kiowa verläuft die US 89 parallel zum Glacier National Park. Auf dem Weg durch die Prärien bietet sich ein phantastischer Blick auf das Hochgebirge. Dieser Landschaftswechsel wirkt besonders dramatisch in der Nähe der amerikanisch-kanadischen Grenze, wo sich der **Glacier National Park** mit dem im Norden anschließenden, weitaus kleineren, aber ebenso schönen Areal des kanadischen **Waterton Lakes National Park** zu einem großen, grenzüberschreitenden Naturparadies vereinigt.

Nicht nur der Übergang von der Prärie zum Gebirge begeistert die Besucher, sondern auch die sichtbaren Spuren, die die hohen Berge, die den Park in Längsrichtung teilen, als Wetterscheide hinterlassen. Auf ihrer Westseite regnen sich die Wolken ab und schaffen so ein relativ feuchtes Klima, das dem der Pazifikküste ähnelt und dichte Wälder hervorbringt. Im Regenschatten der Ostseite schiebt sich die Prärie mit ihrer typischen Trockenvegetation bis auf die Berghänge vor.

Trotz seines Namens weist der Glacier National Park nur relativ wenige, kleine Gletscher auf, die man auf Wanderungen ins Hinterland zu Gesicht bekommt. Zählungen zufolge sollen es noch über 40 sein, deren Ausmaße

aber unentwegt schrumpfen. Weitaus größer war ihre Bedeutung in der Vergangenheit, als sie mit scheinbar unendlichen Kräften U-förmige Täler aus-

Glacier National Park

Im Herzen des Glacier National Park: der Swiftcurrent Lake in Many Glacier

schliffen und eine wunderschöne Gebirgslandschaft schufen.

Die menschliche Besiedlung vor der Ankunft der Weißen funktionierte im Einklang mit diesen natürlichen Gegebenheiten. Salish- und Kootenai-Indianer regierten in den feuchteren Tälern im Westen des Parks, während die

Glacier National Park: Many-Glacier-Tal

Blackfeet-Indianer die trockneren Great Plains östlich der Rocky Mountains kontrollierten. Doch 1818 legten die Weißen die Grenzlinie zwischen USA und Kanada auf den 49. Breitengrad fest, zunächst bis zu den Rocky Mountains, 1846 weiter bis zum Pazifik. Diese willkürliche Linie machte die dort lebenden Indianer zu Angehörigen zweier verschiedener Staaten.

Schon 1891 erreichte die Great Northern Railway den Marias Pass und mit ihr kamen die ersten Touristen, die in Unterkünften der Eisenbahngesellschaften übernachteten. Dank der Bemühungen von George Bird Grinnell und anderer Naturschützer entstand bereits 1910 der Glacier National Park, 1932 wurde nach elfjähriger Bauzeit die Going-to-the-Sun Road vollendet, die aber erst morgen auf dem Programm steht.

Für heute haben wir uns ein Filetstück des Glacier National Park ausgesucht, das **Many-Glacier-Tal**, das viele als Herz des Nationalparks bezeichnen. Hier treffen im Talschlund mehrere Gletschertäler aufeinander, und überall führen markierte Wege hinauf zu wunderschönen Aussichtspunkten, Bergseen und Gletschern.

Aber als erstes ist nach der Ankunft ein wenig Entspannung angesagt. Was gibt es Schöneres, als vom Frontportal der **Many Glacier Lodge** das blendende Naturpanorama zu genießen: links Mount Allen, im Hintergrund Mount Gould und Mount Grinnell, rechts Mount Wilbur. Und nach der Erholung packt uns nicht doch das Bergfieber? Hier lässt die Auswahl an Freizeitaktivitäten wahrlich keine Wünsche offen. Vor dem Hotel legen Boote zu Touren über den **Swiftcurrent Lake** ab, wo es Kanus oder Ruderboote zum Ausleihen gibt. Direkt vom Hotel beginnen auch Ausritte in die Umgebung, und das Wanderwegenetz ist legendär, angefangen von den kurzen, ebenen Rundwegen um Swiftcurrent Lake und Lake Josephine.

Empfehlenswert ist die folgende Kombination: Per Boot geht es über **Swiftcurrent Lake** und **Lake Josephine**, anschließend zu Fuß zum einen Kilometer entfernten, türkisschimmernden **Grinnell Lake**. Alternativ beginnt vom Bootssteg der Grinnell Glacier Trail, sechs Kilometer weit stößt der reizvolle Wanderweg in die alpine Bergwelt vor. Noch vor wenigen Jahren zählte der **Grinnell Glacier** am Trailende zu den größten Gletschern im Park, mittlerweile hat er sich ein großes Stück zurückgezogen.

Ebenfalls ein absolutes Highlight und mindestens genauso populär ist der sieben Kilometer lange **Iceberg Lake Trail** zum attraktivsten Bergsee des Nationalparks. Die Wanderung ab dem Swiftcurrent Motor Inn streift prachtvolle Wildblumenwiesen und die Ptarmigan Falls, einen schönen Wasserfall, ehe sie an dem von 800 Meter hohen Felswänden umrahmten, malerischen Iceberg Lake endet. Von dem kleinen Gletscher am Bergfuß stürzen Eisblöcke ins Wasser, die bis in den Spätsommer hinein auf der Wasseroberfläche treiben.

Den Abend sollte man sich für den »Evening Spot Check« vor dem Swiftcurrent Motor Inn freihalten. Wenn 20–30 Leute gemeinsam die Felswände absuchen, lassen sich auch schnell Tiere ausmachen, und wenn schließlich die ersten Bären entdeckt werden, geht ein großes Raunen durch die Reihen – ein Blick auf die artenreiche Tierwelt mit Schwarzbären oder gar den größeren Grizzlies im Visier des Feldstechers – das ist wahrlich ein krönender Tagesabschluss!

❹ Infos: Browning, Glacier National Park

Museum of the Plains Indian
US Hwy. 2/89
Browning, MT 59417
✆ (406) 338-2230
Juni–Sept. tägl. 9–16.45, sonst Mo–Fr 10–16.30 Uhr; Eintritt 4 $
Museum zur Kultur der Prärieindianer.

North American Indian Days
Blackfeet Indian Reservation
Browning, MT 59417

✆ (406) 338-7276
www.blackfeetnation.com
Zweites Juliwochenende, Do–So
Eines der größten Powwows in den USA, dazu gibt es einen indianischen Flohmarkt und Imbiss-Stände.

Glacier National Park
West Glacier, MT 59936
✆ (406) 888-7800, Fax (406) 888-7808
www.nps.gov/glac
Eintritt pro Auto 25 $ (7 Tage), 50 $ National Parks Pass (vgl. S. 286).
Parkinformationen gibt es in St. Mary bzw. Apgar an beiden Zufahrten zur Going-to-the-Sun Road sowie am Logan Pass.

Glacier Park Lodge
East Glacier Park, MT 59434

✆ (406) 226-9311
Reservierung ✆ (406) 892-2525
Fax (406) 892-1375, www.bigtreehotel.com
Ende Mai–Ende Sept.
1913 erbautes Hotel mit prachtvoller Lobby am Südstrand des Parks. Mit vorzüglichem Restaurant; Lunch und Dinner ($$–$$$). $$$$

Hi-Brownie's Hostel
1020 Hwy. 49
East Glacier Park, MT 59434
✆ (406) 226-4426, www.hiusa.org
Montanas einzige Jugendherberge, östlich außerhalb des Glacier N.P. $

Many Glacier Hotel
Glacier N.P., MT 59434

✆ (406) 732-4411
Reservierung vgl. Glacier Park Lodge

www.manyglacierhotel.com
Mitte Juni–Mitte Sept.
Prachthotel von 1913/14 im Schweizer Alpenstil in bester Lage am Talende von Many Glacier (208 Zimmer) mit dem **Ptarmigan Dining Room** (Lunch und Dinner, $$$). Von der Hotelbar bietet sich ein toller Blick über den Swiftcurrent Lake. $$$

Glacier Park Boat Co.
Glacier N.P., MT 59434
✆ (406) 257-2426
www.glacierparkboats.com
Ende Juni–Mitte Sept. 8.30, 9, 11, 13, 14, 15, 16 Uhr; Fahrpreis 13.50 $
Bootstour ab Many Glacier Hotel über Swiftcurrent und Josephine Lakes, mit Umsteigen.

Swiftcurrent Motor Inn
Glacier N.P., MT 59434

✆ (406) 732-5531
Reservierung vgl. Glacier Park Lodge
www.swiftcurrentmotorinn.com
Mitte Juni–Mitte Sept.
Ruhiges, nettes Motel im Talende von Many Glacier. Mit Restaurant. $$

Many Glacier
Glacier N.P., MT 59434
Ende Mai–Ende Sept.
Einziger Campingplatz im Many Glacier Valley. 110 schöne, große Stellplätze mitten im Wald.

Evening Spot Check
Parkplatz vor dem Swiftcurrent Motor Inn, tägl. 18 Uhr
Ranger mit Fernrohren und Touristen, die ihr eigenes Fernglas mitbringen, erkunden die Berge nach Tieren, öfters lassen sich sogar Grizzlies ausmachen.

Weitere Infos zum Glacier N.P. finden Sie bei der 5. Route S. 256 f.

⑤ Auf der »Straße zur Sonne«
Die Going-to-the-Sun Road im Glacier National Park

Glacier National Park: Going-to-the-Sun Road

5. Route: Many Glacier – St. Mary – Going-to-the-Sun Road – West Glacier (117 km/73 mi)

km/mi	Zeit	Route
0	8.00 Uhr	Abfahrt von **Many Glacier**,
19/ 12		in **Babb** Abzweigung nach rechts (Süden) auf US 89,
34/ 21		in **St. Mary** Abzweigung nach rechts (Westen) auf die **Going-to-the-Sun Road** in den **Glacier National Park** hinein.
63/ 39	9.30 Uhr	**Logan Pass**; **Hidden Lake Trail**
87/ 54	14.00 Uhr	**Trail of the Cedars Nature Trail**
96/ 60	15.00 Uhr	**Lake McDonald Lodge**, Kaffeepause.
114/71		**Apgar Village**.
117/73	17.00 Uhr	In **West Glacier** trifft die Going-to-the-Sun Road auf die US 2.

> **Anmerkung:** Die Going-to-the-Sun Road ist für Motorhomes über 21 ft. Länge (einschließl. Stoßdämpfer) bzw. 8 ft. Breite (einschließl. Spiegel) gesperrt. Alternativ folgt man der US 2 um den südlichen Rand des Nationalparks von East Glacier Park nach West Glacier.

Heute steht eine der herrlichsten Hochgebirgsstraßen der Rocky Mountains auf dem Programm. Auf 84 Kilometern windet sich **Going-to-the-Sun Road** vom **St. Mary Lake** 700 Meter hinauf zum **Logan Pass** und über 1 000 Meter hinab ins Tal zum **Lake McDonald**. Mit engen Kurven und Tunnel war der obere Streckenabschnitt bei seiner Fertigstellung 1932 eine Meisterleistung der Straßenbautechnik.

Allein für die Fahrt über die Going-to-the-Sun Road reicht mit einigen Abstechern und Kurzwanderungen ein Tag gerade aus. Wer den Park intensiver erleben möchte, legt hier einen Zusatztag ein, und wer die Wanderungen und Aussichten richtig genießen möchte, muss früh starten. Wie alle Schönheit hat auch diese ihren Preis. Viel Verkehr und besetzte Parkplätze schon ab 10 Uhr sind an schönen Hochsommertagen und insbesondere an Wochenenden die Regel.

Also machen wir uns früh auf den Weg – hinaus aus Many Glacier und dem Park, zurück nach St. Mary und wieder hinein in den Park. Am Eingang herrscht schon früh am Morgen Andrang, aber die Park Ranger verteilen freundlich die Parkbroschüren. Wenn die ersten Besucher an einem klaren Sommermorgen aus den Prärien ins Gebirge gelangen, erwartet Sie am **St. Mary Lake** am Fuße der Lewis Range das wunderschöne Motiv der fotogen rotgolden im Morgensonnenlicht erstrahlenden Berge. Trotz aller Beschaulichkeit müssen wir uns von diesem Anblick trennen. Schließlich ist das Panorama nur ein Vorgeschmack auf die Höhepunkte des Tages, wir verzichten auf eine Bootstour auf dem See und setzen unseren Weg fort.

Glacier National Park: Logan Pass, Hidden Lake

Hier im rauhen Bergland teilt die Continental Divide Regen und Schmelzwasser zwischen Atlantik und Pazifik auf. Der Triple Divide Peak im Hintergrund ist ein Unikum, er teilt das Wasser gar dreimal, es fließt über den Missouri River in den Golf von Mexiko, über den Saskatchewan River in die Hudson Bay und über den Columbia River in den Pazifik.

An der hochalpinen Zone am **Logan Pass** liegt Schnee bis in den frühen Juli hinein, erst ab Mitte Juni öffnet der Pass, Mitte September schließt er schon wieder. Nicht nur wegen seiner 2 025 Meter über dem Meeresspiegel ist der Logan Pass ein Höhepunkt, auch die Bergszenerie ringsherum wirkt schier atemberaubend. Einige wunderschöne, einfache Wanderungen abseits der Straße bringen den Besucher schnell in wilde Gefilde.

Hinter dem Logan Pass Visitor Center beginnt der erste Weg unseres Minimalprogramms. Auf dem populären **Hidden Lake Trail** zieht sich an Hochsommertagen der Wandererstrom wie eine Ameisenstraße dahin. In den deutlich ruhigeren Vormittagsstunden treffen wir auf eine Gruppe Bergziegen, von denen uns zwei, zwischen Neugier und Furcht schwankend, ein Stück des Weges begleiten, sehr zur Verblüffung entgegenkommender Wanderer.

Der nur zweieinhalb Kilometer lange Trail führt zunächst über *boardwalks*, etwas erhöhte Holzplankenstege, durch die **Hanging Gardens** oberhalb der Baumgrenze. Bis zum August stehen diese alpinen Wildblumenwiesen in voller Blüte. Anschließend erreicht der Trail allmählich die Passhöhe, ehe es auf der anderen Seite der Continental Divide ein kurzes Stückchen hinabgeht, wo man aus großer Höhe den halbmondförmigen Hidden Lake überblickt.

Zur Freude der Wanderer besitzt Glacier – ganz ungewöhnlich für amerikanische Nationalparks – zwei bewirtschaftete Schutzhütten im völlig unerschlossenen

Glacier National Park: Highline Trail

Hinterland. Der relativ ebene **Highline Trail** zum **Granite Park Chalet** beginnt am Logan Pass Visitor Center und lohnt sich auch nur für einen kurzes Teilstück. Das Wegprofil verzeichnet bei einer Länge von zwölf Kilometern kaum 100 Meter Höhenunterschied. Die wunderschöne Strecke führt von Anfang an

Wasser im Glacier National Park in einer seiner vielfältigen Ausdrucksformen: die St. Mary Falls

Glacier National Park: Trail of the Cedars, Lake McDonald

Bergziegen in den Hochlagen des Glacier National Park

durch herrliche Blumenwiesen und entlang der mächtigen Garden Wall mit Traumausblicken auf das unten liegende McDonald Valley. In der Tiefe erkennt man auch den Verlauf der Going-to-the-Sun Road. Der fünfeinhalb Kilometer lange **Loop Trail**, ein Alternativaufstieg zum Granite Park Chalet, beginnt acht Kilometer westlich des Logan Pass Visitor Center vom Loop Parking Lot an einer Spitzkehre der Going-to-the-Sun Road. Doch hier heißt es einen vergleichsweise mühsamen Serpentinenweg mit knapp 700 Meter Höhenunterschied zu überwinden.

Der zweite Weg unseres minimalen Wanderprogramms ist der nur einen halben Kilometer lange **Trail of the Cedars**, nördlich des Avalanche Campground. Der Holzplankenweg führt durch einen sehr alten, üppigen Wald zur Schlucht des Avalanche Creek, wo dieser aus dem rötlichen Gestein zahlreiche Strudellöcher ausgewaschen hat. Hier dringt kaum ein Sonnenstrahl durch das dichte Blätterdach.

Bei ein wenig mehr Zeit bietet sich die drei Kilometer lange Kombination aus Trail of the Cedars und **Avalanche Creek Trail** an. Knapp unterhalb der Baumgrenze endet die Wanderung an der prachtvollen Kulisse des **Avalanche Lake**. Fünf schmale Wasserfälle stürzen sich vom Bergkessel aus 300 Meter tief in den See.

16 Kilometer lang folgt die Going-to-the-Sun Road dem Südufer des **Lake McDonald**. Eingerahmt von bewaldeten Bergen der Howe und Snyder Ridges, zählt der größte See des Parks seit Anbeginn des Tourismus zu den bedeutenden Zielen.

Glacier National Park: Apgar Village; **West Glacier**

Die an seinem Nordende gelegene **Lake McDonald Lodge** bietet sich ideal für eine stilvolle Lunchpause in herrlicher Umgebung und zudem als Ausgangspunkt für Bootsfahrten und Ausritte an. Wanderrouten führen zum bewirtschafteten **Sperry Chalet** (Zehn-Kilometer-Weg) oder nach knapp neun Kilometern zum Mount Brown Lookout, dem Aussichtsturm in luftiger Höhe am **Mount Brown** mit bestem Panorama über Wälder und Seen.

Am südlichen Seezipfel erreichen wir das **Apgar Village**, das mit Geschäften, Parkinformation, Hotels, Restaurants, Bootsverleih und Reitstall quasi das »Versorgungszentrum« innerhalb des Parks bildet. Unmittelbar außerhalb der Parkgrenzen gibt es in **West Glacier** alles, was man im Nationalpark überhaupt nicht vermisst hat, aber woran bunte Reklame erinnert, wie z. B. Hubschrauberflüge über die kontinentale Wasserscheide zwischen Pazifik und Atlantik. Für **Wildwasserschlauchbootfahrten** ist West Glacier der beste Ausgangspunkt.

Wer noch einen Extratag investieren möchte, kann sich mit Gummiuntersatz auf die Stromschnellen des Flathead River begeben. Der populärste Rafting-Fluss Montanas markiert exakt die Westgrenze des Nationalparks. Die Veranstalter bieten eine große Auswahl von Kurz- bis Mehrtagestrips. Schlechtes Wetter – das ist ein Vorteil – stört beim Rafting kaum, weil man, eingepackt in wasserdichte, wetterfeste Anzüge, in den Stromschnellen ohnehin von den Wassermassen »erwischt« wird. Nur die Lunchpause ist bei Sonnenschein einfach schöner.

Naturschönheiten auch im Detail: an den St. Mary Falls

Infos: Glacier National Park

 Bustour
Glacier Park Inc., Glacier NP, MT 59434
✆ (406) 892-2525
www.glacierparkinc.com
Alternative für Wohnmobilfahrer: Kommentierte Touren auf der Going-to-the-Sun Road in den 1936–39 erbauten, leuchtendroten Bussen mit offenem Verdeck. Sie dienen auch als Pendelbusse für Wanderer.

 St. Mary Lake Campground
Glacier NP, MT 59434
✆ 1-800-365-CAMP
http://reservations.nps.gov
Ende Mai–Ende Sept.
148 Stellplätze, unmittelbar hinter dem östlichen Parkeingang an der Going-to-the-Sun Road gelegen, im warmen, flachen Ostteil des Parks.

 Rising Sun Campground
Glacier NP, MT 59434
Ende Mai–Mitte Sept.
83 Stellplätze nördlich des St. Mary Lake.

 Rising Sun Motor Inn
Glacier NP, MT 59434
✆ (406) 732-5523
Reservierung ✆ (406) 892-2525
Fax (406) 892-1375
www.risingsunmotorinn.com
Geöffnet Mitte Juni–Mitte Sept.
Motel nördlich des St. Mary Lake. $$

 Glacier Park Boat Co.
Glacier NP, MT 59434
✆ (406) 257-2426
www.glacierparkboats.com
Mitte Juni–Anfang Sept. 9, 11, 14, 16 und 18.30 Uhr, Fahrpreis 16 $
Eineinhalbstündige Bootstour auf dem St. Mary Lake.

 Granite Park Chalet
Glacier NP, MT 59434
✆ 1-888-345-2649
http://graniteparkchalet.com
Ende Juni–Mitte Sept.
1914 erbaut alpine Berghütte. Zugang nur zu Fuß über Highline Trail bzw. Loop Trail. $$$$

 Avalanche Creek Campground
Glacier NP, MT 59434
Mitte Juni–Anfang Sept.
87 Stellplätze an der Going-to-the-Sun Road westlich des Logan Pass.

 Lake McDonald Lodge
Glacier NP, MT 59434
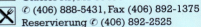 ✆ (406) 888-5431, Fax (406) 892-1375
Reservierung ✆ (406) 892-2525
 www.lakemcdonaldlodge.com
Ende Mai–Ende Sept.
1913 erbautes Prachthotel am Lake McDonald. Herrlicher Seeblick. Im Haus **Russell's Fireside Dining Room, Jammer Joe´s Grill & Pizzeria** und die **Stockage Lounge** mit Seeblick. $$$$

 Glacier Park Boat Co.
Glacier NP, MT 59434
✆ (406) 257-2426
www.glacierparkboats.com
Ende Juni–Ende Sept. 10, 13.30, 15.30, 17.30 und 19 Uhr; Fahrpreis 12 $
Einstündige Bootstour auf dem Lake McDonald.

 Sperry Chalet
Glacier NP, MT 59434
 ✆ 1-888-345-2649
www.sperrychalet.com
Anfang/Mitte Juli–Mitte Sept.
1913 erbaute, nur zu Fuß erreichbare alpine Berghütte, 10 km langer Zugang ab Lake McDonald Lodge. Übernachtung mit Vollverpflegung. $$$$

 Sprague Creek Campground
Glacier NP, MT 59434
Mitte Mai–Mitte Sept.
25 Stellplätze am Südufer des Lake McDonald.

 Village Inn
West Glacier, MT 59936

5 Infos: Glacier National Park

Urige Gemütlichkeit in der Lake McDonald Lodge

Reservierung ✆ (406) 892-2525
Fax (406) 892-1375
www.villageinnatapgar.com
Mitte Mai–Anfang Okt.
Kleines Hotel mit 36 Zimmern am westlichen Parkeingang in Apgar Village. $$$

 Apgar Village Lodge
West Glacier, MT 59936
✆ (406) 888-5484
www.westglacier.com
Rustikal-elegante Lodge im Touristendorf. 28 Blockhütten und 20 Motelzimmer. $$$

 Eddie's Restaurant
West Glacier, MT 59936
✆ (406) 888-5361
Einfaches Restaurant im Apgar Village. $

 Apgar Campground
Glacier NP, MT 59434
Anfang Mai–Mitte Okt.
194 Stellplätze am Westeingang des Parks im Apgar Village.

 Fish Creek Campground
Glacier NP, MT 59434
Reservierung ✆ 1-800-365-2267
http://reservations.nps.gov
Anfang Juni–Anfang Sept.
178 Stellplätze am Nordwestende des Lake McDonald.

 West Glacier KOA
West Glacier, MT 59936
✆ (406) 387-5341 und 1-800-KOA-3313
www.koa.com
Mai–Sept.
Großer, schöner Platz im Wald. Für Zelte und Wohnmobile. Angebot von Frühstück, Barbecue und Eis.

 Glacier Raft Company
West Glacier, MT 59936
✆ (406) 888-5454 und 1-800-235-6781
www.glacierraftco.com
Wildwasserschlauchbootfahrten auf dem Flathead River; halber Tag 43 $, ganzer Tag 74 $.

 Glacier Wilderness Guides/Montana Raft Company
West Glacier, MT 59936
✆ (406) 387-5555 und 1-800-521-7238
www.glacierguides.com
Wildwasserschlauchbootfahrten auf dem Flathead River; 46–80 $.

⑥ Von Bisons und Rauchspringern
Vom Glacier National Park ins Bitterroot Valley

6. Route: West Glacier – National Bison Range – Missoula – Hamilton (339 km/211 mi)

km/mi	Zeit	Route
0	9.00 Uhr	**West Glacier**, US 2 nach Westen, links (nach Süden) abzweigen auf den Hwy. 206, an der Einmündung des Hwy. 35 geradeaus weiter auf dem Hwy. 35 entlang dem **Flathead Lake** nach Süden,
114/ 71	9.30 Uhr	bei **Polson** links (nach Süden) auf die US 93, nach rechts (Westen) auf den Hwy. 212 abzweigen
158/ 98	11.00 Uhr	**Moiese**. Rundfahrt durch die **National Bison Range**.
188/117	14.00 Uhr	Auf dem Hwy. 212 weiter nach Süden, links (nach Osten) auf den Hwy. 200, rechts (nach Süden) auf die US 93, über die I-90 hinweg und weiter US 93 nach Osten Richtung Missoula.
254/158	15.00 Uhr	**Smokejumpers Base Aerial Fire Depot**. Weiter US 93 nach
264/164	16.30 Uhr	**Missoula,** Besuch des **Historical Museum at Fort Missoula**. Weiter auf US 93 bis
339/211	18.00 Uhr	**Hamilton**.

Auch wenn Streifenhörnchen noch so niedlich sind: Bitte nicht füttern!

Nach einer dreiviertelstündigen Fahrt ab West Glacier erreichen wir bereits den **Flathead Lake**, den mit 43 Kilometer Länge und 24 Kilometer Breite größten natürlichen Süßwassersee im Westen der USA. An seinem von bewaldeten Bergen begrenzten Ostufer weisen unzählige Sommerhäuser und Obstplantagen auf das weitgehend milde Klima der Region hin. Auf halber Höhe des Flathead Lake nach Süden beginnt die **Flathead Indian Reservation**. In der bereits 1855 etablierten Reservation leben 3500 Indianer der Salish, Kootenai und Pend d'Oreilles, das entspricht rund der Hälfte der unter den Confederated

National Bison Range

Salish & Kootenai Tribes registrierten Stammesmitglieder.

Im Süden der Reservation erreichen wir auch die bereits 1908 angelegte, 75 Quadratkilometer große **National Bison Range**. In diesem hügeligen, naturnah verbliebenen und überwiegend mit braungelbem Präriegras bewachsenen Areal am Fuße der Mission Range teilen sich 350 bis 500 Bisons, Wapitihirsche, Bergschafe und andere Tierarten die verschiedenen ökologischen Nischen. Neben der recht trockenen Prärie sind dies vor allem kleine Feuchtgebiete, die Flussufer und der Bergwald.

Im Visitor Center zu Beginn der geschotterten Rundstrecke durch den Park gehen immer wieder aktuelle Meldungen ein, an welcher Stelle die Bisons zuletzt gesichtet worden sind, insbesondere vormittags und nachmittags lassen sich die mächtigen Tiere gut erspähen. Während der warmen Mittagsstunden halten sie manchmal hinter Hügeln oder in einem Waldstück ihre Siesta.

Der 30 Kilometer lange **Red Sleep Mountain Drive** kann auch mit kleineren Wohnmobilen problemlos befahren werden. Die stellenweise enge Einbahnstraße zieht sich im attraktiven Mittelteil kurvenreich bergauf und bergab und gibt an zahlreichen Aussichtspunkten Gelegenheit, den Blick über die Umgebung schweifen zu lassen. Oft sind im Gras ruhende Bisons von weiter oben gut auszumachen, aus Sicherheitsgründen sollte man sie aber nur aus dem Auto heraus beobachten.

Unterwegs lohnt ein Zwischenstopp auf der Passhöhe, wo der 500 Meter lange High Point Trail dem Bergrücken ein Stückchen aufwärts bis zum höchsten Punkt im Park folgt. Zum Abschluss der Rundfahrt gibt es ein schönes Picknickplätzchen auf einer nach all dem dürren, goldbraunen Präriegras überra-

6 Missoula, Bitteroot Valley

schend grünen Wiese an den Mäandern des Mission Creek.

Schnell sind wir von der National Bison Range in dem 57 000 Einwohner zählenden **Missoula**. Die von tiefen Bergwäldern und fünf Tälern umgebene größte Stadt im westlichen Montana lebt von der Holzverarbeitung und Forstwirtschaft. Passend befinden sich hier eine Hauptverwaltung des US Forest Service und eine Forschungseinrichtung, die sich mit Entstehung und Prävention von Waldbränden beschäftigt. Hier ist »Smokey Bear« (vgl. S. 262) zu Hause, das jedem Amerikaner seit seiner Kindheit bestens vertraute Symbol des Forest Service. Der berühmte Bär mit dem Rangerhut mahnt an vielen Straßenrändern zum vorsichtigen Umgang mit Feuer im Wald.

Dazu passt, dass das **Smokejumpers Base Aerial Fire Depot** in der Stadt beheimatet ist. Als Spezialeinheit zur Waldbrandbekämpfung werden die *smokejumpers* in wagemutigen Einsätzen aus der Luft in der Nähe der Brandherde abgesetzt, um von dort aus innerhalb kürzester Zeit erste Löschaktionen anzukurbeln. Angestellte der »Rauchspringer« geben Führungen durch ihr Trainingszentrum. Von den verheerenden Waldbränden, die im Sommer 2000 im gesamten Westen der USA tobten, war Montana besonders betroffen, wo mindestens 120 000 Hektar Wald zerstört wurden.

Auf dem Höhepunkt der Konflikte mit den Nez-Percé-Indianern wurde 1877 das **Fort Missoula** errichtet. Von hier aus testete 1896 das Twentyfifth Infantry Bicycle Corps die militärische Verwendungsmöglichkeit von Fahrrädern u.a. auf einem 3 000-Kilometer-Trip nach Saint Louis. Nach dem erfolglosen Unterfangen wurde doch wieder auf die zuverlässigen Pferde zurückgegriffen.

Heute stehen nur noch 13 mehr oder weniger restaurierte Gebäude des ursprünglichen Forts, wo Ausstellungen des **Historical Museum** über die Holzindustrie und die frühe Besiedlung der Region im 19. Jahrhundert berichten.

Von Missoula aus folgt die US 93 dem flachen, breiten **Bitterroot Valley**, das im Westen von der einsamen Bergwildnis der Bitterroot Mountains begleitet wird. Der südliche Teil ist heute locker besiedelt, ganz im Gegensatz zum Jahre 1877, als dort kaum jemand wohnte

Bewohner der National Bison Range nördlich von Missoula

und die Nez-Percé-Indianer unter Häuptling Chief Joseph während ihrer Flucht vor der US-Armee das gesamte Tal bis zu den Passhöhen entlangzogen. Rund 750 Indianer, darunter 250 Krieger, konnten ihre Verfolger durch Gewaltmärsche und taktisch kluge Kämpfe immer wieder abschütteln und wurden erst nach fast 1 800 Kilometern und vier Monaten Flucht kurz vor der rettenden kanadischen Grenze gestoppt.

Danach kehrte in dem abgeschiedenen Tal wieder Ruhe ein, dem erst Marcus Daly ein anderes Gepräge gab. Der unumschränkte Kupferkönig von Montana (vgl. Butte, 1. Route S. 226) und Besitzer der Anaconda Company gründete im Jahr 1890 **Hamilton**. Als sichtbares Zeichen seines Reichtums hatte er dort das »Riverside House«, ein weiteres seiner eleganten Anwesen, erbaut. In der Folgezeit hat sich Hamilton zum letzten größeren Ort im Tal entwickelt, Dalys 42-Zimmer-Villa steht als **Daly Mansion** Besuchern zur Besichtigung offen.

6 Infos: Moiese, Missoula

National Bison Range
SR 212, Moiese, MT 59824
℡ (406) 644-2211
www.fws.gov/bisonrange/nbr
Mitte Mai–Okt. tägl. 7–20.30 Uhr
Eintritt 4 $
30 km lange Rundfahrt durch ein naturbelassenes, hügeliges Präriareal mit knapp 500 Bisons, enge Parkstraße mit kleineren Wohnmobilen gut befahrbar.

Missoula Convention & Visitors Bureau
825 E. Front St., Missoula, MT 59807
℡ (406) 543-6623 und 1-800-526-3465
Fax (406) 543-6625
www.missoulacvb.org

Smokejumper Visitor Center
5765 W. Broadway, 11 km westl. von Missoula am Johnson-Bell Airport Missoula, MT 59808
℡ (406) 329-4934
Ende Mai–Anfang Sept. tägl. 8.30–17 Uhr, Führungen 10, 11, 14,14, 15 und 16 Uhr; Eintritt frei

»Smokey Bear« erinnert die Menschen an den aufmerksamen Umgang mit Feuer im Wald

Infos: Missoula, Hamilton, Sula

Trainingszentrum der »Rauchspringer«, der aus Flugzeugen operierenden Spezialeinheit der Waldbrandbekämpfer des National Forest Service.

Rocky Mountain Museum of Military History
South Ave., Missoula, MT 59804
℅ (406) 728-3476
www.fortmissoulamuseum.org
Ende Mai–Anfang Sept. Mo–Sa 10–17, So 12–17, sonst Di–So 12–17 Uhr
Museum im historischen Fort Missoula.

Missoula KOA
3450 Tina Ave.
Missoula, MT 59808

℅ (406) 549-0881 und 1-800-KOA-5366
www.missoulakoa.com
Ganzjährig geöffneter, freundlicher Campground mit schattigen Stellplätzen. Streichelzoo mit Lamas, Ziegen und Ponies. $

Muralt's Plaza Café
8800 Truck Stop Rd., I-90, Ausfahrt 86
Missoula, MT 59808
℅ (406) 728-8182 (Restaurant), (406) 728-4700 (Muralt's Plaza) und 1-888-868-7258, www.muralts.com
Familienrestaurant und Truck-Stop; günstige Preise, große Portionen. 24 Stunden geöffnet. Mit Motel. $

Bitterroot Valley Chamber of Commerce
105 E. Main St.
Hamilton, MT 59840
℅ (406) 363-2400, Fax (406) 363-2402
www.bvchamber.com

Hamilton Town House Inn
1113 N. First St.
Hamilton, MT 59840
℅ (406) 363-6600 und 1-800-442-4667
Fax (406) 363-5644
www.montana-motels.com
Motel mit 64 Zimmern. Mit kontinentalem Frühstück. $$

Spring Gulch Campground
US 93, 8 km nördl. von Sula
Sula, MT 59871
℅ (406) 821-3201 und 1-877-444-6777
www.reserveusa.com
Mitte Mai–Mitte Sept.
Campground mit 10 Stellplätzen am Bitterroot River. $

Warm Springs Campground
CR 100, 8 km nördl. von Sula
Sula, MT 59871
℅ (406) 821-3201 und 1-877-444-6777
www.reserveusa.com
Ende Mai–Ende Sept.
Campground mit 11 Stellplätzen am Crazy Creek. $

Daly Mansion
251 Eastside Hwy.
Hamilton, MT 59840
℅ (406) 363-6004
www.dalymansion.org
Führungen Mitte April–Mitte Okt. tägl. 10–16 Uhr
Eintritt 7 $
Elegante Villa des Kupfermagnaten Marcus Daly. Einrichtung mit vielen Originalmöbeln und sieben offenen Marmorkaminen.

»4 B's« Restaurant
1105 N. 1st St.
Hamilton, MT 59840
℅ (406) 363-4620
Preisgünstiges, einfaches Familienrestaurant, rund um die Uhr geöffnet. $

Ravalli County Fair
100 Old Corvallis Rd.
Hamilton, MT 59840

℅ (406) 363-3411
www.ravallicountyfair.com
5 Tage um das letzte Augustwochenende
Viehschauen und Wettbewerbe, deftiges Essen, Kunst und Kunsthandwerk, Pflanzenschauen etc., alles gespickt mit Musik und Entertainment.

⑦ Salmon River Scenic Byway
Auf dem Lachsfluss durch Idaho

7. Route: Hamilton – Custer – Stanley (365 km/227 mi)

km/mi	Zeit	Route
0	9.00 Uhr	**Hamilton**, US 93 nach Süden
71/ 44	10.00 Uhr	**Lost Trail Pass** (Grenze zu Idaho, 2 138 m), weiter **Salmon River Scenic Byway** (US 93), Lunch in
146/ 91	11.30 Uhr	**Salmon**. US 93 nach
243/151	14.00 Uhr	**Challis, Land of the Yankee Fork Historic Area Visitor Center**, rechts abbiegen auf SR 75,
312/194	15.30 Uhr	in **Sunbeam** rechts Abstecher auf Custer Motorway nach
328/204	16.00 Uhr	**Custer**, zurück nach Sunbeam, rechts ab auf SR 75 nach
365/227	17.30 Uhr	**Stanley**.

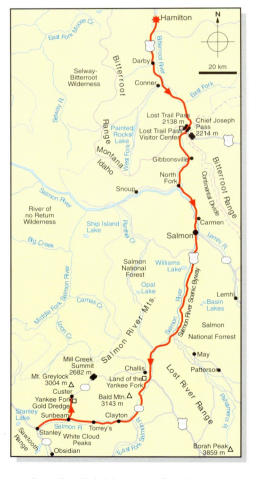

Die heutige Tagesetappe gehört zu den schönsten Routen durch Idaho – und zugleich zu den ruhigsten. Außer Salmon, mit rund 3 100 Einwohnern der größte Ort unterwegs, und dem schon deutlich kleineren Challis gibt es bis Stanley nur wenige Ansiedlungen.

Ab **Hamilton** trägt uns die ruhige US 93 südwärts durch das Tal des Bitter-

Bitterroot Valley, Salmon River

Rasante Wildwasserabenteuer warten auf Idahos Salmon River

root River, ehe die letzten Kilometer in Montana in langgezogenen Serpentinen bis zum Lost Trail Pass an der Grenze zu Idaho emporsteigen. Werfen wir noch einmal einen Blick zurück auf die frischgrünen, üppigen Wälder und Wiesen im **Bitterroot Valley**. Auch die Nez Percé unter Chief Joseph schauten bei ihrer Flucht 1877 zurück, aber den US-Soldaten waren sie enteilt. Auf ihrem Weiterweg wendeten sie sich nach Osten Richtung Yellowstone über den heute Chief Joseph Pass genannten Gebirgsübergang am Hwy. 43. Wir hingegen treffen südwärts nach einer kurvigen Abfahrt im Örtchen **North Fork** auf den **Salmon River**, der hier nach Westen in die völlig unerschlossene Einsamkeit mit dem vielsagenden Namen »Frank Church – River of No Return Wilderness Area« abzweigt.

»River of No Return«, »Fluss ohne Wiederkehr«, wird der Salmon River wegen seiner vielen ungezähmten Passagen genannt. Der »Lachsfluss« gehört zu den großartigsten Wildwasserflüssen der USA. Mit insgesamt 675 Kilometern ungehindertem Stromverlauf zählt er zu den längsten natürlichen Flüssen des Landes. Als beste Rafting-Tour Idahos gilt der 155 Kilometer lange Middle Fork Salmon River mit beinahe kontinuierlichen Stromschnellen. Dieser steht auch der 127 Kilometer lange Trip auf dem Main Salmon River, dem Hauptfluss, kaum nach.

Als beliebter Ausgangspunkt für Wildwassertrips hat sich die Kleinstadt **Salmon** an der Einmündung des Lemhi River in den Salmon River einen Ruf gemacht. Wo die US-Captains Meriwether Lewis und William Clark auf ihrer Expedition zum Pazifik 1805 entlangzogen, war knapp 60 Jahre später nach Goldfunden eine kleine Stadt entstanden. Wunderbar illustriert und greifbar vor Augen geführt wird dem Besucher des Wilden Westens dieser Teil der Geschichte im modernen Park und Museum des **Sacajawea Interpretive Center**. Anschließend folgen wir dem Lauf des »Lachsflusses« weiter flussaufwärts bis

Ausritt in luftige Höhen: beim »Trail Riding« in den Sawtooth Mountains

zu unserem heutigen Etappenziel Stanley.

Der »Salmon River Scenic Byway«, wie die US 93 hier heißt, trägt den Namen zu Recht, denn sein Verlauf ist ausgesprochen reizvoll. Je weiter man nach Süden kommt, desto karger wird die Vegetation. Im Hochsommer sind die steinigen Hänge teilweise so ausgedörrt, dass man sich fast in die Wüstenkulisse eines Wildwestfilms versetzt fühlt. Straße und Fluss teilen sich den nur gelegentlich durch Ranches und Viehweiden unterbrochenen Talgrund.

Das knapp über 9 000 Einwohner zählende **Challis** ist eine Art Verkehrsknotenpunkt zweier wichtiger Highways. Kurz vor dem Abzweig der SR 75 befindet sich an der US 93 das **Land of the Yankee Fork Historic Area Visitor Center**. Das moderne Informationszentrum mit dem klangvollen Namen erweist sich auch als attraktives Museum mit Diaschau, Dioramen und historischen Fotografien zur Geschichte der Minen und Geisterstädte der Region und zum gut sichtbaren **Challis Earthquake Fault**. Der 1983 in einem der schwersten Erdbeben der Region entstandene 34 Kilometer lange Bruchgraben verläuft an der Westseite der Lost River Range direkt unterhalb des Borah Peak (3 859 Meter), des höchsten Gipfels Idahos, vorbei (56 Kilometer südöstlich von Challis, über US 93).

Das Visitor Center gilt als offizieller Startpunkt des **Custer Motorway** (FR 70), einer der höchsten Pass-Straßen Idahos und attraktive Parallelroute zum asphaltierten Hwy. 75 von Challis nach Sunbeam. Die für große Wohnmobile ungeeignete, kurvenreiche Schotterroute längs von Mill Creek und Yankee Fork Rivers wurde zur Goldrauschzeit

Custer Motorway, Sawtooth Mountains

riesige Goldbagger schaufelte noch bis 1952 goldhaltigen Boden aus der Umgebung. Eine solche Maschine rüttelte das Gemisch aus Gestein und Erdreich solange durch, bis nur noch kleine *flakes* oder hin und wieder sogar größere Nuggets übrig blieben.

Wir passieren Bonanza – von dem Ort existieren nur noch die Friedhöfe – und machen einen Spaziergang durch das noch relativ gut erhaltene Nachbargeisterstädtchen **Custer** mit seinen seit 1910 leer stehenden, wind- und wettergegerbten Blockhütten. Die historische Umgebung versetzt Besucher aus der Moderne umgehend in die aufregende Goldrauschzeit des ausgehenden 19. Jahrhunderts. Mit authentischen Goldwaschpfannen kann man hier stilecht und in mühsamer Kleinarbeit – aber im Gegensatz zu den alten Goldsuchern unter fachkundiger Anleitung – versuchen, winzige »Flakes« aus der Erde herauszuspülen.

Nur knapp 100 Einwohner zählt das im rustikalen Blockhausstil gehaltene **Stanley**, ein hübsches Örtchen und Mittelpunkt der immensen Berg- und Waldwildnis der **Sawtooth Mountains** mit ihren exzellenten Wanderwegen, Wildwasserflüssen und Campingplätzen. Ein acht Kilometer langer Abstecher führt auf dem »Ponderosa Pine Scenic Byway«, wie die Straße SR 21 blumig genannt wird, von Stanley zum malerischen Stanley Lake. Mit seinen flachen Buchten eignet er sich sehr gut zum Schwimmen, und seine offenen Wasserflächen sind ein beliebtes Segelrevier.

Stanley hat zahlreiche Wildwasseranbieter; das wichtigste Revier ist auch hier vor allem der Middle Fork Salmon River. Aber zum Kennenlernen reicht ein Halbtagestrip von Sunbeam bis Torrey's auf dem Salmon River östlich von Stanley – eine Supertour für Familien.

Ende der 70er/Anfang der 80er Jahre des 19. Jahrhunderts als Mautstraße angelegt. 56 Kilometer lang führt der Custer Motorway durch Waldgebiete mit verfallenen Minen, Geisterstädten und historischen Postkutschenstationen. Auf dem knapp 2 700 Meter hoch gelegenen Mill Creek Summit stehen noch immer die Relikte der »Tollgate Station« am Wegesrand. Auf der Passhöhe mussten die Straßenbenutzer einst Maut zahlen –, heute ist die beeindruckende Straße umsonst zu befahren. Alles was sie kostet, ist etwas Zeit.

Wer den Mill Creek Summit nicht erkunden möchte, sollte sich vom anderen Ende des Custer Motorway – von **Sunbeam** aus – unbedingt das 16 Kilometer lange, gut befahrbare Teilstück bis Custer ansehen. Als erstes statten wir dort dem 1940 erbauten **Yankee Fork Gold Dredge** einen Besuch ab. Der

❼ Infos: Salmon, Challis, Custer, Stanley

 Salmon Valley Chamber of Commerce
200 Main St., Salmon, ID 83467
✆ (208) 756-2100 und 1-800-727-2540
Fax (208) 756-4840, www.salmonbyway.com

 Sacajawea Interpretive Center
200 Main St., Salmon, ID 83467
✆ (208) 756-1188
www.sacajaweacenter.org
Ende Mai–Ende Sept. tägl. 9–18, Mai und Okt. nur Sa/So 9–17 Uhr; Eintritt 4 $
Park zur Kultur und Geschichte von Sacajewa und dem Stamm der Agaidika-Indianer, sowie der Lewis and Clark Expedition.

 Idaho Adventures
6 Adventure Lane, Salmon, ID 83467
✆ (208) 756-2986 und 1-800-789-9283
www.idahoadventures.com
Wildwasserfahrten auf dem Salmon River. Tagestour 95 $.

 Bertram's Salmon Valley Brewery
101 S. Andrews St., Salmon, ID 83467
✆ (208) 756-3391
Hausbrauerei mit Pub und Restaurant in historischem Ambiente von 1898. $$

 Salmon-Challis National Forest Headquarters
50 Hwy. 93 S., Salmon, ID 83467
✆ (208) 756-5100, www.fs.fed.us/r4/sc

 Land of the Yankee Fork Historic Area Visitor Center
SR 75, Challis, ID 83226
✆ (208) 879-5244
www.idahoparks.org/parks/yankeefork.aspx
Mai–Sept. tägl. 8–18, sonst 9–17 Uhr
Modernes regionales Informationszentrum mit 18-minütiger Diashow.

 Yankee Fork Gold Dredge
Custer Motorway
Ende Juni–Anfang Sept. tägl. 10–17 Uhr
34 m langer Goldbagger aus der Mitte des 20. Jh.

 Custer Museum
Custer Motorway
 Anfang Juli–Anfang Sept. tägl. 10–17 Uhr
Kleines Museum zur lokalen Bergwerksgeschichte, Goldwaschen unter Anleitung.

 Stanley – Sawtooth Chamber of Commerce
SR 21, Stanley Community Center
Stanley, ID 83278
✆ (208) 774-3411 und 1-800-878-7950
www.stanleycc.org
Umfangreiche Informationen über Anbieter von Wildwassertouren, Ausritten, Wander- und Klettertouren.

 Middle Fork River Expeditions
Stanley, ID 83278
✆ (208) 774-3659 und 1-800-801-5146
www.idahorivers.com
Juni–Sept. 5–6-tägige Wildwasserfahrten auf dem Middle Fork des Salmon River; 1458–1750 $.

 Stanley Ranger Station
SR 75 S., Stanley, ID 83278
✆ (208) 774-3000
Infos zur Sawtooth National Recreation Area.

 Jerry's Country Store & Motel
SR 75, Stanley, ID 83278
 ✆ (208) 774-3566 und 1-800-972-4627
Fax (208) 774-3518
Kleines Motel mit nur 6 Zimmern in Lower Stanley am Salmon River mit Blick auf die Sawtooth Mountains. Dazu gehört ein kleiner, rustikaler Gemischtwarenladen. $$

 Mountain Village Resort
SR 75/SR 21, Stanley, ID 83278
 ✆ (208) 774-3661 und 1-800-843-5475
Fax (208) 774-3761
www.mountainvillage.com
Hotel mit 63 Zimmern, darunter viele mit Blick auf die Berge. $$
Gemütliches Blockhaus-Restaurant mit

Infos: Stanley

Saloon. Frühstück (ab 6 Uhr), Lunch und Dinner. $–$$

 Glacier View Campground
Sawtooth N.R.A., Redfish Lake Rd.
Stanley, ID 83278
 ✆ (208) 726-7672 und 1-877-444-6777
www.reserveusa.com
Ende Mai–Mitte Sept.
63 einfache Stellplätze, populärer Platz nähe Redfish Lake, dort Kanu-, Ruderboot- und Paddelbootverleih, Schwimmen möglich. $

 Point Campground
Sawtooth N.R.A., Redfish Lake Rd.
Stanley, ID 83278
✆ (208) 726-7672 und 1-877-444-6777
www.reserveusa.com
Ende Mai–Mitte Sept.
Populärer Campground direkt am Ufer des Redfish Lake mit 17 Stellplätzen, nur Zelte. $

 Arrow A Ranch
SR 75, Stanley, ID 83278
✆ (208) 774-3521 (Sommer)
✆ (208) 466-5719 (Winter)
www.arrowaranch.com
Ranch am südlichen Rand von Stanley. Zum Übernachten gibt es drei unterschiedliche Blockhütten. $$$

 Elk Mountain RV Resort
SR 21, 6 km westl. von Stanley
Stanley, ID 83278
✆ (208) 774-2202, Mai–Okt.
Camping für Wohnmobile. 25 Stellplätze mit allen Anschlüssen. $

 Idaho Rocky Mountain Ranch
SR 75, 15 km südlich von Stanley
Stanley, ID 83278
 ✆ (208) 774-3544, Fax (208) 774-3477
www.idahorocky.com
 Mitte Juni–Mitte Sept.
Gästeranch mit heißen Quellen. 4 Zimmer in der Lodge und 17 Blockhütten, Halbpension. Ausritte in die Sawtooth

Hier ist die Cowboykultur noch lebendig: beim Viehtrieb in Idaho

Mountains. Im Restaurant Do Barbecue, Di/Mi und So *fine dining*, Sa Live-Musik. $$$

 Rod'n Gun Saloon & Dancehall
Ace of Diamonds St.
 Stanley, ID 83278
✆ (208) 274-9920
Rustikale Kneipe in der Altstadt, Fr/Sa Live-Musik, Heimat des »Stanley Stomp«, bei dem das Publikum zur Musik mit den Füßen stampft.

Weitere Informationen zu Stanley finden Sie S. 273.

8 Durch die »Sägezahnberge«
Sawtooth National Recreation Area, Ketchum und Sun Valley

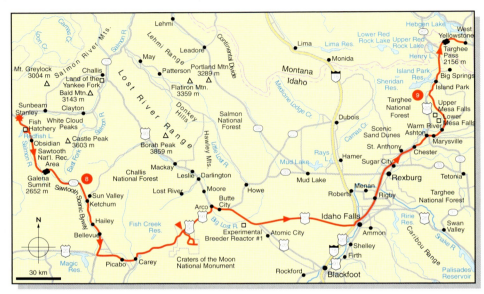

8. Route: Stanley – Ketchum/Sun Valley – Craters of the Moon National Monument (214 km/133 mi)

km/mi	Zeit	Route
0	9.00 Uhr	Ab Stanley **Sawtooth Scenic Byway** (SR 75) nach Süden, Abzweigung nach Westen zum
11/ 7		**Redfish Lake**, Bootstour und Wanderung. Zurück zur SR 75, an der **Fish Hatchery** vorbei
66/ 41	13.30 Uhr	**Galena Summit** (2 652 m), weiter Hwy. 75
98/ 61	14.30 Uhr	**Ketchum/Sun Valley**, weiter Hwy. 75, nach links (Osten) abbiegen auf US 20 zum
214/133	17.30 Uhr	**Craters of the Moon National Monument**.

Der **Sawtooth Scenic Byway** (SR 75) trägt uns mitten durch die bis zu 3 600 Meter hohen Sawtooth Mountains. Die attraktive Straße erschließt ein von rauhen Bergen überragtes Terrain bewaldeter Täler, sauberer Flüsse und glitzernder Seen, das 1972 zur **Sawtooth National Recreation Area** deklariert wurde. Im Sommer ist dies ein Eldorado für Outdoor-Aktivitäten wie Reiten, Bootfahren, Wandern und Mountainbiking in beliebiger Länge und

Sawtooth Scenic Byway, Redfish Lake

Rauhe Zacken prägen das Antlitz der Sawtooth Mountains

Schwierigkeit etc. Die touristische Erschließung beschränkt sich dabei im Wesentlichen auf den Sawtooth Scenic Byway und auf einige Hotels, Gästeranches und eine Fülle an Campgrounds.

Ein kurzer Abstecher führt zum populären **Redfish Lake** südlich von Stanley. Der über eine Seitenstraße westlich der SR 75 zugängliche größte See der Gegend ist das einzige ausgebaute Zentrum touristischer Aktivitäten bis Ketchum. Man kann hier reiten und campen, schwimmen und segeln, paddeln, angeln und auf dem Fishhook Creek Nature Trail und anderen Wegen wandern. Für das leibliche Wohl und die nächtliche Ruhe sorgt eine hübsche, rustikale Lodge, für praktische Informationen das Visitor Center.

Der Name des Sees stammt von den immer seltener werdenden roten Sockeye-Lachsen, die vor dem Bau der Staudämme am Columbia River vom Pazifik in großen Mengen zum Laichen hier herauf kamen. Heute überwinden nur noch wenige den 1500 Kilometer langen Weg, den im Unterlauf des Flusses Staudämme und andere Hindernisse beschwerlich machen.

Die weiter südlich gelegene **Fish Hatchery** produziert jährlich Millionen Lachs- und Forelleneier, darunter drei Millionen allein von Steelhead-Lachsen. Sie werden als winzige Jungfische zu anderen staatlichen Fischzuchtstätten gebracht, dort aufgezogen und in den Gewässern der Umgebung ausgesetzt. Von extra für die Besucher errichteten

8 Ketchum, San Valley, Craters of the Moon

Winterwonnen in Sun Valley

Ketchum hat eine erstaunliche Wandlung vollzogen vom industriellen Zentrum, wo in den 80er Jahren des 19. Jahrhunderts die Eisenerze umliegender Bergwerke eingeschmolzen wurden, zum lebhaften Touristenstädtchen mit Kunstgalerien und Boutiquen, mit netten Restaurants, alten Saloons, vielen Hotels und einer Main Street im Ambiente vergangener Tage.

Sun Valley dagegen wurde bereits 1935 als einer der ersten Skiorte der USA konzipiert, schon bald fuhren Tausende die Pisten des Bald Mountain (2 789 Meter) hinunter. Die Schauspieler Gary Cooper und Clark Gable waren häufig zu Gast in beiden Orten, und der Schriftsteller Ernest Hemingway lebte bis zu seinem Selbstmord 1961 in Ketchum, wo er auf dem Ketchum Cemetery nördlich des Städtchens seine letzte Ruhestätte fand.

Plattformen kann man sich einen Überblick über die Fischbecken verschaffen.

Allmählich verlässt der Sawtooth Scenic Byway das Tal des Salmon River und führt in Serpentinen aufwärts. Vom **Galena Overlook** beeindruckt das großartige Panorama der Sawtooth Range, wenig später überquert die Straße den 2 652 Meter hohen **Galena Summit** und verlässt schließlich durch das malerische Big Wood River Valley die Sawtooth National Recreation Area.

Am Ausgang des Erholungsgebietes liegt Idahos populärstes Wintersportgebiet mit den exzellenten Skibergen um **Ketchum** (3 000 Einwohner) und seinen Vorort **Sun Valley** (1 400 Einwohner), aber auch als Sommerfrischen besitzen beide reizvolle Freizeitangebote von Reiten, Mountainbiking, Angeln, Schwimmen, Golf, Tennis etc. bis hin zum Eislaufen im Sun Valley Resort.

Wir verabschieden uns von den dunkelgrünen Wäldern, saftigen Wiesen und kristallklaren Bergseen der Sawtooth Mountains. Beinahe urplötzlich geht es hinab in die mit bizarr erkalteten, abweisenden Lavafeldern bedeckten, trockenen Niederungen der Snake River Plain. Ein Blick auf die Landkarte bestätigt unseren Eindruck: Es gibt keine Straßen durch diese 100 Kilometer langen, unpassierbaren Lavafelder, auch unsere US 20 führt »ehrfurchtsvoll« außen herum.

Höhepunkt nach diesem überaus kontrastreichen Szenenwechsel ist das **Craters of the Moon National Monument**, wo wir ein Plätzchen auf dem mitten in der Lavalandschaft angesiedelten Campground finden. Schon – oder erst? – rund 2 000 Jahre ist es her, dass sich ringsherum glühende Lavaströme langsam über die Landschaft wälzten und sie in ein tosendes Inferno verwandelten.

8 Infos: Stanley, Ketchum, Sun Valley, Arco

 Sawtooth Fish Hatchery
SR 75, 8 km südl. von Stanley
Stanley, ID 83278
✆ (208) 774-3684
Visitor Center tägl. 8–17 Uhr, Führungen 10.30, 13.30 und 15 Uhr
Fischzuchtbecken von der Befruchtung bis zu den ersten Lebensmonaten.

 Redfish Lake Visitor Center
Redfish Lake, 4 km westl. der SR 75
Stanley, ID 83278
✆ (208) 774-3376

Redfish Lake Corrals – Trail Rides
Redfish Lake, Stanley, ID 83278
✆ (208) 774-3311 und 1-888-722-5432
www.mysticsaddleranch.com
Ende Mai–Mitte Sept. tägl. 8–17 Uhr
Eineinhalb- oder mehrstündige Ausritte von der Mystic Saddle Ranch.

 Redfish Lake Lodge
Redfish Lake, SR 75, Stanley, ID 83278
✆ (208) 774-3536, (Sommer), (208) 644-9096 (Winter), www.redfishlake.com
Rustikale Lodge am malerischen See mit 36 Zimmern. $$$

Sawtooth National Recreation Area Visitor Center
SR 75, Ketchum, ID 83340
✆ (208) 726-7672 und 1-800-260-5970
Fax (208) 727-5029
✆ (208) 727-5013 (Visitor Center)
www.fs.fed.us/r4/sawtooth/recreation.htm, tägl. 8.30–17 Uhr
Informationen über Campingplätze, Wanderwege etc. der Sawtooth N.R.A.

Sun Valley/Ketchum Chamber & Visitors Bureau
411 N. Main St., Sun Valley, ID 83353
✆ (208) 726-3423 und 1-866-305-0408
Fax (208) 726-4533
www.visitsunvalley.com

 The Wood River Inn, Hailey – Sun Valley Area
603 N. Main St., Hailey, ID 83333
✆ (208) 578-0600 und 1-877-542-0600
Fax (208) 578-0700
www.woodriverinn.com
Modernes Motel mit 57 großen Zimmern, Schwimmbad, Whirlpool. $$$

 Tamarack Lodge
291 Walnut Ave., Ketchum, ID 83340
✆ (208) 726-3344 und 1-800-521-5379
Fax (208) 726-3347
www.tamaracksunvalley.com
Downtown-Motel mit großzügigen Zimmern, Hallenbad, Whirlpool. $$$

 The Kneadery
260 Leadville St.
Sun Valley, ID 83340
✆ (208) 726-9462
Tägl. 7.30–14 Uhr
Frühstücks- und Lunchrestaurant, Sandwiches, Salate und Suppen. $$

 Pioneer Saloon
308 N. Main St., Ketchum, ID 83340
✆ (208) 726-3139
www.pioneersaloon.com
Uriger Saloon und Restaurant. Steaks, Fisch und Burger. $$–$$$

 Ketchum Grill
520 East Ave., Ketchum, ID 83340
✆ (208) 726-4660
www.ketchumgrill.com
Dinner-Restaurant mit Pizza, Pasta und Fleisch vom Grill. $$–$$$

 Craters of the Moon Campground
51 Stellplätze im Park, Mai–Okt. $

 Craters of the Moon National Monument
Arco, ID 83213
 ✆ (208) 527-3257, www.nps.gov/crmo
Eintritt pro Auto 8 $ (7 Tage), 50 $ National Parks Pass (vgl. S. 286)
215 km² großer Naturpark mit Lavagestein. Autorundfahrt und Kurzwanderungen durch Lavafelder, Erkundungen von Lavahöhlen auf eigene Faust.

⑨ Lavalandschaften
Von den Craters of the Moon über Idaho Falls nach West Yellowstone

9. Route: Craters of the Moon National Monument – Arco – Idaho Falls – West Yellowstone (351 km/218 mi)

km/mi	Zeit	Route	
			Karte vgl. 8. Route S. 270.
0	9.00 Uhr	**Craters of the Moon National Monument**, Fahrt auf der Loop Road.	
11/ 7	12.30 Uhr	Rechts abbiegen auf US 20 nach Osten über Arco bis nach	
150/ 93	14.00 Uhr	**Idaho Falls**, weiter US 20, in Ashton rechts ab auf der SR 47 (Mesa Falls Scenic Byway) zu den	
270/168	16.00 Uhr	**Upper Mesa Falls**. Weiter SR 47, rechts ab auf US 20 bis	
351/218	18.00 Uhr	**West Yellowstone**.	
	20.00 Uhr	**Yellowstone IMAX Theater**.	

Mit seinen grauen, bizarren Lavaformationen vor tiefblauem Himmel erleben wir das **Craters of the Moon National Monument** als eine der eindrucksvollsten und zugleich abweisendsten Landschaften Idahos. Deshalb zeigte an der Besiedlung der dunklen, kargen Lavagebiete auch niemand je so recht Interesse. Indianer und Weiße fürchteten und mieden die vegetationsarme, »nutzlose« Landschaft, in der das Wasser sofort im porösen Gestein versickerte, wo es weder Erde zum Ackerbau noch Gras für das Vieh gab. Erst 1920 wurden die Lavaebenen von Robert Limbert und W.L. Cole erforscht, die das Gebiet zwischen Minidoka und den heutigen Craters of the Moon durchquerten und viele geologische Formationen benannten. Limberts Fotografien und Berichte führten schließlich im Jahre 1924 zur Gründung des Craters of the Moon National Monument.

Kein monumentaler Einzelvulkan ist für die Gestaltung des Parks verantwortlich, sondern eine Kette gerundeter Aschenkegel, dazu verborgene Spalten und nicht einsehbare Höhlen, aus denen die Lava in Form glühender Lavabomben flog oder sich fließend verbreitete, bevor sie bröckelig als scharfkantige Aa-Lava (Brockenlava) oder glatt als glänzende Pahoehoe-Lava (Fladen-, Seil- oder Stricklava) erkaltete. Die Lavaflüsse dieser Grabenbruchzone ereigneten sich in vergleichsweise geologisch junger Zeit, sie begannen vor rund 15 000 Jahren und endeten nach längeren oder kürzeren Ruhepausen erst vor etwa 2 000 Jahren gänzlich.

Was sich im größten Teil des Jahres wüstenhaft darbietet – Craters of the Moon grenzt an eine der trockensten Regionen Idahos – blüht Ende Mai und Anfang Juni auf, wenn das Wasser der Schneeschmelze die Samen keimen

Craters of the Moon National Monument

Urig und unnahbar: die Szenerie des Craters of the Moon National Monument

lässt und mit Frühjahrswildblumen Farbe in die düstere Szenerie bringt. Die sommerliche Hitze lässt dann nur noch die an die Trockenheit angepasste Vegetation überleben, in »ökologischen Nischen« wie den feuchten Ecken eines Höhleneingangs oder den vor direkter Sonneneinstrahlung geschützteren nordseitigen Hängen. Auch Tiere sind in der Landschaft der »Mondkrater« heimisch, neben Insekten, Reptilien und Vögeln auch einige wenige Säugetierarten wie Maultierhirsche und Rotluchse.

Die elf Kilometer lange, überwiegend als Einbahnstraße verlaufende **Loop Road** dreht eine Runde durch das Gebiet; mit einigen kurzen Wanderungen und Höhlentouren lässt sich ein guter Halbtagesaufenthalt planen. Drei Stopps empfehlen sich unterwegs. Als erstes bringt uns ein kurzer, forscher Anstieg auf den **Inferno Cone**. Vom Gipfel des wohlgeformten Aschenkegels genießen wir das landkartengleich ausgebreitete Panorama der Grabenbruchzone. Gut erkennbar ist die Kette der gerundeten Aschenkegel, darunter im Süden zunächst der Broken Top und dahinter der 250 Meter hohe Big Cinder Butte, einer der größten Basaltaschenkegel überhaupt.

Nächster Stopp ist am **Big Craters and Spatter Cones Area**. Die *spatter cones* entstanden bei den letzten Lavaausbrüchen, als herauskatapultierte, klumpig-weiche Lavabrocken miteinander verklebten und so erstarrten. Auf der anderen Seite führt der Weg zu den Big Craters hinauf mit Blick in ein Kraterloch. An dieser Stelle kehren die meisten Parkbesucher um, doch bietet sich mit dem vier Kilometer langen **North Crater Trail** noch eine weitere hervorragende Kurzwanderung. Sie bringt uns nach Norden wieder zurück bis fast an den Anfang der Park Loop Road.

Am letzten Stopp der Loop Road haben wir uns einen Besuch der Unterwelt

Craters of the Moon National Monument, Idaho Falls, Mesa Falls

vorgenommen, wo man nach einem weiteren Kilometer zu Fuß zu den **Lavahöhlen** gelangt. Durch die ebenen und knapp unterhalb der Oberfläche verlaufenden Höhlen floss einst dünnflüssige Magma, als diese versiegte, blieben die Tunnel erhalten. Der 250 Meter lange, trockene Indian Tunnel, die längste Höhle des Parks, lässt sich problemlos erkunden. Zugang besteht über eine Treppe durch ein altes Einsturzloch. Da weitere »Deckenlichter« auf diese Weise entstanden sind, kommt man hier auch ohne Taschenlampe bestens zurecht.

Zwar mit Taschenlampe, aber ebenfalls ohne Schwierigkeiten lässt sich die 90 Meter lange Beauty Cave erkunden. In der Boy Scout Cave hält sich trotz der sommerlichen Hitze selbst im Hochsommer Eis. Hier bekommt man wegen des Schmelzwassers oft nasse Füße. Wer das nicht riskieren möchte, kann zumindest einen Blick in die Höhle werfen, denn der Eingang liegt direkt am Wanderweg.

Nach diesem Höhlenerlebnis verlassen wir den Park und fahren ostwärts durch weites, karges Gebiet. Die Kleinstadt **Arco**, Versorgungszentrum für einen riesigen Umkreis, war Anfang der 1950er Jahre die erste Stadt der Welt, deren Straßenlaternen mit Nuklearstrom leuchteten. Den **Experimental Breeder Reactor No. 1** (rund 32 Kilometer auf der US 20 Richtung Südosten), der für diesen Effekt sorgte und der 1951 die erste verwendbare Menge Atomstroms überhaupt produzierte, kann man besichtigen.

Zügig bringt uns die US 20 nach **Idaho Falls** am Snake River. Idahos zweitgrößte Stadt mit 44 000 Einwohnern wurde um 1860 als Taylor's Crossing an einer der wenigen Furten über den oberen Snake River gegründet, die von den aus Salt Lake City kommenden Minenarbeitern auf dem Weg nach Montana genutzt wurde. Die namengebenden Wasserfälle des Snake River (Zufahrt über den River Parkway) sind nicht besonders hoch, doch fast 500 Meter breit und turbulent. Ein Picknickplatz an den Fällen ist Teil eines insgesamt vier Kilometer langen Grüngürtels am Flussufer.

Ab **Ashton** folgen wir dem **Mesa Falls Scenic Byway** (SR 47) durch den Grand Targhee National Forest, mit der Kulisse der Grand Tetons im Osten. Auf dieser landschaftlich reizvollen Route fuhr man vor dem Bau des großen Highway US 20 zum Yellowstone National Park, von 1909 bis Ende der 40er Jahre sogar mit dem Zug. Die **Lower Mesa Falls** mit 20 Meter Fallhöhe können vom Aussichtspunkt des Grandview Campground eingesehen werden.

Zwei Kilometer nördlich liegen die ebenfalls gut zugänglichen, 35 Meter hohen **Upper Mesa Falls**, über denen bei Sonnenschein vormittags ein Regenbogen steht. Im »Big Falls Inn« an den später in Mesa Falls umbenannten Big Falls, das zur Jahrhundertwende die Reisenden auf halber Strecke zwischen Idaho Falls und Yellowstone beherbergte und verköstigte, residiert heute ein modernes Informationszentrum.

Nach diesem Exkurs geht es auf der US 20, die den 2 156 Meter hohen Targhee Pass an der Continental Divide und der Grenze nach Montana überquert, zurück zum Ausgangspunkt dieser Route, nach **West Yellowstone**. Für den Abend steht das IMAX-Großleinwandkino mit dem Film »Yellowstone« zur Geschichte, zu geothermischen Aktivitäten, Flora und Fauna des ältesten Nationalparks der Welt auf dem Programm. (Zu West Yellowstone vgl. auch 1. Route S. 222 f.).

9 Infos: Arco, Idaho Falls, West Yellowstone

Experimental Breeder Reactor No. 1
US 20, 32 km östlich von Arco
Arco, ID 83213, ✆ (208) 526-0050
www.atomictourist.com/ebr.htm
Ende Mai–Anfang Sept. tägl. 9–17 Uhr
Derzeit nur von US-Bürgern zu besichtigen.
»Historischer« Atomreaktor von 1951.

Idaho Falls Convention and Visitors Bureau
630 West Broadway, Idaho Falls, ID 83405
✆ (208) 523-1010 und 1-866-365-6943
Fax (208) 523-2255
www.visitidahofalls.com

Brownstone Restaurant
455 River Parkway, Idaho Falls, ID 83402
✆ (208) 535-0310
Restaurant in einer alten Brauerei an den Fällen des Snake River. Lunch und Dinner. So geschl. $$–$$$

Snake Bite Restaurant
425 River Parkway, Idaho Falls, ID 83402
✆ (208) 525-2522
Nahe den Wasserfällen. Große Auswahl an Sandwiches, Suppen etc. $$

Yellowstone IMAX Theater
101 S. Canyon St.
West Yellowstone, MT 59758
✆ (406) 646-4100
www.yellowstoneimax.com
Tägl. jeweils zur vollen Stunde, ganzjährig geöffnet; Eintritt 8 $.
40-minütiger IMAX-Großleinwandfilm über den Yellowstone National Park.

Hibernation Station
212 Gray Wolf Ave.
West Yellowstone, MT 59758
✆ (406) 646-4200 und 1-800-580-3557
Fax (406) 646-7060
www.hibernationstation.com
Angenehmes Hotel, 50 Blockhütten. $$$

Stage Coach Inn
209 Madison Ave.
West Yellowstone, MT 59758
✆ (406) 646-7381 und 1-800-842-2882
Fax (406) 646-9575
www.yellowstoneinn.com
Hotel im Westernstil mit 83 Zimmern. $$$

Yellowstone Park KOA/West Entrance
3305 Targhee Pass Hwy. (US 20), 10 km westl. des Parkeingangs
West Yellowstone, MT 59758
✆ (406) 646-7606 und 1-800-KOA-7591
www.yellowstonekoa.com
Mitte Mai–Anfang Okt.
Großzügiger Campingplatz.

Flat Rock Campground
US 20, 35 km südl. von West Yellowstone
Island Park, ID 83429
✆ (208) 558-7658 und 1-877-444-6777
www.reserveusa.com
Juni–Mitte Sept.; 40 Stellplätze.

Buffalo Campground
US 20, 42 km südl. von West Yellowstone
Island Park, ID 83429
✆ 1-877-444-6777, www.reserveusa.com
Ende Mai–Anfang Okt.; 127 Stellplätze.

Alice's Restaurant
1545 Targhee Pass Hwy. (US 20), 13 km westlich des Parkeingangs
West Yellowstone, MT 59758
✆ (406) 646-7296
Spezialitäten sind Regenbogenforellen, Steaks und Geflügel. $$

Oregon Shortline
315 Yellowstone Ave.
West Yellowstone, MT 59758
✆ (406) 646-7365 und 1-800-646-7365
www.doyellowstone.com
Im Stil des frühen Yellowstone dekoriertes Restaurant im Holiday Inn Sunspree Resort. Frühstück, Lunch und Dinner. $$$

Weitere Infos zu West Yellowstone finden Sie beim der 1. Route S. 228.

Service von A–Z

Anreise 278
Ärztliche Versorgung/
  Reisekrankenversicherung 279
Auskunft in Deutschland 279
Auskunft in den USA 279
Auskunft unterwegs 280
Auto-/Wohnmobilmiete 280
Automobilclubs 281
Botschaften 281
Camping 281
Einkaufen 282
Einreise 282
Elektrogeräte 282
Feiertage/Feste 282
Filme und Videos 283
Geld/Devisen 283
Hinweise für Behinderte 283
Hotels 283

Kinder 284
Kleidung 284
Klima/Reisezeit 285
Maße und Gewichte 286
National Parks Pass 286
Notfälle 286
Öffentlicher Nahverkehr/Taxi ... 286
Post 286
Rauchen 287
Restaurant/Verpflegung 287
Sicherheitshinweise 287
Sport und Erholung 287
Steuern 288
Telefonieren 288
Trinkgeld 289
Verkehrsregeln 289
Zeitzonen 289
Zoll 289

Anreise

Flug
Denver (DEN) ist der zehntgrößte Airport der Welt und ein wichtiger Knotenpunkt von United Airlines. Die große US-Fluglinie betreibt ein gemeinsames Streckennetz mit ihrem Kooperationspartner Lufthansa. Mit dem anderen bedeutenden Flughafen der Rocky Mountains, **Salt Lake City** (SLC), verfügt Delta Airlines über einen Knotenpunkt mit hervorragender Anbindung an ein umfangreiches Flugnetz.

Nur **Non-Stop-Flüge** erreichen ohne Zwischenlandung ihr Ziel, **Direktflüge** legen immer einen Zwischenstopp ein. Bei den meisten Verbindungen in die Rocky Mountains muss man umsteigen.

Kaum jemand bezahlt den offiziellen Standardtarif, Reisemagazine wie »Reise und Preise« (www.reise-preise.de), Zeitungsinserate von Flugvermittlern und Internet-Agenturen sorgen für eine gute Preistransparenz bei **Sonderangeboten** oder preiswerten Zubringerflügen nach London, Amsterdam oder Paris. Dennoch muss man von Mitte Juni bis Ende August **Hochsaisonpreise** in Kauf nehmen und insbesondere an Wochenenden rechtzeitig buchen. Für die preisgünstige Nebensaison als Ferienzeit siehe auch Klima/Reisezeit.

Das **Gepäcklimit** bei Transatlantik-Linienflügen beträgt zwei Gepäckstücke à 32 kg pro Person, bei Charterflügen manchmal nur insgesamt 20 kg pro Person.

Eisenbahn
Amtrak, die überregionale Personenzuglinie der USA, besitzt zwei Linien durch die Rocky Mountains. Sitzplätze müssen (kostenlos) unter ✆ 1-800-872-7245 reserviert werden, es gibt keine Stehplätze. Info: Meso Reisen, Amtrak, ✆ (030) 881 20 89, www.amtrak.com.

Service von A–Z

Busse
Die überregionale amerikanische Buslinie **Greyhound** bedient alle Groß- und die meisten Kleinstädte, Platzreservierungen unter ℂ 1-800-229-94 24. Über günstige Buspässe *(Ameripass)* informiert Meso Reisen, ℂ (030) 881 20 89, www.greyhound-reisen.de..

Ärztliche Versorgung/ Reisekrankenversicherung

Für europäische Touristen ist die ärztliche Versorgung ausgezeichnet, aber auch sehr kostspielig. Ohne extra abgeschlossene **Auslandskrankenversicherung** bleibt man leicht auf immensen Kosten sitzen, an denen sich zumindest die gesetzlichen Krankenkassen nicht beteiligen. Bei Vorerkrankungen, Langzeittherapien oder oberhalb einer Altersgrenze kommt die Reisekrankenversicherung nur eingeschränkt oder gar nicht für die Kosten auf, das Kleingedruckte in den Versicherungsbedingungen gibt hierüber genaue Auskunft.

Bei regelmäßiger Medikamenteneinnahme sollte man ausreichend Arzneimittel mitnehmen, ansonsten gibt es rezeptpflichtige Medikamente *(prescription drugs)* gewöhnlich in den **»Pharmacy«-Abteilungen** großer Supermärkte oder Drugstores. Dort findet man zudem auch eine große Auswahl an rezeptfreien Medikamenten, Schmerz- und Stärkungsmitteln, die zu Hause teilweise rezeptpflichtig sind.

Auskunft in Deutschland

Visit USA Committee Germany e.V.
Elisabethenstr. 39
64283 Darmstadt
ℂ (0700) 03 96 84 11
Fax (0700) 01 01 27 14
www.vusa-germany.de

Colorado/Utah
Neumarkt 33
50667 Köln
ℂ (02 21) 233 64 07 (Colorado)
ℂ (02 21) 233 64 06 (Utah)
Fax (02 21) 233 64 50
www.getitacross.de

Vail Resorts
(Vail, Beaver Creek, Breckenridge, Keystone)
Postfach 29 04 29
50525 Köln
ℂ (02 21) 923 56 92, Fax (02 21) 923 56 93
www.vailresorts.de

Rocky Mountain International
(Idaho, Montana, South Dakota, Wyoming)
Scheidswaldstr. 73
60385 Frankfurt/Main
ℂ (069) 405 95 73, Fax (069) 43 96 31
www.wiechmann.de

Auskunft in den USA

Rocky Mountain International
1815 Evans Ave.
Cheyenne, WY 82003
ℂ (307) 637-4977, Fax (307) 634-5873
www.rmi-realamerica.com

Colorado
1625 Broadway
Denver, CO 80202
ℂ (303) 892-3885 und 1-800-265-6723
Fax (303) 892-3848
www.colorado.com

Idaho
700 W. State St.
Boise, ID 83720
ℂ (208) 334-2470 und
1-800-VISIT-ID = 1-800-847-4843
Fax (208) 334-2631
www.visitid.org

Montana
301 South Park
Helena, MT 59620
ℂ (406) 841-2870 und 1-800-847-4868
Fax (406) 841-2871
www.visitmt.com

Nebraska
P.O. Box 98907
Lincoln, NE 68509
ℂ (402) 471-3796 und 1-877-632-7275
Fax (402) 471-3026
www.visitnebraska.org

Service von A–Z

South Dakota
711 E. Wells Ave.
Pierre, SD 57501
℅ (605) 773-3301 und
1-800-SDAKOTA = 1-800-732-5682
Fax (605) 773-3256, www.travelsd.com

Utah
Council Hall, Capitol Hill
Salt Lake City, UT 84114
℅ (801) 538-1030 und
1-800-UTAH-FUN = 1-800-882-4386
Fax (801) 538-1399
www.utah.com

Wyoming
214 W. 15th St.
Cheyenne, WY 82002
℅ (307) 777-7777 und 1-800-225-5996
Fax (307) 777-2877
www.wyomingtourism.org

Auskunft unterwegs

Erster Anlaufpunkt vor Ort sind die lokalen Visitor Information Centers. Dort gibt es Landkarten der einzelnen Staaten *(official state maps)*, Stadtpläne *(city maps)*, Hotel- und Restaurantführer *(accomodation and restaurant guides)*, detaillierte Veranstaltungspläne *(event calendars)*, aber oftmals auch Rabattcoupons für Sehenswürdigkeiten etc.

Auto-/Wohnmobilmiete

Autofahren in den USA ist sehr billig, Benzin kostet dort nicht einmal halb soviel wie in Deutschland. Am preisgünstigsten bucht man **Leihwagen** und **Wohnmobile** bereits im Reisebüro zu Hause, inklusive Vollkasko- und Zusatzhaftpflichtversicherung und aller Steuern. In den USA fallen dann nur noch Gebühren für Zweitfahrer oder Fahrer unter 25 Jahren, Gepäck-, Insassenversicherungen, Kindersitze, Fahrzeugrückführung, bei Wohnmobilen auch für Campingausstattung und VIP-Versicherung an. Leihwagen gibt es immer mit unbegrenzten Kilometern, Wohnmobile sollte man mit ausreichend Freikilometern buchen. Erfahrungsgemäß verlängern Abstecher, Umwege und Zufahrten zu abseitigen Campgrounds eine berechnete direkte Strecke im Allgemeinen um rund 10–20 %.

Bei der Wohnmobilauswahl spielt die Größe eine entscheidende Rolle. Obwohl sich selbst große Wohnmobile noch sehr gut bewegen lassen, muss der beträchtliche Komfort eines 27-Fuß-Motorhomes mit über 8 m Länge mit gewissen Mobilitätseinbußen erkauft werden. Gerade das Rangieren auf Campgrounds und Parkplätzen oder das Befahren kurviger Bergpässe in den Rockies macht dann wenig Spaß. So ist z.B. die Wetherill Mesa Road im Mesa Verde National Park auch nur für Fahrzeuge bis 25 ft. Länge, die Going-to-the-Sun Road im Glacier National Park gar nur für Motorhomes bis 21 ft. Länge und 8 ft. Breite (inkl. Spiegel) zugelassen. »Nur« 6,5 m lange 21-Fuß-Motorhomes besitzen ebenfalls allen notwendigen Komfort, weisen darüber hinaus aber ein erhebliches Plus an Mobilität auf.

Während bei Leihwagen saisonale Preisunterschiede nur eine geringe Rolle spielen, gibt es Wohnmobile außerhalb der Hochsaison von Juli/August schon zu erheblichen Preisnachlässen. Bei Anmietungen in der Nebensaison sollte man aber bedenken, dass nur die schneefreien Monate uneingeschränktes Reisen ermöglichen.

Wer in der Hauptsaison das gewünschte Wohnmobil am gewünschten Abfahrtsort zum gewünschten Zeitraum übernehmen und dabei einen passablen Preisrahmen realisieren möchte, benötigt eine lange Vorbereitungszeit. Einige Monate im voraus sollte die Festbuchung im Reisebüro abgeschlossen sein. Für die Nebensaison stellen sich Verfügbarkeit und Preise deutlich günstiger dar. Zur Wagenübernahme werden der Voucher des Reisebüros, der nationale Führerschein Klasse 3, der Reisepass und in aller Regel eine Kreditkarte verlangt, die jeweils alle auf den Namen des Anmieters lauten müssen. Der internationale Führerschein gilt nur in Verbindung mit dem nationalen. Er könnte bei eventuellen Verständigungsschwierigkeiten nützlich sein, sollte man noch den alten Führerschein ohne den Aufdruck »driving licence« besitzen.

Während die Leihwagenübergabe praktisch an jedem Flughafen innerhalb weniger Minu-

Service von A–Z

ten erfolgt, dauert dieselbe Prozedur bei Wohnmobilen inklusive Transfer zu **Cruise America** (größter amerikanischer Vermieter mit Stationen u.a. in Denver und Salt Lake City) oder **Moturis** und **El Monte** in Denver schon einige Stunden. Meist kann man erst einen Tag nach der Ankunft in Amerika mit dem Wohnmobil losfahren.

Bei der Fahrzeugübernahme erhält man in der Regel eine deutschsprachige Einweisung in die Handhabung des Fahrzeugs. Alle Vorschäden, insbesondere auf dem Dach und an den Stoßstangen, werden sorgsam in einem Mängelbericht notiert, für die man sonst möglicherweise nach der Reise haften muss. Die Vollständigkeit der mitgelieferten Ausstattung sollte genau überprüft werden. Es empfiehlt sich zudem, alle Funktionen vom Kühlschrank über Gasherd bis Heizung selber auszuprobieren. Eventuelle Mängel können dann rechtzeitig beseitigt werden, schließlich will man die Annehmlichkeiten unterwegs auch nutzen.

Automobilclubs

Die **American Automobile Association** (AAA) besitzt Geschäftsstellen in allen größeren Städten, die an Mitglieder europäischer Automobilclubs kostenloses Karten- und Infomaterial verteilen und Hilfestellungen rund um das Thema »Auto und Reise« geben. Auskunft: www.aaa.com

Botschaften

Botschaft der USA in Deutschland
Neustädtische Kirchstr. 4–5
D-10117 Berlin
✆ (030) 83 05-0, Fax (030) 83 05-12 15
www.usembassy.de

Botschaft der USA in Österreich
Boltzmanngasse 16
A-1090 Wien
✆ (01) 313 39-0, Fax (01) 310 06 82
www.usembassy.at

Botschaft der USA in der Schweiz
Jubiläumsstr. 93, CH-3001 Bern
✆ (031) 357 70 11, Fax (031) 357 73 44
www.usembassy.ch

Botschaft der Bundesrepublik Deutschland in den USA
4645 Reservoir Rd. N.W.
Washington, D.C. 20007
✆ (202) 298-4000, Fax (202) 298-4249
www.germany-info.org

Botschaft der Republik Österreich in den USA
3524 International Court N.W.
Washington, D.C. 20008
✆ (202) 895-6700, Fax (202) 895-6750
www.austria.org

Botschaft der Schweiz in den USA
2900 Cathedral Ave. N.W.
Washington, D.C. 20008
✆ (202) 745-7900, Fax (202) 387-2564
www.swissemb.org

Camping

In den State oder National Parks oder den tiefen Wäldern des Forest Service finden sich erstklassige Anlagen für Zelt- und Wohnmobilcamper. Die großzügigen Stellplätze sind mit Picknickbänken und Grillrosten bestückt, gelegentlich gibt es Feuerholz. Die preiswerten Übernachtungsgebühren beginnen ab 7 $ für einen Stellplatz ohne weitere Extras. Vorausbuchungen von Campingplätzen in Parks sind nur stellenweise möglich:

im **Yellowstone National Park** unter:
✆ (307) 344-7311, Fax (307) 344-7456
www.travelyellowstone.com
im **Rocky Mountain National Park und Glacier National Park** unter ✆ 1-800-365-2267 oder http://reservations.nps.gov.

Ansonsten gilt stets *first come, first served*, »Wer zuerst kommt, darf den Platz belegen«. Park Campgrounds in der Nähe touristisch stark frequentierter Orte und an Hochsaisonwochenenden sind deshalb oft schnell belegt. Fast alle privaten Campingplätze lassen sich unter Angabe der Kreditkartennummer vorbuchen. Der Großteil ihrer Stellplätze ist mit **Vollanschluss** *(full hookup)* ausgerüstet, d.h. mit

Service von A–Z

Stromanschluss *(electric hookup, power hookup)*, Frischwasserzufluss *(water hookup)* und Abwasserabfluss *(sewer hookup)*. Viele Campingplätze besitzen im Eingangsbereich einen zentralen Abwasseranschluss *(dump station, sewage station)*.

Die bekannteste überregionale Campingplatzkette **Kampgrounds of America** bietet neben Vollanschlüssen u. a. Spielplätze, Münzwaschsalons, Swimmingpools, Fernseh- und Videoräume. Für diesen Komfort zahlt man bis zu $ 30 pro Nacht. Die kostenlose Reservierung erfolgt über eine gebührenfreie »800er«-Nummer, die der praktische KOA Atlas auflistet. Info: ✆ 1-800-624-9595, www.koa.com.

Einkaufen

In den USA gibt es keine gesetzlich geregelten Öffnungszeiten. Supermärkte haben wochentags im allgemeinen bis 22 Uhr, an Sonntagen bis 18 Uhr, in Großstadtregionen bisweilen auch rund um die Uhr geöffnet. Alkoholische Getränke werden in einigen Regionen (z.B. in Utah) nur in speziellen *Liquor Stores* verkauft, die sonntags geschlossen bleiben.

Mit einem weit gefächerten Warenangebot, Kinos, Restaurants und großzügigen Parkplätzen verbinden große **Shopping Malls** (in der Regel täglich bis 21 Uhr bzw. an Wochenenden bis 18 Uhr geöffnet) Einkauf mit Freizeitvergnügen.

Einreise

Zur Einreise ist für Reisende jeden Alters, auch für Kinder, ein zumindest für die Reisedauer, besser aber noch sechs Monate länger gültiger, **maschinenlesbarer Reisepass** erforderlich. Bei nach dem 25. Oktober 2005 ausgestellten Reisepässen ist bereits ein digitales Foto vorgeschrieben. Nach dem 25. Oktober 2006 ausgestellte Pässe weisen einen Chip mit den gesamten **biometrischen Daten** auf. Erkundigen Sie sich am besten einige Zeit vor Ihrer USA-Reise bei der Amerikanischen Botschaft (vgl. S. 281) nach den aktuellen Bestimmungen.

Bei der US Immigration werden die bereits im Flugzeug ausgefüllten Formulare zur Befreiung von der Visumpflicht eingesammelt und bislang noch ein digitales Foto des Einreisenden gemacht sowie seine digitalen Fingerabdrücke genommen. Es kann auch nach dem Grund der Reise (im allgemeinen *vacation* – Urlaub), nach Rückreise- oder Weiterflugticket und Finanzen gefragt werden.

Auf Umsteigeverbindungen erfolgen **Zoll- und Passkontrolle** in der Regel am Einreiseflughafen, anschließend muss das Gepäck für den Weiterflug erneut eingecheckt werden.

Elektrogeräte

Nordamerika verfügt über ein 110 Volt/60 Hertz-Stromnetz. Rasierapparat, Akku-Ladegerät, Fön usw. arbeiten dort einwandfrei, wenn sie einen Spannungsumschalter von 220 auf 110 Volt besitzen. Den notwendigen Adapter für die nordamerikanischen Steckdosen gibt es als »Amerikastecker« in vielen heimischen Elektrogeschäften.

Feiertage/Feste

Feiertage
New Year's Day: 1. Januar
Martin Luther King Jr. Birthday: 3. Montag im Januar
Presidents' Day: 3. Montag im Februar
Memorial Day (Heldengedenktag): letzter Montag im Mai
Independence Day (Unabhängigkeitstag): 4. Juli
Labor Day (Tag der Arbeit): erster Montag im September
Columbus Day: zweiter Montag im Oktober
Veterans' Day: 11. November
Thanksgiving Day: 4. Donnerstag im November
Christmas Day: 25. Dezember

An **Feiertagen** haben öffentliche Behörden wie Postämter, aber auch Banken und die meisten Büros geschlossen, fast alle Geschäfte bleiben hingegen mit kaum verkürzter Stundenzahl geöffnet. Da viele offizielle Feiertage stets auf

Service von A–Z

einen Montag fallen, verzeichnen Parks und Freizeitreviere während dieser langen Wochenenden einen großen Zulauf. Am Independence Day finden selbst in den kleinsten Dörfern der USA Paraden, Konzerte, Feuerwerke u.ä. statt. Darüber hinaus veranstalten größere Städte an vielen Sommerwochenenden zumeist musikalisch, ethnisch oder kulturell geprägte Festivals.

Filme und Videos

Es empfiehlt sich, ausreichend Negativ- und Diafilme mitzuführen. Deutsche Fabrikate werden in den Rockies kaum gehandelt, und die Auswahl speziell an Diafilmen ist abseits der Zentren oft spärlich. Videokassetten im nordamerikanischen NTSC-Farbfernseh-System funktionieren nicht auf dem deutschen Pal-System.

Geld/Devisen

Im Reisealltag kommt man mit Kreditkarte und Bargeld von 100 $ in kleineren Geldscheinen bis maximal 20 $ am besten zurecht. Mit der **Kreditkarte** lässt sich ein Großteil der Reisekosten an den meisten Tankstellen und Supermärkten, sowie in fast allen Geschäften, Restaurants und Hotels bestreiten. Ausdrücklich wird eine Kreditkarte bei der Vorausbuchung von Hotels, in der Regel auch bei der Leihwagenübernahme und in vielen Arztpraxen verlangt. Mastercard und Visacard werden fast überall akzeptiert, vielfach auch American Express.

Reiseschecks *(traveler's cheques)* werden wie Bargeld in allen Geschäften angenommen, als Wechselgeld gibt es ohne Gebührenabzug Bares zurück, man braucht also zur Bargeldbeschaffung nicht mehr Banken aufzusuchen. Für den Tagesbedarf haben sich 50-$-Stückelungen bewährt. Nicht verwendete Reiseschecks kann man zu Hause wieder gebührenfrei einwechseln.

Münzen, insbesondere 25-Cent-Münzen *(quarters)* werden an vielen Automaten (Telefon, Getränkeautomat, Waschsalon etc.) verlangt. An Münzgeld gibt es daneben noch 1 Cent *(penny),* 5 Cent *(nickel)* und 10 Cent *(dime).* Manche Geschäfte verfügen nach Anbruch der Dunkelheit aus Sicherheitsgründen über nur geringe Bargeldbestände und können auf Banknoten über 20 $ oft kein Wechselgeld herausgeben.

Europäisches Bargeld wie auch Reiseschecks auf europäische Währungen werden nur in wenigen Großstadtbanken, an den internationalen Flughafen-Wechselbüros und in einigen Touristenhotels umgetauscht. **EC-Karten** mit dem »Maestro«-Aufdruck werden neuerdings an Bargeldautomaten (ATM, *automated teller machines*) mit dem entsprechenden Zeichen akzeptiert zum Bezahlen direkt in Geschäften, Restaurants, Hotels usw. kann man sie in der Regel nicht einsetzen.

Hinweise für Behinderte

Die USA sind in vielen Bereichen vorbildlich auf Behinderte *(handicapped travelers)* eingestellt. Bei Museums-, Supermarkt-, Hotel- und Restauranteingängen, Toiletten etc. gibt es fast immer mit einem entsprechenden Symbol versehene Rollstuhlrampen und -eingänge *(handicapped accessible).* Zudem ermöglichen viele National und State Parks mit Rampen und rollstuhlgerechten Wegen auch Behinderten den Zugang in die Natur.

Hotels

Entlang den wichtigsten Durchgangsstraßen, in Städten, größeren Orten und bedeutenden touristischen Zielen ist das Hotel- und Motelangebot ausgezeichnet. Leuchtschilder verkünden mit »vacancy/no vacancy« den Belegungszustand. Hilfreich bei der Quartiersuche sind auch die ausführlichen Broschüren der Touristeninformationen.

Ansonsten kann man Quartiere unter Angabe der Kreditkartennummer auch bestens von unterwegs vorbuchen. Dieses garantiert das Zimmer bis zur Ankunft, hat bei Nichterscheinen allerdings zur Folge, dass der Betrag trotzdem abgebucht wird. Preise gelten im Allgemeinen für Doppelzimmer, Einzelzimmer gibt es kaum. Aufpreise für zusätzliche Übernachtungsgäste sind dafür sehr gering, Kinder, die im Zimmer der Eltern schlafen, zahlen oft überhaupt nichts.

Service von A–Z

Von Europa aus sollte am besten das Hotel für die erste und letzte Nacht sowie Quartiere in Nationalparks zur Hochsaison (siehe Yellowstone unten) oder in Städten bei Veranstaltungen (z. B. bei den Cheyenne Frontier Days) vorgebucht werden.

Die Rocky Mountains verfügen auch über einige **Jugendherbergen**, Mitglieder des Deutschen Jugendherbergswerks, ℂ (052 31) 740 10, www.djh.de, übernachten dort preiswerter; Hostelling International USA: www.hiusa. org.

Die **Dollar-Zeichen** unter den Hoteladressen auf den blauen Info-Seiten kennzeichnen die folgenden Preiskategorien für ein Doppelzimmer:

$ – bis 40 Dollar
$$ – 40 bis 80 Dollar
$$$ – 80 bis 120 Dollar
$$$$ – über 120 Dollar

Alle großen Hotelketten in den USA besitzen gebührenfreie **Reservierungsnummern**, die man innerhalb der USA unter der Vorwahl 1-800, bzw. 1-877 oder 1-888 erreicht. Einige verfügen auch über Reservierungsbüros in Deutschland (erste Telefonnummer):
Best Western ℂ (018 02) 21 25 88, 1-800-780-7234, www.bestwestern.com
Choice Hotels (Clarion, Comfort, Econo, Mainstay, Quality, Rodeway, Sleep) ℂ (0800) 185 55 22, 1-800-4-CHOICE = 1-800-424-6423, www.choicehotels.com
Days Inn ℂ (018 05) 24 10 10, 1-800-DAYS-INN = 1-800-329-7466, www.daysinn.com
Embassy Suites ℂ 1-800-EMBASSY = 1-800-362-7779, www.embassysuites.com
Hampton ℂ 1-800-HAMPTON = 1-800-426-7866, www.hamptoninn.com
Hilton ℂ (0800) 181 81 46, 1-800-HILTONS = 1-800-445-8667, www.hilton.com
Holiday Inn ℂ (0800) 181 51 31, 1-800-HOLIDAY = 1-800-465-4329, www.holiday-inn.com
Howard Johnson ℂ (018 05) 24 10 10, 1-800-I-GO-HOJO = 1-800-446-4656, www.hojo.com
Hyatt ℂ (018 05) 23 12 34, 1-800-233-1234, www.hyatt.com
Marriott, Courtyard, Fairfield, Residence ℂ (0800) 185 44 22, 1-888-236-2427, www.marriott.com
Motel 6 ℂ 1-800-4-MOTEL-6 = 1-800-466-8356, www.motel6.com
Radisson ℂ (0800) 181 44 42, 1-800-333-3333, www.radisson.com
Ramada ℂ (018 05) 24 10 10, 1-800-2-RAMADA = 1-800-272-6232, www.ramada.com
Red Roof ℂ 1-800-THE-ROOF = 1-800-843-7663, www.redroof.com
Sheraton ℂ (00800) 32 53 53 53, 1-800-325-3535, www.sheraton.com
Super 8 ℂ 1-800-800-8000, www.super8.com
TraveLodge ℂ (018 05) 24 10 10, 1-800-578-7878, www.travelodge.com

Kinder

Die USA besitzen eine ausgezeichnete, familienfreundliche Infrastruktur. In Restaurants gibt es spezielle Kinderstühle *(high chairs)* und -menüs. Die Bedienung kümmert sich freundlich um den »Kunden von morgen«, bringt bisweilen Spielzeug oder kleine Beigaben zum Essen. In Hotels und Motels erfolgt im Allgemeinen eine kostenlose Unterbringung im Zimmer der Eltern, oft wird ein Kinderbett aufgestellt. Nur einige Bed & Breakfast-Unterkünfte nehmen den Nachwuchs nicht auf.

Camping mit Zelt oder Wohnmobil gehört zu den schönsten, lockersten Reiseformen mit Kindern. Weitläufige Anlagen versprechen mit Picknick im Wald, Holzsammeln und Lagerfeuer ein deutliches Mehr an »Abenteuer«. Besonders interessant sind natürlich auch Farm- und Ranchaufenthalte.

Autoverleihfirmen statten PKW oder Wohnmobil gegen Gebühr mit den gesetzlich vorgeschriebenen Kindersitzen aus. Wer qualitativ auf Nummer Sicher gehen will, bringt den eigenen Sitz mit.

Kleidung

Unterwegs eignet sich am besten legere Freizeitkleidung. T-Shirts und Shorts trägt man tagsüber im Sommer auch im Norden der Rockies, obwohl im Hochgebirge und an Abenden oft Pullover und lange Hose erforderlich werden. In den meisten Restaurants ist bequeme Kleidung *(casual wear)* an der Tagesordnung. Nur erstklassige Dinnerrestaurants

Service von A–Z

und Theater in Großstädten verlangen Abendgarderobe *(formal wear)*.

Klima/Reisezeit

Das Klima in den Rocky Mountains zeichnet sich durch erhebliche Temperaturdifferenzen zwischen Tag und Nacht und überraschend warme Tage aus. Selbst in den Höhenlagen erfreut bei Sonnenschein sommerliches T-Shirt-Wetter die Besucher, aber sobald abends die Sonne hinter dem Horizont verschwindet, wird es zumindest in den Bergen empfindlich kühl.

In den Ausläufern der Rocky Mountains, wo z.B. die beiden Metropolen Denver und Salt Lake City liegen, und in den Tallagen der Gebirge zeigt die Quecksilbersäule im Juli und August tagsüber regelmäßig über 30 °C an, nachts kühlt es auf angenehme 15 °C ab. Da die Rocky Mountains zum ariden Westteil der USA gehören, sind die Tallagen manchmal sehr trocken und müssen künstlich bewässert werden, die Berghöhen erhalten insbesondere an ihrer Westseite mehr Niederschläge.

Die touristische Sommersaison in den Rocky Mountains umfasst nur wenige Monate. Im Juni steht man zumindest in Idaho, Montana und Wyoming oft vor verschneiten Wanderwegen und vereisten Seen. Der Logan Pass auf der Going-to-the-Sun Road im Glacier National Park ist erst ab Mitte des Monats geöffnet. In den zentralen Rockies in Colorado und Utah sind die Bergpässe allerdings schon früher schneefrei, die Trail Ridge Road (US 34) durch den Rocky Mountain National Park z.B. ab Anfang Juni.

Die relativ kurze **Hochsaison** in den Bergen beginnt Ende Juni und flaut bereits Ende August etwas ab. Insbesondere im Yellowstone National Park sichert nur eine rechtzeitige Ankunft den gewünschten Stellplatz auf dem Campingplatz bzw. die telefonische Hotelreservierung ein Übernachtungsquartier. Im September herrscht lediglich am verlängerten Wochenende um den Labor Day noch viel Betrieb.

Im Vergleich zum Juni ist der September ein relativ guter Besuchsmonat in den Rockies, oftmals sind die Tage warm und sonnig und die Nächte kalt und klar. Die großartige, goldene Laubfärbung der Zitterpappeln macht den September darüber hinaus zu einem der schönsten Reisemonate. Allerdings sind Öffnungszeiten von Museen und Attraktionen kürzer als zur Hauptsaison. Frühe Neuschneefälle im Herbst verhindern nur an wenigen Stellen das Vorwärtskommen.

Wer angesichts günstiger Wohnmobiltarife im Juni bzw. September anreist, sollte daher zuerst die zentralen Rocky Mountains erkunden und zum Schluss Richtung Yellowstone National Park fahren, umgekehrt im September zunächst den Norden erkunden.

In den Tallagen ist die Touristensaison natürlich deutlich länger, und auch in Denver und Salt Lake City reicht die beste Besuchszeit von Mai bis Anfang Oktober. Eine Sonderrolle nehmen South Dakota und Nebraska ein. Abseits der Rocky Mountains könnte man dort ohne Schwierigkeiten von Mai bis Oktober reisen, leider haben viele Attraktionen ebenfalls nur in der Kernzeit von Ende Mai bis Mitte September geöffnet.

Durchschnittl. Höchst-/Tiefsttemperaturen in verschiedenen Regionen in Grad Celsius

Juni	**Juli**	**Aug.**	**Sept.**
Denver (Colorado)			
27/12	31/15	30/14	26/9
Glacier National Park (Montana)			
21/7	26/8	25/8	19/4
Idaho Falls (Idaho)			
24/7	31/10	30/8	24/3
Rapid City (South Dakota)			
25/12	31/16	30/14	24/9
Salt Lake City (Utah)			
28/11	33/16	32/15	27/10
Scottsbluff (Nebraska)			
27/12	32/15	31/14	26/8
Yellowstone National Park (Wyoming)			
19/5	24/8	23/7	18/3

Umrechnungsformel von Grad Celsius in Fahrenheit:
Fahrenheit = 1,8 x Celsius + 32

Grad Celsius (°C):
0   5   10   15   20   25   30   35   40
Fahrenheit (°F):
32   41   50   59   68   77   86   95   104

Service von A–Z

Maße und Gewichte

Längenmaße:	1 *inch (in.)*	= 2,54 cm
	1 *foot (ft.)*	= 30,48 cm
	1 *yard (yd.)*	= 91,44 cm
	1 *mile*	= 1,609 km
Hohlmaße:	1 *gill*	= 0,142 l
	1 *pint*	= 0,47 l
	1 *quart*	= 0,95 l
	1 *gallon*	= 3,79 l
Gewichte:	1 *ounce (oz.)*	= 28,35 g
	1 *pound (lb.)*	= 453,6 g
	1 *stone*	= 6,35 kg
	1 *hundredweight*	= 50,8 kg

National Parks Pass

Wer den Besuch mehrerer Nationalparks der USA plant, für den lohnt sich der Kauf des National Park Pass, wenn man bedenkt dass allein der Besuch des Yellowstone-Nationalparks mit 20 $ zu Buche schlägt. Der National Parks Pass kostet 50 $, er gewährt freien Eintritt in alle vom National Park Service verwalteten Parks der USA für ein Jahr ab Kaufdatum. Wird der Eintritt pro Fahrzeug erhoben, gilt der Pass für den Inhaber sowie alle ihm begleitenden Personen (gilt nur für private Fahrzeuge), wird der Eintritt pro Person erhoben, so gilt der Pass für den Inhaber sowie seinen Lebensgefährten/Ehepartner, Kinder sowie seine Eltern.
Infos unter www.nationalparks.org oder telefonisch unter ✆ 1-888-GO-PARKS.

Notfälle

Bei Notfällen wählt man die **Notfallrufnummer** »911« oder die »0« und lässt sich von der Vermittlung *(operator)* mit Polizei oder Rettungsdienst verbinden. Vielerorts gibt es **Notfallkliniken** *(emergency walk-in clinics)*. Bei teureren Behandlungen leistet die **Reisekrankenversicherung** eine sofortige Kostenübernahmeerklärung (Telefon- und Faxnummer notieren).
Leihwagen- und Wohnmobilfahrer wenden sich zunächst an ihre Vermietstation. Unter der ✆ 1-800-AAA-HELP = 1-800-222-4357 bietet der Automobilclub AAA rund um die Uhr Hilfe bei Unfällen oder Pannen an, unter ✆ 1-888-222-1373 meldet sich die deutschsprachige ADAC-Notrufstation in den USA/Kanada.
Bei Verlust von Ausweispapieren helfen die **Botschaften** (siehe dort). Als generelle Vorsichtsmaßnahme sollte man Reisepass, Führerschein und Flugtickets kopieren.
Kreditkarten sperrt man am besten über die heimischen Ausgabebanken (vorher die Notfallrufnummern und die Nummern der Kreditkarten notieren) oder unter ✆ 1-800-622-7747 (Mastercard), ✆ 1-800-847-2911 (Visacard), ✆ 1-800-554-AMEX (American Express).
Bei Diebstahl oder Verlust von **Reiseschecks** hilft American Express unter der Notfallnummer ✆ 1-800-221-7282. Mit der Kaufbestätigung und einer Auflistung für Ausgabedaten und -orte bislang ausgegebener Schecks erhält man anstandslos Ersatz.
Den umgehenden **Bargeldtransfer** von Europa in die USA wickelt Western Union, ✆ 1-800-325-6000, ab, www.westernunion.com.

Öffentlicher Nahverkehr/Taxi

Im **öffentlichen Nahverkehr** werden ausschließlich Busse eingesetzt. Lediglich Denver besitzt eine Straßenbahnlinie. Es muss stets mit passendem Kleingeld bezahlt werden, die Fahrer geben kein Wechselgeld zurück.
Ortsunkundige sollten bei Fahrten in unbekannte Vororte oder bei Dunkelheit stets ein **Taxi** nehmen. Der Fahrer erhält zusätzlich zum Taxameterpreis in der Regel rund 15 % Trinkgeld.

Post

Postämter *(post office)* gibt es in allen Ortschaften, Minipostämter und -schalter selbst in winzigen Ansiedlungen. Per Luftpost *(air mail)* sind Sendungen nach Europa rund eine Woche unterwegs. Man kann sich postlagernde Sendungen nachschicken lassen, z.B. wie folgt adressiert:

(Name)
c/o General Delivery
Main Post Office

Service von A–Z

Ort, Bundesstaatskürzel, Postleitzahl
USA

Das Telefonsystem hat in den USA nichts mit dem Postwesen zu tun, daher findet man in den Postämtern auch keine Telefonzellen. Telegramme können bei Western Union (s.o) aufgegeben werden (auch telefonisch).

Rauchen

Das Rauchen unterliegt strikten, aber unterschiedlich gehandhabten Beschränkungen. In Flugzeugen, Bussen, auf Flughäfen und in öffentlichen Gebäuden darf generell nicht geraucht werden. In Restaurants stehen spezielle Bereiche, in Hotels bestimmte Zimmer für Raucher bereit. Einige Bed & Breakfasts bzw. Country Inns bieten nur Nichtraucherzimmer.

Restaurant/Verpflegung

Das ausgiebige amerikanische Frühstück *(American breakfast)* umfasst Kaffee mit kostenlosem Wiederauffüllen, geröstete Kartoffeln, Bratwürstchen, Kochschinken oder gebratenen Speck, Rührei, einseitig oder zweiseitig gebratene Spiegeleier und kleine Pfannkuchen mit Butter und Sirup, am köstlichsten ist der echte Ahornsirup. Das *continental breakfast* bietet nur Kaffee, Saft, Toast, Gebäck, Marmelade, manchmal auch Schmierkäse.

Das Mittagessen *(lunch)* zählt nicht zu den Hauptmahlzeiten, im Lande des Fastfood gibt es Burger in allen Varianten. Dagegen wird das üppige Abendessen *(dinner)* allen Ansprüchen gerecht. Leib- und Magenspeise in den Rockies sind natürlich Steaks, deren Zubereitung je nach Wunsch *well-done* (durchgebraten), *medium* oder *rare* (innen noch blutig) erfolgt. Als attraktive Variante bieten sich Bisonsteaks an, das Fleisch stammt aus privaten Zuchtbetrieben und schmeckt ähnlich wie Rindersteaks. Eine weitere Spezialität sind die Forellen *(trouts)* aus den klaren Bergbächen und -flüssen der Rockies, überhaupt ist die Auswahl und Qualität an Fischgerichten überraschend gut.

Als dritte Variante spielt in den Rockies der kulinarische Einfluss des Südwestens und Mexikos eine Rolle. Tortillas aus Weizen- oder Maismehl bilden die Beilagen oder auch den Hauptbestandteil der Mahlzeiten. Sie werden belegt, gerollt oder zusammengeklappt und mit Käse, Bohnen, Tomaten, Zwiebeln und Rind oder Huhn gefüllt. Tacos sind die kross frittierte Variante der Tortillas. Als typische Beilagen bzw. Zutaten gelten *guacamole* (Avocadopüree), *frijoles refritos* (gebratenes Bohnenpüree) und *salsa* (Tomatenpüree), etwas Eisbergsalat und ein Klecks saurer Sahne.

Picknick ist eine der liebsten Freizeitbeschäftigung der Amerikaner. Fast jeder Picknick- und Campingplatz ist mit Tischen und Bänken ausgestattet. Auf dem Grillrost lassen sich die saftigen Rinder- und Bisonsteaks bzw. Burger stilecht zubereiten. Dazu passend werden *cole slaw*, in Alufolie gegrillte Kartoffeln und Kidney-Bohnen serviert – fertig ist das typische Western-Barbecue.

Die empfohlenen Restaurants auf den Info-Seiten zu den einzelnen Tagen sind durch Dollar-Symbole in folgende Preiskategorien (für ein Abendessen pro Person, ohne Getränke und Dessert) eingeteilt:

$ – bis 8 Dollar
$$ – 8 bis 15 Dollar
$$$ – 15 bis 25 Dollar
$$$$ – über 25 Dollar

Sicherheitshinweise

Die weitläufig besiedelten Rockies kennen nur wenige Ballungsräume mit sozialen Brennpunkten. Daher ist die Region bei üblicher Sorgfalt ein relativ sicheres Reisegebiet. Dennoch sollte man mit dem Wohnmobil in Städten und Orten nicht außerhalb von Campgrounds übernachten. Weniger aus Angst vor Überfällen, sondern weil die Polizei unzulässig abgestellte Wagen kontrolliert oder Passanten mutwillig die Nachtruhe stören.

Sport und Erholung

Ein Urlaub in den Rockies verbindet sich zumeist mit dem Gedanken an Ausritte, Radfah-

Service von A–Z

ren, Skiabfahrten, Wanderungen, Wildwassertouren und andere Aktivitäten in der freien Natur. Halbtages- oder Tagesausflüge lassen sich kurzfristig vor Ort buchen, mehrtägige Wildwassertrips oder Ausritte *(trail riding)* mit Übernachtungen im Hinterland müssen genau geplant werden.

Das ausgezeichnete Netz an **Wanderwegen** *(hiking trails)* in den Rockies umfasst sowohl kurze Naturlehrpfade *(nature trails)* als auch Fernwanderwege *(backpacking trails)* mit Übernachtung im Hinterland. Besonders Colorado besitzt ein hervorragendes Netz an relativ kurzen und schneefreien Wanderwegen, die auf Höhen von über 4 000 m hinaufführen.

Mountain-Biking hat im letzten Jahrzehnt einen rasanten Aufschwung erlebt. Vermietstationen gibt es in Nationalparks und an vielen anderen Touristenzielen. Die große Palette an Routen mit unterschiedlichen Schwierigkeitsgraden reicht von bequemen Fahrten in Tallagen bis zu anspruchsvollen Pfaden hinauf in die Berge.

Golf ist in den USA ein Breitensport. Auch in den Rockies existieren vielerorts großzügige Anlagen, auf denen jedermann ohne Clubmitgliedschaft spielen darf.

Wildwasserfahrten (Whitewater Rafting) gehören zu den populärsten Freizeitabenteuern in den Rocky Mountains. Die Auswahl bewegt sich zwischen halb-, ein- oder mehrtägigen Touren verschiedener Schwierigkeitsgrade, von gemütlichen Floßtouren über ruhige Flussabschnitte bis hin zu den abenteuerlichsten Schussfahrten über wilde Stromschnellen. Die bekanntesten Rafting-Flüsse der Rockies sind der Arkansas River mit Brown's Canyon und Royal Gorge in Colorado, Middle Fork of the Salmon River in Idaho, Green und Yampa Rivers an der Staatengrenze Colorado/Utah, Snake und Shoshone River in Wyoming.

Weniger stürmisch geht es beim **Angeln** zu. Dafür wird eine von den einzelnen Bundesstaaten bzw. Nationalparks autorisierte tage- bzw. wochenweise gültige Lizenz benötigt. Die *fishing licence* gibt es in Sportgeschäften, Supermärkten mit eigener Sportabteilung und anderen Geschäften in der Nähe bekannter Ausflugsziele.

Unzweifelhaft liegen die besten **Skigebiete** der USA in den Rocky Mountains. Utah als Austragungsort der Olympischen Winterspiele 2002 nimmt für sich sogar den »Greatest Snow on Earth«, »den besten Schnee der Welt«, in Anspruch. Herausragende Skigebiete sind Aspen und Vail in Colorado, Ketchum/Sun Valley in Idaho, Park City (bei Salt Lake City) in Utah und Jackson Hole in Wyoming.

Steuern

In den USA sind bis auf Benzin alle Preise netto ausgezeichnet. Je nach Bundesstaat addiert sich zur Rechnungssumme eine unterschiedliche Umsatzsteuer *(sales tax)*, wobei die beneidenswerten Einwohner von Montana überhaupt keine bezahlen müssen. Teilweise werden Restaurantmahlzeiten bzw. Übernachtungen in den Rockies zusätzlich besteuert.

Telefonieren

Nordamerika besitzt ein einheitliches Nummernsystem aus dreistelliger Vorwahl *(area code)* und stets siebenstelliger Rufnummer. Bei Ferngesprächen muss die »1« vorgewählt werden. Sogenannte *toll-free numbers* mit den Vorwahlen »800«, »877« oder »888« sind gebührenfrei, hier muss man grundsätzlich eine »1« vorwählen. Bei Problemen hilft die Vermittlung *(operator)* unter der Nummer »0« weiter.

Neben den Ziffern 2 bis 9 auf dem Tastentelefon stehen jeweils drei Buchstaben: 2ABC, 3DEF, 4GHI, 5JKL, 6MNO, 7PQRS, 8TUV, 9WXYZ. Damit lassen sich einprägsame Buchstabenkombinationen erstellen, beispielsweise gibt es unter ✆ 1-800-SDAKOTA = 1-800-732-5682 Infos über South Dakota.

Viele Geschäfte, aber auch Tankstellen, verkaufen *prepaid phone cards* zu Beträgen von $ 10, $ 20 oder mehr. Mit den vorausbezahlten Telefonkarten kann man von jedem Telefon aus am preiswertesten innerhalb der USA oder nach Europa telefonieren. Ihre Handhabung ist einfach: Man wählt zunächst die gebührenfreie Nummer in das Netz der kartenausgebenden Telefongesellschaft, dann die Kartennummer und danach die gewünschte Telefonnummer. Dagegen kosten Ferngespräche mit in Deutschland gekauften Karten in der Regel mehr.

Service von A–Z

Umständlich und kostspielig sind Überseegespräche von öffentlichen Münztelefonen. Man braucht dazu einen immensen Vorrat an Kleingeld und die Hilfe des Operators. Unkomplizierter, aber mit teurem Hotelaufschlag belegt, telefoniert man aus dem Hotelzimmer.

Bequem, praktisch, aber sehr teuer sind »Direkt«-Gespräche, bei denen man eine Vermittlung in Deutschland, der Schweiz oder Österreich erreicht und weder Münzen noch Telefonkarte braucht, weil der Empfänger zahlt:

Deutschland Direkt: 1-800-292-0049 und Nummer
Austria Direkt: 1-800-624-0043 und Nummer
Schweiz Direkt: 1-800-745-0041 oder 1-800-305-0041 und Nummer.

Trinkgeld

In den USA sind vielerorts die Grundgehälter sehr niedrig, erst durch Trinkgeld *(tip, gratuity)* kommen Angestellte zu einem akzeptablen Verdienst. Deshalb sind in Restaurants rund 15 % Trinkgeld (Endsumme vor Steuern) Usus. Der Betrag verbleibt entweder auf dem Tisch oder wird bei Zahlung per Kreditkarte auf dem Vordruck eingetragen.

Etwa 1 $, in besseren Hotels auch mehr, erhalten die Kofferträger pro Koffer oder Tasche, das Zimmermädchen pro Übernachtung, der Zimmerkellner und jeder der einen Extraservice leistet wie das Auto beim *valet parking* parken und abholen.

Verkehrsregeln

Die Verkehrsregeln entsprechen mit wenigen Ausnahmen den europäischen, so gilt Rechtsverkehr und Anschnallpflicht auf allen Straßen. Das *speed limit*, die Höchstgeschwindigkeit, beträgt auf den außerstädtischen Autobahnen durchgehend 75 mph (121 km/h), auf Landstraßen 55–65 mph (88–105 km/h), innerstädtisch größtenteils 35 mph (56 km/h). Wegen der relativ geringen Verkehrsdichte lässt sich auf dem gut ausgebauten Straßennetz bei Bedarf fast stetig die erlaubte Höchstgeschwindigkeit fahren. Rechtsüberholen ist auf Autobahnen durchaus üblich, bei jedem Wiedereinscheren wirft man besser einen kurzen Blick zurück.

Bei Rot darf man an Ampeln rechts abbiegen, nachdem man zuvor vollständig gestoppt hat. Schulbusse mit rot blinkenden Signalleuchten und ausgefahrenen Stopp-Zeichen dürfen nicht überholt und auch in der Gegenrichtung nicht passiert werden, falls die Straße keinen befestigten Mittelstreifen besitzt. Bei Stopp-Schildern mit dem Zusatz »4-Way-Stop« müssen Autos aus allen Richtungen anhalten, je nach Reihenfolge der Ankunft dürfen sie anschließend weiterfahren.

Parkverbote werden durch farbig, zumeist gelb markierte Bordsteine angezeigt. Die zulässige Grenze beim Blutalkoholgehalt liegt bei 0,8 Promille, in Colorado bei 1,0 Promille. Bei Verkehrskontrollen fährt die Polizei solange mit blinkenden Leuchten hinter dem vermeintlichen Verkehrssünder her, bis dieser rechts am Straßenrand anhält, der Polizeiwagen überholt nicht.

Zeitzonen

In den Rocky Mountains gilt *Mountain Standard Time* (MEZ minus 8 Stunden), vom ersten Sonntag im April bis zum letzten Sonntag im Oktober zudem die Sommerzeit *(Daylight Saving Time, DST)*.

Zoll

Die Zollfreigrenzen pro Person liegen bei der Einreise in die USA:
– Geschenke im Wert von maximal 100 $
– 200 Zigaretten oder 50 Zigarren
– 1 Liter alkoholische Getränke.
Die Einfuhr von frischen Lebensmitteln, Pflanzen und landwirtschaftlichen Erzeugnissen ist nicht erlaubt.
Bei der Rückreise nach Deutschland:
– Waren im Gesamtwert von maximal 175 €
– 200 Zigaretten oder 100 Zigarillos oder 50 Zigarren
– 50 ml Parfüm
– 1 Liter Spirituosen (über 22 % Alkohol) oder 2 Liter Spirituosen (unter 22 % Alkohol).

Sprachhilfen

Auto
air-condition	– Klimaanlage
brake	– Bremse
bumper	– Stoßstange
engine	– Motor
gasoline, gas	– Benzin
headlight	– Scheinwerfer
jack	– Wagenheber
licence plate	– Nummernschild
muffler	– Auspufftopf
seat belt	– Sitzgurt
spare tire	– Ersatzreifen
spark plug	– Zündkerze
tire	– Reifen
transmission	– Getriebe
trunk	– Kofferraum
windshield	– Windschutzscheibe
wiper	– Scheibenwischer

Unterwegs
Buckle up	– anschnallen
check the oil	– Öl kontrollieren
clearance	– Bodenfreiheit
curb	– Bordstein
customs	– Zoll
dead end, no through street	– Sackgasse
detour	– Umleitung
dip	– Bodenwelle
dirt road	– unbefestigte Straße
emergency	– Notfall
emergency call	– Notruf
fill it up, please	– bitte volltanken
flagman ahead	– Arbeiter mit Warnflagge regeln den Verkehr
4-Way-Stop	– Stoppschild an allen Zufahrten in eine Kreuzung
gas station	– Tankstelle
handicapped parking	– Parkplatz für Behinderte
interchange	– Kreuzung
junction	– Kreuzung, Abzweigung
loading zone	– Ladezone
maximum speed	– Höchstgeschwindigkeit
merge	– einfädeln
no passing zone	– Überholverbotszone
no turn on red	– Abbiegen bei Rot verboten
one-way street	– Einbahnstraße
parking lot	– Parkplatz
pay cashier first	– vor dem Tanken bezahlen
rental car	– Leihwagen
rest area	– Rastplatz
right of way	– Vorfahrt
road construction	– Straßenbaustelle
slippery when wet	– Rutschgefahr bei Nässe
speed checked by radar	– Radarkontrolle
speed limit	– Tempolimit
speeding	– zu schnell fahren
ticket	– Strafzettel
tow away zone	– Abschleppzone
U-turn	– wenden
unleaded	– unverbleit
watch for pedestrians	– auf Fußgänger achten
yield	– Vorfahrt achten

Restaurant
all you can eat	– Essen, so viel man möchte
appetizer	– Vorspeise
cash or credit	– bar oder per Kredikarte zahlen
catch of the day	– fangfrischer Fisch auf der Tageskarte
coffee shop	– Cafeteria
counter	– Theke
dinner	– Abendessen
entree	– Hauptgericht
formal wear	– Abendgarderobe
fried	– fritiert
gratuity	– Trinkgeld
lunch	– Mittagessen
on the side	– extra, auf die Seite geben
please, wait in line	– bitte anstellen und warten
please, wait to be seated	– bitte auf die Empfangsdame warten
refill	– kostenloses Wiederauffüllen bei Kaffee
restrooms	– Toiletten
sauteed	– gedünstet
take the order	– die Bestellung aufnehmen
tip	– Trinkgeld
to go	– zum Mitnehmen

Essen
Bacon	– Speck
baked potato	– gebackene Kartoffel
blackberries	– Brombeeren
blueberries	– Blaubeeren
buffalo meat	– Bisonfleisch
bun	– süßes Brötchen
cheese cake	– Käsekuchen

Sprachhilfen

clam chowder	– Muschelsuppe	rooms available	– Zimmer frei
cole slaw	– Weißkohlsalat	stairway	– Treppenhaus
cranberries	– Preiselbeeren	twin bed	– Doppelbett
cream	– Sahne	vacancy	– Zimmer frei
danish	– Blätterteiggebäck	valet parking	– Parken durch Hotel-, Restaurantangestellte
donut, doughnut	– eine Art Berliner Ballen		
dressing	– Salatsoße	youth hostel	– Jugendherberge
eggs overeasy	– Eier, einmal in der Pfanne gewendet	**Camping**	
eggs sunny side up	– Spiegeleier	campground	– Campingplatz
french fries	– Pommes frites	chemical toilet	– Chemietoilette
fruit pie	– Obsttorte	coin laundry	– Münzwaschsalon
game	– Wild	dump station	– Abwasserstelle
hash browns	– Bratkartoffeln nach Röstiart	fee	– Gebühr
ice tea	– Eistee	full hookup	– Vollanschluss inkl. Strom, Frischwasser und Abwasser
lobster	– Hummer		
maple syrup	– Ahornsirup	hose	– Schlauch
oysters	– Austern	laundromat, laundry	– Waschsalon
pancakes	– luftige Pfannkuchen		
pie	– Torte, Kuchen	motorhome	– Wohnmobil
raspberries	– Himbeeren	propane	– Propangas
rye bread	– Roggenbrot	RV Park	– Campingplatz vornehmlich für Wohnmobile
salmon	– Lachs		
scrambled eggs	– Rühreier	RV, recreational vehicle	– Wohnmobil
seafood	– Fisch und Meeresfrüchte		
shrimps	– Krabben	sewage, sewer	– Abwasser, -abfluss
trout	– Forelle	shower	– Dusche
wheat bread	– Weizenbrot	site	– Stellplatz
		tent	– Zelt
Hotel/Motel		waste	– Abfall
air-condition	– Klimaanlage		
bed and breakfast (B & B)	– Frühstückspension	**Einkaufen**	
		aisle	– Gang
bellboy	– Kofferträger	bargain	– Sonderangebot, Billigangebot
cancel reservation	– Reservierung absagen		
complimentary	– gratis	bulk food	– nicht abgepackte Lebensmittel
confirmation	– Buchungsbestätigung		
cottage	– Ferienhäuschen	convenience store	– kleines Lebensmittelgeschäft
doorman	– Türsteher	dairy products	– Milchprodukte
efficiency	– Zimmer mit Kochnische	factory outlet	– Direktverkauf der Produzenten
elevator	– Aufzug		
front desk	– Empfang, Rezeption	I'm just looking	– Ich schaue mich nur um
happy hour	– »blaue Stunde« in der Hotelbar, am Nachmittag	mall	– großes Einkaufszentrum
		on sale	– Sonderangebot
incidentals	– Nebenkosten	pharmacy	– Apotheke
king size bed	– übergroßes Doppelbett	prescription drugs	– verschreibungspflichtige Medikamente
lounge	– Bar		
no vacancy	– kein Zimmer frei	produce	– Gemüse
queen size bed	– großes Doppelbett	sales tax	– Umsatzsteuer
rate	– Zimmerpreis	size	– Größe
room maid	– Zimmermädchen	two for one, 2-4-1	– zwei zum Preis von einem

Sprachhilfen

Telefon

area code	– Vorwahl
collect call	– R-Gespräch, Gebühren bezahlt der Angerufene
dial	– wählen
dial tone	– Freizeichen
direct dial phone	– Selbstwähltelefon
leave a message	– eine Nachricht hinterlassen
line is busy	– Leitung besetzt
local call	– Ortsgespräch
long distance call	– Ferngespräch
(overseas) operator	– (Übersee) Vermittlung
pay phone	– Münztelefon
please, hold on	– bitte am Apparat warten
telephone directory	– Telefonbuch
toll free number, 800-, 877-, 888- number	– gebührenfreie Nummer

Freizeit, Natur und Sport

backcountry	– Hinterland
backpacking	– Rucksackwandern
boardwalk	– Sumpf-, Holzsteg
fall foliage	– herbstliche Blätterfärbung
firewood	– Feuerholz
hiking	– Wandern
hiking trail	– Wanderweg
loop trail	– Rundwanderweg
map	– Landkarte
nature trail	– Naturlehrpfad
outfitter	– Wildnisexperte, Ausrüster
permit	– Genehmigung
recreation area	– Erholungsgebiet
rent	– leihen
river (whitewater) rafting	– Wildwasserfahrten
self-guiding trail	– kurzer Wanderpfad
trail riding	– Ausritt
trailhead	– Startpunkt eines Wanderweges
walk-in campground	– Campingplatz ohne Autozufahrt
woodlot	– Feuerholzplatz ✺

Pferde in der Pine Ridge Indian Reservation in South Dakota

Orts- und Sachregister

Die amerikanischen Bundesstaaten und kanadischen Provinzen, die im Reiseführer erwähnt werden, erscheinen im Register in geläufigen Abkürzungen. **Fett** hervorgehobene Seitenzahlen verweisen auf ausführliche Erwähnung, die *kursiv* gesetzten Begriffe und Seitenzahlen beziehen sich auf den Service am Ende des Buches.

Arizona – AZ
Colorado – CO
Idaho – ID
Kansas – KS
Montana – MT
Nebraska – NE
South Dakota – SD
Utah – UT
Wyoming – WY

British Columbia, Kanada – B.C.

Afton, WY 93, 96, 98
Alamosa, CO 65
Alder Creek, MT 25, 224
Alder Gulch Short Line Railroad, MT 228
Alliance, NE 170
Alpine, WY 93
American West Heritage Center, UT 94, 98
Anaconda, MT 13, 230, 231
Animas River 10, 50
Anreise 278
Antelope Island State Park, UT 91
Antero Junction, CO 42
Arapahoe Basin, CO 197
Arco, ID 31, 273, 274, **276**, 277
– Experimental Breeder Reactor No. 1 31, 276, 277
Arkansas River 8, 21, 22, 42, **44**, 45, **67** f., 198, **199**
Ärztliche Versorgung/Reisekrankenversicherung 279
Ashton, ID 274, 276
Aspen, CO 8, 9, 10, 28, 31, 69, 197, **199–203**, **206** f.
– Aspen Highlands 203
– Aspen Mountain 203
– Aspen Music Festival 206 f.
– Buttermilk Mountain 203
– Snowmass 203
– Wheeler Opera House 204, 206

Auskunft in Deutschland 279
Auskunft in den USA 279
Auskunft unterwegs 280
Auto-/Wohnmobilmiete 280
Automobilclubs 281

Babb, MT 244, 251
Badlands National Park, SD 15, **150–156**
– Ben Reifel Visitor Center 151, 152 ff., 156
– Big Badlands Overlook 152
– Cedar Pass 156
– Cliff Shelf Nature Trail 151, 152, 156
– Conata Picnic Area 154
– Door Trail 151, 152, 156
– Fossil Exhibit Trail 151, 153, 156
– North Unit 151 f.
– Pinnacles Overlook 154
– Roberts Prairie Dog Town 154
– Window Trail 151, 152, 156
Bald Mountain, ID 272
Bald Mountain, WY 138
Banner, WY 142
Barr National Recreation Trail, CO 76
Basket-Maker-Kultur vgl. Korbflechter-Periode
Bayard, NE 175
Bear Creek Falls, CO 49
Bear Lake, ID/UT 12, 94, 98
Bear Lake State Park, ID/UT 94, 98
Bear Lake Summit, UT 93, 94
Beartooth Pass, WY 8, 123, 126, **127 f.**
Beaverhead River 225
Beaver Ponds, CO 204
Belle Fourche River 144
Berthoud Pass, CO 189, 194
Big Belt Range, MT 237
Big Meadow Lake, CO 62
Big Wood River Valley, ID 272
Bighorn Basin, WY 135, 136 f.
Bighorn Canyon National Recreation Area, WY 134, **136 ff.**, 140
Bighorn Mountains, WY 12, 25, 134, **136 ff.**, 143
Bighorn River 136
Bighorn Scenic Byway, WY 138
Bisons 12, 13, 15, 20, 21, 26, 27, 29, 118, **122**, 130, 151, **167**, 245, **259**
Bitterroot Mountains, MT/ID 260
Bitterroot Valley, MT/ID 260 f., 264

Black Canyon of the Gunnison National Park, CO 9, 31, **46–48**, 52
– Painted Wall 48
Black Eagle, MT 243
Black Hills, SD 14, 15, 21, 22, 26, 27, 142, **146 ff.**, **154–172**, 178
Black Hills Central Railroad, SD 166, 169
Black Hills Playhouse, SD 162
Black Hills Reptile Gardens, SD 151, 155, 157
Blackfeet Indian Reservation, MT 13, 244, 246, 249
Blue Mesa Lake, CO 47, 52
Bonanza, ID 267
Borah Peak, ID 266
Botschaften 281
Boulder, CO 9, 182, **183–186**
– Chautauqua Park 182, 184
– Colorado Shakespeare Festival 186
– Flagstaff Mountain 182, 183
– Flagstaff Road 183
– National Center for Atmospheric Research 184, 186
– University of Colorado 183
Boulder Canyon, CO 185
Bozeman Trail 25, 26, 143
Breckenridge, CO 197
Bridgeport, NE 170
Bridger Teton National Forest, WY 100
Brown's Canyon, CO 42, 44, 67
Browning, MT 13, 238, 244, 245 f., 249
– Museum of the Plains Indian 244, 246, 249
Buena Vista, CO 43, **44**, 45, 68, 197
Buffalo, WY 142, 143, 148
– Jim Gatchell Museum 143, 148
Buffalo Bill Cody Scenic Byway, WY 127, 131
Buffalo Bill Dam, WY 131
Buffalo Bill State Park, WY 131
Buffalo Gap National Grassland, SD 154
Burgess Junction, WY 134
Butte, MT 13, 27, 222, 224, **225–227**, 229, 230 f., 234
– Berkeley Pit 222, 229
– Berkely Pit Mine 226, 229
– Copper King Mansion 226, 229

293

Orts- und Sachregister

– World Museum of Mining 230, 234

California Trail 24, 177
Camping 281
Cañon City, CO 67, 68, 72
– Buckskin Joe Frontier Town 68, 72
Cascade, CO 75, 76
Cathedral Spires, SD 162
Cave of the Winds, CO 75, 76, 79
Central City, CO 9, 31, 41
Central Colorado Railroad 197
Chadron, NE 170, 172, 175
– Museum of the Fur Trade 170, 172, 175
Challis, ID 31, 264, 266, 268
– Land of the Yankee Fork Historic Area Visitor Center 264, 266, 268
Cherry Creek 25, 34, 36
Cheyenne, WY 17, 28, 29, 35, 176, **179 ff.**
– »Big Boy« 180
– Cheyenne Depot Museum 180, 181
– Cheyenne Frontier Days Old West Museum 176, 180, 181
– Historic Governor's Mansion 176, 180, 181
– Union Pacific Railroad Depot 180
– Union Station 176
– Wyoming State Capitol 176, 180, 181
Cheyenne Crossing, SD 142
Cheyenne Mountain, CO 67, 70
Cheyenne River 151
Chief Joseph Scenic Highway, WY 126, 127
Chief Joseph Pass, ID 265
Chimney Rock, CO 65
– Chimney Rock Archaeological Area, CO 60, 65
Chimney Rock, NE 15, 173
– Chimney Rock National Historic Site, NE 170, 173, 175
Church of Jesus Christ of Latter-Day Saints 83, 85
Clarks Fork River 127
Clear Creek Canyon, CO 194, 197
Cliff Dwellings 20 f., 28, **54–59**
Cloud Peak, WY 136
Cody, WY 12, 126, 127, **128– 133**, 134, 135, 140
– Buffalo Bill Dam Visitors Center 126, 133

– Buffalo Bill Historical Center 126, 129, 132
– Buffalo Bill Museum 130 f., 132
– Cody Firearms Museum 131, 132
– Cody Night Rodeo 12, 126, 131, 133
– Draper Museum of Natural History 131, 132
– Irma Hotel 129, 132
– Old Trail Town 12, 134, 135, 140
– Plains Indian Museum 130, 132
– Sheridan Avenue 128 f.
– Whitney Gallery of Western Art 131, 132
Collegiate Range, CO 43
Colorado, CO (Staat) 9, 10, 16, 21, 22, 23, 24, 25, 27, 28, 29, **32–79, 180–215**
Colorado River 8, 189, 190, **194**, 210, 212, 217
Colorado Springs, CO 10, 22, 66, 67, **70–73**, 75, 76, **77 f.**, 79
– Cheyenne Mountain Zoo 67, 70, 73
– Eagle's Nest 71
– Flying W Ranch 67, 71, 73
– Garden of the Gods 10, 71, 73, 75, 77 f., 79
– Old Colorado City 70, 75
– Pro Rodeo Hall of Fame 75, 78, 79
– Seven Falls 67, 71, 73
Colorado Springs & Cripple Creek District Railroad, CO 70
Colter Bay, WY 109
Columbia River 8, 22, 252, 271
Continental Divide vgl. Kontinentale Wasserscheide
Cooke City, MT 126, 127
Copper Mountain, CO 197
Copperton, UT 91
Craters of the Moon National Monument, ID 12, 270, 272, 273, **274–276**
– Big Craters and Spatter Cones Area (Lavahöhlen) 275 f.
– Inferno Cone 275
– Loop Road 274, 275
Crawford, NE 170, 172, 175
– Fort Robinson State Park 170, 172 f., 175
Crazy Horse Memorial, SD 30, 158, **162 f.**, 165

– Memorial Indian Museum of North America 163
– Native American Educational and Cultural Center 163
Cripple Creek, CO 9, 16, 25, 28, 31, 35, 67, **68 ff.**, 72
– Mollie Kathleen Gold Mine 70, 72
Cripple Creek & Victor Narrow Gauge Railroad 70, 72
Crow Canyon Archaeological Center 55
Curecanti National Recreation Area, CO 47, 52
Custer, ID 264, 267, 268
Custer, SD 158, 162, 164, 165
Custer Motorway, ID 266 f.
Custer State Park, SD 15, **160 ff.**, 164, 166, **167**

Dayton, WY 134, 138
Deadhorse Canyon, CO 205
Dead Indian Summit, WY 126
Deadwood, SD 15, 31, 142, **146 f.**, 148 f., 150
– Historic Main Street 146
– Mount Moriah Cemetery 143, 147, 149
– Old Town Hall 147, 149
– Saloon No. 10 Casino 147, 149
Deadwood Creek 146
Deer Lodge, MT 230, 231 f., 234
– Grant-Kohrs Ranch National Historic Site 230, 232, 234
– Montana Auto Museum 230, 232, 234
– Old Montana Prison 232, 234
Del Norte, CO 60, 62 f.
Denver, CO 9, 16, 17, 25, 31, **32–41**, 42, 43, 70, 75, 77, 78, 176, 180, 182, 197
– Brown Palace Hotel 32, 36, 38
– Cherry Creek Mall 40
– Children's Museum 33, 37, 39
– Civic Center Park 32, 35
– Colorado History Museum 32, 35, 39
– Colorado State Capitol 9, 32, 35, 38 f.
– Convention & Visitors Bureau 38
– Coors Field 36
– Denver Art Museum 32, 35, 39
– Denver Museum of Nature and Science 39
– Denver Pavilions 36, 40

294

Orts- und Sachregister

- Downtown Aquarium 33, 37, 39
- Hotels/Campingplätze 38 f.
- Larimer Square 33, 36
- Lower Downtown (LoDo) 33, 36
- Pioneer Monument 35
- Restaurants 38 f.
- Six Flags Elitch Gardens 36 f., 39
- 16th Street Mall 9, 32, 36
- Tabor Center 32, 40
- U.S. Mint 9, 32, 35 f., 39
- Union Station 36
- Writer Square 33, 36

Denver International Airport 31, *278*
Denver & Rio Grande Railroad 50, 51, 68, 70
Devil Canyon Overlook, WY 134, 136
Devil's Gate Viaduct, CO 197
Devils Tower National Monument, WY 12, 142, **144**, 148
Dickhornschafe 9, 137, 220, 237
Dillon, CO 197
Dinosaur, CO 208, 210
Dinosaur National Monument, CO 10, 22, 23, 29, **208–213**, 214, 217
- Canyon of Lodore 212
- Dinosaur Quarry 209, 210, 213, 214
- Echo Park 10, 210, 212
- Echo Park Overlook 208, 210
- Echo Park Road 212, 214
- Harpers Corner 208
- Harpers Corner Scenic Drive 208, 210, 214
- Pool Creek Ranch 212
- Rainbow Park 213
- Split Mountain 213
- Steamboat Rock 212

Durango, CO 47, 48, 50, **51**, **52 f.**, 54, 60
Durango & Silverton Narrow Gauge Railroad 10, 50 f.
Dutch John, UT 217, 221

Earthquake Lake, MT 31, 224
Einkaufen 282
Einreise 282
Eisenhower-Tunnel, CO 197
Eldorado Canyon, CO 182
Eldorado Canyon State Park, CO 184, 186
Elektrogeräte 282
Elk Creek, CO 52

Ennis, MT 222
Estes Park, CO 182, **185**, **186 f.**, 189, 190, 191, 193, 194
Evanston, UT 217

Fairmont Hot Springs, MT 230, 231
Fairplay, CO 42, 43, 45
Feiertage/Feste 282
Fetterman Battle 25, 143, 162
Fetterman Battle Site, WY 142, 143
Filme und Videos 283
Firehole River 112, 113
Fishing Bridge, CO 45
Five Springs Falls, WY 138
Flaming Gorge, UT/WY 10, 17, **217–220**, 221
- Dowd Mountain, UT 216, 220, 221
- Dowd Mountain Overlook, UT 220, 221
- Hideout Canyon, UT 220, 221
- Red Canyon, UT 217, 220, 221
- Red Canyon Visitor Center, UT 216, 217 ff., 221
- Sheep Creek Bay, UT 220, 221

Flaming Gorge Dam, UT 212, 216, 221
Flaming Gorge National Recreation Area, UT/WY **216**, **217–220**, 221
Flaming Gorge Reservoir, UT/WY 217
Flaming Gorge – Uintas Scenic Byway, UT 217
Flathead Indian Reservation, MT 258 f.
Flathead Lake, MT 13, 258
Flatirons, CO 184
Florence & Cripple Creek Railroad 68
Foothills, CO 34
Fort Bridger, WY 216, 220, 221
- Fort Bridger State Historic Site 220, 221
Fort Laramie, WY 23, 24, 158, 176, **178**, 220
Fort Laramie National Historic Site, WY 176, 178
Fort Phil Kearny, WY 25, 143, 148
Fort Phil Kearny State Historic Site, WY 143, 148
Fort William, WY 178
Frank Church – River of No Return Wilderness Area, ID 12, 265
Fremont Pass, CO 197, 198
French and Indian War 21
Frieden von Guadalupe-Hidalgo 24, 84
Front Range 34
Fumarolen 27, 110, 127

Galena Summit, ID 270, 272
Garden City, UT 94, 98
Gates of the Mountains, MT 236
Gates of the Mountains Recreation Area, MT 236, 237
Geld/Devisen 283
Georgetown, CO 9, 28, 69, 189, **194–197**, 200
- Georgetown Loop Railroad 196, 197, 200
- Silver Plume National Historic Landmark District 194
Gering, NE 175
Geysire 12, 22, 27, **110–116**, 117
Glacier National Park, MT 13, 16, 30, 225, 244, 245, **246–257**, 258
- Apgar Village 251, 255
- Avalanche Creek 254
- Avalanche Lake 254
- East Glacier Park 249, 251
- Garden Wall 254
- Going-to-the-Sun Road 8, 13, 30, 248, 250, **251**, **254 f.**, 256
- Granite Park Chalet 253 f., 256
- Grinnell Glacier 248
- Grinnell Lake 244, 248
- Hanging Gardens 252
- Hidden Lake 252
- Hidden Lake Trail 251, 252
- Highline Trail 253
- Iceberg Lake 248
- Lake Josephine 244, 248
- Lake McDonald 251, 254
- Lake McDonald Lodge 254 f., 256
- Logan Pass 251, 252
- Loop Trail 254
- Many Glacier 244, 249, 251
- Many Glacier Lodge 244, 248
- Many Glacier Valley 248
- McDonald Valley 254
- Mount Allen 248
- Mount Brown 255
- Mount Gould 248
- Mount Grinnell 248

295

Orts- und Sachregister

- Mount Wilbur 248
- Ptarmigan Falls 248
- Snyder Ridges 254
- Sperry Chalet 255, 256
- St. Mary Lake 251
- Swiftcurrent Lake 244, 248
- Swiftcurrent Motor Inn 244, 248, 249
- Trail of the Cedars Nature Trail 251, 254
- Triple Divide Peak 252

Glenwood Canyon, CO 205
Glenwood Springs, CO 202, 203, **204 f.**, **207**, 208
- Hot Springs 202, 205, 207
- Linwood Cemetery 202, 205, 207

Gold Camp Road, CO 67, 70, 71, 72
Golden, CO 41
- Buffalo Bill's Grave & Museum 41

Granby, CO 189
Grand Lake, CO 189, 190, 194
Grand Targhee National Forest, ID 276
Grand Tetons, WY 97, 100, 276
Grand Teton National Park, WY 12, 29, 97, **100–107**, 109
- Blacktail Ponds Overlook 100, 104 f.
- Cascade Canyon 106
- Chapel of the Transfiguration 100, 105
- Colter Bay Indian Arts Museum 106, 107
- Colter Bay Visitor Center 100, 106, 107
- Hidden Falls 100, 106, 107
- Inspiration Point 100, 106, 107
- Jenny Lake 106
- Jenny Lake Scenic Drive 100, 106
- Jenny Lake Overlook 106
- Jenny Lake Visitor Center 100, 107
- Menor's Ferry 100, 105 f.
- Moose Junction 100, 107
- North Jenny Lake Junction 100
- Oxbow Bend Turnout 100, 106
- Signal Mountain 100, 106, 107
- Snake River Overlook 100, 104
- South Jenny Lake Junction 100
- Teton Park Road 100, 105

Great Falls, MT 14, 236, **237–240**, 242 f., 244
- C.M. Russell Museum 236, 237 f., 243
- Fish Hatchery 240
- Giant Springs Heritage State Park 236, 240, 243
- Lewis and Clark National Historic Trail Interpretive Center 236, 240, 243
Great Northern Railway 248
Great Salt Lake, UT 12, 82, 84, 87
Great Salt Lake Desert, UT 91
- Bonneville Speedway 91
Great Sand Dunes National Park, CO 10, 60, **63–65**, 66
Green Mountain, CO 184
Green River 8, 10, 23, **210–214**, 217, 220
Großer Salzsee vgl. Great Salt Lake
Gros Ventre Junction, WY 100
Gros Ventre Mountains, WY 97
Gros Ventre River 29, 104
Gros Ventre Slide, WY 100, 104
Grubenhäuser 20, 21, 55, 58
Guernsey, WY 12, 23, 176, 178, 179
Gunnison, CO 42, 44, **45**, 47, 52
Gunnison River 44, 47, 52

Hailey, ID 273
Hamilton, MT 258, 261, 263, 264
- Daly Mansion 261, 263
Hanging Lake, CO 202, 205
Harney Peak, SD 158, 160, 164
Hauser Lake, MT 235
Heart Mountain, WY 136
Hebgen Lake, MT 224
Heiße Quellen 12, 22, 27, 49, 62, 65, 70, 75 f., 110 ff., 168, 205
Helena, MT 13, 224, 230, **232 f.**, **234 f.**, 236, **237**, 242
- Cathedral of St. Helena 232 f., 235
- Last Chance Gulch 230, 232, 233, 237, 242
- Montana Historical Society Museum 236, 237, 242
- Reeder's Alley 233, 237
- State Capitol 236, 237, 242
Hermosa, CO 51
High Plains 33
Hill City, SD 158, 163, 166

Hinweise für Behinderte 283
Hooper, CO 60
Horseshoe Bend Area, WY 134, 136
Hotels 283
Hot Springs, SD 15, 31, 166, 168, 169, 170, 172
- Mammoth Site 15, 166, 168, 169
- Evans Plunge 166, 168, 169

Idaho, ID (Staat) 12, 16, 23, 24, 26, 27, 93, 94, 110, **264–277**
Idaho Falls, ID 274, 276, 277
Independence, KS 177, 199
Independence, MO 23
Independence Pass, CO 8, 197, 199, 203
Intermittent Spring (Periodic Spring), WY 93, 96, 98
Iron Mountain Road, SD 162, 166
Island Park, ID 277

Jackson, WY 12, 93, **96 f.**, **98 f.**, 100, 104, 128
- Gunfights 96
- National Elk Refuge 97, 98, 99
- National Museum of Wildlife Art 97, 99
Jackson Hole, WY 97, 98, 100, 102
Jackson Hole Aerial Tram, WY 97, 99
Jackson Hole Airport, WY 102
Jackson Lake, WY 102 f., 107
Jardine Juniper Trail, UT 94, 98
Jefferson River 225
Jensen, CO 209, 214
Jewel Cave National Monument, SD 15, 158, **162**, 164
Johnson County, WY 143

Kansas City, KS 177
Kaysville, UT 88
Kelly, WY 29, 100, 104
Kennecott Utah Copper's Bingham Canyon Mine, UT 91
Kenosha Pass, CO 43
Ketchum, ID 12, 30, 270, 271, **272**, 273
Keystone, CO 197
Keystone, SD 151, **155**, **157**, 158, 160, 163, 164, 166
Kinder 284
Kings Peak, UT 217

Orts- und Sachregister

Kiowa, MT 246
Kleidung 284
Klima/Reisezeit 285
Korbflechter-Periode 20, 55, 58

Lagoon Amusement Park, UT 91
Layton, UT
Lead, SD 142, 144, 148
– Black Hills Mining Museum 142, 144, 148
– Homestake Gold Mine 142, 144 ff., 148
Leadville, CO 9, 27, 28, 44, 69, 194, 197, **198 f.**, **200**, 203
– Matchless Mine Cabin 198 f., 200
– National Mining Hall of Fame and Museum 198, 200
– Tabor Opera House 198, 200
Lemhi River 265
Lewis Range, MT 251
Little Bighorn River 14, 155, 159, 162
Logan, UT 94, 98
Logan Canyon, UT 12, 92, 94, 98
Logan Canyon Scenic Byway, UT 94
Longs Peak, CO 23, 185, 190
Lost River Range, ID 31, 266
Lost Trail Pass, MT/ID 264, 265
Louisiana Purchase 22
Loveland Pass, CO 197
Lovell, WY 134, **136**, 138, 140

MacDonald Pass, MT 232
Madison River 31, 224
Madison River Canyon Earthquake Area, MT 222, 224, 228
Manila, UT 216, 220, 221
Manitou & Pikes Peak Cog Railway, CO 75, 76 f., 79
Manitou Springs, CO 28, 70, 73, **75–78**, 79
Marias Pass, MT 248
Maroon Bells, CO 10, 202, 203 f.
Maroon Creek 203
Maroon Lake, CO 203
Marysville, MT 232
Maße und Gewichte 286
Medano Creek, CO 64
Medicine Wheel, WY 134, 138
Medicine Wheel Passage, WY 138, 140
Meeker, CO 208
Mesa Falls, ID 276

– Lower Mesa Falls 276
– Upper Mesa Falls 274, 276
Mesa Falls Scenic Byway, ID 274, 276
Mesa Verde National Park, CO 10, 20, 51, **54–59**, 60
– Far View 54, 55, **56**, 59
– Balcony House 54, 56 ff., 59
– Chapin Mesa 55, 56 ff., 59
– Chapin Mesa Archeological Museum 56, 59
– Chapin Mesa Road 54, 56
– Cliff Canyon 56, 58
– Cliff Palace 54, 56 ff., 59
– Fewkes Canyon 58
– Long House 56, 58, 59
– Montezuma Valley 55
– Morefield Village 54
– Navajo Canyon 58
– Park Point 55
– Ruins Road 54, 55, 56, 58, 59
– Soda Canyon 58
– Spruce Canyon 56
– Spruce Tree House 56, 59
– Square Tower House Ruins 58, 59
– Step House Ruins 54, 58
– Sun Point 58
– Sun Temple 58, 59
– Wetherill Mesa 55, 56, 58, 59
– Wetherill Mesa Road 54
Mill Creek River 266
Mill Creek Summit, ID 267
Mission Creek 260
Mission Range, MT 259
Mississippi River 8, 14, 21, 225
Missoula, MT 258, **260**, 262 f.
– Fort Missoula 260, 263
– Historical Museum at Fort Missoula 258, 260, 263
– Smokejumpers Base Aerial Fire Depot 258, 260, 262 f.
Missouri River 8, 14, 22, 121, 177, 220, 224, 225, **238–240**, 242, 243, 253
– Crooked Falls 238
– Rainbow Dam 240
– River's Edge Trail 239 f.
– Ryan Dam 236, 243
Missouri River Road, MT 237
Mitchell Pass, NE 174
Moiese, MT 258, 262
Molas Divide Pass, CO 47, 51
Monarch Pass, CO 44, 45
– Monarch Scenic Tram 44, 45
Montana, MT (Staat) 12 f., 16, 22, 25, 26, 27, 110, 126, 127, 136, 143, **222–265**
Montpelier, ID 94 f., 98

Montrose, CO 47, 48, 52
Moose, WY 107
Mormonenkirche vgl. Church of Jesus Christ of Latter-Day Saints
Mormon Trail 24, 177
Morrison, CO 41
Morrow Point Lake, CO 47, 52
Mosca, CO 65
Mountain View, WY 216
Mount Elbert, CO 8, 199, 200
Mount Evans, CO 8, 34, 41
Mount Harvard, CO 43
Mount Massive, CO 199
Mount Moran, WY 106
Mount Princeton, CO 43, 44
Mount Rushmore, SD 14, 29, 155, 158, **160**, 162, 164, 166
– Amphitheater 160
– Avenue of Flags 160
– Grand View Terrace 160
– Lincoln Borglum Museum 160, 164
– Presidential Trail 160
– Sculptur's Studio 160, 164
Mount Yale, CO 43
Mud Pots 12, 27, 110 ff.

National Bison Range, MT 13, 258, **259**, 260, 262
– Red Sleep Mountain Drive 259
Nebraska, NE (Staat) 15, 16, 27, **170–175**
Nederland, CO 182, 185
Needles, SD 162, 164
Needles Highway, SD 158, 162, 164
Nevada City, MT 13, 222, **224 f.**, 228
– Nevada City Museum 225, 228
North Fork, ID 265
North Fork Shoshone River 127
North Platte River 15, 173, 174, 177, 178, 179
Notfälle 286

Öffentlicher Nahverkehr/Taxi 286
Ogden, UT 94, 98
Oglala National Grassland 172
Oregon, Staat 27
Oregon Trail 12, 15, 23, 24, 25, 94, **173–181**
Oregon Trail Ruts State Historic Site, WY 176, 178
Ouray, CO 47, 48 f., 52

Orts- und Sachregister

– Ouray Hot Springs Pool 49, 52
Overland Stage Route 220

Pagosa Springs, CO 60, 62, 65
Pahaska Tepee Lodge, WY 12, 127, 132
Peak to Peak Scenic Byway, CO 185
Phantom Canyon Road, CO 67, 68, 72
Pigtail Bridges, SD 166
Pikes Peak, CO 8, 22, 28, 70, 75, **76 f.**
Pikes Peak Highway, CO 76, 79
Pipestone Pass, MT 225
Pit Houses vgl. Grubenhäuser
Polson, MT 258
Poncha Pass, CO 67
Poncha Springs, CO 42, 44, 67
Pony Express 25
Post 286
Powell, WY 134, 135 f.
Powell County, MT 234
Pryor Mountain Wild Horse Range, WY 136
Pueblos 20, 21, 55, 62, 65

Rapid City, SD 151, 154 f., 156 f.
– Black Hills Reptile Gardens 151, 155, 157
– Journey Museum 151, 154 f., 156
Rauchen 286
Raymond, CO 182
Red Cloud Indian Agency, NE 27, 172
Redfish Lake, ID 270, 271, 273
Red Mountain Pass, CO 47, 49
Red Rock Canyon, WY 133
Red Rock River 225
Red Rocks Park/Amphitheatre 41
Register Cliff State Historic Site, WY 12, 176, 178 f.
Rendezvous Mountain, WY 97, 99
Restaurant/Verpflegung 287
Ridgway, CO 48
Rifle, CO 208
Rio Grande 8, 21, 56, 62, 67
Rio Grande National Forest, CO 62
Roaring Fork River 203
Rockwood, CO 51
Rocky Mountain Fur Company 178
Rocky Mountain National Park 8, 16, 23, **188–194**, 195

– Alluvial Fan 193
– Alpine Visitor Center 189, 192, 195
– Bear Lake 189, 191
– Bear Lake Road 189, 191, 192
– Bierstadt Lake 192
– Flattop Mountain Trail 192
– Forest Canyon Overlook 189, 192
– Hoodoos 192
– Kawuneeche Valley 194
– Lake Granby 194
– Moraine Park 191, 195
– Never Summer Ranch 189, 194
– Nymph Lake 192
– Old Fall River Road 192, 193
– Rock Cut 192
– Shadow Mountain Lake 194
– Sprague Lake 189, 192
– Trail Ridge Road 8, 189, 190, 192, 193
Rodeos 9, 10, 28, 53, 78, 131, 178 f., 180
Roe River 240
Royal Gorge, CO 9 f., 48, 67, 68, 72
Royal Gorge Bridge 68, 72
Ryan Dam vgl. Missouri River

Saddle Rock Trail, NE 174
Salida, CO 67, 68
Salmon, ID 264, 268
– Challis Earthquake Fault 266
– Sacajawea Interpretive Center 265, 268
Salmon River 8, 12, 264, **265 f.**, 267, 272
– Main Salmon River 265
– Middle Fork Salmon River 12, 265, 267
Salmon River Scenic Byway, ID 8, 12, 264, 266
Salt Lake City, UT 10, 16, 17, 24, 31, **80–91**, 93, 94, 177, 216, 220, 276
– Beehive House 81, 86, 89
– Brigham Young Monument 81, 85
– Clark Planetarium 86, 89
– Crossroads Plaza Shopping Center 86, 89
– Deseret Village 87, 89
– Emigration Canyon 81, 87, 220
– Historic Trolley Square 81, 87, 90

– Hotels/Campingplätze 88
– Joseph Smith Memorial Building 85 f.
– LDS Church Office Building 81, 86, 89 f.
– Lion House 81, 86
– Mormon Temple 85, 88
– Restaurants 89
– Salt Palace Convention Center 85
– State Capitol 81, 86 f., 89
– Tabernacle 85, 88
– Temple Square 81, 85, 86
– Visitor Information Center 81, 85, 88
– ZCMI Shopping Center 81, 86, 89
Salt River Pass, WY 93, 96
Salt River Range, WY 96
Sand Turn, WY 138 f.
San Juan Mountains, CO 8, 10, 44, **48–51**, 60, 62
San Juan Skyway (Million Dollar Hwy.), CO 8, 48–51
San Luis Valley, CO 62, 63 f., 67
Sangre de Cristo Mountains, CO 44, 63, 65
Sawatch Mountains, CO 44, 199
Sawtooth Mountains, ID 12, 267, 270
Sawtooth National Recreation Area, ID 270 ff., 273
Sawtooth Scenic Byway, ID 270, 271, 272
Scottsbluff, NE 172
Scotts Bluff National Monument, NE 15, 170, **174**, 175
Sheridan, WY 134, 139, 140, 141, 142
– Wyo Theater 134, 141
Shoshone Canyon, WY 131, 133
Shoshone River 129
Sicherheitshinweise 287
Silberpanik 1893 28, 35, 49, 69 198
Silver Gate, MT 126, 127
Silver Plume, CO 196, 197
– Lebanon Mine 197
Silverthorne, CO 197
Silverton, CO 47, 49 f., 52
Snake River 8, 12, 92, 93, 96, 97, 99, 100, 102, 104, 106, 276
– Grand Canyon des Snake River 12, 93, **96 f.**, 99
Sockeye-Lachse 271
South Bluff, NE 174

Orts- und Sachregister

South Cheyenne Creek, CO 71
South Dakota, SD (Staat) 14, 27, **142–169**, 172, 178
South Fork 62
South Park, CO 43
South Park City, CO 43, 45
South Platte River 25, 34, 36
Spearfish, SD 142
Spearfish Canyon National Scenic Byway, SD 142, 144
Sport und Erholung 287
Stanley, ID 12 264, 266, **267, 268 f.**, 270, 273
Stanley Lake, ID 267
Star Valley, WY 96
Steuern 288
St. Mary, MT 251
Story, WY 143
Sturgis, SD 150
Sunbeam, ID 264, 267
– Yankee Fork Gold Dredge 267, 268
Sundance, WY 142
Sunlight Basin, WY 127, 128
Sunlight Creek 128
Sun Valley, ID 12, 270, 272, 273
Sweetwater River 177
Sylvan Lake, SD 158, 160, 164
Sylvan Lake Shore Trail, SD 160

Targhee Pass, ID/MT 276
Telefonieren 288
Teton Range, WY 100 f., 102, 104
Teton Village, WY 97
Toadstool Geologic Park, NE 172 f.
Tombstone, AZ 205
Tongue River Canyon, WY 138
Top of the Rockies Scenic Byway, CO 199
Torrey's, ID 267
Torrington, WY 170, 172, **174, 175**, 176, 178
– Homesteaders Museum 174, 175
Tower Creek, WY 120
Tower Trail, WY 144 f.
Trinkgeld 289
Twin Bridges, MT 222
Twin Lakes, CO 199

Uinta Mountains, UT 217
Uncompahgre River 48, 49
Union/Central Pacific Railroad 26, 34, 144, 178, 179, 180, 220

Upper Arkansas Valley, CO 43
Utah, UT (Staat) 10, 16, 23, 24, 26, 28, 29, 55, 83, 84, 86, 94, 144, **210–221**

Verkehrsregeln 289
Vernal, UT 209, **213, 214 f.**, 216
– Dinosaur Garden 213, 215
– Utah Field House of Natural History State Park 213, 215
Victor, CO 67, 68
Virginia City, MT 13, 25, 222, **224**, 225, **228**

Wagon Box Fight 25, 143
Wall, SD 151
Wapiti-Hirsche 118, 259
Wapiti Valley, WY 123, 127
Warm Springs, MT 230
Wasatch Mountains, UT 10, 82
Wasserscheide, kontinentale 8, 44, 62, 193, 194, 198, 199, 225, 232, 252, 276
Waterton Lakes National Park, Kanada, B.C. 246
Wellsville, UT 98
West Glacier, MT 251, 255, 258
West Yellowstone, MT 222, **223 f.**, **228**, 274, 276, **277**
– Grizzly Discovery Center 223 f., 228
– Yellowstone Historic Center 222, 223, 228
– Yellowstone IMAX Theater 274, 277
White River 151, 210
Whitewater Rafting 44, 45, 68, 99, 104, 124, 133, 212, 213, 255, 257, 265
Wildlife Loop Road, SD 166, 167
Williams Canyon, CO 76
Wind Cave, UT 94
– Wind Cave Trail, UT 93, 98
Wind Cave National Park, SD 15, 27, **166 ff.**, 169
Wind River Range, WY 97
Wolf Creek Pass, CO 62
Wounded Knee, SD 28, 155
Wyoming, WY (Staat) 10 f., 16, 17, 22, 23, 26, 27, 28, 35, 93, **96–148**, **172–181**, **217–221**

Yampa River 8, 10, 210, 212, 213
Yankee Fork River 266
Yellowstone National Park, WY 12, 16, 22, 26, 31, 97, 107, **108–125**, 126, 127, 128, 224, 225, 276
– Anemone Geyser 113
– Artist Point 118, 121 f.
– Back Basin 116
– Biscuit Basin 114
– Black Sand Basin 114
– Brink of the Lower Falls Trail 118, 121
– Canary Spring 119, 124
– Canyon Village 118, 120, 124
– Castle Geyser 114
– Crested Pool 114
– Echinus Geyser 116
– Firehole Lake Drive 114
– Fishing Bridge 118, 122 f., 125, 127
– Fishing Cone 112
– Fort Yellowstone 118
– Fountain Paint Pot 109, 114
– Geyser Hill 113
– Giant Geyser 113
– Grand Canyon of the Yellowstone 118, 120 f., 125
– Grand Geyser 113
– Grand Loop Road 110 f.
– Grandview Point 118, 121
– Grant Village 125
– Great Fountain Geyser 114
– Grotto Geysir 113
– Hayden Valley 118, 122
– John D. Rockefeller Jr. Memorial Parkway 112
– Jupiter Terrace 119
– Lake Butte Overlook 127
– Lamar Valley 127
– Liberty Cap 118, 124
– Lookout Point 118, 121
– Lower Falls 121
– Lower Terraces 118, 124
– Mammoth Hot Springs 109, 116, 118, 124
– Midway Geyser Basin 114
– Minerva Terrace 118, 119
– Monarch Geyser 116
– Morning Glory Pool 109, 113
– Mud Volcano 122
– Mud Volcano Nature Trail 118
– Norris Geyser Basin 109, 114 f.
– Norris Geyser Basin Museum 117
– North Rim Drive 118, 121
– Obsidian Cliff 116
– Old Faithful 12, 109, 110, **112 f.**, 114
– Old Faithful Inn 112, 117
– Petrified Tree 118, 120
– Porcelain Basin 115

299

Orts- und Sachregister/Namenregister

- Red Rock Point Trail 118, 121
- Riverside Geyser 113
- South Rim Drive 118, 121
- Steamboat Geyser 116
- Steamboat Point 127
- Sylvan Pass 127
- Tower Fall 118, 124
- Tower Junction 120
- Tower-Roosevelt 118, 120, 123, 125, 126
- Uncle Tom's Trail 118, 121
- Upper Falls 121
- Upper Geyser Basin 109, 112, 113, 114, 117
- West Thumb Geyser Basin 109, 112
- White Dome Geyser 114
- Yellowstone Caldera 110
- Yellowstone Lake 112, 122, 125, 127
- Yellowstone River 22, 120, 122

Zeitzonen 289
Zoll 289

Namenregister

Anasazi 10, 20, 21, 54, **55–59**, 60
Arapahoe-Indianer 131, 185
Arthur, Chester A., Präsident 198
Ashley, General William H. 23, 212
Astor, John Jacob 172

Baker, Eugene M. 245
Basket Makers 20
Bell, Dr. William 76
Bierstadt, Albert 131
Big Foot, Sioux-Häuptling 28
Billy the Kid 135
Bingham, Jesse und Tom 168
Blackfeet-Indianer 244, 245, 246, 247, 249
Bonaparte, Napoleon 22
Borglum, Gutzon 29, 30, 160
Bridger, James 23
Bridger, Jim 220, 221
Bright, William H., Senator 26
Buffalo Bill vgl. William F. Cody
Buster, Bronco 35

Calamity Jane vgl. Martha Jane Cannary
Cannary, Martha Jane 147
Cassidy, Butch 94, 135
Catlin, George 97, 131
Chew, Mary und Jack 212
Cheyenne 14, 21, 131, 168
Chief Joseph, Nez-Percé-Häuptling 128, 261, 265
Clark, Captain William 14, 22, 237, 238, 240
Clark, William A. 27, 226, 229, 265
Clarke, Malcolm 245
Cody, William Frederick »Buffalo Bill« 12, 26, 27, **126–133**, 139, 147
Cole, W. L. 274
Colter, John 22, 102, 110

Comanchen-Indianer 22
Cooper, Gary 272
Coronado, Francisco Vásquez de 21
Costner, Kevin 151
Crazy Horse, Sioux-Häuptling 14, 15, 25, 27, 30, 143, 162, 172
Crow-Indianer 14, 21, 25, 131
Custer, Colonel George Armstrong 14, 27, 158, 162

Daly, Marcus 27, 226, 231, 261
Denver, John 8, 202
Dominguez, Francisco Atanasio 22
Douglass, Earl 29, 213
Dunraven, Lord of 190

Earp, Morgan, Virgil und Wyatt 205
Edgar, Henry 25, 224
Escalante, Silvestre Velez de 22
Estes, Joel 185

Fairweather, Bill 25, 224
Fetterman, Captain William J. 25, 143
Forsyth, Colonel James 28
Forty-Niners 24, 177

Gable, Clark 272
Grant, Johnny 232
Grattan, Leutnant John L. 178
Grinnell, George Bird 248

Hayden, Dr. Ferdinand V. 26, 102, 110
Hemingway, Ernest 139, 272
Henry Standing Bear, Sioux-Häuptling 162
Hickock, James Butler 146 f., 149
Holliday, Doc John Henry 205

Jackson, William Henry 26, 102
Jefferson, Thomas, Präsident 30, 160

Kiowa 21
Kiowa-Apachen 21
Kohrs, Conrad 232
Kolumbus, Christoph 21
Kootenai-Indianer 247, 258

Ladd, Alan 104
Langford, Nathaniel P. 26
LaSalle, René Robert Cavelier Sieur de 21
Lakota-Sioux-Indianer 22, 151, 155
Latter-Day Saints 85
Lewis, Captain Meriwether 14, 22, 237, 238, 240, 265
Limbert, Robert 274
Lincoln, Abraham, Präsident 25, 30, 160
Long, Stephen H. 23

Mallet, Pierre und Paul 21
Mason, Charles 28, 55
McCall, Jack 147, 149
McCourt Doe, Elizabeth 198
Menor, William D. 106
Mills, Enos 190
Moran, Thomas 26, 102, 131
Mormonen 10, 24, 25, 28, **82–85**, 87, 88, 89, 177, 220
Morris, Esther 26

Nez-Percé-Indianer 27, 127 f., 261, 265
Northern-Cheyenne-Indianer 27

Palmer, General William J. 70, 76
Pei, Ieoh Ming 184
Pend d'Oreilles-Indianer 258
Pike, Zebulon 22
Pony-Express-Reiter 25, 130, 177, 220
Powell, Captain J. N. 25
Powell, Major John Wesley 212, 217
Prärieindianer 14, 20, 21, 22, 26, 27, 28, 155, 212, 246
Pueblo-Indianer 56, 78

Namenregister

Red Cloud, Sioux-Häuptling 25, 143, 172
Red Tomahawk 28
Remington, Frederic 131
Rockefeller Jr., John D. 102
Rogers, Will 70 f.
Roosevelt, Franklin Delano, Präsident 30
Roosevelt, Theodore, Präsident 30, 139, 160
Ross, Nellie Tayloe, Gouverneurin 29, 180
Rungius, Carl 97
Russell, Charles M. 97, 131, 223, 237, 238

Salish-Indianer 247, 258
Scott, Hiram 174
Sheepeater 110
Shoshonen-Indianer 110, 131
Sioux-Indianer 14, 22, 24, 25, 26, 27, 28, 127, 131, 143, 155, 158, 159, 168, 172, 178
Sitting Bull, Sioux-Häuptling 14, 27, 28
Smith, Jedediah 23
Smith, Joseph 83, 84
Spielberg, Steven 213
Stratton, Winfield Scott 69

Tabor, Augusta 198
Tabor, Horace Austin W. 27, 28, 198
Teton-Sioux-Indianer 22

Ute-Indianer 49, 62, 185, 203, 205

Vasquez, Louis 220
Vérendrye, Francois und Louis-Joseph de la 21
Vérendrye, Pierre de la 21

Washburn, Henry D. 26
Washington, George, Präsident 30, 160
Wetherill, Richard 28, 55
Wheeler, Jerome B. 204
Wild Bill Hickock vgl. James Butler Hickock
Womack, Bob 69

Young, Brigham 24, 82, 84, 86, 87, 220

Ziolkowski, Korczak 30, 162

Nordamerika bei VISTA POINT

... und vieles mehr!

Jetzt auf unserer neuen Website:
www.vistapoint.de

Ständig tolle Sonderangebote!

Bestellen Sie bequem Reiseführer, City/Info Guides und Bildbände – ab 20 € porto- und versandkostenfrei!

Reiseführer USA/Kanada:

Alle Titel im Format 15 x 21 cm, 240–352 Seiten mit bis zu 200 Farbabbildungen und vielen Karten. € 19,50–29,50.

Leserzuschrift:

... Ich bin schon mit manchem Reiseführer durch die Staaten gefahren, doch dieser hat alle anderen wirklich in den Schatten der kalifornischen Goldsonne gestellt ... Die knappen Angaben der Routen, die Hotels und Restaurants, die Vorschläge von Neben- und Alternativrouten, die Beschreibungen, die Hinweise auf »Geheimtipps« ... Spitze! ...
Peter Hahne, ZDF

VISTA POINT Reiseführer gibt's im Buchhandel, in Kaufhäusern und im Internet.

VISTA POINT VERLAG GmbH · Händelstr. 25–29 · 50674 Köln
E-Mail: info@vistapoint.de · Tel.: 0221/92 16 13-0

www.vistapoint.de

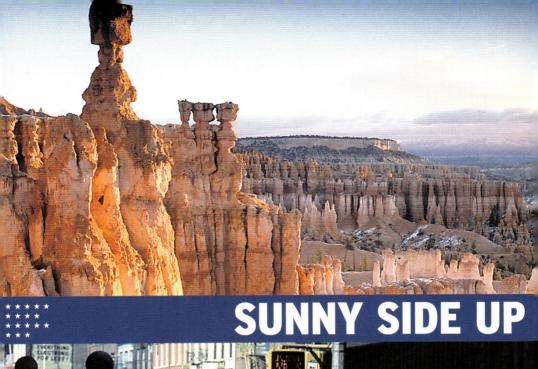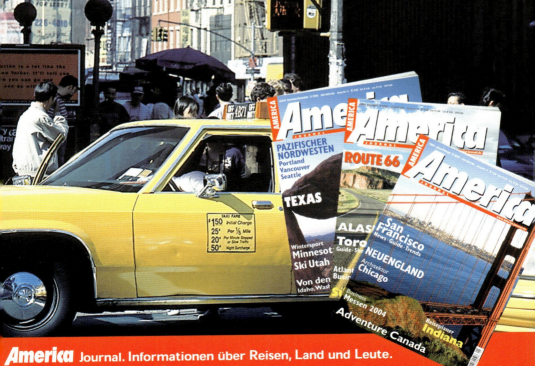

Bildnachweis/Impressum

Bildnachweis

Manfred Braunger, Freiburg: S. 109
Christian Heeb/LOOK, München: Titelbild, vordere Umschlagklappe, Schmutztitel (S. 1), Haupttitel (S. 2/3), S. 7, 10/11, 16, 17, 19, 29, 31, 37, 41, 47, 53, 61, 62/63, 64, 65, 67, 68, 82/83, 84, 85, 102/103, 104/105, 111, 120, 121, 122/123, 125, 128, 138/139, 143, 145, 146, 149, 152/153, 154, 155, 159, 161, 163 o.l., o.r., u., 166, 171, 177, 179, 183, 184, 185, 187, 189, 190/191, 193, 195, 204, 205, 206, 209, 223, 233, 235, 252/253, 255, 275, 292,
Rainer Martini/LOOK, München: S. 199
Horst Schmidt-Brümmer, Köln: S. 14, 59
Karl Teuschl, München: S. 13, 45, 49, 50, 81, 106, 129, 135, 136/137, 141, 147, 180, 201, 215, 218/219, 221, 225, 264, 265, 266/267, 271, 272, hintere Umschlagklappe
Heike Wagner, Bernd Wagner, Mülheim an der Ruhr: S. 43, 51, 69, 71, 75, 93, 95, 114/115 (Umschlagrückseite), 116, 117, 130, 131, 165, 167, 173, 174, 175, 203, 210/211, 226/227, 231, 238/239, 240/241, 244, 245, 262, 269
Wolfgang R. Weber, Darmstadt: S. 33, 34, 57, 77, 86, 87, 89, 97, 119, 260/261
Gaby Wojciech, Köln: S. 246/247, 254, 257, 258

Umschlagvorderseite: Snake River im Grand Teton National Park, Wyoming
Vordere Umschlagklappe (innen): Übersichtskarte der Rocky Mountains mit den eingezeichneten Routenvorschlägen
Haupttitel (S. 2/3): Auf der Wilderness Trails Range bei Durango, Colorado
Alle Fotos stammen von Christian Heeb/LOOK, München

Konzeption, Layout und Gestaltung dieser Publikation bilden eine Einheit, die eigens für die Buchreihe der **Vista Point Reiseführer** entwickelt wurde. Sie unterliegt dem Schutz geistigen Eigentums und darf weder kopiert noch nachgeahmt werden.

© Vista Point Verlag, Köln
2., gründlich überarbeitete Auflage 2006
Alle Rechte vorbehalten
Reihenkonzeption: Horst Schmidt-Brümmer, Andreas Schulz
Lektorat: Kristina Linke
Layout und Herstellung: Sandra Penno-Vesper, Britta Wilken
Kartographie: Berndtson & Berndtson Productions GmbH, Fürstenfeldbruck; Nationalparkkarten: Basemap©MapQuest.com/DTP Grafik, Korschenbroich
Reproduktionen: Litho Köcher, Köln
Gedruckt auf chlorfrei gebleichtem Papier

ISBN10 3-88973-256-9
ISBN13 978-3-88973-256-9

VISTA POINT VERLAG
Händelstr. 25–29 · 50674 Köln · Postfach 27 05 72 · 50511 Köln
Telefon: 02 21/92 16 13-0 · Telefax: 02 21/92 16 13 14
E-Mail: info@vistapoint.de · Internet: **www.vistapoint.de**